Hanns G. Zagler, 1938 inmitten jener Berge geboren, die von Deutschen wie Italienern als ihr Eigen beansprucht werden, hat 1969 mit Katja, seiner Lebenspartnerin, in Mailand eine der zeitlich ersten Marketing-Communications-Agenturen des 360°-Konzepts Italiens gegründet und dann bis 2005 geleitet. Seine Texte haben jahrzehntelang mit dazu beigetragen, einen besonderen Werbestil zu prägen. An seine Kindheit und frühe Jugend, seine mäandernde Zeit des Suchens und an spätere Splitter seiner Agenturzeit erinnert er sich in den drei Bänden: *...hängen geblieben, ...aber wohin denn?* und *Sternschnuppen.* Heute lebt er als freier Berater und Gutachter in Freiburg/Bsg.

Hanns G. Zagler

Sternschnuppen

...und so vieles andere
ist längst schon vergessen

Erinnerungssplitter
aus meiner dritten Zeit

Copyright © 2014 – Hanns G. Zagler
Alle Rechte vorbehalten
Ungekürzte Paperback-Ausgabe, September 2014
Gesetzt aus der Palatino Linotype
Layout und Satz: Markname, Milano
Herstellung und Verlag:
BoD – Books on Demand, Norderstedt
ISBN 978-3-7357-9337-9

*Warten Zufälle eigentlich
hinter irgendwelchen Ecken,
bis ihre Gelegenheiten kommen,
sich auf uns zu stürzen?*

Jan Jansen

Zum Einlesen	9
Walpurgiswellen	12
Schnee kann duften	51
Es geht ja doch!	64
Goldfisch an der Angel?	70
Miura	95
Bist du sicher?	109
Traumhafter Bosporus	121
Ferienbeginn	136
Das gibt's doch nicht!	143
Vier Wände und ein Schild am Baum	158
Was ist schon echt?	199
Goldrätsel	210
Wie geht denn das?	217
Aperitif an der Lagune	227
Versunkenes Venedig	235
Seite oder was?	245
Nur zwei Fotos	255
Geburtstagsfahrt	262
Was darf das kosten?	277
Schnell mal in die Löwenapotheke	286
Dialog im Menuett	304
Nachts an Villa Borghese	316
Missverständnisse	321
Sorry, der Chef ist tot	330
Eben mal vorbeigekommen	340
Vreneli und die Professoren	346
Schwenningen Bubelen	359
Nieselregen	373
Teilen teilt nicht	379
Kalt ist es geworden	395

Zum Einlesen.

Das, was ich als meine erste Zeit sehe, sind Kindheit und das langsame Erwachsenwerden in der kleinen Stadt zwischen eng begrenzenden Bergen. Einiges davon ist mir hängen geblieben, und um es nicht zu vergessen, habe ich es mir aufschreibend noch einmal erzählt. Ein Anfangsbuch ist vor ein paar Jahren daraus geworden. Manchmal blättere ich darin, wenn ich mich wieder einmal darüber gewundert habe, wie ich heute so denke und reagiere.

Dann war da meine zweite Spanne Lebenszeit. Gut ein Jahrzehnt lang hat sie gedauert. Mäandernd hat sich ihr Fluss dahin gewunden, meist ohne selbst so recht zu ahnen, wohin er mich bringen sollte. Aus den Bergen hinaus hat er mich geführt und mich Europa kennen lernen lassen. Er ist meine Universität geworden und mein Praktikum dazu. Was sich da entwickelt und getan hat, auch das wollte ich nicht ganz verlieren. So ist daraus ein weiterer Band geworden. Er will mich daran erinnern, was ich von wem und wie gelernt habe, und er hört damit auf, wo mein Weg doch noch sein Ziel gefunden hat.

Diese zwei Vorgeschichten braucht es nicht, das Folgende zu verstehen. Nur helfen würden sie zum Teil vielleicht, ein paar Nuancen des hier nun neu Erzählten doppelbödiger zu sehen: die Erinnerungssplitter aus der dritten Zeit.

Vorbei ist da das Wandern. Mit Katja, meiner Begleiterin durch alle die Etappen meiner Mäanderzeit, habe ich Interservice, unsere Agentur für Marketing Communications, in Mailand gegründet. 1969, im Herbst war das. Vier Jahre zuvor waren wir in diese Stadt gekommen und ich in die Führungsriege einer internationalen Großagentur aufgestiegen. Jetzt also mein drittes Leben.

Vieles hat sich in dieser Zeit entwickelt und getan, das kaum Spuren hinterlassen hat, so wie Flusswasser etwa, das sich ins Meer ergießt und dort verliert. Nur einiges hat sich in den Saugnäpfen der Erinnerung gefangen. Ein paar Teile davon aber sind doch so sehr hängen geblieben, dass sie aufgeschrieben werden wollten. Damit sind nun die kommenden Seiten angefüllt.

Es sind Geschichten, die sich irgendwann ergeben haben. In keiner Ordnung folgen sie hier aufeinander, weder chronologisch noch einem sonstigen Ablauf zugeordnet. Auch hängen sie nicht verkettet aneinander. Einzeln können sie heraus gepickt und gelesen werden. Eines aber haben sie gemeinsam: So wie sie erzählt sind, so haben sie sich zugetragen. Vielleicht nicht ganz genau in allen Details, im Essenziellen aber doch. Und auch für die Protagonisten gilt, dass sie authentisch sind. Es sind ihre Namen, nur in drei-vier Fällen abgeändert, und es sind voll ihre Gestalten, ihre Aktionen, Reaktionen.

Ein roter Faden scheint sich durchzuziehen, den ich selber erst bemerkt habe, als ich dabei war, die hingeschriebenen Episoden noch einmal an mir vorbeiziehen zu lassen: der Zufall. Immer wieder scheint er die Regie zu führen. Nur ein kleines bisschen anders gelaufen und so manches hätte sich niemals ergeben.

Erinnerungssplitter aus dritter Zeit. Ein paar Facetten eines um vieles bunteren Erlebten sind sie nur, die hier zurückgekommenen Geschichten. Aber doch besondere. So etwa wie Sternschnuppen, die am sommerlichen Nachthimmel aufleuchten, Aufmerksamkeit fordern, und zugleich dabei zeigen, wie flüchtig sie sind und wie bedeutungslos im Universum. Doch trotzdem wesentlich.

Walpurgiswellen.

Rosa war die Frau von Gastone Vernizzi und Gastone war unser Fotograf. Er war nicht der einzige, der für uns fotografierte, aber doch der, den wir etliche Jahre lang am häufigsten beauftragten, weil er ein flexibler Allrounder war und weil er unseren Vorgaben nie den Widerstand hart verteidigter eigener Ideen entgegen setzte. So gut und zuverlässig er technisch war, gleich zaudernd und nachgerade schwach war er, wenn er auch nur von weither die Gefahr nahen fühlte, etwas selbständig unternehmen oder gar entscheiden zu müssen. Dafür hatte er Rosa an seiner Seite.

Als ich sie kennen lernte, war Rosa so Mitte vierzig. Dass sie aus unserem tiefen Süden stammte, war ganz eindeutig und von ihr selbst bei jeder Gelegenheit geradezu mit Enthusiasmus bestätigt. Stolz reckte sie den kurzen Hals und die recht niedrige Stirn, wann immer sie wiederholen konnte, dass ihre Wurzeln tief in den zerklüfteten Felsen oberhalb von Palermo verkrallt waren und sich daran nie etwas ändern werde. Auch das nicht, dass sie in Mailand geboren und aufgewachsen war.

Was Gastone an Tatendrang und Entschlusskraft fehlte, hatte Rosa doppelt und dreifach, und weder im Fotoatelier noch bei ihrem Gastone ließ sie je auch nur den kleinsten Zweifel daran aufkommen. Rosa suchte die Kunden und wählte sie aus. Sie machte die Preise, die Vernizzi anzubieten hatte, und sie war es, die alles daran setzte, sie auch durchzusetzen oder es wenigstens aufs Beste zu versuchen. Sie verhandelte die Termine und von ihr hing es ab, ob Gastone sie akzeptierte. Rosa war die Fanfare für seine Arbeit, die tief hinein in unsere Werbewelt schallte. In etwa erinnerte sie mich immer an Xantippe mit ihrem Sokrates, nur dass diese Xantippe auch die Rolle des Plato für den Sokrates Gastone übernommen hatte.

Wegen der Zusammenarbeit an auch kniffeligen Fotos für Werbung, die wir kreierten und betreuten, war ich zeitweise häufig im Studio Vernizzi und auch der Kontakt von Katja, zumal zu Rosa, entwickelte sich so intensiv, dass es bald auch zu gemeinsamen Abendessen kam, in Restaurants natürlich, wie das in Mailand so üblich war. Damals war ich der für die Kundenberatung und das Kreative Verantwortliche bei Interservice und Katja war meine Partnerin, in der von uns gegründeten Agentur und im Leben.

Wir kannten Rosa und Gastone schon seit mehr als einem Jahr, als sie uns überraschend einmal zum Abendessen bei sich zu Hause einluden. Für Mailand war das sehr ungewöhnlich und deshalb uns durchaus verwunderlich. Rosa erklärte die Einladung mit ihren sizilianischen Wurzeln, die es verlangten, Freunde im eigenen Heim willkommen zu heißen und zu bewirten. Und, meinte sie ganz ungewohnt zaghaft, Freunde, das seien wir doch bitteschön inzwischen.

Die Wohnung war geräumig, gut geschnitten und mit weitem Ausblick bis hin zur Autobahn – und sie war ein Albtraum, zumal im Wohnbereich. Die düsteren Möbel mit in sich gedrehten Säulen-beinen und löwentatzigen Füßen hätten gut in die Sakristei einer alten Klosterkirche gepasst und dazu auch die fast mannshohen silbernen Kandelaber mit ihren sich darauf reckenden Osterkerzen. Die schweren, tiefroten Samtvorhänge vor den Fenstern trugen nicht dazu bei, das Ambiente heimeliger zu machen. Besonders bedrückend war aber so eine Art Kredenz, die eine der Wände dominierte und fast schon wie ein Altar aussah.

Beim Essen saß ich diesem Möbel gegenüber und hatte es den ganzen Abend über voll im Blick. Füllig stand es da, aus tief-schwarz glänzendem Holz, über und über mit Perlmutt-Intarsien übersät, deren absonderliche Girlanden immer wieder Tierkreiszeichen, Drudenfüße und andere mir überwiegend unbekannte Symbole umschlossen. Oben ragte zwischen einer Gruppe elfenbeinerner, tanzender Skelett-Figuren ein schwarzes Kreuz, das als Sockel einen silbernen Totenkopf hatte, durch dessen Augenhöhlen sich züngelnd eine Schlange wand und auf dem im Schnittpunkt seiner

Balken ein matt glänzendes Pentagramm eingelassen war. Ein echt schauriges Stück.

Sicher waren wir schon beim vierten oder fünften Glas Wein, als ich meine Neugier nicht mehr zügeln konnte.

„Was ist denn das für ein Stück und hat es eine Geschichte?" Rosa muss auf diese Frage den ganzen Abend schon hingefiebert haben. Ihre Antwort sprudelte wie aus zu lange bereits verschlossenem Brunnen. Und wir hörten.

Das Möbel war etwa im 17. Jahrhundert in Palermo von den Kapuzinermönchen geschreinert, die in ihrem Kloster auch die Katakomben mit den noch über zweitausend Mumien und den Tausenden gestapelter Schädel und Knochen hüten. Als Behälter für Tischwäsche und Besteck hat es im Refektorium der Mönche gestanden und während der Mahlzeiten sollte es dort an den Tod gemahnen. Der Tod aber war für die heiligen Brüder nicht nur ein täglich wartender Gefährte, sondern vor allem auch ein Geselle, mit dem man kommunizieren, verhandeln und auch paktieren konnte, wenn man nur zur rechten Zeit die dafür richtigen Symbolbilder dachte und sich dabei intensiv genug darauf konzentrierte, was man mit dem Gevatter zu besprechen hatte. Ein Urvater hatte den Schrank vor mindestens fünf Generationen in Rosas Familie gebracht. Das Kreuz mit dem Pentagramm gehörte damals schon dazu und auch die tanzenden Skelette.

Und Rosa war nicht zu halten. Jedes einzelne Symbol der Intarsien erklärte sie mitsamt den Zuordnungen, die ihnen Gewicht und auch Wirkung verliehen. Welche Zeichen wann und wofür zuständig waren, raunte sie uns da zu. Schaurige Geschichten berichtete sie dazu aus alten Zeiten, von denen sie, sich dabei bekreuzigend, schwor, dass sie alle wahr waren, wobei sie die zu Hörnern gespreizten Finger, den Zeigefinger und den kleinen der rechten Hand, nach hinten zum Boden reckte.

Unsere mit leicht gesträubtem Nackenhaar vorgebrachten Zweifel mochte Rosa nicht gelten lassen. Er funktioniere wirklich, der Dialog mit dem Gevatter Tod, ereiferte sie sich, und über ganz eigene Wellen laufe er, die es erlaubten, überall und jederzeit zu kommunizieren. Von einer Großtante berichtete sie dazu, die sie in das Mysterium eingeweiht und ihr beigebracht habe, wie es zu nutzen sei. Nicht halten ließ sie sich, über das zu munkeln, was da alles möglich sei und wann und auch auf welche Weise.

„*Haben Sie es selber schon ausprobiert, Rosa?*" Katjas spöttisch klingende Frage blitzte da hinein wie ein Sonnenstrahl durch dräuende Unwetterwolken. Rosa verneinte, erst so irgendwie halbherzig und dann mit Bestimmtheit. Sie habe Angst davor, flüsterte sie, Angst davor, was die Wellen bewirken und was dann etwa auf sie zukommen würde. Lange Pause. Weingläser blinkten auf und das kleine Klacken, wenn sie wieder auf dem Tisch landeten, hallte wie ein Paukenschlag. Dann wieder Rosa, zu Beginn stockend und dann zunehmend schneller:

„*Aber... man kann doch... nicht wirklich hart zum Letzten hin... also... es geht schon auch, dass man nur... ja, einfach nur einen Schreck einjagt... einen Schrecken, den der andere dann nicht vergessen wird oder vielleicht doch, aber der allemal heilsam ist... und, ja, der Befriedigung gibt... weil... ich weiß das selber, weil das habe ich selber schon gemacht... wirklich... nicht oft, aber manches Mal doch, wenn mir einer ganz krumm gekommen ist oder den Gastone missachtet hat oder ihm Geld schuldig geblieben ist und es wirklich an der Zeit war, ihm oder ihr zu zeigen, dass nicht alles durchgehen kann und wir kein Fußabstreifer sind, auf dem man herum trampeln kann, sondern ganz im Gegenteil und... und ja... ja doch... da habe ich mich schon mal konzentriert, intensiv, und die Gedankenwellen auf die verhasste Person gerichtet und ihr die Pest und die Cholera an den Hals gewünscht, auf dass sie lerne und aufwache und einmal daran denke, was recht und ordentlich ist, und.. und... und es hat funktioniert und die Person hat sich ein Magengeschwür geholt oder sattes Geld verloren oder der Hund ist überfahren worden oder die Schwiegermutter ist ins Haus gezogen... hey... irgendwas so richtig, richtig Unangenehmes, weil die Rosa, die Rosa kann man doch nicht einfach knuffen und treten und anspucken und dann auch noch über sie lachen... nicht oft habe ich es... nein, oft nicht... dazu... dazu braucht es... zu viel... Kraft."*

Rosas dunkle Augen waren schwarz geworden, riesig aufgerissen und fast glühend; die Stimme schrill, hysterisch nahezu, um plötzlich nur noch ganz matt zu hauchen, ausgepumpt und flach. Medea war mit im Raum gewesen oder Norma, die Druidin.

Ich weiß nicht, wie viele Flaschen leer waren, als wir spät nachts nach Hause fuhren. Katja summte ein paar Takte aus der Nacht auf dem Kahlen Berg. Mir rotierte das Hexen-Einmaleins durch den Kopf. War heute Walpurgisnacht? Gastone hat uns noch einen Umschlag mitgegeben: Fotos des schaurigen Möbels mit allen seinen Intarsien.

Besser, nicht mehr daran denken! Oder?

Wir hatten damals unter unseren Kunden InterDiamond Brokers, kurz IDB, ein Schweizer Unternehmen das mit Diamanten handelte und sie als eine Investition in sichere Sachwerte vermarktete. In Genf hatte die Firma ihren Sitz und Art Lieber war der Chef.

Italien war damals, in den 70er-Jahren des letzten Jahrhunderts, ein Land der scharfen sozialen Spannungen, einer sichtlich von Monat zu Monat wachsenden Inflation und auch blutige Bühne der mordenden Terrorgruppe Brigate Rosse. Es war die Zeit, in der Hypothekengeld für den Kauf eines Eigenheims 21,5% Jahreszinsen kosteten und der Wert auch guter Schatzbriefe dahin schmolz wie Butter in der Sonne, weil das Geld, für das sie standen, Tag für Tag an Konsistenz verlor. Eine Zeit des Tanzes auf dem Vulkan war das damals in Italien. Diamanten, als Sachwerte so sicher wie Gold angeboten, waren da schnell glaubwürdige und attraktive Investitionen. Dass sie von IDB zu weit überhöhten Preisen angeboten wurden, steht auf einem anderen Blatt und hat nichts mit dieser Geschichte zu tun.

Natürlich brauchte das Angebot von IDB seine Werbung. Die Kampagne hatte ins Auge zu fallen und jede einzelne der Anzeigen hatte ihr Geld zügig wieder einzuspielen. Da durften die Entscheidungen nicht langsam reifen. An ein gemächliches Aufbauen von Vertrauen zu denken, war hier nicht angesagt. Und zu hämmern hatte die Kampagne, intensiv und stetig. Jede Woche einer Werbepause wäre für das Diamantengeschäft eine verlorene Woche gewesen. Es war deshalb ein großer Etat, den wir da betreuten; und es war eine Kampagne, die in den Marktreaktionen auch mir immer wieder Überraschungen bringen konnte.

Da war etwa die Sache mit *L'Unità*, der auflagenstarken Tages-zeitung der Kommunistischen Partei Italiens. Es war das Blatt, das seinen Lesern Tag für Tag deren bemitleidenswertes darbendes Schicksal als *poveri lavoratori italiani* – als arme italienische Arbeiter – wie ein Mantra einhämmerte, sie täglich zu lebensnotwendigen Streiks aufrief und Kapital natürlich in jeder Form verteufelte. Für *L'Unità* war es anscheinend undenkbar, dass auch nur einer ihrer Leser nicht nur genügend Geld haben könne, um ohne zu hungern bis zum Monatsende zu kommen, sondern sogar so viel, dass er in Versuchung käme, sich Gedanken über dessen Wertbeständigkeit zu machen.

Wir von Interservice sahen das etwas anders, entschieden realistischer. Uns interessierte die Leseranalyse. Deshalb hatten wir auch *L'Unità*, in unsere Medienplanung einbezogen, mit ganzseitigen Anzeigen, und auch unser Kunde war nach kurzer Erklärung bald Feuer und Flamme davon. Den Schweizern in Genf kam die Idee so richtig lustig vor und schnell waren sie bereit, ins kommunistische Tagblatt als Werbeträger einen satten Teil des Etats zu investieren.

Die Sache umzusetzen war dann allerdings um ein gutes Stück schwieriger. Entsetzt lehnte die Zeitung unsere Idee ab. Anzeigen für Investments in *L'Unità*: Unmöglich! Dazu noch gar für so schnöden Kapitalistenluxus wie Diamanten: Pfui! Und dann noch mit Titeln und Texten, die von materieller Sicherheit kündeten in diesen wegen der Kapitalisten und ihrer Reichtümer so irre unsicheren Zeiten: Pervers! Das Ganze sei nichts als eine gemeine Verspottung der *poveri lavoratori italiani* und wir sollten uns gehörig schämen.

Wir haben uns aber nicht geschämt, sondern stetig weiter gebohrt. L'*Unità* konnte ganzseitige Anzeigen nur etwa einmal in jedem Jubeljahr verkaufen. Ein Auftrag von zwölf am Stück war für das Blatt noch nie da gewesen. Da muss doch schon so manches Wässerchen im Mund zusammengelaufen sein. Aber der Verleger ist hart geblieben. Wir aber hatten uns nun mal ins Projekt verbissen. Mehr als nur ein bisschen Ideologie hatte angefangen, mit hineinzuspielen.

Der Disput ist bis hinauf in die Parteispitze gelaufen. Dort scheint wohl Enrico Berlinguer, damals der Parteisekretär, ein pragmatisch römisches Machtwort gesprochen zu haben: „*Non olet... und unsere Leser werden es überleben, wenn es dazu einen kleinen, scharfen Artikel des Chefredakteurs gibt.*" So sind die Diamanten-Anzeigen in *L'Unità* erschienen und, was so manch einen verblüfft hat, sie funktionierten. Wir konnten das Echo ja ziemlich exakt messen, weil jede Anzeige ihren sie kennzeichnenden Anfrage-Coupon hatte und Interessenten, die sich telefonisch meldeten, stets nach der Quelle ihres Interesses, gefragt wurden.

Besondere Erlebnisse hat es dabei auch gegeben. Da war zum Beispiel der Mann, der eines Morgens mit *L'Unità* in der Hand ins Mailänder IDB-Büro gestürmt kam. Er habe die Anzeige als Pendler soeben im Zug aus Bergamo gelesen und er arbeite gleich um die Ecke und so viel Zeit habe er sich nun noch genommen, sich schnell mal kundig zu machen, weil er doch so etliches auf der hohen Kante habe, das er gut und sicher anlegen wolle. Vorarbeiter am Bau sei er, war von ihm noch zu erfahren. Für zwei Einkaräter River VVS hat er gleich unterschrieben und einen Scheck dafür hinterlegt. Ob er am Nachmittag dann wohl wieder einmal zum Streik aufgerufen hat?

Der Diamanten-Etat hatte also seine spannenden, manchmal auch unterhaltenden Seiten, aber für die Agentur war er vor allem ein Etat, der sattes Geld brachte. Und darum ist es dann auch gegangen, in dieser Geschichte, in der Rosa Vernizzis Albtraum-Schrank noch seine Rolle spielen sollte.

Interservice hatte damals außer Katja und mir noch einen dritten Partner, Egisto Barbato, den wir vor gar nicht langer Zeit mit zu uns ins Boot geholt hatten, weil wir zusätzliche Führungskapazität in der Kundenbetreuung brauchten. Er war mehr als die zehn Jahre älter als wir und kam aus der Industrie. Von Haus aus war er kein Werber, was wir eher als einen Vorteil sahen, denn er wusste, wie es auf der Kundenseite läuft, und das war eine Erfahrung, die unseren anderen Mitarbeitern abging.

Egisto kam auch mit den Diamanten-Schweizern schnell gut zurecht und Interservice ist ihnen bald mehr geworden, als nur die Werbeagentur, so dass sie uns auch bei manchen Projekten zugezogen haben, die mit Werbung nichts zu tun hatte. Allgemeine Beratungs- und Organisationsaufgaben waren das.

Zu Anfang hatte IDB nur ein kleines Büro in Mailand, das Peter Lötscher, ein ehemaliger Schweizer Spitzensportler, mit sozusagen der linken Hand leitete. Einmal wöchentlich kam er für zwei-drei Tage nach Italien, brachte neue Diamanten mit und frische Maßgaben, sah sich auch unsere aktuellen Vorschläge und Pläne an, ging mit seinen Investment-Verkäufern gut essen und überließ alles andere Frau Bena, die tüchtig war und den Laden gut unter Kontrolle hatte.

Doch dann steigerte sich der Erfolg. Das Verkäufer-Team wuchs und brauchte mehr Raum, mehr direkte Führung auch. Frau Bena gab Signale der Überforderung. Lötscher konnte oder wollte nicht völlig nach Mailand übersiedeln. IDB brauchte also größere Büros und zugleich auch einen nur für Italien zuständigen Vertriebsleiter. Wir wurden beauftragt, nach beiden zu suchen.

Das mit den neuen Büros war schnell gelöst. Einer unserer Kunden, die BPL-Bank, hatte an ihrem Mailänder Sitz in der Via Larga gerade ein halbes Stockwerk frei und war bereit, es eventuell zu vermieten. Für IDB war das ein geradezu ideales Angebot: Unten im Haus eine angesehene Bank, was schon mal für zusätzliches Vertrauen gut war, und die Lage absolut zentral, ganz nahe am Domplatz. Als besonderes Bonbon kam dazu, dass in einem der kleineren Räume ein großer Tresor modernster Technik stand, bei dem die Bank froh war, ihn nicht abtransportieren zu müssen, und der für die Diamanten wie gerufen kam. Der Mietpreis hielt sich in vernünftigen Grenzen und die Bank vertraute den Schweizern. Der Umzug ist schnell vonstatten gegangen.

Schwieriger war es da schon, den richtigen neuen Mitarbeiter zu finden, zumal die Qualifikationshürden recht hoch gelegt waren.

Ein Mann sollte es auf jeden Fall sein. Das wollten die Schweizer, weil das zu führende Verkäufer-Team überwiegend männlich war, und auch, weil Frau Bena das so verlangte, wobei sie ohne Hemmungen sagte, dass sie nun eben keine Frau neben oder gar über sich haben wollte. Gutes Französisch sollte der Neue sprechen. Art Lieber, der Chef in Genf, hatte das gefordert. Und der Job selber verlangte so mancherlei: Investment-Erfahrung, möglichst in einer Bank oder bei einem Fonds gesammelt; Gespür für Kunden und Erfolge im Führen und Motivieren einer Verkaufsstruktur; dazu seriöses Aussehen und charismatisches Auftreten. Absolute Loyalität und gut dokumentierte Vertrauenswürdigkeit, was immer das sein sollte, waren natürlich auch verlangt.

Logisch war, dass wir entsprechende Anzeigen getextet und geschaltet haben. Nicht ganz so logisch dagegen, dass Interservice mit dem Sichten der Bewerbungen und der Vorauswahl betraut wurde. Doch dass daran ein Haken sein konnte, kam mir damals nicht in den Sinn.

Die Bewerbungen liefen stapelweise ein, mit irre viel Spreu darunter, wie das bei so attraktiven Ausschreibungen unvermeidlich war. Allein schon die Diamanten als Arbeitsfeld! Dazu noch das in Schweizer Franken ausgelobte Gehalt mit den zusätzlich in Aussicht gestellten Prämien. Da kam schon ein beeindruckender Heuhaufen zusammen, in dem es galt die wirklich goldene Nadel zu finden.

Egisto hat das Sichten übernommen und auch die ersten Gesprä-che mit den geeignet erscheinenden Kandidaten. Ich bekam von ihm nur die allgemeine Information, dass da wohl etwas dabei sein könne, aber nicht so besonders viel und der optimale Kandidat sei jedenfalls noch nicht darunter. Das ging so an die vierzehn Tage. Dann hatte Egisto drei oder vier Kandidaten, die er dem Kunden als die am besten geeigneten vorstellte, wobei er allerdings mit besorgt nach unten gezogenen Mundfalten die Warnung vorweg gab, dass der Wunschmann wohl nicht darunter wäre.

Was da dann an von Egisto vorgeprüften Möchtegernen zu den IDB-Gesprächen kam, muss grauenhaft gewesen sein. Lötscher jedenfalls tobte noch, als ich ihn kurz nachher wegen ein paar Werbesachen sah. Frau Bena war mir schon deutlicher, als sie mit spöttischer Stimme ihren Senf dazu gab, wobei sie aber doch auch verblüffte Verwunderung äußerte über die so unvermutet magere Ausbeute. Von Egisto kam nur Schulterzucken als Kommentar und der fast beleidigt tönende Hinweis darauf, dass er es uns allen ja erspart habe, uns auch den von ihm ausrangierten traurigen Rest anzusehen.

Art Lieber ordnete eine neue Anzeigenserie an. Den Text dafür schrieb ich völlig um und neu. Das Arbeitsfeld wurde nun noch klarer präzisiert, die Anforderungen noch punktgenauer formuliert und das gebotene Entgelt nur noch als *wie branchenüblich* angesprochen. Und diesmal kamen die Anzeigen nicht in die großen Tageszeitungen, sondern nur in Finanz- und Wirtschaftstitel. Mal sehen!

Im Übrigen sollte der Ablauf weiterhin unverändert bleiben: Interservice hatte die Bewerbungen zu sammeln und zu sichten, Gespräche der Vorauswahl zu führen und die Kandidaten der *shortlist* dann dem Kunden zu präsentieren. Warum das so beschlossen wurde, hat mich nicht gekümmert. Egisto hatte sich da sicher für uns ins Zeug gelegt, dachte ich mir dabei wohl, und dass der Kunde so volles Vertrauen zu uns hatte, war mir eine gern gefühlte Bestätigung.

Und das Ganze hat sich wie gehabt noch einmal wiederholt. Nur dass diesmal Egisto nur noch zwei Kandidaten präsentierte, die sich allerdings beide auch bereits nach den ersten paar Sätzen als inakzeptabel erwiesen. Der eine war schwul, was ihn für die puritanischen Schweizer an sich schon als Führungskraft disqualifizierte, und der zweite bekannte sich offen dazu, Investment-Verkäufer ganz allgemein für betrügerische Kumpane zu halten, was ihn aber keineswegs daran hindere, selber auch gern dazu gehören zu wollen, weil es doch ein Vergnügen sei, den Dummen das Geld aus den gierigen Nasen zu ziehen und damit so richtig Fett zu machen.

Es war ein Schock. Was war denn da los? Jetzt wollte der Kunde die Bewerbungsunterlagen der anderen sehen. Alle. Die von den ersten Anzeigen und die der zweiten Runde. Aber die Unterlagen gab es nicht mehr. Egisto hatte sie entsorgt. Das sei durchaus so üblich, erklärte er dazu, es sei ja nicht zumutbar, in nutzlosen Papierbergen zu ersticken. Ganz so schlimm sei die Lage aber doch nicht, lächelte er ruhig dazu, und unterbreitete das, was er seinen Vorschlag nannte. So kam Cesare Canozzi ins Spiel.

Cesare Canozzi war jahrelang der Assistent von Vitaliano Brambilla gewesen; Brambilla aber war Abgeordneter des Parlaments aus den Reihen der Sozialisten vom PSI und ein guter Freund zudem des Parteichefs Bettino Craxi. Unser Egisto wieder war eng mit Brambilla befreundet. Sie waren schon zusammen auf dem Gymnasium gewesen und hatten sich seither nicht mehr aus den Augen verloren.

Und wieder einmal hatte es in Mailand und um den Partito Socialista Italiano einen Finanzskandal gegeben, der eigentlich nur eine der üblichen lokalen Korruptionsaffären war, um die sich sonst niemand groß kümmerte. Diesmal aber, weil Wahlkampfzeit, wurde die Sache in etlichen der Medien mit ungewöhnlichem Pathos hochgespielt und breitgetreten. Das reichte in der Partei bis ganz oben hinauf und bis hinein in die Familie von Craxi. Brambilla war bis zum

Kragen darin verwickelt. Da war nun ein Bauernopfer fällig. Und so wurde Cesare Canozzi, sein Assistent, entlassen. Es ging einfach nicht anders, sagte ihm Brambilla, aber hängen lassen würde er ihn natürlich nie.

Das war also die Vorgeschichte zum Vorschlag, den unser Egisto für IDB parat hatte: Er habe da einen weitläufigen Bekannten, der ihm vor Kurzem erst bei einem Marketing-Treffen von einem guten Freund seines Schwagers erzählt habe, der im Bereich der Finanzen bewandert und eine Führungskraft ohnegleichen sei und natürlich weltgewandt, mit allerbestem Französisch und auch etwas Englisch im Gepäck. Der sei zufällig dabei, Ausschau nach beruflicher Verbesserung zu halten, wobei er anscheinend besonderen Wert darauf lege, im internationalen Finanz- oder Investmentbereich arbeiten zu können. Canozzi sei sein Name, Cesare Canozzi. Den möge man sich doch anschauen, wobei – da wurde Egistos Miene sehr ernsthaft – natürlich keine persönliche Empfehlung damit verbunden sei, schon weil er, Egisto, den Mann selbst kaum kenne, was er noch ausdrücklich unterstreichen wolle.

Ich war bei diesem Kundengespräch dabei. Der Name Canozzi sagte mir kaum etwas. Nur vage erinnerte ich mich, dass wir bei Interservice unter Egistos Regie gelegentlich mal irgendwelches Werbematerial für Brambilla erstellt hatten und dass ich bei der Gelegenheit auch eben diesem Canozzi begegnet war. Einen besonderen Eindruck hatte er nicht auf mich gemacht. Jedenfalls: Der Kunde hat dem Vorschlag zugestimmt. Sich noch einen Bewerber mehr anzusehen koste ja nichts, meinte Lötscher, und Frau Bena nickte dazu.

Canozzi muss ausgezeichnet vorbereitet in das Vorstellungsgespräch gegangen sein. Frau Bena schwärmte später, dass sie noch nie jemanden erlebt habe, der so gut über den Investment-Markt Bescheid gewusst habe, zumal auch über den so speziellen Bereich der Investment-Diamanten, und der dazu gleich aus dem Stegreif so gute Anregungen für die Organisation und Entwicklung das Sales Force parat hatte. Nur ein kleiner Haken sei an Canozzis Bewerbung gewesen: Die ausgelobte Position eines Vertriebsleiters fand er für sich nicht angemessen. Nur als Geschäftsführer für Italien konnte er sich sehen.

Das Pokern ist ihm aufgegangen. Peter Lötscher war froh, sich nicht mehr so intensiv um Italien kümmern zu müssen, weil ihn die wöchentlichen Anfahrten doch belasteten. Art Lieber und der Rest des Führungsgremiums waren auch einverstanden, nachdem sich Canozzi auch in Genf vorgestellt hatte. Und so kam es zu einer neuen IDB-Führung in Mailand. Egisto gab sich hoch erfreut. Katja und ich stimmten ein, waren wir doch davon überzeugt, nun noch einen uns notwendiger Weise wohl gesonnenen Menschen in der Führungsgruppe unseres Kunden zu haben. In Italien ist es eben so, dass die alte Tradition von der einen Hand, die die andere wäscht, noch ihre Geltung hat. Von Brambillas gewaschener Hand hatten wir allerdings keine Ahnung.

Etwas mehr als zwei Monate waren ins Land gezogen, seit Cesare Canozzi nun Italienchef unseres Diamanten-Kunden war. Weihnachten kam heran und damit das Jahresende. Wir bei Interservice waren intensiv, fast hektisch schon, damit beschäftigt, die laufenden Projekte abzuschließen, Jahresanalysen zu schreiben und mit den Kunden zu besprechen, den Planungen fürs neue Jahr letzten Feinschliff zu geben und uns zudem um die üblichen Glückwunschkarten, die Weihnachtsgeschenke für die Kunden und all den Rest zu kümmern, der vor den Feiertagen jedes Jahr so anfiel.

Wir schauten auf ein gutes Jahr zurück und in ein gutes hinein. Die Kunden waren zufrieden, wie es aller Anschein zeigte, nicht zuletzt auch, weil wir den meisten von ihnen mit unserer Arbeit wieder etliche Erfolge gebracht hatten. Die reichlichen Ergebnisse der Diamanten-Werbung gehörten ganz besonders mit dazu.

Und dann war der eingeschriebene Brief von IDB in der Post. In der Woche vor Weihnachten. Die Kündigung.

Der Agentur-Vertrag läuft zu Jahresende aus und wird nicht erneuert – stand da. Kurz und lakonisch. Und dazu: *Die neue Agentur von IDB ist IdeaPiù, ab dem 1. Januar. Von Interservice ist eine vollständige Übergabe an diese Nachfolger in der ersten Januarwoche erwartet.* Unterschrieben: Cesare Canozzi.

Ich bekam die gesamte Morgenpost immer als erster. War das ein Witz? Etwa wieder einmal Schweizer Humor? Ich konnte, wollte es nicht fassen. Sollte ich es dem Team jetzt gleich sagen? Augenblick! Da brauchte ich erst mal einen starken Kaffee. Unsere Dora brachte ihn mir schnell, so schnell als hätte sie hinter der Tür schon damit gewartet. Und ihrem Gesicht sah ich an, dass sie, dass die ganze Agentur schon Bescheid wusste. Die Briefe in der Postmappe bekam ich ja alle bereits geöffnet und gewisse Nachrichten verbreiteten sich auch bei uns wie Buschfeuer.

„*Riunione di gruppo?*" – fragte Dora, noch mit dem Espresso in der Hand. Es war eine völlig rhetorische Frage. Sie wusste, dass ich bei wichtigen Vorkommnissen immer sofort die ganze Gruppe zusammenrief, und dass das mit dem Diamanten-Brief ganz sicher so ein Anlass war, stand ihr außer Zweifel. Ich gab ihr grünes Licht. Allerdings erst für eine Viertelstunde später. Zuvor wollte ich doch klären, ob der Brief denn wirklich ernst zu nehmen war.

Und ich rief in Genf an, ließ mir direkt Art Lieber geben, hatte ihn auch schnell an der Strippe und... Ja, hörte ich ihn durch die Leitung, die Sache habe wohl ihre Richtigkeit; er selber habe zugestimmt nach dem, was er aus Mailand gehört habe und obwohl es ihm persönlich natürlich ganz fürchterlich leid tue; aber Spannungen und Misstrauen passten nun mal gar nicht zu IDB und in die Firmenpolitik, weshalb ich sicher die auch ihm schmerzliche Entscheidung verstehen würde.

Wie vor den Kopf war ich geschlagen. Spannungen? Misstrauen? Wo denn? Welche? Art Lieber konnte, wollte mir nichts Weiteres dazu sagen. An Herrn Canozzi möge ich mich doch wenden. Und vor ich es noch richtig fassen konnte, hatte er schon aufgelegt.

Die ganze Gruppe war schon im Sitzungssaal, als ich hinein ging. Vom nahen Weihnachtsfest war da nichts zu spüren, wenngleich sich auf einem Tisch in der Ecke die Geschenke türmten, die von Kunden, Zulieferern und den Medien schon gekommen waren und auf die bei uns so übliche Verlosung am 23. Dezember warteten. Was ich dem Team zu sagen hatte, war kurz und keineswegs abschließend: Erst war mit Canozzi jetzt zu sprechen, denn keine Suppe wird so heiß gegessen, wie sie auf den Tisch kommt. Mehr war im Augenblick nicht zu sagen. Was der Verlust des IDB-Etats, an den ich noch nicht wirklich glauben konnte, für uns eventuell bedeutete, war nicht nur mir bewusst, sondern allen im Team, von denen ja jeder einen Kopf zum Denken hatte.

Egisto bat ich gleich anschließend, im Sitzungszimmer zu bleiben und Katja natürlich auch. Dass Egisto vorhin recht eigenartig stumm in der Gruppe gesessen und Kringel auf seinen Block gezeichnet hatte, statt rundum zu blicken und den Mitarbeitern in die Gesichter zu schauen, hatte mich schon verwundert. Es passte als Reaktion einfach nicht zur Rolle eines Agenturpartners und Chefs, der er ja war.

Dann, zu dritt allein, konnte er das Maul auch nicht so richtig aufbekommen. Ja doch, ließ er sich hören, in den letzten Meetings mit Lötscher und Canozzi habe er schon etwas so vage mitbekommen. Die Kostenvoranschläge seien genauer als sonst geprüft worden und über ein paar von den letzten Rechnungen habe es auch zu diskutieren gegeben. Nichts Besonderes aber sei das und durchaus verständlich bei einem neuen Geschäftsführer, der seiner Verantwortung gerecht werden wolle. Und... na ja, doch... irgendwann sei schon auch mal angesprochen worden, vielleicht sogar mehrmals, dass niemand je ganz unabkömmlich sei und dass andere Mütter auch schöne Töchter hätten. Aber, so Egisto, das sei doch nur ganz allgemein übliches Gerede gewesen, das man zu jeder Zeit von jedem Kunden hören könne und das nun wirklich gar nichts Besonderes gewesen sei.

Und je mehr Egisto sprach, umso freier wurde sein Reden und umso betroffener auch sein Ausdruck. Mir war, als hätte er nur langsam begriffen, was da überhaupt vorgefallen war und was es für die Agentur bedeutete. Katja blieb verwundert. Deutlich sah man ihr an, dass sie zumindest perplex war über Egistos Erzählung und das, was er zur nun über uns herein gebrochenen Dusche zu sagen hatte.

„*Warum hast du denn nie darüber geredet, in den letzten Wochen...*" – fragte sie mit hochgezogener Augenbraue – „*wo du doch sonst mit jeder Kleinigkeit aufgeregt angerannt kommst, zumal wenn du wieder einmal meinst, dass ein Kunde vielleicht irgendwie nicht optimal zufrieden sei?*"

Egisto hatte darauf keine Antwort. Er werde gleich sofort mit Canozzi reden und vielleicht sei das Ganze doch nur ein Miss-verständnis oder es lasse sich jedenfalls schnell wieder einrenken. Damit war ich nicht einverstanden und auch Katja nicht. Mit Cesare Canozzi wollte *ich* jetzt sprechen und auch mit Signora Bena und vor allem mit Peter Lötscher, den ich ja schon jahrelang gut kannte – schon aus Zeiten, da er längst noch nicht bei IDB war.

Lötscher kam vor Weihnachten nicht mehr nach Mailand, doch Canozzi konnte ich treffen und Frau Bena war auch dabei.

Das Gespräch hat sich eigenartig entwickelt. Canozzi empfing mich kalt und dabei doch ganz sichtlich verklemmt und keines-wegs unbefangen. Frau Bena saß auf der Vorderkante ihres Stuhls und hatte, ganz gegen ihre Gewohnheit, noch nicht einmal daran gedacht, Kaffee anzubieten. Und von mir kam zum Auftakt nur ein einziges in den Raum gezischtes Wort: „*Warum?*"

Zu Anfang versuchte Canozzi, sich in allgemeine Ausflüchte zu schlängeln. Wir seien einfach zu teuer, hörte ich als erstes, und da müsse er schon ein verantwortliches Auge darauf haben. Ich zog meine Augenbraue hoch, nicht so gut allerdings wie Katja das konnte. Schweigen. Es fing an peinlich zu werden. Dann, langsam, fühlte er sich bemüßigt, nachzusetzen: Die Schweizer hätten ja keinerlei Ahnung, was bei vielen Werbedienstleistungen die in Mailand marktgerecht erzielbaren Preise seien; und von den schei-baren Erfolgen unserer Werbung hätten sie sich wohl allzu sehr blenden lassen, wobei sie gar keine Ahnung hätten, um wie vieles besser sich eine andere und wirklich gut kreative Kampagne rentieren würde; auch unsere Medienstrategie, also zumal die Auswahl der Medien sei es nicht wert, wirklich professionell genannt zu werden, was vor allem schon einmal unser eindeutiger Irrsinn beweise, den Kommunisten gutes Geld in ihren Medienrachen geschmissen zu haben; und...

Und da klingelte es bei mir zum ersten Mal. *L'Unità*. Die Auf-nahme von *L'Unità* in den Medienplan! Canozzi gehörte doch zum PSI, war jahrelang der Assistent des Abgeordneten Brambilla gewesen und gehörte, wenn inzwischen auch als Bauernopfer geschasst, sicher immer noch zum engen Kreis des Sozialistenchefs Bettino Craxi. Daher wehte also der Wind! Prompt fiel mir dazu ein, dass IdeaPiù, die Konkurrenten, die uns ab Neujahr ersetzen sollten, schon etliche *gemeinnützige* Kampagnen betreut hatte, deren Etatmittel aus öffentlichen Geldern der Mitte-Links-Regierung stammten. Da war doch Mauschelei im Gange!

Ohne Umschweife habe ich Canozzi darauf angesprochen. Entrüstet wies er *solches Ansinnen* von sich. Ehrabschneidend sei die Zumutung und ich möge Gott danken, wenn er dagegen nicht gerichtlich vorgehe. Seine Stimme klirrte. Frau Bena rutschte auf ihrem Stuhl herum, als wäre es ein Hornissenbett.

„*Eine Hand wäscht die andere*" – zitierte ich den auch und gerade in der sozialistischen Partei beliebten Wahlspruch, um dann dagegen zu halten, was wir, Interservice, soeben für ihn getan hatten – für ihn, der gerade eben noch nichts anders gewesen war als ein geschasstes, arbeitsloses, von seinen Parteigenossen abserviertes Nichts ohne Zukunft, dem Egisto, unser Partner, einen Traumjob zugeschanzt hat – wirklich zugeschanzt, mit einem Spielchen, das, wie mir jetzt so langsam klar zu werden begann, alles eher denn koscher gewesen war. *Dankbarkeit? Wo denn? Oder nur ganz einfach Fairness? Damit jetzt?*

Ich meinte wohl, den Diamanten-Etat doch noch für uns retten zu können. Wenigstens einen Teil davon. Ich bildete mir ein, dass, wenn schon unser ganzes Team und vor allem auch ich ihm völlig gleichgültig waren, er doch wenigstens an seinen Freund Egisto denken würde und an dessen Familie. Der abrupte Verlust von IDB konnte für unsere Agentur lebensbedrohend sein. Wirklich.

Blöde Gefühlsdusselei. So Weihnachtsgedanken eben.

Es hat dann auch nichts gebracht, dass ich Anfang Januar doch noch mit Peter Lötscher reden konnte. Die Würfel waren gefallen. Lediglich sich darum zu bemühen, wollte er noch versprechen, dass unsere noch offenen Rechnungen bezahlt würden, wobei er unterstrich, dass das gar nicht so logisch wäre, wo doch Canozzi einen großen Teil davon als überhöht angeprangert und mit der Maßgabe blockiert habe, vom noch Offenen höchstens 50% zu überweisen – und auch das erst nach Eingang unseres schriftlichen Einverständnisses zu dieser Kürzung.

Dabei ist es dann geblieben. Wir mussten unsere Forderungen kürzen, um von den Außenständen überhaupt noch etwas zu bekommen. Fast als einen Witz habe ich es deshalb empfunden, als mir Peter Lötscher später mal einen Diamanten gegeben hat. Unter der Hand und sozusagen *als Erinnerung.* Ausdrücklich nicht für gestrichene Zahlungen oder sonstwie als Entschädigung sei er zu verstehen. 1,2 Karat waren es, River, IF. Ob Lieber darüber gewusst hat?

Eine klamme Zeit ist es für uns in den folgenden Monaten geworden. Das in den Finanzen aufgerissene Loch machte sich schnell bemerkbar. Neue Kunden, die es füllen konnten, waren nicht von heute auf morgen zu gewinnen; und dann, bevor daraus Abrechnungen anfangen und Zahlungen sprudeln würden, galt es, ein gutes Maß an Luftreserve und Geduld zu haben.

Eigentlich hätten wir sofort zwei, besser drei Mitarbeiter ent-lassen müssen, doch da war Katja strikt dagegen. Das – so ihre klare Meinung – wäre doch gerade noch ein zusätzlicher Triumph des ungewaschenen Schweins, das wir, also das unser Egisto von Hunger und Schande gerettet hatte; und dabei würden unsere Entlassungen kurzfristig nicht einmal etwas an Entlastung bringen. Ich möge nur mal an die dann fälligen Abfindungskosten denken. Womit sie recht hatte. Über IDB haben wir in der Agentur nicht mehr geredet.

Egisto benahm sich ungewohnt in jenen Wochen des neu begonnenen Jahres. Überwiegend saß er zurückgezogen und hinter verschlossener Tür in seinem Zimmer, oder er war unterwegs, zu Kunden, wie er sagte. Den meisten vom Team schien er aus dem Weg zu gehen, was aber auch umgekehrt gewesen sein kann. Die Atmosphäre in den Partnersitzungen, die wir stets am Freitagabend hatten, stimmte irgendwie nicht. Sie war nicht gerade frostig, aber so etwas wie eine unangenehme Anspannung lag fast immer in der Luft. War es Vorwurf? Misstrauen? Schuldgefühl?

Das war die Zeit, in der Egistos Gewohnheit anfing, mir freitags stets eine dicke Packung auf den Tisch zu knallen: tagesfüllende Vorgaben für benötigte Texte oder zu überarbeitende Konzeptionen, die *leider* dringlich waren und die er für das eine oder andere Kundenmeeting *unbedingt* dann gleich am Montagmorgen brauchte. Für ihn selber war das Wochenende natürlich heilig. Er konnte doch wohl den Sabbat nicht entweihen und der Sonntag war den Kindern gewidmet.

Monate sind ins Land gekommen und wieder gegangen. Weiter-hin haben unsere Finanzen erheblich unter dem IDB-Loch gelitten. Doch die Arbeit mit unseren übrigen Kunden ist weiter gelaufen und hat streckenweise auch so richtig Freude gemacht. Nur, die Umsatzzahlen haben nicht mehr gestimmt. Was wir in jenen Monaten abrechnen konnten, war kaum die Kosten deckend. Aber alles fließt in unserem Beruf.

Irgendwie hat es sich ergeben, dass ich auf einen möglichen Neukunden gestoßen bin: Agnesi, einen von den in Italien führenden Nudelherstellern. Es hieß, der Etat solle schnell vergeben werden, die neue Kampagne schon im September starten. Und auch, dass zur Wettbewerbspräsentation nur drei, höchstens vier vorab ausgewählte Agenturen eingeladen würden. Eine echt ideale Ausgangslage war das. Und es ist mir gelungen, Interservice in die Liste zu bekommen. Wir durften präsentieren! Dass wir den Pitch dann auch gewinnen würden, daran hatte ich keine Zweifel. Schon sah ich unsere Durststrecke bald überwunden – sehr überwunden.

Die Sache hatte nur einen Haken, der ebenso normal wie lästig war: Agnesi erwartete eine komplette Präsentation, also nicht nur ein Konzept, sondern dazu auch in allen Details ausgearbeitete Muster der Anzeigen, der eventuell vorgesehenen Außenwerbung und vor allem auch der TV-Spots. Eine Vollpräsentation war also erwartet, ohne dafür auch nur einen geringen Spesenbeitrag zu bezahlen. Das hatte sich in den letzten Jahren so eingebürgert. Angefangen damit hatten die internationalen Großagenturen und so für uns alle den Markt verdorben. Ganz selbstverständlich haben sich die potentiellen Kunden *den* Apfel schnell vom Baum geholt hatten. Und sie haben dabei auch noch überzogen, indem sie in extremen Fällen auch mal ein Dutzend Agenturen antreten ließen.

So eine Vollpräsentation war natürlich teuer. Es reichte ja nicht, nur Konzepte, Texte, Skizzen und Medienpläne im stillen Kämmerchen auszuarbeiten. Es brauchte zudem vollständige, mit ihren Fotos montierte Anzeigen- und Plakatsujets und auch von den TV-Spots waren wenigstens anprecende Pilotfilme zu präsentieren. Das Briefing des Kunden sah das vor. Es führte kein Weg daran vorbei.

Egisto nahm es gelassen. Katja und ich hockten uns hin, den nötigen Aufwand und die Kosten zu berechnen. Natürlich konnten wir mit dem Entgegenkommen etlicher unserer langjährigen Produktionspartner rechnen, sowohl bei deren kulanter Berechnung ihrer Leistungen als auch ihrer Geduld beim Warten auf das Geld. Aber die Kosten der Models, der Studios und deren Techniker, von Textsatz und den Farbandrucke der Anzeigen- und Plakatsujets waren allemal in voller Höhe und auch recht kurzfristig fällig.

Wir haben hin und her gerechnet, Katja und ich. Ein Telefonat folgte dem anderen, um Preise festzustellen und sie zu verhandeln. Wieder und wieder pusselte ich an kreativen Ideen, die bei relativ geringem Produktionsaufwand hohe Aufmerksamkeit und so den nötigen Erfolg versprechen konnten. Gastone Vernizzi war bereit, die Fotos für die Präsentationskampagne gegen nur eine Kostenvergütung zu fotografieren und – oh Wunder – seine Rosa nannte dazu einen wirklich freundschaftlichen Preis. Und Assofilm, mit denen wir schon etliches gedreht hatten, bot an, für die Pilotspots nur etwa ein Drittel des Üblichen abzurechnen, falls wir mit unserer Präsentation den Agnesi-Etat nicht gewinnen sollten.

Unter dem Strich ist ein durchaus vernünftiger, wenn auch vielstelliger Betrag heraus gekommen. Hätten wir den IDB-Etat noch gehabt, wäre uns die nun für den Wettkampf anstehende Investi-tion überhaupt kein Thema gewesen. Routine. Ganz einfach zum Beruf gehörend. Einzusetzen, um zu gewinnen – oder eben auch, um mal zu verlieren. Aber jetzt...

Wir haben es trotz allem Entgegenkommen rund um uns nicht geschafft. Auch die so komprimierten Kosten konnten wir nicht stemmen. Oder besser: Wir konnten sie uns nicht leisten, ohne Interservice zu gefährden. Wir mussten verzichten. Kampflos. Ein aufregender Etat wäre es gewesen, der von Agnesi. Und dazu ein lukrativer.

Es war ein milder Frühlingsabend, an dem Katja und ich vor den Zahlen kapitulierten, resignierten und spät nach Hause gingen. Nach Abendessen stand uns da nicht mehr der Sinn. Mit einer Flasche Rotwein und zwei warmen Decken haben wir uns in den Garten gesetzt. Der Aprikosenbaum über uns stand in voller Blüte und leuchtete rosa im diffusen Licht der Nacht. Der Himmel war klar wie selten in Mailand, mit heller Mondsichel und lauter Sternen. Und wir zwei saßen da, ließen unsere Gedanken laufen und wussten dabei doch, dass sie nicht weit wandern würden.

Rosa – sagte Katja plötzlich in die Stille und rückte ein bisschen näher. Meinte sie die Blüten über uns im Baum? Eher nicht, wie sie da zögernd, flüsternd fast dazu setzte: *...erinnerst du dich?*

Wir haben beide daran gedacht – an die schaurige Nacht vom letzten Jahr mitsamt dem schwarzen Schrank mit den Symbolen und dem Pentagramm mitten auf dem Kreuz. Es hat sich in uns festgefressen, ohne dass wir auch nur ein Wort dazu noch sagten. Wir haben uns nur an der Hand genommen... sind still da gesessen mit dem Blick zu den Sternen... haben von unserem rubinroten Wein getrunken... in uns versunken... stumm und vielleicht auch taub... konzentriert... ohne auf die Zeit zu achten... weggetreten und zugleich doch völlig da... ohne zu denken und doch von Gedanken übervoll...

Spät in der Nacht war es geworden, als ich fröstelnd aufstand. Vom Rotwein war nichts mehr in der Flasche. Ich fühlte mich wie ausgelaugt. *Holst du uns noch einen Schluck Wein?* – krächzte Katja mit ganz matter, wie von einem Langlauf erschöpfter Stimme. Es war die Nacht zum 1. Mai. Walpurgisnacht.

Am übernächsten Tag, dem nach dem Feiertag, kam Egisto ganz verstört ins Büro. Cesare Canozzi war gestorben. Auf der Autobahn bei Bergamo war er auf einen gemütlich vor sich hin rollenden LKW aufgefahren. Kurz vor Mitternacht, vorgestern.

*

An die zwei Jahre später dann ist die Sache mit Egisto geplatzt. Fehlgeleitete Kundenpost hat es ausgelöst.

Da lag eines Morgens in der Postmappe ein Schreiben unseres Kunden Ceredil, dem Fliesen-Hersteller aus der Gegend von Modena, das in unserer Post nichts verloren hatte. Es war das Protokoll der letzten Aufsichtsratssitzung des Kunden, das uns nun wirklich nicht betraf. Dachte ich. Ganz zufällig – oder eher doch neugierig – warf ich aber noch einen zweiten Blick auf das Papier und war perplex: Egisto Barbato stand da in der Auflistung der Aufsichtsräte, die teilgenommen hatten. *Wie bitte?*

Es war nicht nur ungeschriebenes Gesetz, sondern eine in den Firmenstatuten ausdrücklich festgelegte Norm: Kein Mitarbeiter oder gar Partner von Interservice durfte irgendeine Funktion in Firmen wahrnehmen, die unsere Kunden waren oder solchen auch nur nahe standen. Interessenkonflikt war ganz einfach der Grund dafür. Dagegen hatte Egisto offensichtlich verstoßen. Er hatte unsere Unabhängigkeit aufs Spiel gesetzt, sie ganz schlicht verraten. Vor den Augen der Partner und des ganzen Teams. Das war nicht irgendein kleiner Fehltritt! Einen Kernpunkt des Berufsethos unse-rer Branche hatte er hintergangen, mit allem rundum, was das für die Glaubwürdigkeit der Agentur bedeutete.

In erstem Impuls wollte ich Egisto sofort zur Rede stellen. Aber dann dachte ich an seine wohl vorab bedachten Erklärungen, Ausflüchte und Schönredereien mit denen da sicher zu rechnen war. Reden konnte er ja gut, Egisto, und selten habe ich ihn ohne eine schnelle Antwort erlebt. Da wollte ich also doch mehr wissen, bevor ich auf ihn zuging. Aber wo war denn eine Quelle dafür? Es konnte doch jeder, den ich darüber ansprach, völliges Nichtwissen schlankweg vortäuschen und Egisto informieren, sobald ich den Hörer aufgelegt hatte.

Mosé Contini ist mir dann eingefallen. Er war Mailand-Leiter von Real Time, unserer EDV-Firma, und dazu ein guter Freund der Barbato-Familie. Und Ada, seine Frau, ging zur selben Friseuse wie Katja. Nicht selten trafen sie sich dort und setzten sich nachher für einen Aperitif-Plausch zusammen. Das war der Weg und Katja, kaum informiert und voller Wut im Bauch, sah es nicht anders.

Es ist erstaunlich, wie sich die Schleusen öffnen und was für Wassermassen da heraus stürzen, wenn jemand einmal anfängt zu erzählen. Von Ada kam um vieles mehr, als wir je denken mochten; mehr als uns vermutbar gewesen; mehr als genug.

Da will nun aber die ganze Geschichte mit Egisto Barbato von Anfang an erzählt sein, nicht nur die Geschichte vom Protokoll, das sich da fehlgeleitet in meiner Postmappe gefunden hat.

Etwa zwei Jahre nach der Gründung von Interservice hatte ich Barbato kennen gelernt. Er war damals Marketing-Leiter von Atlas Business Services, ABS, einem international angesehenen Software-Unternehmen, das ich als Kunden gewinnen wollte. Interservice hat von ABS bald auch ein paar kleinere Aufträge bekommen; was aber echten Umsatz gebracht hätte, wurde in London gemacht und dort auch für Italien adaptiert.

Barbato war frustriert von seiner *eingeengten* weil so sehr von London abhängigen Position und erwähnte das mehr als einmal, wenn ich ihn arbeitsbedingt gelegentlich zum Mittagessen einlud. Ob dann er davon angefangen hat oder ich, das weiß ich wirklich nicht mehr. Irgendwann stand jedenfalls die Idee im Raum, dass er bei Interservice als Partner einsteigen möge.

Der Gedanke hatte eine überzeugende Basis. Barbato war ein engagierter Marketing-Mann. Das hatte sich in unserer wenn auch geringfügigen Zusammenarbeit und den sich daraus ergebenen Gesprächen durchaus gezeigt. Er hatte einen großen Freundeskreis, was er *sein Gold in der Waagschale* nannte. Ich rechnete mir Gutes davon aus und dache an das Gewinnen neuer Kunden, das allzeit ein Hauptthema jeder Werbeagentur ist. Und Interservice brauchte Verstärkung in der Kundenbetreuung. Wenn die Agentur wachsen wollte, brauchte sie mehr Leute dafür. Wenig hielt ich aber davon, für diesen Bereich nur sozusagen normale Mitarbeiter zusätzlich einzustellen. Jeder einzelne von ihnen war täglich eine Bedrohung, kurzfristig zur Konkurrenz zu wechseln, das bei uns gesammelte Know-how dorthin mitzunehmen und zudem zu versuchen, Kunden nachzuziehen. Unter Partnern schien mir diese Gefahr jedoch gebannt.

So ist es gekommen, dass Egisto Barbato als Partner zu uns ge-kommen ist. 20% der Quoten überschrieb ich ihm aus meinem Anteil. Kostenlos. Das gehörte zur Vereinbarung. Die Gegenleistung sollten Kunden sein, die er gewinnen wollte.

Recht schnell konnte er sich von ABS frei machen. Ermöglicht hat das wohl, dass Interservice auch weiterhin deren Agentur in Italien bleiben und Barbato damit weiter für ABS verfügbar sein sollte. Optimal fand ich das zwar gar nicht, weil es nur gerade so am Rande von lauernden Interessenkonflikten lag. Die voraussichtliche Geringfügigkeit unserer auch künftigen Aufgaben für diesen Kunden, weil doch alles Wichtige in London ablief, hat mich dann aber doch überzeugt.

Erste Abwehr-Unruhe kam uns, Katja und mir, dann aber schon wenige Tage später, als wir wegen der Partner-Anteile beim Notar gewesen waren. Barbato wollte sein Monatsgehalt vorerst nicht offiziell als nunmehriger Mitinhaber bekommen, sonder getarnt als freies Beratungshonorar, möglichst *unter der Hand*, oder sonst eben gegen entsprechende Rechnung. Das sei, hörten wir bass erstaunt, weil auf diese Weise sein Beziehen von Arbeitslosengeld nicht gefährdet würde, das er *natürlich* beantragt hatte. *Wie bitte?*

Arbeitslosengeld hat im italienischen Staat und unserer Wirtschaft nie eine sonderliche Rolle gespielt. Arbeiter und kleine Angestellte bekamen es in der Regel für nicht mehr als sechs Wochen, für drei Monate in besonderen Fällen. Die Kategorie der Leitenden Angestellten allerdings war privilegiert und da konnte das Arbeitslosengeld schon bis zu sechs Monate laufen und auch 70% des letzten Gehalts betragen. Barbato gehörte dazu.

Katja und ich, wir haben uns dem Ansinnen widersetzt. Fast wäre es zum Bruch gekommen, bevor die Partnerschaft noch richtig angefangen hatte. Barbato hat dann sein monatliches Fixum mit regulärem Eintrag in die Bücher bekommen, wie wir andere auch. Ob er zudem noch versucht hat, sich auch die Stütze zu krallen, und ob ihm das etwa auch gelungen ist, habe ich nicht weiter verfolgt. Nur ein schaler Geschmack ist mir im Mund geblieben. Und es passt eben auch zu der ganzen Geschichte, die hier erzählt sein will.

Egisto Barbato war kein kreativer Mensch. Ideen konnte er gut beurteilen, Ausarbeitungen schnell bewerten. Aber es lief nun einfach nicht, dass ihm selbst etwas für die Botschaften einer Werbekampagne eingefallen wäre, oder sonst etwas, das einem Kunden und seinen Produkten im Markt irgendwie weiter geholfen hätte. Das war auch nicht so schlimm. Er sollte ja nicht kreativ in der Agentur tätig sein, sondern Abläufe koordinieren und Kunden gut betreuen; möglichst auch neue an Land ziehen. Und darin war er gut.

Ich merkte die Entlastung schon bald.

Kundenmeetings konnten oft endlos lang und Geduld fressend sein, wenn ein und dasselbe Thema endlos durch die Wenn-und-Aber-Mangel gedreht wurde; wenn Kunden bei Texten auch noch am letzten Komma feilen wollten, ohne dem Rhythmus der Sprache oder dem versteckten Witz auf die Spur zu kommen; wenn fünfzigmal nachgefragt wurde, warum nicht die eine sondern eine andere TV-Zeit vom staatlichen Fernsehen zugeteilt und zu bekommen war. Von all dem konnte ich nun abgeben. Viel mehr Zeit und Muse blieben mir damit für das Kreative, das ja unser Brot und die Butter darauf war, und auch mehr Zeit dafür, mich im Team um die handwerklichen Umsetzungen und die Qualität der Endbearbeitungen zu kümmern. Das war schon was!

Bald brachte Egisto auch einen ersten Kunden ins Haus: Securit aus Parma. Es war kein großer Etat, aber vom Thema her spannend. Um Sicherungsanlagen für Galerien, Juweliere, reiche Wohnungen und so ging es dabei. Das lud zu einer spannenden Testimonial-Kampagne, deren zügig aufeinander folgende Anzeigensujets packende Storys aus dem buntem Leben erzählen konnten. Finanziell hat das nicht viel gebracht, aber gute Aufmerksamkeit auf uns gelenkt.

Bald dann hatte Egisto einen weiteren Neukunden im Schlepptau und kurz darauf noch einen dritten. Es waren keine großen Etats, die da kamen. Aber insgesamt fingen die Zahlen an zu stim-men. Der neue Partner war schnell nicht mehr ein Kostenfaktor mit Investitionsrisiko, sondern ein positiver Beitrag zur auch ökonomischen Kapazität von Interservice.

Wir haben begonnen, uns aneinander zu gewöhnen. Die Arbeitsteilung hat sich eingespielt. Mit unseren individuellen Eigenarten kamen wir auch recht reibungslos klar. Wir fingen an, uns gelegentlich auch in der Freizeit zu treffen. Mit Olga, Egistos Frau, kamen Katja und ich gut aus und seine beiden Jungs, die Gymnasiasten Samuele und Elia, hatten wir immer gern dabei. Ein gutes Jahr lang ging das so. Wenn doch mal ein Haken irritierte und gelegentliche Misstöne aufgrummelten, was in jeder Zusammenarbeit ja unvermeidlich ist, war das stets ganz schnell bereinigt.

Aber zurück nun zur Sache mit Ceredil, dem Fliesen-Hersteller in Modena, dem Protokoll von dessen Aufsichtsratssitzung in unserer Postmappe und Egistos Rolle, die sich daraus ergeben hat.

Katja hat sich also mit Ada, der Frau von Egistos Freund Mosé Contini, zu einem ihrer Nach-Friseur-Aperitifs getroffen und Ada hat zu erzählen begonnen, als wären da lange geschlossene Schleusen ganz plötzlich aufgebrochen. Mit der IDB-Geschichte hat sie angefangen.

Wir, Katja und ich, hatten den verlorenen Diamanten-Kunden längst schon abgeschrieben und Egistos Rolle in dem ganzen Spiel einfach ausgeblendet. Er hatte uns wiederholt beteuert, stets nur das Beste gewollt und getan zu haben, von Canozzi selber überrascht worden zu sein und unter dem Vorgefallenen zu leiden wie kein zweiter. Also, erledigt. Die IDB-Sache war uns kein Thema mehr. Nun aber war Ada Contini mit ihrer Erzählung da.

Schon die Vorauswahl und Präsentation der Kandidaten für IDB war eine ausgeklüngelte Farce, hatte Ada zu berichten. Ihr Mann und deshalb auch sie wussten das damals schon, denn locker hatte Egisto bei einem Abendessen davon erzählt. Gewundert hat ihren Mosé und sie nur, dass keiner die anderen Bewerbungen gelesen hatte – zumal ich nicht, der, wie man sich so erzähle, doch meine Nase immer und überall in alles hinein steckte. *Egisto ist eben raffiniert!* – das konnte Ada sich nicht verkneifen.

Und weiter: Schon ganz von Anfang an hat es da den Plan gegeben, den Job Canozzi zuzuschanzen. Brambilla hatte Egisto darum gebeten, so wie er überall in seinem Freundeskreis für den bauerngeopferten Assistenten geworben hatte. Als dann Canozzi den Job von Egisto zugeschustert bekommen hatte, hatte es ursprünglich damit erledigt sein sollen. Aber es ist dann eben doch nicht genug gewesen. Der Vorschlag zu Gunsten der mit Brambilla und der PSI-Partei verbundenen Agentur IdeaPiù ist auf den Tisch gekommen. Unsere *kommunistische Medienpolitik* hatte da nur ganz am Rande hinein gespielt, war aber zum willkommenen Aufhänger geworden, plauderte Ada weiter.

Und dazu noch ein Hammer von ihr: Canozzi wollte es gern akzeptieren, vor uns als Bösewicht dazustehen. Egisto aber sollte dabei nicht leer ausgehen. Etat-Provisionen von IdeaPiú, der uns nachfolgenden Agentur, sollte er bekommen, als Leibrente sozusagen, solange IDB deren Kunde bliebe.

Also... das war es. Doch dann erzählte Ada weiter, wo die Schleusen nun schon mal geöffnet waren. Das mit dem Sitz Aufsichtsrat von Ceredil hatte schon begonnen, kurz nachdem Egisto zu Interservice gekommen und die Betreuung dieses Kunden übernommen hatte. Ignazio Colombo, einer der Inhaberbrüder, hatte es ihm angetragen – wohl weil sich Egisto im Haus beliebt gemacht hatte, sicher aber auch, weil sich die Colombo-Brüder davon finanziell einen konkreten Vorteil ausgerechnet hatten.

Es lag auf der Hand: So manche Beratung war da wohl ohne Abrechnung über die Bühne gegangen. Was sonst so von unseren Agenturleistungen unberechnet geblieben ist, wollte ich mir besser gar nicht erst ausmalen. Machbar war solches und ziemlich leicht sogar. Eine Hand wusch also wieder mal die andere. Seit nun schon an die drei Jahre und etwa mehr, wenn Ada nicht flunkerte. Und der Stuhl im Aufsichtsrat war von Ceredil satt dotiert. Ada hat auch das Honorar genannt. *Vergütung* sagte sie dazu.

Sofort nach dem Aperitif-Gespräch der beiden Frauen habe ich Egisto ins Gebet genommen. Katja war natürlich mit dabei. Schritt für Schritt habe ich ihm das Ganze von Anfang an vorgehalten, ohne ihn zu Wort kommen zu lassen. Bei jedem Ansatz mich zu unterbrechen, bin ich ihm mit scharfem *Halt du jetzt die Klappe!* übers Maul gefahren.

„*Woher willst du denn das so... so genau wissen?* – war dann die erste Reaktion, als er doch zu Wort kam. Der blödeste Satz, den er da brabbeln konnte!

Dann fing er an mit erklären, verdrehen, herumeiern, sich recht-fertigen... was immer auch. Von knappem Geld war da seine Rede und was zwei Jungs in der Pubertät so kosteten und sein noch nicht abbezahltes Segelboot am Comersee und sogar die zu unterstützende alte Mutter in Rom nahm er in sein Lamento auf. Dass da bei ihm offensichtlich vom ersten Tag an auch nicht die Spur von Loyalität da gewesen war, wehrte er entrüstet ab. Dass er als Partner das ganze Team jahrelang hintergangen und verraten hatte, ließ er nicht gelten. Fast sollte es doch scheinen, dass wir anderen nichts als verklemmte Idioten waren, die keine Ahnung davon hatten, wie es in der Welt zugehen müsse, wenn einer nicht untergehen wolle.

Peinlich!

Fast gar nicht konnte, wollte Egisto verstehen, dass ein Schlussstrich zu ziehen war. *Unsere Partnerschaft beenden? Warum denn? Mich aus der Agentur hinausboxen? Das wäre ja noch schöner! Mir sträflich schaden zu wollen, nur weil euch eine Laus über die Leber gelaufen? Unverschämt!* –

War er so verquer, oder hat er auch das nur gespielt?

Katja hat ihm dann doch klar machen können, dass es für ihn keinen Platz mehr in der Agentur gab; dass er seinen Schreibtisch noch gleichen Tags zu räumen hatte; dass, ob nun mit oder ohne seinem Beisein, in höchstens drei Tagen Notarstermin sei zur Rückübertragung der ihm überlassenen Agenturanteile.

Wegen dieser Anteile aber ist es auch noch zu erbittertem Krach gekommen, bei dem es laut und fast handgreiflich wurde. Katja und ich gingen davon aus, dass Egisto die Anteile genau so kostenlos zurückzugeben habe, wie er sie bekommen hatte. Sie waren ein Eintrittsgeschenk gewesen, ganz eindeutig mit Blick und Vertrauen auf ein gemeinsames Firmengeschick, dem sich jeder von uns dreien völlig loyal widmen würde. Loyal!

Wo war denn bei Egisto aber diese Loyalität gewesen? Beim skrupellosen Fälschen der IDB-Kandidatenwahl zum Vorteil obskurer Freunderln und möglichen Rufschaden der Agentur? Bei den kassierten Provisionen dafür, dass er einen unserer lukrativsten Kunden an die Konkurrenz verhökerte? Beim sittenwidrigen Eintritt in Aufsichtsrat eines Kunden, wiederum der Agentur zum Schaden und für den eigenen Profit? Loyalität, wo denn?

Egisto ist hartnäckig dabei geblieben: Die Anteile hatten ihren Wert und nicht zu knapp; er war notariell beglaubigter Besitzer der Anteile, gleichgültig, ob sie ihm geschenkt oder gekauft waren; der Firmenwert war zu schätzen und dem entsprechend konnten Katja und ich die Quoten zurückkaufen; und wenn nicht, dann wollte er sie ganz einfach behalten, mit alle Rechten eines voll handlungsfähigen Partners natürlich, oder sie frei im Markt verkaufen. Das war's für ihn. Basta.

Beim Notar waren Katja und ich dann trotzdem, wenn auch allein. Wir haben die Rückführung der Anteile in die Bücher eintragen und es beglaubigen lassen. *Vorbehaltlich,* schrieb und warnte der Notar dazu. Bindend könne die Transaktion erst mit der zustimmenden Unterschrift von Egisto Barbato werden.

Noch einmal ist es zum Gespräch gekommen. Absolut nutzlos. Im Gegenteil. Barbato ist gegen uns vor Gericht gezogen. Die Klage: Freigabe der *eingefrorenen* Agenturanteile, mit allen dazu gehörenden Rechten und zumal dem der freien Veräußerbarkeit. Der Streitwert: Ein irrsinnig hoch angesetzter Fantasie-Firmenwert als Basis und davon der 20%ige Anteil für ihn.

Das war nicht witzig. Eine solche Klage wurde sehr ernst genomen bei den italienischen Gerichten. Sogleich bedeutete sie für uns Beklagte die Notwendigkeit, einen guten Anwalt zu beauftragen und das wieder brachte schnelle Sofortkosten: die Anzahlung auf das Anwaltshonorar, das sich nach dem Streitwert richtete; jede Menge Gerichtsgebühren, die schon zu Beginn anfielen, um als Beklagte überhaupt zu Verteidigung und eventueller Gegenklage zugelassen zu werden. Und damit nicht genug. So ein Verfahren zog sich wenigstens sechs-acht Jahre hin, damals, bis es durch alle drei Instanzen war – mit allen damit verbundenen Kosten und dem durchs Öffentlichwerden nicht umgehbaren Image-Schaden noch dazu. Auch heute noch ist es in Italien so.

Wir hatten keine Rechtsschutzversicherung. Der Versuch, noch zu einer gütlichen Einigung zu kommen, ist nutzlos geblieben.

Barbato hat dann sofort eine eigene Beratungsfirma aufgemacht: *EB Communications*. Damit als Basis ist er auf alle unsere Kunden zugegangen. Sie sollten ihm folgen – weil doch er der *beratende Fachmann und Kopf* von Interservice gewesen sei und *nur er* weiterhin den gewohnten Service-Standard garantieren könne.

Securit mit seinem Etat ist ihm sofort gefolgt, wollte noch nicht einmal den Kündigungstermin zum Quartalsende abwarten. Finanziell war das keine große Einbuße für uns, aber um unsere witzige Testimonial-Kampagne ist es dann gegangen. Securit wollte sie weiterführen und Barbato hat dazu volle Schützenhilfe gegeben. Uns aber kam das nicht in Frage. Das Copyright lag bei uns. Wer Interservice den Rücken kehrte, hatte eben auch auf deren Kreativität zu verzichten. Und schon hatten wir noch einen Prozess auf dem Hals.

Auch Consoplan, ein kleinerer Software-Entwickler und EDV-Shop, den Barbato als zweiten oder dritten Kunden für Interservice gewonnen hatte, ist ihm gefolgt. Das war nicht viel mehr als noch ein Nadelstich dazu. Aber doch nervend.

Schlimm dazu gekommen ist aber dann, dass etliche der übrigen Kunden anfingen, immer wieder anzumahnen, sie von unseren Streitereien verschont zu lassen, und dass wir etwas tun sollten, damit es endlich aufhöre mit den ständigen Hämespitzen gegen uns und den Lockangeboten, die sie immer wieder von Barbato bekamen. Wiederum ein Rechtsanwalt und noch ein Gerichtsverfahren. Lediglich eine Einstweilige Verfügung konnte hierbei helfen. Die haben wir auch bekommen. Bereits nach nur drei-vier Monaten, was für Italien beinahe schon ein Geschwindigkeitsrekord war.

Fast zeitgleich ist es zusätzlich aber auch zur Kampfsache mit Ceredil gekommen.

Die Zusammenarbeit mit den Fliesenleuten hatte sich verändert seit dem fehlgeleiteten Aufsichtsrat-Protokoll in der Postmappe und dessen Nachspiel in der Agentur. Wir haben den Kunden zwar nicht verloren, aber jetzt war da immer eine gewisse Spannung drin, wenn es galt, etwas zu besprechen, präsentieren, entscheiden oder genehmigen. Ich konnte nie dahinter kommen, was Barbato den Brüdern Colombo gesagt hatte und wie. Erfahren habe ich nur, dass er schnell aus Aufsichtsrat ausgeschieden ist, wohl nicht aus eigenem Antrieb. Und sicher war ich mir auch, dass wir unsere Vertragskündigung nicht minder schnell bekommen hätten, wenn da nicht gerade ein besonders delikates Projekt mit uns am Laufen gewesen wäre.

Darum ist es gegangen: Nur alle sechs-sieben Jahre ließ Ceredil seinen Gesamtkatalog neu auflegen. Das war eine überaus aufwändige Drucksache, in der Hunderte von Fliesen und Kacheln zu zeigen waren. Entscheidend kam es dabei darauf an, alle Dekors perfekt scharf und alle Farben möglichst originalgetreu wiederzugeben. Dass eine wirklich vollkommene Originaltreue unmöglich zu erreichen war, auch auf bestem Papier und mit dem uns genehmigten Sechs-Farben-Kunstdruck, war keinem der am Projekt Beteiligten fremd. Das lag schon daran, dass sich die Farbtöne von Kacheln und Fliesen an sich schon je nach Lichtintensität und dessen Einfallswinkel ständig in Nuancen ändern. Wir kannten die Schwierigkeiten gut und hatten uns darauf eingestellt. Zugang zu den neuesten Geräten der Farbmessung von Dias und Andrucken hatten wir uns gesichert und dazu die nötigen, hoch qualifizierten Fachleute.

Vernizzi fotografierte die Artefakte unter speziell austariertem, stets unverändert gehaltenem Licht. Wochenlang sah sein Studio wie ein Fliesenlager aus und war zu mehr als einer Hälfte für alles andere gesperrt. Fotolito Mediolanum machte die Offsetfilme. Das waren Spezialisten, die auch für das Brera-Museum und den renommierten Kunstverlag De Luca arbeiteten. Zum Drucken haben wir Mondadori in Verona gewählt, weil das für solche Präzisionsprojekte die anerkannt Besten waren. Und jedes Bild wurde in jedem Arbeitsschritt elektronisch geprüft, korrigiert wenn nötig und allenfalls auch neu gemacht.

Der Kunde war natürlich voll in das Fortschreiten des Projektes mit eingebunden. Stunden und Tage verbrachten unsere Grafiker mit den Farb- und Brenntechnikern von Ceredil, verglichen Dias und Andrucke mit den Originalstücken aus der Produktion, kamen oft auch in die Agentur zurück mit langen Listen von angepeilten Nuancen, die im Druck möglichst noch ein wenig originalgetreuer kommen sollten. Hunderte waren das an Kacheln und Fliesen.

Und dann war es soweit mit der Übergabe. Der Katalog sah bildschön aus und Vernizzi konnte anfangen, sein Atelier wieder voll begehbar zu machen. Eine gute Arbeit war abgeliefert, die wir alle in der Agentur freudig mit einem Glas Sekt gefeiert haben.

Denkste...

Wie ein Blitzschlag hat uns der Anruf von Ceredil getroffen. Protestgeheul schallte aus dem Hörer. Einer von den Colombo-Brüder war am Apparat. Der ganze Katalog sei ein einziger Pfusch, hörte ich ihn geifern. Nicht *eine* Abbildung entspreche dem Original aus dem Brennofen. Mit *so* mies wiedergegebenen Dekorationen würde sich keine einzige Kachel verkaufen lassen und *nicht ein* Farbton sei bei den Fliesen getroffen. Murks, ganz einfach! Dass Ceredil auch nur *einen* Knopf dafür bezahlen würde, das mögen wir uns doch schleunigst abschminken.

Konsterniert waren wir. Natürlich bin ich sofort nach Modena gefahren. Es hat nichts genützt.

Die Colombo-Brüder saßen um den Tisch, zusammen mit ein paar von den Technikern, die alle rote Köpfe hatten; auf dem Tisch etliche Exemplare vom Katalog, aufgeschlagen, umgeben von nummerierten Kacheln und Fliesen. Selber ansehen solle ich mir das, zischte einer der Brüder und drückte mir auch gleich ein Vergrößerungsglas in die Hand. Ich hatte meinen eigenen Fadenzähler dabei. Aber was sollte der denn? Farben prüft man nicht mit der Lupe. Entweder man verlässt sich auf sein Auge oder man misst sie. Möglichst mit unseren elektronischen Geräten.

Aber ich brauchte da gar nicht viel zu schauen oder zu messen. Die Farben stimmten wirklich nicht überein mit den entsprechend nummerierten Artefakten. Nicht gewaltig waren die Unterschiede, aber doch so, dass sie auch ein ungeübtes Auge mit schnellem Blick erkennen konnte. Ob da einzelne Stücke falsch zugeordnet waren? Die Artikelnummern stimmten aber überein. Ich war ratlos! Es konnte nur sein, schwirrte es mir durch den Kopf, dass da auf dem Tisch Ausschussware als Vergleichsmuster neben den Katalogen lag. Aber warum denn? Das war doch blödsinnig? Der Gedanke hat sich trotzdem festgefressen.

Ich verlangte nach unverfänglichen Gegenproben, nach Ware aus versandfertigen Kisten vom Auslieferungslager. Da wären mir dann fast die Ohren geplatzt. Was ich mir denn einbilde, wurde ich mehrstimmig angeschrieen, und das sei nun wirklich die Höhe von Unverschämtheit, nach *der* Dreckslieferung jetzt auch noch *so* beleidigende Unterstellungen hören zu müssen. Das mir entgegen Geschrillte war immer wieder dasselbe, wenn dabei auch die vulgären Begleitworte wechselten: *Nein! Definitiv nein! Zusätzliche Vergleichsmuster kommen nicht auf den Tisch und überhaupt nirgends hin!*

Stattdessen bekam ich beim Aufbruch, mehr aus dem Haus geschmissen als begleitet, noch einen Brief mit auf den Weg. Die Kopie, wie man mir bedeutete, denn das Original sei bereits mit der Post als Einschreiben unterwegs. Und so konnte ich es gleich lesen, in der nächsten Pinte, an der ich für ein dringend benötigtes Glas vom ganz Harten hielt: Vollständige und rückhaltlose Beanstandung des Kataloges; komplette Zahlungsverweigerung für die Fotos, die graphische Arbeit einschließlich Textsatz und Montagen, für alle Offsetfilme und die gesamte Druckauflage. Dazu noch und mit zusätzlich bedrohendem Hinweis der Vorbehalt, Schadenersatz in noch zu berechnender Höhe nachzufordern.

Das konnte doch nicht wahr sein! Wie ein Film lief das ganze Projekt noch einmal vor mir ab. Die intensiven Vorgespräche mit allen Beteiligten; die pingeligen Kontrollen unter professionellem Licht und mit den speziellen Messgeräten; die langen Stunden mit genau *den* Fachleuten von Ceredil, die gerade eben rotkopfig und schweigend mit am Tisch gesessen hatten; die Vielzahl der Änderungen und Korrekturen im Produktionsverlauf; und die klingen-den Gläser in der Agentur mit unserem festlich feiernden Sekt.

Interservice konnte es nicht finanzieren, wenn das Projekt nun echt nicht bezahlt würde. Es gab damals in Italien keine Möglichkeit für Werbeagenturen, ihre Leistungen und deren Ergebnisse zu versichern. Wir waren es aber, die die Arbeitsaufträge für Dritte vergaben und sie uns von den Kunden

nur in Protokollen bestätigen ließen. Damit waren wir gegen die Lieferanten im Obligo, wenn auch vertraglich durch den Kunden abgesichert – falls dieser das Geleistete und Gelieferte abnahm. Sonst aber nicht. Ich wagte gar nicht daran zu denken, wie viel Vernizzi, was Mediolanum und Mondadori zu bekommen hatten, von den anderen gehabten Kosten ganz abgesehen. Unmöglich für uns!
  Keiner in der Agentur konnte sich die Sache erklären. Alle waren wir wie vor den Kopf geschlagen. Vernizzi hatte gottseidank die fotografierten Kacheln und Fliesen noch nicht zurück geschickt. Die kamen jetzt in unseren Keller – unsere einzigen Beweismittel, aber auch die gültigsten, wie wir alle uns sagten.

Und beim Friseur trafen sich wie ganz zufällig wiedermal die zwei Frauen: Katja und Ada. Betroffen äußerte sich Ada zu unserem *Ceredil-Missgeschick*, wie sie es nannte, und das noch vor Katja Gelegenheit hatte, ihr auch nur eine Andeutung davon zu machen.
  Woher weißt denn du davon? Egisto hatte es erzählt, so Ada, ganz kürzlich bei wieder einem Abendessen. Richtig fröhlich hatte er dabei gewirkt, berichtete sie weiter, mit dazu noch süffisant gelächeltem: *Denen habe ich es jetzt gegeben!*
  Barbato war offensichtlich immer noch in gutem Kontakt mit den Colombo-Brüdern. Er hatte angeregt, Adas Bericht zufolge, am teuren Katalog-Projekt tüchtig etliches einzusparen, und dazu seine Idee vorgebracht, anhand von Ausschussmustern der Kacheln und Fliesen die Farbqualität der gelieferten Drucke zu verteufeln und jede Zahlung zu verweigern. Das würden wir nicht durchstehen können; nicht bei den Foto-, Litho- und Druckkosten, die das Projekt verursacht hatte. Sehr bald würden wir angekrochen kommen und auf jedes Kompromissangebot gern eingehen. So gut an die 50% Einsparung wären da allemal drin, wahrscheinlich auch mehr.
  Es ist kein schöner Nachmittag geworden, der, an dem Katja vom Friseur zurückgekommen ist. Mit irgendeiner

Ausrede bin ich im Büro geblieben als längst schon Feierabend war. Katja wollte auch bleiben, mit mir etwas essen gehen, wie wir das immer gern taten, wenn es etwas zu bereden gab. Arbeit schützte ich vor, dringende, die auch länger dauern konnte. Sie ist nach Hause gegangen.

Und so bin ich dann da gesessen an meinem kaum beleuchteten Schreibtisch. Einfach nur so. Vor der Panoramascheibe, draußen im Garten, war es unvermerkt dunkel geworden und ganz still. Ein reichlich gefülltes Whiskyglas hatte ich vor mir... und die Gedanken liefen... rannten dahin, dorthin... immer wieder aber zurück zu Egisto Barbato: Wie dieses gelaufen war... und bald darauf jenes... und das andere dann... eigentlich von Anfang an... betrügerisch mit dem Arbeitslosengeld... rücksichtslos... so völlig unloyal... und die Diamanten-Geschichte... Provisionen gegen Verrat... uns so zu beschädigen aus nur purem Eigennutz... der entnervend gierige, noch nicht ausgestandene Prozess um die Firmenanteile... und uns zugleich madig machen bei den Kunden... das finanzielle Unheil jetzt, an dem wir mit dem Ceredil-Katalog hängen... und was denn morgen dann... etwa weiter und immer weiter so...

Nein... naaaiiin...!

Gastone Vernizzi ist mir durch den Sinn gegangen, der nun auch eine Riesenforderung an uns hatte. Der Gedankensprung von ihm zu seiner Rosa ist nur kurz gewesen. Noch kürzer der zum schwarzen Schrank mit den tanzenden Skeletten und den Symbolen aus Perlmutt und dem Kreuz auf dem Totenschädel in ihrem Wohn-zimmer.

Ob ich lange daran hängen geblieben bin? Bin ich noch einmal in die Pantry gegangen, mein Whiskyglas aufzufüllen? Noch öfters? Wo ist denn die stundenlange Zeit hin gelaufen, die jetzt plötzlich vergangen war?

Ich weiß nur noch, dass meine Gedanken rotiert haben wie Kreisel und dabei doch still gestanden sind; dass sie intensiv auf nur einen einzigen Punkt konzentriert waren und dabei doch wild herumgeschwirrt sind wie hungrige Rabenvögel; dass mir der Kopf feuerheiß erschien und ich zugleich eisig fröstelte; dass ich wollte und doch nicht wusste, was denn genau.

Wie damals mit Katja in jener Nacht unterm Aprikosenbaum.

Irgendwann spät habe ich mich vom Schreibtisch weggedrückt, habe das leere Glas in die Pantry gebracht und das Agenturtor hinter mir geschlossen. Ausgelaugt habe ich mich gefühlt und wie mitten drin in kaltem Nebel. Morgen haben wir den 1. Mai, ist es durch den dumpf hämmernden Kopf gegangen.

Wie bitte? Ja doch: Walpurgisnacht ist jetzt.

Von Egisto Barbatos Tod haben wir fünf oder sechs Tage später gehört. Eine Bronchitis hatte ihn in der Nacht zum 1. Mai angefallen, so wie schon öfters vorher. Dann war eine Lungenentzündung dazu gekommen und recht schnell ist es gegangen. 47 Jahre alt ist er geworden. Seine zwei Jungs waren am Gymnasium, Samuele in der Abiturklasse.

*

Rosa hat nicht recht gehabt.

Man kann mit den Schatten und ihren Symbolen nicht nur ein bisschen plaudern. Wellen entstehen mit jedem Gedankenwort an sie. Und die Intensität der Wellen lässt sich nicht nach Belieben steuern und dosieren. Anstoßen lassen sie sich und wohl auch auf ein Ziel hin lenken. Mehr aber nicht.

Sie nehmen sich ihr Eigenleben, die Walpurgiswellen.

Schnee kann duften.

Seit Tagen hatte es geschneit und in den Straßen hing der Schneeduft, den es nur im Winter gibt und auch da nur, wenn es schneit. Es war kein richtiges Schneetreiben die ganze Zeit über. Nur zwischendurch immer wieder tanzten kleine weiße Kristalle durch die Luft, waren unschlüssig, ob sie wieder hochsteigen sollten, wo sie irgendwo zuhause waren, oder vielleicht doch weiter nach unten schaukeln und darauf hoffen, auf ein nettes Plätzchen zu kommen – auf einen Ast vielleicht, nahe beim Nest von einem dick aufge-plusterten Vogel, oder auf dem Dach eines Autos, mit dem sie dann mitfahren konnten, um noch vieles zu entdecken.

Die Luft war eisig, die ganze Zeit schon, und die Stadt lag da in dem so besonderen Licht, das es vielleicht nur in Mailand gibt, wenn die Häuser und die Bäume und die geparkten Autos weiß überzuckert sind und der Himmel einförmig, ohne die geringste Wolkenstruktur ganz tief zu hängen scheint oder vielleicht gar nicht vorhanden ist. Zart rosa ist dieses Licht und dabei doch eher azur mit einem Hauch von graugelb in der Ferne, kristallklar, als ob gar keine Luft da wäre, die es filtern könnte, und dabei doch auf irgendeine Art so griffig, als ob es sich anfassen ließe. Mailänder Schneelicht.

Und der Schnee duftete, als er so durch die Luft tanzte und dort, wo er sich schon hingesetzt hatte. Es war der lockende Duft von heißen Maronen da drüben und frisch geröstetem Kaffee aus der Torrefazione an der Ecke und den Trüffeln dort am Stand beim Odeon, der süßliche Duft auch von den lang gezogenen Tönen aus den Dudelsäcken der Zampognari, der Schäfer, die ihre Herden gut versorgt in ihren Bergställen wussten und in ihren Felljacken und den Wickelgamaschen wie jedes Jahr aus den Apenniner Bergen als Krippenspieler in die Stadt herunter gekommen waren, und da-zwischen der herbe Duft der tausendfachen Eile, doch ja noch alle die Einkäufe in die Tüten und die vielen Dinge in den Griff zu bekommen, die jetzt von den heran kommenden Feiertagen bedrängt wurden. Schneeduft vor den Weihnachtstagen in unserer Stadt.

Der 23. Dezember war schon immer ein besonderer Tag bei Inter-service, der Werbeagentur, die ich mit Katja vor gut einem Dutzend Jahren gegründet hatte. Eigentlich sollte das ein ganz normaler Arbeitstag sein, wie überall sonst auch in ganz Italien. Wir aber hatten von Anfang an, dem ersten Weihachten der Agentur, entschieden, ihn zum Abschlusstag des aktiven Jahres zu machen und mit dem ganzen Team zu feiern.

Mit dem Verlosen der Geschenke fing das zu Mitte des Vor-mittags an, gleich nachdem die Post durchgesehen und jeder Zeit gehabt hatte, seinen Tisch für die Weihnachtsferien aufzuräumen. Und zu verlosen gab es auch in diesem Jahr wieder viel.

Es gehörte zur Tradition, dass die Medien und die das Jahr über von uns gut mit Aufträgen bedachten Ateliers, Drucker oder sonstigen Lieferanten Weihnachtsgeschenke in die Agentur schickten. Meist waren sie für bestimmte Leuten im Team gedacht – für die Partner waren überwiegend viele bestimmt, dann aber auch für die Verantwortlichen der einzelnen Bereiche wie etwa Progress, Medienforschung und -einkauf, Graphik und so. Auch für die Mitarbeiterin an der Telefonzentrale war immer etwas mit dabei. Die aber, die im zweiten Glied arbeiteten, wurden fast immer vergessen, übersehen, jedenfalls nicht bedacht.

Und auch Art und Wert der Geschenke waren naturgemäß höchst unterschiedlich. Da gab es den einfachen Panettone in seiner Schachtel und daneben den hoch aufgetürmten Fresskorb, den schlichten Taschenkalender und etwa auch den Mini-Fernseher neuester Bauart. Die unterschiedlichsten Sachen waren da mit dabei. Meist konnte man an ihrem Geldwert die Wichtigkeit abschätzen, die der Geber unserer Zusammenarbeit zumessen wollte, doch eine

Regel war das nicht. Gelegentlich standen auch Geschenke von Firmen mit dabei, an die wir uns kaum erinnerten, obwohl sie im ablaufenden Jahr wohl den einen oder anderen Auftrag von uns erhalten, oder wenigstens darauf gehofft hatten.

In den meisten Agenturen war es normal, dass jeder das mit nach Hause nahm, was namensgezielt ihm zugekommen war. Wir hielten das anders. Im Sitzungsraum, auf einem Tisch in der Ecke, sammelten sich die Geschenke. Sie waren ausgepackt, so dass man sie erkennen konnte, und mit Kärtchen daran, von wem und für wen die einzelnen gekommen waren. Es sollte doch jeder wissen, wem er wichtig war, und sich beim Schenkenden auch bedanken können.

Und alle Geschenke kamen am 23. Dezember in unsere Verlosung. Wenn die Anzahl dazu reichte, wurden davon mehrere Gruppen zusammengestellt, jede zahlenmäßig so groß wie das Team, und für jede der Gruppen gab es dann eine Verlosungsrunde. Aufmerksam darauf geachtet haben wir beim Gruppieren, dass die wertvolleren Geschenke in die erste Gruppe kamen und die anderen dann absteigend in weitere, soweit die Stücke dafür noch reichten. Jeder sollte doch möglichst gleichermaßen etwas vom wertvoll Begehrten und auch von den einfacheren Geschenken gewinnen können.

Diesmal war der Tisch besonders reich beladen. Wir waren zu sechzehn im Team. Für drei volle Gruppen hatten die Geschenke gereicht und es waren auch noch welche übrig für Corrado, der unseren Garten betreute, und für die spät abends zur Arbeit kommende externe Putzkolonne.

An ein paar Stücke erinnere ich mich noch recht gut: die zwei Vierklee-Broschen aus Gold und grünem Email von Readers Digest, die kuschelige Felldecke für ein Doppelbett, auch an Rennski samt Bindungen und die drei Kunstdruck-Bände der von Dalí illustrierten Divina Commedia. Die fast schon gierig lechzenden Blicke aller zog aber ein Umschlag auf sich, der vom Verlag Mondadori gekommen war: eine

Osterreise für zwei nach Kenia mit Meer und Safari. Draußen tanzten immer noch ein paar eisig kleine Schneeflocken in den Garten. Irgendwer hatte Lametta in die blassen Zweige der blattlosen Birken gehängt.

Das Geschenke-Tauschen war wie immer der spannende Höhepunkt unserer vormittäglichen Feier in der Agentur. Darauf freute ich mich besonders, weil es doch Gelegenheit gab, immer wieder zu sehen, wie die einzelnen reagierten und was ihnen wichtig war.

Jeder konnte seine Geschenke zu tauschen versuchen, wenn er auf etwas scharf war, das ein anderer gewonnen hatte. Was sich da häufig zeigte, war schon verblüffend. Das für mich Spannendste war dabei immer wieder, wie oft sich das Bemühen bemerkbar machte, *die* Geschenke für sich einzutauschen, die man *eigentlich* und nach des Gebers Wille *selbst* hätte bekommen sollen. Das war auch jetzt wieder so: etwa dass Floriana ein aufwändiges Reisenecessaire dafür hergab, ein schmales Taschenbuch zu bekommen, weil es ursprünglich für sie bestimmt gewesen, oder dass ein Graphiker alle seine drei Gewinntrophäen für einen Fotoband einsetzen wollte, den ein Drucker eigentlich ihm geschickt hatte. Unmut oder gar aufblitzender Neid kamen dabei aber niemals auf. Fast nie. Auch diesmal nicht. Jeder war grundsätzlich einverstanden damit, dass alles unter allen verlost zu werden hatte, weil letztendlich doch jeder wusste und damit klar kam, dass keiner von uns seine Geschenke wegen seiner schönen Augen bekommen hatte, sondern weil wir im Team von Interservice waren.

Die Stimmen der Mauschelnden und Tauschenden überschlugen sich zwischen dem Klingen sich immer wieder zuprostender Gläser und leiser Hintergrundmusik, die aus den Lautsprechern an der Decke strömte. Für Katja und mich gab es noch eine zusätzliche Überraschung: ein ganz persönliches Geschenk von der ganzen Gruppe. Es war eine Spielkarten-Schatulle aus rötlich dunklem Mahagoni mit Intarsien aus silbernen Bändern und Lapislazuli-Cloisonné auf dem Deckel. Sergio Bez, mein Assistent in der Kundenberatung, hatte sie ausgesucht, wie wir später erfuhren und eigentlich schon beim ersten Anschauen geahnt hatten, weil keiner in der Agentur ihm an erlesenem Geschmack gleich kam und alle das neidlos wussten.

Wir wiederum hatten für jeden vom Team noch eine kleine Goldmünze, wie das nun auch schon jahrelang zu unserem Ritual gehörte. Die *Altgedienten* hatten bereits ihre Mini-Sammlungen davon.

Eine gute Stunde hat das festliche Durcheinander gedauert, Sekt war reichlich geflossen, hatte frisch gebackene Plätzchen begleitet, und am Ende waren wir alle so richtig aufgekratzt und fast alle auch zufrieden.

Katja hätte gern die Kenia-Reise zurück getauscht, die eigentlich sie vom Verlag bekommen hatte, aber dafür hatte Meroni, unser frisch verheirateter Art Director, gar keinen Nerv, was ja durchaus verständlich war und die festliche Laune nicht trüben konnte. Mir ist es ohne großer Überredungskunst gelungen, von Dora, unserer Telefon-Maid, die Divina Commedia zu ertauschen – gegen einen ganzen Parmaschinken, den sie viel lieber als den Dante zum Fest in ihre Großfamilie brachte.

Ein nur kurzes Geplänkel gab es noch darüber, wer die Amaryllis und wer die Weihnachtssterne, die zwischen den leuchtenden Kerzen den Raum schmückten, mit nach Hause nehmen oder sonstwie versorgen könne. Sie sollten den Jahreswechsel doch auch so gut überstehen, wie es uns mit dem ganzen Jahr ergangen war.

Wie üblich sind wir dann alle zur Ranch Roberta gezogen, wo uns Biagio schon seine Platten mit den irren Antipasti und den lockenden *Affettati* auf die reservierten Tische gestellt hatte, die wir gleich zu einer langen Tafel zusammen geschoben haben. Die Geschenke waren bald nicht mehr das dominante Thema. Rückblicke auf das Jahr kamen hier und dort kurz auf. Es war ein dynamisches Jahr gewesen mit neuen Kunden, ein paar frischen Gesichtern im Team, die schnell vertraut geworden, und die unvermeidlichen paar negativen Jahresmomente waren so gering gewesen, dass sie jetzt vor den würzig duftenden *Spaghetti all'astice* gar nicht mehr erinnernswert waren.

Katja und ich sind nach dem Hauptgang sehr bald aufgebrochen. Wir hatten das immer schon so gehalten. Beide konnten wir uns noch gut daran erinnern, wie auch wir früher mal lieber nur mit den Kollegen gefeiert hatten, als die Chefs mit dabei zu haben. Und wir wollten ja auch noch nach Rieti.

Der leise tanzende Schnee duftete nach Zufriedenheit, als wir uns ins Auto setzten.

Helga, Katjas große Schwester, hatte ein Landhaus bei Rieti in den Sabiner Bergen. Dorthin hatte sie uns für die Festtage eingeladen. Meine Schwiegermutter Hanni auch. Sie war schon ein paar Tage vorher hingekommen und wollte noch über Silvester bleiben.

Sehr schlau war es nicht, dass wir von der Agenturfeier weg am schon angebrochenen Nachmittag in Richtung Rom starten wollten. Bis Rieti waren es immerhin an die 600 km und der Wetterdienst hatte nicht ermunternd geklungen. Weiterhin Schnee war für ganz Nord- und Mittelitalien angesagt, strichweise auch mit anhaltend dichtem Gestöber. Aber nun hatten wir uns schon einmal entschlossen und auch das Auto voll gepackt mit allem, was wir für und über Weihnachten brauchten oder vielleicht brauchen konnten. Die Familiengeschenke natürlich auch. Wenn es ganz schlimm kommen oder wir müde werden sollten, so unsere Überlegung, konnten wir ja unterwegs irgendwo übernachten; und heute, dachten wir, am 23. Dezember, war die Autobahn sicher noch nicht so dicht befahren, wie morgen wohl an Heilig Abend.

Die ersten etwa 200 km bis nahe vor Modena glitten gemütlich unter uns weg. Ein paar Schneeflocken glitzerten im Dämmergrau, doch die Fahrbahn war frei und von Eisgefahr war auf den periodisch aufkommenden Warntafeln auch nichts zu lesen. Dann aber wurde es heftig, von jetzt auf gleich. Plötzlich war es fast nachtschwarz rund um uns und dicht trudelten Schneefedern vom Himmel, von denen jede größer war als Gänsedaunen. Aus war's mit unserem zügig gemächlichen Tempo hundert, mit dem wir im Pulk mitgerollt waren. Die Autokette wurde langsamer. Schnell blieb der Schnee auch auf der Fahrbahn liegen und die Vorsichtigen vor uns wurden immer noch vorsichtiger.

Fast eine Stunde haben wir für die knapp vierzig Kilometer von Modena zur Ausfahrt Bologna gebraucht. Es war beinahe sechs Uhr, längst schon dunkel, und zu unserem Ziel waren wir noch nicht einmal auf halber Strecke. Sollten wir ausscheren und hier übernachten? So lange haben wir darüber hin und her geredet, bis die Ausfahrt dann plötzlich vorbei war. Ein Schicksalswink – so haben wir es hingenommen. Zumal das dichte Schneegestöber so unversehens aufgehört, wie es angefangen hatte. Nur noch vereinzelte Flocken trudelten an die Scheibenwischer. Vor uns lagen die Apenninen.

Wären wir etwa doch besser in Bologna abgebogen oder kurz danach bei Sasso Marconi, der letzten Ausfahrt vor dem Anstieg mit seinen immer wieder steilen Rampen und den engen Tunneln, die sich dort dicht an dicht reihen? Aber es hatte doch fast aufgehört zu schneien und es rollte sich ohne Stocken vor sich hin. Um spätestens zehn Uhr könnten wir in Rieti sein, rechneten wir uns aus. Helga ging immer erst so gegen Mitternacht zu Bett und so auch Hanni. Da konnten wir auch spät noch kommen.

Unversehens war es zu Ende mit der Gemütlichkeit.

Der Schnee fiel wieder dichter. Und wo kamen plötzlich die vielen Laster her? Dass die in solcher Menge mit uns mitfuhren, hatten wir gar nicht vermerkt. Unversehens war eine ganze Kolonne davon direkt vor und weitere gleich hinter uns. Wo waren denn die PKW abgeblieben? Und Stau, immer wieder. Mit *stop&go* kroch unsere Schlange nun bergan. Das Dröhnen in den Tunnels war so intensiv, dass unser ganzes Auto davon zu zittern schien. Nur krächzende Laute kamen aus dem Radio, keine Informationen.

Der rechte Fuß, der ständig zartfühlig zwischen Gas und Bremse zu pendeln hatte, begann mir einzuschlafen. Und wir kamen doch kaum vorwärts. Nach gefühlten zehn Kilometern Stotterfahrt zeigte der Zähler gerade achthundert zurückgelegte Meter an. Das vom *spätestens um zehn* Ankommen hatten wir uns längst abgeschminkt. Aber einen Kaffee jetzt, wenigstens einen heißen Kaffee!

Stramm auf neun Uhr ging es schon zu, als uns Schilder endlich die nahende Tankstelle von Roncobilaccio ankündeten. Nur noch tausend Meter, fünfhundert, hundert und schon schien es mir, als kitzelte dampfender Espresso mir den Gaumen. Aber dann...

Wir waren kaum abgebogen von der Autobahn, hatten noch nicht die Zeit zu schauen, ob es zwischen allen den Autos hier überhaupt einen Parkplatz gab, da erbebte die Luft um uns. Ein Krachen tönte so urplötzlich auf und so nahe, als hätte eine Granate neben uns eingeschlagen. Dann noch ein Schlag und fast zeitgleich noch einer dazu. Frühe Erinnerung an Bomben war spontan da. Kreischend metallenes Knirschen tönte wie einstürzende Brücken. Schreie rundum und wirr dahin hastendes Laufen. Und wir inmitten drin, oder doch so nahe dran als ob. Nur gut zehn Meter in Luftlinie und doppelte Leitplanken trennten uns vom Chaos.

Gerade ein paar Sekunden nach unserem Abzweigen zur Tank-stelle war auf der Autobahn ein LKW voll auf einen anderen geprallt – so heftig, dass der wiederum auf seinen Vordermann katapultiert wurde, und der, der hinter dem Auffahrenden folgte, donnerte ebenfalls in das Schlachtfeld und dann auch noch der Nächste.

Wir hätten mitten drin sein können! – wurde uns blitzartig klar. Der Lastwagen, der die Karambolage ausgelöst hatte, war vielleicht der gewesen, der die ganze Zeit schon hinter uns her gefahren war... vielleicht hatte er zu schnell aufschließen wollen, als wir ausscherten... vielleicht war ihm auch nur der müde Fuß von der Bremse gerutscht, oder von der Kupplung... und wären wir nicht...

Der uns so ersehnt gewesene Kaffee reichte jetzt nicht mehr. Doppelte Cognacs bestellten wir dazu und kippten sie in unsere Espressi. Und was nun weiter?

Die kleine Bar an der Tankstelle war überfüllt. Dutzende drängten sich da, wohl darauf wartend, dass endlich das Schneetreiben aufhören oder sonst irgendetwas Wunderbares geschehen werde. Hektik herrschte auch hier rundum. Leute schoben sich zum Ausgang, wollten selbst sehen, was passiert war. Andere drängten ins Warme, nach vorne zum Tresen und erdrückten uns fast. Die Aussicht, an einen der wenigen Stühle zu kommen, war absolut gleich Null. Kaum wurde einer frei, war er schon wieder besetzt. Uns war auch gar nicht nach Hinsetzten, nachdem wir unseren *caffè corretto* in uns hineingeschüttet hatten. Zu sehr bibberten wir noch. Aber was denn nun?

Noch war die Autobahn vor uns offen. Im Licht der Zapfsäulen konnten wir es deutlich sehen, als wir wieder beim Auto standen. Dort woher wir gekommen waren, war alles verkeilt und es gab offensichtlich kein Durchkommen mehr für die, die dort bergaufwärts fahren wollten und nun vor der Tankstelle im Stau steckten. Doch vor uns in Richtung Rom und Rieti war die Fahrbahn leer. So leer, dass sie zum zügig Fahren lockte. Nichts wie weiter, also!

Der immer noch rieselnde Schnee hatte nun einen ganz neuen Duft. Er roch nach Dankbarkeit und Glück, versetzt allerdings mit den Aromen von kalter Angst und zittriger Erleichterung.

Wir sind nicht weit gekommen auf unsrer Weiterfahrt – nur wenig mehr als zwanzig Kilometer. An der Rastbucht von Barberino war eine Polizeisperre aufgebaut: Noch ein Unfall und diesmal, wie es schien, kein Durchkommen mehr für wenigstens ein paar Stunden.

Aber wieder hatten wir Glück. Die Polizisten von der Sperre lotsten uns durch den inzwischen schon recht hohen Schnee auf den Rastplatz, an dessen Einfahrt sie sich aufgestellt hatten. Bäume standen rundum und im Scheinwerferlicht war auch ein Toilettenhäuschen zu sehen. So etwa ein halbes Dutzend Laster standen schon da und auch ein paar PKW. Vier oder fünf kamen kurz darauf noch, dann nichts mehr.

Den Motor nicht laufen zu lassen, empfahl uns freundlich der Polizist, dem unsere Benzinreserven wichtiger schienen als unser Wärmehunger. Decken habe die Patrouille leider nicht dabei, entschuldigte er sich beinahe noch, und auch nichts Warmes zu trinken. Was hinter uns bei der Tankstelle von Roncobilacco wirklich geschehen war und wie es bei dem Unfall vor uns aussah, konnte er nicht sagen. Vielleicht wollte er nur nicht. Für uns sei es hier auf dem Parkplatz sicher, beschwichtigte er stattdessen, weil doch er und die Kollegen an der Straßensperre waren, und sobald die Straße wieder frei sei, würde er an unsere Scheibe klopfen.

Katja hat sich in einem Lachkrampf geschüttelt. *Nein!* – sagte sie später – *Gelacht wie ein dummer Hirsch hast du, nicht ich.* Allemal sicher ist, dass sie es war, die unsrer verfahrenen Lage noch Positives abgewinnen konnte.

Ihr ist sofort eingefallen, die Zusatzdecken aus dem Kofferraum zu holen, die wir für unsere Betten im Landhaus mit dabei hatten, weil Helga darum gebeten hatte. Da konnten wir uns nun hinein kuscheln, noch vor das Auto ausgekühlt war. Vom fürs Fest in Rieti vorgesehenen Sekt holten wir auch eine Flasche aus dem Gepäck und dazu den mitgenommenen Panettone. Im Handschuhfach hatten wir zwei Becher und um den Panettone zu zerschnipseln reichte Katjas kleines Schweizer Messer allemal. Zudem hatten wir ja auch noch den frisch gerösteten Kaffee dabei, den wir besonders mochten, weil ihn unsere Torrefazione weniger scharf als üblich brannte, und von dem wir deshalb ein Pfund oder so für die Feiertage mitgenommen hatten. Bevor uns die Augen zufallen sollten, konnten wir von den Bohnen eine nach der anderen vor uns hin knabbern, sodass die Eichhörnchen rundum in den Bäumen davon sicher aus dem Winterschlaf erwachten und auch auf ihren Anteil hofften.

Auf der breiten, mit kuscheligem Samt gepolsterten Rückbank unseres Chrysler haben wir es uns gemütlich gemacht. Dass wir nicht daran gedacht hatten, Helga von der Tankstelle noch anzurufen, hat uns nur kurz ein bisschen irritiert. Sie wusste ja, dass es überall schneie, und sicher vermutete sie uns die Nacht über in einem netten Hotel. Das Radio ließen wir ausgeschaltet, die Batterie zu sparen. Doch Katja summte leise vor sich hin, wie sie es manchmal tat. Vom Nussknacker war es oder einem Blatt von Mozart vielleicht. Und der Tag war lang und intensiv gewesen. Da hat es noch viel zu reden gegeben. Irgendwann war dann die Sektflasche leer, die Kaffeesplitter fingen an, im Hals zu kratzen, die Augen sind uns zugefallen.

Als der Polizist an unser Fenster klopfte, war es immer noch nachtschwarz draußen. Fast fünf Uhr früh war es aber doch schon geworden. Länger als gedacht hatten wir in unsrer Deckenhöhle geschlafen. Es hatte aufgehört zu schneien. Zum Toilettenhäuschen hinüber war ein Trampelpfad getreten, der uns einladend zuwinkte. Der Wasserhahn war nicht eingefroren. Eisig prickelte es auf den Händen und im Gesicht. Schneebalken brachen von den Ästen herab und landeten mit dumpfem *Plobb* rundum. Nichts anderes war zu hören. War das Ganze etwa nur ein Traum gewesen? Steckte ich immer noch darin?

Der Schnee duftete einladend nach frohem Morgen.

Friedvoll war es. Ohne zu zögern ist das Auto angesprungen. Schnell hat die Heizung die vereisten Scheiben aufgetaut. Kaum eine Ahnungsspur war noch übrig von der Chaosangst an der Tankstelle von Roncobilaccio und nichts mehr vom fast panikartigen Erschaudern an der plötzlichen Polizeisperre, so kurz danach. Nur noch ein kleines Staunen war da im heller werdenden Morgenrot auf den weiß überflockten Apenninen.

Riechst du den Schnee, der von den Bäumen rieselt?

Halli, Hallo! und *Endlich, da seid ihr ja!* – lebhaft und freudig war die Begrüßung, als wir am späten Vormittag ans Landhaus kamen. Helga und Hanni konnten sich fast nicht einkriegen. Von etwa ausgestandener Besorgnis war da aber keine Spur. Die beiden hatten im Radio vom Schneegestöber auf den Apenninen und der zeitweise gesperrten Autobahn gehört. Mit unserem Kommen spät am Abend hatten sie deshalb gar nicht erst gerechnet.

Und freundlich geruhsame Festtage sind es geworden, mit den Kerzen aus Bienenwachs auf der tiefgrünen Tanne aus der Gegend, vielen Päckchen fröhlich auszupacken, stetig vor sich hin knisterndem Kaminfeuer im Wohnraum und immer wieder Holzglut im gemauerten Pizzaofen in der Küche.

Wir sollten doch bis Neujahr noch bleiben, drängten Helga und Hanni immer wieder auf uns ein. Wir wollten aber trotzdem zurück, nach dem zweiten Feiertag. Freunde in Mailand erwarteten uns zu Silvester und wir hatten dafür auch schon Theaterkarten.

Ungetrübt weiß war noch der Schnee auf den Wiesen hinter Helgas Haus, als wir uns am vierten Tag auf den Rückweg machten. Nur die einsame Spur einer Katze führte hinab zu den Olivenbäumen. Und zart roch es nach Nostalgie und Eiskristallen in der Morgensonne.

Schnee kann so unterschiedlich duften wie nur Schnee.

Es geht ja doch!

Immer wieder einmal fand ich mich in Situationen, die sich amorph anfühlten, wie lehmiger Haferbrei etwa, der unformbar glitschig durch die Finger quillt. Irgendwann in einem Meeting konnte das sein, wenn alle alles nur zerredeten und nirgendwo ein griffiges Wort aufklang, in das sich Argumente festhaken konnten; oder bei einem Mitarbeiter, der beflissen lächelnd da saß und ganz eindeutig nur den Grillen zuhörte, die ihm im Kopf zirpten; oder wenn schwammige Schreiben von einer Behörde kamen, deren Sätze sich in unverständlichem Geschlinge über die Seiten hin mäanderten und vage dabei nur das Gefühl beschworen, dass sie wohl wieder einmal gefährlich waren.

Ich hasste das. Mit klaren Gegebenheiten, auch solchen die sich eindeutig gegen mich richteten, recht zügig umgehen zu können, das hatte ich gelernt. Und auch, wie sich scheinbar ganz kleine Chancen so manches Mal zu großen Gelegenheiten formen ließen. Aber mit Gleichgültigkeit, trägem Desinteresse, fauler Indolenz und stumpfer Egozentrik konnte ich nicht umgehen. Sie irritierten mich, ganz so wie Brei zwischen den Fingern, der sich nicht fassen lässt. Aber so wie sie mich irritierten, so lähmten sie mich auch. Immer wieder gelang es ihnen, mein Reaktionsvermögen nahezu einzufrieren, so dass ich dann nur noch antriebslos darauf wartete, entfliehen zu können. Gut wusste ich dabei, dass das ein Manko von mir war. Geholfen hat mir dieses Wissen aber auch nicht. Bis dass...

Lionel Hampton war für ein einmaliges Gastspiel in unserer Stadt angesagt. Schon Monate vorher waren die tausendsechshundert Plätze im Teatro Lirico restlos ausverkauft.

Das Ereignis war ein Hauptthema in den Pianobars und im Giamaica, der Künstlerkneipe in der wir abends oft und gern mit herumhingen. Jeder hatte seine Platten zuhause. Alle diskutierten eifrig, wann und mit wem er seine wohl intensivsten Auftritte, seine besten Zeiten gehabt hatte. Alle waren wir überzeugt, dass er – gut 65-jährig – immer noch auf voller Höhe war... oder fast... hoffentlich... ganz sicher!

Für uns, Katja und mich, hatten wir *die* Plätze ergattert, die mir seit jeher die überall liebsten sind, wo immer es sie nur gibt: oben auf den Rängen und dort in der ersten Reihe. Rosy und Adriano, zwei unsrer besten Freunde, waren mit dabei.

Um neun Uhr sollte es beginnen. Zwanzig Minuten verstrichen. Das war normal in Mailand, wo eigentlich nur die Scala pünktlich anfing. Eine halbe Stunde verging. Das Publikum begann, unruhig zu werden. Füße scharrten, nervöses Hüsteln ging durch die Rei-hen, kleine Rufe stiegen auf und wurden niedergezischt. Noch weiter ließ das Idol auf sich warten. Doch plötzlich war er dann doch da. Kleiner als gedacht vor seinem ausladenden Vibraphon. Und er spielte.

Spielte er? War das Lionel Hampton?

Was da von der Bühne zu uns herauf klang, war mattes Klimpern, kalt perlendes Geklingel, tönte wie Barmusik von einem müden Pianisten um vier Uhr morgens. *Soll er sich erst mal warm spielen!* – war mein spontanes Denken und sicher das von vielen. Die Leute saßen da und waren still. Zwischendurch gab es auch Applaus, wenn ein Stück ausgeklungen war und das Idol sein Taschentuch über die Stirn zog. Es war ein müdes Klatschen. Das Schnäuzen und Räuspern im Saal war nahe dran, es zu übertönen. Das Idol tat weiterhin seine vertragliche Pflicht, mitten im Rampenlicht hinter seinem Vibraphon. Und auf ihren Sitzen saßen vor ihm alle die Leute, die viel dafür bezahlt hatten, ihn zu hören. Geduldig saßen sie da, ausdauernd, geschmeichelt viele sicher auch, weil sie den Unübertrefflichen selbst und direkt erleben, einen Teil seiner ausgepusteten Atemluft vielleicht sogar aufsaugen durften. Sie saßen da – und wenn die Töne eine Pause machten, klatschten sie auch ein wenig. Sollten wir gehen? Trotz der teuren Karten? Ich wurde kribbelig. Katja neben mir ganz deutlich auch.

Dann aber: Rosy war Spitze darin, auf zwei Fingern zu pfeifen wie ein Rossknecht und Katja konnte ihre Zunge von den Seiten her so einrollen, dass sie wie eine Flöte wurde, auf der sich die schrillsten Strawinsky-Töne ohrenbetäubend durch die Gegend schicken ließen.

Dieses grellakute Duo schnitt plötzlich hinein in das Geklingel eines wohl hunderte Male schon gleich improvisierten Routineklimperns. Ich konnte nur mit banalen aber immerhin lauten Buh-Rufen das Meine dazu beitragen und Adriano war auch nicht besser. Zu viert allerdings, von ganz mittig oben im ersten Rang oben, zerriss das die Luft und jede Faser der rundum gelangweilten Beflissenheit.

Abrupte Stille auf der Bühne. Zischlaute aus dem Saal und von den Rängen sprangen in unsere Richtung. Intensiv zuerst und ganz direkt auf uns. Dann aber drehten sie ihre Richtung... erst nur ein paar... dann mehr und mehr... in Richtung Bühne zischte es jetzt... auch weitere Pfiffe darunter... hin zur Legende... und es schwoll an, jetzt ganz in Rosys, in unserem Rhythmus! Enttäuschung hatte sich da aufgestaut. Nicht nur bei uns vieren. Bei vielen wohl. Aber wir – gar nicht wahr: Rosy und Katja! – hatten den Anpfiff gegeben und den Saal dann aufgeheizt.

Einer in dunklem Anzug kam auf die Bühne gestürzt, wedelte mit den Armen, versuchte im Getöse sich verständlich zu machen. Grotesk bewegten sich die Lippen. Zu hören war kein Wort von ihm. Theaterdiener kamen aus den Kulissen dazu, wollten das Idol ab nach hinten führen. Der Lärm ging weiter, steigerte sich. Bis...

Ja, bis Lionel Hamilton die Hände hob, mit beiden Handflächen zum Publikum, und: *Thanks... lot of thanks you all... thanks and sorry... you'r right people...* – wie beschwichtigend wedelten die Hände und breit durchzog ein angespanntes Lächeln sein zerfurchtes Gesicht – *...and now, gents, let's try again!*

Er hat himmlisch gespielt, die nächsten fast zwei Stunden. Da war sie wieder die Intensität, die eine Ahnung geben konnte von einer Nacht damals im Cotton Club, oder von den sagenhaften Kaskaden-Duellen mit Gene Krupa, oder seinen frühen Ausritten in den Rhytm'n'Blues. Und das Publikum ist voll mitgegangen. Fast plötzlich war Atmosphäre da. Die Luft vibrierte mit dem Vibraphon um die Wette. Jetzt war das Trampeln ausgelassen und das Johlen reinste Freude, jedesmal wenn ein verklungenes Stück das nächste forderte. Keiner wollte, dass das je ein Ende habe. Eine Zugabe hatte der andern zu folgen. Unwahrscheinlich!

Wer konnte denn jetzt schon nach Hause?

Zu Charly in die Via della Spiga sind wir dann gezogen, mit ausgedörrten Kehlen und scharf auf einen riesigen Planter's Punch, wie nur er ihn mixen konnte. Edith Peter, die jüngste der Peter Sisters, kam kurz nach uns und begrüßte uns mit viel Hallo. Sie war auch im Lirico gewesen, hatte unser Anpfeifen mitbekommen und machte vor allen jetzt eine große Show daraus. Und wir waren die Helden der Nacht. Aus dem einen Planter's Punch sind mindestens drei geworden.

Danach war etwas relativ Wichtiges ganz anders für mich. Ich wusste nun, dass und wie es zu reagieren galt, wenn eine Situation sich wieder einmal anfühlte wie Haferbrei, der ungriffig durch die Finger quillt. An dem Abend im Teatro Lirico und an der Reaktion von Lionel Hampton hatte ich gelernt, dass agieren das Einzige ist, was da angesagt ist.

Und vor allem habe ich gelernt, dass die Köche solchen Haferbrei meist geradezu darauf warten, dass da einer reagiert und protestiert und sie herausfordert. Immer wieder habe ich später dann vermerkt, wie der ersten Verblüffung und der spontanen Verärgerung keineswegs etwa Abwehr folgte, sondern Zuwendung der Aufgerüttelten und gelegentlich auch so etwas wie Dankbarkeit, die da zu sagen schien: *Darauf hatte ich echt gewartet!*

Der Abend im Lirico hat etwas verändert in mir. Etwas, das nicht zuletzt auch gegen mich selbst gerichtet war, gegen meine eigene Hudelei, wenn ich mich wieder einmal an ihr ertappte. Immer wieder seit damals klingelt mir bei den Brei-Gelegenheiten Lionel Hamptons Vibraphon... untermalt von Katjas und Rosys Pfiffen.

Goldfisch an der Angel?

Bei der Präsentation von *Il Giornale*, der neuen Tageszeitung von Indro Montanelli, lernte ich Laura Micali kennen. Die ganze Werbewelt Mailands war gekommen, die führenden Leute der Agenturen und die für Communications Verantwortlichen der Unternehmen, einfach alle, die zählten oder dazuzählen wollten. Der große Saal des erst kurz vorher eröffneten Hotels Michelangelo war überfüllt. Laura Micali saß neben mir. Ganz natürlich hat es sich ergeben, dass wir dann gemeinsam zur Buffet-Theke drängelten und ich ihr etwas zum Trinken besorgte. So sind wir ins Gespräch gekommen.

Laura Micali war die PR-Frau von Copam und Copam war das Konsortium, das unter anderem auch das Importmonopol für Jaffa hatte, die Pampelmusen aus Israel, die vom Herbst bis in den Mai hinein den Markt beherrschten.

Eigentlich war Laura ja etwas mehr bei Copam als nur die PR-Managerin. Sie war sozusagen die Chefin der recht viel beschäf-tigten Mailänder Niederlassung, die das an sich in Rom ansässige Unternehmen nur eingerichtet hatte, weil unsere Stadt eben das Medienzentrum ist, das in Italien niemand umgehen kann, der irgendwas mit Öffentlichkeitsarbeit erreichen will. Und wie das so läuft in zufälligem Partygeplauder, mit einem Glas Sekt in der Hand und zehn Ellbogen an den Rippen: in dem einen Halbsatz hier und einem anderen wenig später blitzte mir auf, dass Copam wohl gerade dabei war, sich werblich neu zu orientieren, was mich die Antennen scharf ausfahren ließ und mir Laura Micali, die ziemlich schrill, klein und eher pummelig war, sogleich doch äußerst interessant und sympathisch machte. Der Jaffa-Etat!

Die großen Konsumgüter-Marken sind die Goldfische, die im Teich einer Werbeagentur nicht fehlen dürfen. Sie sind es, die der Kundenliste die Farbtupfer geben, die gebraucht werden, um... ja doch: auch um attraktiv, vor allem aber, um einigermaßen abgesichert zu sein. Einer oder zwei solche Goldfisch-Farbtupfer reichen schon, um alle Chancen zu haben, vom Markt beachtet zu werden, dabei zu sein im Insider-Gerede und mit interessanten Vielleicht-Kunden ins Gespräch zu kommen. Wir aber hatten keinen einzigen davon, damals bei Interservice.

Irgendwie hatte es sich für uns ergeben, dass wir vor allem Hersteller recht langlebiger, in sich auch ziemlich langweiliger Gebrauchsgüter auf unserer Kundenliste hatten, und Banken dazu, eine Versicherung auch und etwas an Touristik, aber, abgesehen von einem ganz kleinen Tee-Etat, gar nichts von dem, was sozusagen zum täglichen Konsumieren gehört. Für unsere Kunden machten wir anständige, zum Teil auch recht innovativ erfolgreiche Arbeit. Damit verdienten wir gutes Geld und hatten auch mittelfristig unsere relative Sicherheit. Aber zukunftsbezogen und entsprechend den Zielen, die wir uns vorgegeben hatten, war es eben doch nur eine halbe Sache. Wir standen nicht im Blickfeld. Wir wollten dorthin.

Mit Jaffa?

Man kann sich das heute kaum noch vorstellen, obwohl gar nicht so viele Jahre seither vergangen sind: Pampelmusen waren *die In-Frucht* damals, als Tina Turner *Nutbush City Limits* sang und *Der Pate* ins Kino kam. An prominenter Stelle prangten sie in den Obstabteilungen der SB-Ketten, auf den Märkten leuchteten sie Stand an Stand, gehäuft zu einladenden Hügeln, und zumal vom Herbst bis zur Erdbeerzeit im Frühling waren Grapefruits fast noch gefragter als unsere saftigen Orangen.

Vor allem als Saft wurden sie verzehrt, frisch gepresst zu jeder Tageszeit, aber mehr und mehr auch halbiert und ausgelöffelt, oder auch geschält, gewürfelt und in die verschiedensten Fruchtdesserts hinein gezaubert. Für Cocktails, den damaligen Kult-Getränken zu jeder Tageszeit, waren sie gern die bitter-fruchtige Grundlage. Und für gut acht Monate des Jahres kamen alle Pampelmusen aus Israel: mit einem grün aufgestempelten *Jaffa* auf der goldenen Schale.

Im Markt wach gehalten wurden die Pampelmusen vor allem durch phantasievolle PR-Aktionen, die über die einschlägigen Redaktionen liefen. Dafür war Laura Micali zuständig und sie machte das großartig. Ihre Kreativität war unerschöpflich, wenn es um neue Ess- oder Trinkrezepte mit Grapefruits ging, und zudem gab es keine Redaktion, in der sie nicht auch die letzte Praktikantin gekannt hätte.

Daneben jedoch gab es einen Jaffa-Etat für klassische Publikumswerbung und der war nicht zu knapp. Wenn da nun wirklich ein Agenturwechsel anstand...

Natürlich setzte ich gleich nach dem Montanelli-Empfang unser Räderwerk in Bewegung, um möglichst alles, wirklich alles über Copam und den Jaffa-Etat in Erfahrung zu bringen. Und als es mir recht bald dann gelungen war, von Cora Conenna, der Chefin von Copam, empfangen zu werden, ist das ein beidseitig angenehmes Gespräch geworden. Schon wenige Tage später kam dann auch die Einladung, am Wettbewerb um den Jaffa-Etat teilzunehmen – in Konkurrenz zu zwei anderen Agenturen, die damals in Mailand zu den besten und angesagtesten der Branche zählten.

Wenig wurde dabei allerdings nicht verlangt: kreative und medienbezogene Vollpräsentation. Das bedeutete ganz einfach, dass wir nicht nur unsere strategischen Konzepte und dazu ein paar gestalterische Ideen vorstellen sollten, sondern eine vollständige Vorschlagskampagne mit kompletten Anzeigen-, Plakat- und eventuell TV-Motiven, samt detailliert ausgearbeiteten Einsatzplänen und umfassender Begründung für das Ganze. Natürlich ohne jede Kostenvergütung. Der Gewinner des Wettbewerbs würde den Etat erhalten, für zwei Jahre vorerst und verlängerbar. Und die anderen hatten dann eben Pech gehabt. So war das damals – und es war schon als ein Entgegenkommen zu vermerken, dass *nur* drei Agenturen zum Pitch aufgerufen wurden, statt einem guten Dutzend, was auch nicht selten war.

Vollpräsentation also. Was da auf uns zukam, versprach, ein teueres Spiel zu werden. Zu teuer eigentlich für uns.

Katja machte sich sofort ans Rechnen. Sie wusste, wie hoch wir uns bei Präsentationen die qualitative Messlatte legten, und auch, wofür wir echt auszugebende Kosten haben würden, weil Externe damit zu beauftragen waren. Ihr erster Überschlagsbetrag war dann schon eine recht harte Nuss. Und da hatten wir noch gar nicht über Fernsehen geredet und ob wir auch dafür planen und etwas präsentieren wollten. Übers Wochenende sollte sich das Team Gedanken machen zum Ganzen. Ob wir denn mitmachen würden beim Rennen um Jaffa oder nicht, das mussten wir Copam erst am Montag sagen.

Als Katja und ich am Samstag dann im Garten saßen, kühlen Nuragus aus Sardinien tranken und den Rippchen zusahen, wie sie auf dem Grill vor sich hinbrutzelten, war eigentlich alles schon entschieden: Wir werden für Jaffa präsentieren; auch und gerade mit TV-Spots; und die Kosten dafür haben uns jetzt bloß nicht den Appetit zu verderben, weil, irgendwie werden wir auch das hier schaffen... wie eigentlich bisher immer alles.

Das Agenturmeeting am Montag war dann nur noch eine Formsache, obwohl Katja und ich versuchten, uns das nicht allzu sehr anmerken zu lassen. Wir hatten ja nun das Team mit ins Boot zu holen, auf das eine satte Anzahl von Überstunden zukommen würde, unbezahlte und nur dann mit einem Bonus vergütete, falls wir den Etat nach Hause holen konnten. Die Abstimmung war positiv, enthusiastisch nahe u. Alle wollten sie sich ins Zeug legen, die Konkurrenz zu schlagen und Jaffa zu gewinnen, Überstunden hin oder her. Mir fiel ein mittelgroßer Stein vom Magen. Mit einer widerilligen Truppe wäre es noch kniffeliger geworden, als es so schon war.

Bei Copam wurde es gut aufgenommen, dass wir mit dabei sein wollten. Bis zum 20. September gab man uns Zeit. Das war lange hin, schien uns auf Anhieb, hatten wir doch gerade erst Mitte Juli. Aber so wahnsinnig gut meinte es der Kalender auch wieder nicht mit uns. Dazwischen lag ja der

August und der war damals schon absoluter Urlaubsmonat, wie er es in Italien auch heute noch ist. Echt blieben uns da gerade nur fünf Arbeitswochen. Eng. Aber machbar.

Die kreative Konzeption zu schaffen, war mir beim Jaffa-Projekt ein Vergnügen.

Die vom Kunden vorgegebene und deshalb zu berücksichtigende Basis war klar und gar nicht so komplex:

> *Jaffa steht für Pampelmusen und der Markt weiß es.*
> *Pampelmusen sind gut und tun gut, für Klein und Groß.*
> *Sie schmecken nicht nur als Saft, sondern in jeder anderen Form auch.*

Der letzte Punkt war für Copam besonders wichtig. An die 80% der Pampelmusen wurden gepresst und der Saftkonsum war kaum noch zu steigern. Wachstumspotential gab es fast nur noch beim Verzehr der ganzen Früchte, sei das als solche oder etwa in Obstsalaten und so. Das war herauszustellen. Dafür war Kauflust zu schaffen. Aber voll dazu natürlich: ausgepresst sollten die Pampelmusen auch künftig konsumiert werden. Häufig und von vielen. Bloß keinen Konsumrückgang auf der einen Seite riskieren, um auf der anderen Zuwachs zu gewinnen!

Wie mir die Startidee gekommen ist, daran erinnere ich mich beim besten Willen nicht mehr. Wahrscheinlich waren wir noch irgendwohin etwas essen gegangen am Montag der Entscheidung, Katja und ich, so wie wir das häufig nach Büroschluss machten, wenn wir uns einerseits abreagieren und dabei aber doch etwas miteinander zu bereden hatten. Schon da könnte es mir eingefallen sein. Oder dann nachher, bei entspannender Musik oder einem Krimi im Fernsehen. Oder...

Jedenfalls war es ganz schnell da und auch notiert:

Jaffa, più che un frutto.   *Jaffa, more than a fruit.*

Das war es für mich: der Claim, die Baseline, die Synthese und der abschließende Zuruf aller künftigen Plakate, Anzeigen und Fernsehspots. Als Bild dazu, sozusagen der Schlusspunkt und Blickfang neben die Zeile des Claims relativ klein eingefügt, ein Appetit anregendes, leuchtendes Foto von einer ganzen und einer querdurch halbierten Pampelmuse, mit in der Schnittfläche der halben einem Löffelchen, sie auszulöffeln.

Wir kannten kreativen Ausrichtungen unserer zwei mit eingeladenen Konkurrenten gut: aggressiv im Bild und minimalistisch im Text. Groß dimensionierte Fotos von oft auch schockierenden, häufig sexistischen Szenen wurden da meist mit einem kurzen Titelsatz kombiniert, und dazu dann noch das zu bewerbende Markenzeichen irgendwo, wo es die kreativen Graphiker nicht allzu sehr störte. Und das immer mit möglichst nur einem Anzeigen- und TV-Motiv pro Kampagne, weil, so das gängige Argument, das Konsumentenhirn gar nicht mehr verarbeiten könne. Es war der Trend, der von Übersee auch nach Italien geschwappt war und den die Agenturen liebten, weil er kein vielschichtiges Denken und wenig Detailarbeit verlangte. Bezahlt wurden wir ja alle schließlich in Prozenten der Einschaltkosten, nicht etwa nach Arbeitsaufwand.

Da konnten wir uns absetzen. Wir, die weitaus kleinste Agentur der Wettbewerbsgruppe, *mussten* eine Kampagne bringen, das war unsere volle Überzeugung, die in Kontrast zum breiten Trend der Großagenturen stand und damit herausfordern konnte, das von uns Präsentierte wenigstens als *anders* zu empfinden und als solches zu erwägen.

Und wir haben auf Kontrast gesetzt, zumal in den Anzeigen der Kampagne, die wir auf eine ins Endlose entwickelbare Reihe von sich oft abwechselnden und nachfolgenden Motiven auslegten.

Geschichten wollten wir zu den Grapefruits erzählen. Kleines von Menschen und menschlich Gelebtem. In Ich- und Wir-Form erzählt, wann immer möglich, und glaubwürdig im Tonfall unserer Protagonisten. Die Pampelmusen darin gar nicht im Vordergrund – und doch läuft es irgendwie immer wieder auf sie hinaus, ganz logisch manchmal und dann wieder durch verblüffende Wendung, stets nach dem Motto von etwa:

Wunder wirken sie keine, die Pampelmusen, aber...

Gar nicht so dominant dazu die Bilder der Menschen, um die es geht. Gerade etwa zehn Zentimeter im Quadrat über dreispaltigem Text darunter und mit am Schluss dem Jaffa-Claim. Normale Leute waren die, an die wir dachten... und doch wieder nicht. Irgendeinen Haken, einen visuellen Angelhaken brauchte es dazu in jedem Bildmotiv. Etwas, das beim Durchblättern stutzen, vielleicht auch zurückblättern lässt. Das hat unserem Stil entsprochen. Immer schon war ich davon überzeugt, dass die Menschen viel mehr an anderen Menschen interessiert sind als an irgendwelchen Produkten. Wen denn interessieren schon Pampelmusen oder Glühbirnen, Knäckebrot oder Bankangebote mehr als nachbarliches Tun und Treiben?

Und nicht anders ist es auch mit dem, was ich erzähle. Wer gibt mir denn sein Interesse, seine Aufmerksamkeit für etwas, das er von mir schon zum zwanzigsten Mal und immer wiederum gleich vorgesetzt bekommt? Die Kurve geht da schnell nach unten.

Sitzt er mir gegenüber, kann der geplagte Mitmensch sich ja kaum wehren. Anzeigen aber kann er locker überblättern, bei Fernsehspots sich mental ausklinken. Und das tut er auch. Da muss die Langweiler-Werbung schon sehr oft und heftig hämmern, um doch noch gelegentlich bemerkt zu werden. Teuer ist das. Oft so sehr nutzlos teuer. Und damit lag es eben nicht auf unserer Linie... wohl auch, weil wir keine Kunden hatten oder an unserem Horizont sahen, die über nahezu unerschöpfliches Einhämmer-Geld verfügen konnten.

Auf die Anzeigenmotive haben wir uns als erstes konzentriert. Was denn für Leute, Situationen und Geschichten?

Giancarlo Meroni, unser Art Director, und ich und auch noch andere vom Team blätterten tagelang in den Angebotsbänden der großen Bildagenturen, im Fundus von uns bekannten Fotografen und auch in der Presse nach Bildern, die zu einer griffigen Geschichte inspirieren konnten und dabei auch den Angelhaken fürs Auge hatten. Berge davon haben sich auf meinem Schreibtisch getürmt. Dutzende von Story-Anrissen wanderten in den gefräßigen Papierkorb. Zum Schluss übrig geblieben sind dann ein gutes Dutzend Bildmotive und Kurznotizen dazu. Daraus sind die Anzeigensujets für die interne Auswahldebatte geworden.

Sechs Motive haben wir zur Präsentation ausgearbeitet. Sie deckten wie in einem Panorama ein breites Lebensspektrum ab, jede sehr individuell und dabei doch immer themenbezogen: von der lustig-frechen Vierjährigen über den versonnenen Schüler und ein turtelndes Paar am Frühstückstisch zur selbstverliebten Molligen, dem miesepetrigen Büromenschen und hin zum festlich steif da sitzenden Jubelpaar einer Goldenen Hochzeit. Jeder von ihnen mit dem Seinen beschäftigt und doch auf seine Weise durch Grapefruits verbunden.

Finanziell wurden die Fotos nicht zum Problem. Sie gehörten Bildarchiven, die uns für den Präsentationsgebrauch bei den Kosten sehr entgegen kamen, weil sie ja dann auf die Veröffentlichungshonorare spitzten.

Teurer und auch komplizierter wurde es dann aber schon beim Pampelmusen-Foto für den immer wiederkehrenden Claim. Rosa, die Frau und Kassenwartin unseres sozusagen Hausfotografen Vernizzi, verlangte einen nicht akzeptabel hohen Preis und war davon nicht abzubringen. Ob für eine Kampagne oder vorerst nur für die Präsentation, da änderte sich nichts – so ihre Meinung. Für ihren Gastone war es der gleiche Arbeitsaufwand und die Materialkosten auch nicht anders. Da war nichts zu machen. Und so holten wir Franco Baldelli für den Job, der auch gute Sachen machte und auch schon ein paarmal für uns gearbeitet hatte.

Irgendwie war da aber der Wurm drin.

Erst hatte er Grapefruits mit Lagerdellen fotografiert, dann, mit nun zwar schön runden Früchten, das Löffelchen gegen die mit Skizzen vorgegebene Richtung in die halbierte Frucht gesteckt, und auf seiner dritten Serie wollten die Pampelmusen einfach nicht leuchten. Wir in der Agentur wurden kribbelig, Baldelli irritiert, ein Wort gab das andere, Baldelli knallte uns seine ganze Dia-Serie auf den Tisch und die Tür hinter sich zu.

Meroni meinte, für die Präsentation würden Baldellis Fotos allemal reichen und nachher – die Daumen gedrückt! – könnten ja in Ruhe die definitiven geschossen werden. Da war aber ich dagegen. Gerade für die Präsentation hatten die Dinger *top* zu sein, weil die Leute von Copam doch sicher mehr auf ihre Pampelmusen schauen würden als auf die Texte oder sonst was vom Präsentierten. Also zurück zu Vernizzi und seiner Signora Rosa und noch einmal das Kosten-Gezeter. Katja hat dann doch noch einen netten Kompromiss hinbekommen. Und die Fotos waren auf Anhieb gut, was bei Gastone ja fast immer so war.

Die Fernsehspots waren das größere Problem. Da ging es nicht um ein paar Stunden im Atelier und zwei-drei Rollen Diafilm. Wollten wir aber überhaupt TV-Spots machen? Nur für die Präsentation eventuell und dann das Schubladenarchiv? Die Meinungen gingen auseinander. Falsch. Da gab es gar keine *Meinungen*, sondern nur eine einzige in der ganzen Gruppe: *Wir machen keine Spots. Nein. Wir können es uns nicht leisten.* Also: In der ganzen Gruppe? Wieder falsch. Ich stand dagegen.

Wir hatten ja keine Ahnung, ob unsere Konkurrenten nun Spots präsentieren würden, oder vielleicht nur gezeichnete Storyboards, oder etwa auch gar nichts fürs Fernsehen. Aber was, wenn...?

Falls da in den Konkurrenz-Präsentationen, auch in nur einer, TV-Spots gezeigt werden und wir keine haben, sind wir unten durch. Spots faszinieren nun mal mehr als alle noch so gut gemachten Anzeigen oder Plakate. Wenn aber *die anderen* keine fertigen Spots zeigen, wir aber schon, ist das unser Vorsprung. So liefen meine Gedanken und das habe ich auch argumentiert. Dass etwa alle drei Agenturen so vernünftig sein könnten, die Risikokosten zu vermeiden, das habe ich gar nicht angesprochen. Es wäre sowieso nur eine Hypothese gewesen, begleitet von flatternden Nerven bis zum Tag der Präsentation.

Katja hat sich überzeugen lassen, oder jedenfalls so getan als ob und trocken dazu geschluckt. Für die übrigen war es damit auch entschieden. Und so haben wir uns daran gemacht, uns die Filme auszudenken.

Die Filme? Na ja, wenn schon, dann kam nur *ein* TV-Spot ja nicht infrage. Wo wäre denn da das Serienkonzept unserer Kampagne geblieben; wo unsere Linearität?

Mit Corrado Tringali, dem Inhaber – und auch Drehbuchautor, Regisseur, Soundmusiker, häufigem Sprecher und zwischendurch mal Kameramann – von Assofilm, hatten wir schon ein paar Werbespots gemacht. Er hatte Enthusiasmus, wenn ein Projekt ihn überzeugte; konnte ganze Nächte durcharbeiten ohne umzufallen; war manchmal auch so richtig kreativ und vor allem auch: kostenbewusst war sein Denken.

Mit ihm und Mara, seiner gut zwanzig Jahre jüngeren und ungefähr dritten Frau, verabredeten wir uns zum Abendessen. Das Ribot war damals ziemlich *in* und der Chef, Mailands selbsternannter Rucola-König, recht gut mit uns befreundet. Ums Jaffa-Projekt sollte es natürlich gehen und mit welchen Kostenwundern es etwa realisiert werden könnte. Erst beim Dessert kamen wir so richtig aufs Projekt zu sprechen und erst da wurde Corrado unser Anschlag klar. Eine lange Sommernacht ist es beim Ribot geworden.

Und Corrado war bereit mitzumachen. Ein bisschen zähneknirschend zwar, weil doch bald Sommerferien waren und er mit seiner Zeit sowieso immer knapp dran war, aber sonst doch angenehm begeistert. Lediglich die Nebenspesen sollten vorerst für uns als zu bezahlende Kosten anfallen: Schauspieler, Kameramann, Tontechniker und das Material.

Die Regie wollte er natürlich selbst übernehmen und dann auch Schnitt, Mix und Montage. Sollten wir den Etat gewinnen und die Spots dann auch gesendet werden, würde er für sich und das Atelier zu normalen Freundschaftspreisen abrech-nen; und wenn es nicht klappte mit dem Etat, dann wollte er eben mit uns mitgespielt und mit uns auch verloren haben. Um etliches kleiner war der mir im Magen liegende Stein geworden.

Die nächsten Abende haben sich intensiv entwickelt. Wir trafen uns nach Büroschluss in Corrados Atelier. Die Storys waren festzulegen, als erstes, und das ging aber gar nicht locker über die Bühne. Natürlich hatte ich gleich am ersten Abend Ideenskizzen mit dabei, recht gute wie mir schien, und allemal linear zu den Anzeigen der Kampagne, die ja jetzt schon soweit ausgearbeitet waren, dass ich nichts mehr daran ändern wollte. Die Spots hatten dazu zu passen!

Daran hatte auch Corrado nichts auszusetzen, nur...

Also das eine ging nicht, weil es dafür zu aufwändige Kulissen brauchte, die es zu vermeiden galt; der nächste Vorschlag benötigte entschieden mehr Sendezeit als die verfügbaren 30 Sekunden und schied schon deshalb aus; ein paar weitere Ideen waren vom Drehbuch her zu banal und konnten, so argumentiert, die Abwehrbarriere von Corrado nicht überwinden. Steil und steinig zeigte sich der Pfad. Dabei aber durchaus spannend.

Geeinigt haben wir uns schließlich darauf, dass wir bei Kinder-Sujets bleiben wollten. Weil Kinder im Fernsehen von sich aus schon mehr Aufmerksamkeit auf sich ziehen als die meisten Erwachsenen; und weil Kinder, richtig eingesetzt, für alle etwas Positives sind, und so die breiteste Zielgruppe ansprechen können; und nicht zuletzt auch, weil Pampelmusen unser Werbethema sind.

Pampelmusen. Dazu ist hier noch ein bisschen was zu sagen. Gerade auch für Kinder sind Grapefruits wegen ihres hohen Vitamin-C-Gehalts ein ideales Winterobst. Der Geschmack ist aber gewöhnungsbedürftig. Die Eltern hatten oft Angst, wie wir aus Studien wussten, dass er zu herb-bitter für die Kinder sei, und so versuchten sie es gar nicht erst mit den Pampelmusen. Kinder bekamen meist Orangen. Grapefruits waren für die Erwachsenen. Da war also noch eine Menge Marktpotential zu holen und nicht zuletzt darauf kam es an.

Zwei Kinderspot-Ideen nahmen spannend Form an und begeisterten uns immer mehr. Ich will sie mal erzählen, so wie wir sie vor uns *sahen*, noch ohne Texte, als wir dran gingen, sie zu realisieren:

Winterregen.
Es schüttet aus Kübeln. Asphalt glänzt, kleine Pfützen hier und dort. Ein etwa 7-jähriger Junge mit knallgelbem Kapuzencape, Gummistiefelchen und rotem Ranzen. Kapuze auf dem Kopf. Der Junge kommt fast hüpfend auf uns zu, auf dem Gehsteig, an einem schmiedeeisernen Gitter entlang mit dahinter dicht-grünen Lorbeerbüschen. Er hat ein Stöckchen in der Hand, vielleicht gerade gefunden, und streift damit beim Gehen über das Gitter.

Geräusche: Klimpern an den Gitterstäben, das Platschen der Stiefelchen. Heiter, trotz graukalter Regenstimmung. Schwenk. Helles Schaufenster eines Obstgeschäftes. Dominant darin ein Berg Pampelmusen, verlockend. Schnitt auf den Jungen: Gesicht strahlt auf, zeigt freudige Gier. Junge ändert Richtung: Quer über die Straße, durch eine aufspritzende Pfütze, hin zum Schaufenster. Schnitt. Blick von innen, über die Pampelmusen und auf den Jungen. Der Junge kommt nahe ans Schaufenster. Zoom auf die Kopf-Schulter-Partie. Das Gesicht: vorfreudig, begierig. Das Näschen ans Schaufenster gepresst, leuchtende Augen. Framestop.

Claim: <u>Jaffa, più che un frutto.</u>

Kleine Elster.
Helle Küche mit kleinem Tisch und leichten Stühlen. Etwa 2 m hoher Tellerschrank/Kredenz. Oben auf dem Schrank eine Reihe Pampelmusen. Ungefähr 4-jähriges Mädchen, blond, pummelig. Blickwinkel von Höhe Kinderaugen. Das Mädchen schaut sehnsüchtig hinauf zu den Pampelmusen. Streckt ein Ärmchen danach aus und stellt sich auf die Zehenspitzen. Trippelt unschlüssig.

Greift nach dem Tischchen und zieht es vor den Schrank. Schnitt. Kindergesicht nach oben, sehnsuchtsvoll. Gegenschnitt auf die Pampelmusen. Kind nimmt einen Stuhl, legt ihn mühsam auf den Tisch, stellt ihn auf. Schnitt. Kind ist auf den Tisch geklettert, hält sich am Stuhl fest und reckt das Ärmchen wieder gegen die Pampelmusen. Unerreichbar. Kind krabbelt mühsam auf den Stuhl, hält sich an der Lehne und richtet sich auf. Höchste Spannung. Blick auf Kind: sehnsuchtsvolles Gesicht, das Ärmchen geht wieder hoch. Von hinten kommt Frau ins Bild. Jung. Mütterlich. Sie legt den rechten Arm um das Kind und hebt es an, nimmt zugleich mit der linken Hand eine der Pampelmusen. Mutter lächelt erleichtert, Kind strahlt. Framestop.
Claim im over: <u>Jaffa, più che un frutto.</u>

Jetzt brauchte es nur noch den Szenen und deren Rhythmus auf den Leib geschriebene Texte, im Stil der Printkampagne und aus dem Off zu sprechen. Hintergrundmusik natürlich, ganz wenig, aber immerhin. Die richtigen Drehorte waren zu finden, Regenmaschine zu organisieren, weil mit winterlichem Nieseln jetzt im Mailänder Sommer wirklich nicht zu rechnen war, und... und... ja und die Protagonisten waren auch zu casten: nette Mutter und zwei herrliche Kinder.

Das mit den Kindern konnte schwierig werden. Die Model-Agencies winkten müde ab, sobald der Drehtermin zur Sprache kam: *Jetzt, Ende Juli? Keine Auswahl.* Die Kinder waren mit ihren Müttern am Meer oder im Gebirge. Den Dreh auf die ersten Septembertage verschieben und zuschauen, wer da dann zurück sei, sollten wir. Mir war das zu riskant. Corrado meinte, mit einem der beiden Spots könne man versuchen, bis Anfang September zu warten: mit dem in der Küche. Und für den anderen hatte er eine fast wundersame Lösung: Robby.

Robby war sein Sohn, sein jüngster, oder eben sein erster mit Mara. Gerade sechs war er geworden, aber groß für sein Alter, rothaarig wie der Vater und tausend Sommersprossen im fast immer fröhlichen Gesicht. Ein richtiger Zuckerbengel. Das konnte es sein. Und nicht nur, weil er ein annehmbarer Notnagel war.

Noch Ende Juli haben wir gedreht. Der asphaltierte Gehsteig mit den Gitterstäben und dem Lorbeer dahinter war in meinem Wohnviertel und hatte mich überhaupt erst auf den Gedanken gebracht, mieses Herbstwetter mit glänzendem Naturgrün zu verbinden. Den Obstladen fanden wir in der Innenstadt, in einer ruhigen Seitenstraße, die zu jeder Tageszeit ein bisschen düster war und so der nötigen Atmosphäre entgegen kam. Und die Regenmaschine samt ihrem Techniker konnten wir günstig bekommen, weil gerade keine Spielfilme in Mailand gedreht wurden.

Robby hat herrlich gespielt. In nur einem Nachmittag war das Ding im Kasten.

Der zweite Spot musste dann doch bis Anfang September warten, was Katja und mir ein bisschen den Urlaub vergrätzte. Da war uns die ganze Zeit über untergründig die Anspannung mit dabei, ob es dann nachher zeitlich wohl reichte. Irgendein kleiner Stolperstein hätte ja genügen können, um... Dabei hatten wir doch noch die drei Septemberwochen bis zur Präsentation!

Das Kinder-Casting war dann ein Spaß, von dem wir noch lange geredet haben. *Alle* Mütter und Kinder waren wieder in Mailand. Und *alle* schon im Juli angefragten Model-Agencies schickten uns *alle* so an die 4- bis 5-jährigen Mädchen, die sie in ihren Karteien hatten – alle am gleichen Tag in der ersten Septemberwoche, weil wir es schnell hinter uns haben wollten.

In der Agentur herrschte dann das reine Chaos an dem Tag. Am Empfang in unserer *Villetta* drängelten sich die Mütter mit ihren Goldstücken, auf den Treppen wuselten kleine Mädchen durch-einander und ehrgeizige Elternteile beäugten sich abschätzig, der Garten hatte sich in den Spielplatz einer Kita verwandelt. Mittags gab es dort draußen einen kleinen Snack für die gerade auf ihren Aufruf wartenden: mit Pampelmusen natürlich, als Saft und halbiert zum Auslöffeln. Ein Fest für die Kleinen! Weniger allerdings für die Mütter, die nur dafür Augen hatten, dass sich *das ihre* keinen Fleck aufs Kleidchen holte oder klebrige Hände oder die Frisur zerzauste. Etliche der 4- bis 5-Jährigen waren auch auf Prinzessin geschminkt, wie das die Mini-Model-Mütter oft so machten. Dass denen das Make-up nicht verschmierte, war ihnen dann hektische Haupt- und Dauersorge.

Gut und gern zehn Mädchen hätten wir buchen können, eines tollpatschiger und reizender als das andere, oder doch wieder nicht. Entschlossen haben wir uns für eines mit einer verständigen Mutter: sie war damit einverstanden, nur 50% des Honorars zu nehmen, wenn unsere Präsentation durchfallen sollte, und den Rest auch nur, falls der Spot dann genehmigt und ins Fernsehen kommen würde. Als Gegenleistung wollte sie aber eine Kopie des Films bekommen, so oder so, und sie ließ es sich auch nicht nehmen, bei den Dreharbeiten mit dabei zu sein. Dass sie selber nicht auch die Mutter spielen wollte, haben wir ihr hoch angerechnet.

Zu einer internen Debatte ist es dann doch noch gekommen. Wegen der Anzeigen. Also, wie wir sie für die Präsentation aufmachen sollten und wollten. Damals war von Computersatz und -druck noch lange nicht die Rede. Für die Texte war Bleisatz angesagt. Dessen Abzüge und die Bilder wurden auf Pappe montiert und von diesen Montagen, den Reinzeichnungen, wurden für den Druck Offsetfilme erstellt, die teuer waren. Von der Handpresse gab es dann Andrucke davon. Das alles kostete viel Zeit und Geld. Und beides war zum Fenster hinaus geworfen, wenn vor der Drucklegung auch nur noch die kleinste Kleinigkeit zu ändern war.

So hat es sich denn eingebürgert, dass für Präsentationen nur sogenannte *Layouts* gemacht wurden: Montagen, für die als Bilder nur Orientierungsfotos oder auch Skizzen eingeklebt und *Blindtext* statt der eigens dafür abgesetzten Originaltexte verwendet wurde, also zurecht geschnipselte Drucke von lateinischem Nonsens, der nur den Textumfang und dessen Positionierung zeigen sollte. Nur die Titel wurden für die Layouts meist abgesetzt. Die richtigen Texte bekamen die Kunden getippt dazu.

Für Wettbewerbspräsentationen setzten die Agenturen in der Regel mehr ein. Meist wurden *Semi-finisheds* gemacht, also Montagen mit den schon abgesetzten Textvorschlägen und den für die Veröffentlichung vorgesehenen Bildern. Sie zur Show aufzupeppen, wurden diese Montagen meist mit Kristallfolie kaschiert und mit einem breiten Passepartout versehen.

Normalerweise, also bei schon gewonnenen Kunden, machten wir auch nur *Layouts* oder höchstens *Semi-finisheds*. Jetzt bei Jaffa hatten wir aber zwei potente Wettbewerber gegen uns und da wollten wir auch im Auftreten nichts riskieren, eher uns positiv profilieren.

Und so kämpfte ich hausintern für eine ganz besondere, durch-aus unübliche Präsentationsform: das zur Beurteilung berufene Kundengremium sollte die Anzeigen mit allem Drum und Dran als fertige Drucke in großen Passepartouts vorgestellt bekommen, bereits gerahmt, um sie sich gleich anschließend ins Büro hängen zu können, und zusätzlich sollte jeder am Tisch aktuelle Zeitschriften anhand bekommen, in welche die Andrucke der Anzeigen als ob schon veröffentlicht in ihr Umfeld eingebunden waren. Eine entschieden aufwändige und teuere Art zu präsentieren. Aber ich war mir sicher, dass wir uns so die nötige Aufmerksamkeit schnappen konnten. Katja und das ganze Team waren schnell der gleichen Meinung.

Vier Tage vor dem Präsentationstermin waren wir fertig, fix und fertig allerdings, und zum Probedurchlauf bereit. Alles lag parat. Nicht nur die Anzeigen und die Spots. Auch großflächige Plakat-Sujets für Außenwerbung und eine recht breite Palette von Display-Material. Und natürlich auch die Medienstrategie mit ihren detaillierten Planzahlen. Die Präsentationsbroschüre war gute fünfzig Seiten stark.

Dass Giancarlo Meroni, der ja unser Art Director war, die kreativen Aspekte präsentieren würde und ich vorher über die Strategie und hinterher die Medienpläne sprechen würde, war von Anfang an klar. Eigentlich.

Doch dann kam von irgendwo noch die Idee, dass auch Corrado eingebunden werden wollte: zur Präsentation der Filme, in die er sich nun wirklich intensiv und auch kreativ hineingehängt hatte. Giancarlo fand das gar nicht gut. Da war schon Eifersucht im Spiel. Was wir jetzt nicht brauchen konnten, waren Spannungen in der Gruppe, und die etwa gar auch noch zu zeigen, wenn es vor dem Kunden darauf ankam, Gelassenheit zu mimen.

Katja hat das Problem gelöst. Wieder einmal sie. Ihre Gedanken dazu: Schwimmen wir doch gegen den Strom. Die anderen treten sicher in geballter Mannschaft auf, mit mindestens an die acht Leuten, wie das bei den *Big Agencies* so üblich, und wenn wir dann mit nur dreien kommen, stehen wir sowieso schon schmächtig da. Dazu dann noch, dass einer gar nicht von Interservice ist, sondern der Boss von Assofilm. Das geht *gar* nicht. Sieht aus, als würden wir Leihpersonal zur Staffage brauchen. Da ist es doch viel besser, gleich voll dagegen zu halten. *Einer* reicht, und damit setzen wir uns selbstbewusst ab von den andern. Und wenn einer von den Zuhörern dazu blöd daher kommen sollte, gibt es eine klare Antwort: *Was hier abläuft ist Chefsache; die andern vom Team sind dabei, Brötchen zu verdienen!*

Tja, das war's dann.

Und so ist es gekommen, dass ich am 20. September allein im Copam-Hauptquartier am Corso Venezia angetreten bin. Neun Uhr dreißig. Freitag. Bibberig von Lampenfieber.

Alfio, unser einsatzfreudiges Faktotum, hatte mich hin gebracht, mit Projektor und dem ganzen Material, und gemeinsam hatten wir aufgebaut und alles bereit gelegt. An jeden Platz am Sitzungstisch auch einen von unseren Notizblocks und einen Kugelschreiber mit Interservice-Logo. Wenigstens etwas von uns sollte doch bei Copam zurück bleiben, falls sie mich und unsere Vorschläge hochkant rauswerfen sollten.

Gut ein Dutzend Leute saßen dann am langen Tisch. Mit ein paar weniger hatte ich gerechnet, auch wenn uns Laura Micali vorgewarnt hatte, dass etliche Israelis mit dabei sein würden und auch ein paar vom Importeurs-Konsortium. Anfangs war überhaupt keine Atmosphäre im Raum, wie das oft so ist, wenn zwei Gruppen aufeinander treffen, die sich noch nicht kennen und von denen jede irgendetwas von der anderen erwartet. Nur dass ich eben keine Gruppe war, sondern allein da stand vor einer Meute, die um den Tisch saß, mich halb schläfrig, halb erwartungsvoll ansah und nichts weiter tat.

Frau Conenna ergriff dann doch das Wort. Sie stellte mich vor als *die nun dritte Agentur, der wir unsere Aufmerksamkeit widmen müssen* – womit ich innerlich jubelnd erfuhr, dass ich die gute Chance des Letzten hatte – und dann fragte sie mich, ob ich allein sei oder noch auf Mitarbeiter wartete. Dass ich als ein Solitär vor ihnen stehen würde, nahmen die Umsitzenden zur Kenntnis. Sie hatten ja keine Alternative. Ob es ihnen auch gefiel oder nicht, war keinem anzusehen.

Und so fing ich denn an. Ohne über uns, also über Interservice zu reden, wie das eigentlich bei Pitch-Präsentationen immer üblich ist, weil sich jede Agentur gern erst mal selber groß redet und dabei nie daran gedacht wird, dass der potentielle Kunde sicher viel mehr über uns weiß, als wir selber, weil er sich ja wohl schlau gemacht hat, wen er sich da ins Haus und eventuell zur Mitarbeit holt.

Über Pampelmusen habe ich zunächst auch nicht geredet. Die waren für meine Gegenüber keine Mysterien, über die sie noch irgendetwas lernen konnten. Mit dem Kinder-Picknick in unserem Agenturgarten habe ich statt dessen angefangen und wie dabei die Kleinen sich mit allem Möglichen bekleckert haben, auch mit Grapefruits natürlich, und wie die Mütter mit immer einem lachenden und einem leicht verärgerten Auge mitmachten... und, ja, dass ich nicht dabei war, etwa Unsinn zu reden, sondern dass die Gören für uns jetzt hier eine besondere Rolle spielten, eine ganz besondere, doch... darüber später...

Von den Kindern war es dann leicht, auf die Mütter zu kommen und auf die Frauen ganz allgemein und was sie im Leben so interessiert und dass die Werbung eigentlich gar nicht dazu gehört, wenn man sie so reden hört, und dass es sie viel mehr beschäftigt, was ihre Mitmenschen umtreibt, und dass die Männer da auch nicht anders sind und wie man das ja selber gut merken kann, ein jeder für sich persönlich, und wie es dann doch kommt, dass alle, Frauen wie Männer, trotzdem eine Menge von dem Werbezeug mitkriegen, das sie angeblich überhaupt nicht interessiert, von dem aber ich meine, dass es ihnen doch wichtig ist, weil man ja täglich sieht, wie sie dann so oft etwas kaufen, weil sie einfach nur meinen, dass sie ganz von selber Lust darauf bekommen hätten, während hingegen...

Langsam kam Atmosphäre in die Stube. Die Leute fingen an mitzugehen, kritzelten Zeug auf unsere Blocks und bekamen dabei unser Interservice-Logo ins Hirn, warfen auch das eine oder andere Wort dazwischen. Sie *waren da* und merkten dabei nur peu à peu, dass ich schon mitten in der Werbestrategie steckte, die für Jaffa gedacht war und die sie für sich jetzt akzeptieren sollten.

Das Tor war offen. Jetzt kamen unsere Vorschläge locker zu interessierten Menschen. Die Anzeigenmotive mit ihren kurzen Storys und dem Jaffa-Claim, die schon beim ersten Anschauen so etwas wie beifälliges Grummeln auslösten, danach die Plakate für die Großflächen der Außenwerbung, die schnell als *Memo-Catcher* verstanden wurden; und weil wir nun schon mitten im Thema waren, konnte ich ohne allzu langweilig zu werden auch unsere Vorschläge zur Medien-Strategie vorbringen und kurz argumentieren. Im Hintergrund stand immer noch der Filmprojektor, zu dem sich öfter mal ein paar Hälse drehten.

Von den Print- und Plakatmedien war es dann ein lockerer Schwenker zum Fernsehen und dazu, wie sehr es sich unsere Hausfrauen angewöhnt hatten, schon vormittags beim Kochen keine Minute von seinem Programm mitsamt der Werbung zu verlieren, und wie viele Millionen Berufstätige allabendlich die TV-Nachrichten ansahen, Männer wie Frauen, weil sie keine Zeitungen lasen, und wie Kinder bei den Zuschauern immer gut ankommen und die Leute es aufmerksam verfolgen, was die Blagen auf dem Bildschirm tun.

Irgendwer war so nett, die Vorhänge zu schließen und das Licht zu löschen. Robby hüpfte im Regen am Gitter entlang, auf der aufleuchtenden Leinwand, und drückte sich das Näschen platt. Ein tiefes Durchatmen schien mir im Raum zu schweben. Dann die kleine Franca mit dem Stuhl und auf dem Tisch und weiter nach oben und von ihrer Mamma schützend in den Arm genommen. Täuschte ich mich, oder war da ein kurzes Klopfen auf den Tisch und ein kleines Füßescharren zu hören?

In die Dunkelheit hinein hörte ich mich sagen, dass wir uns das vielleicht nochmals ansehen wollten. Der Projektor war so programmiert, dass erst der Spot mit Robby noch einmal durchlief, danach, jeweils mit kurzen Pausen, die sechs Anzeigen und das Großplakat und abschließend dann nochmals die Kletterpartie von Franca.

Licht an. Ein kleines Schmunzeln konnte ich schnell noch auf ein paar Lippen sehen.

Dass Gesehene und Gehörte sofort nach einer Wettbewerbspräsentation mit der Agentur zu diskutieren, gehört nicht zu den Gepflogenheiten. Da blieb mir nur noch ein: *Das war's, meine Damen und Herren, oder – das ist's. Danke für Ihre Aufmerksamkeit. Ich hoffe, es ist etwas dabei, das Ihnen verankert bleibt. Die Details zu allem finden Sie in unserer Zusammenfassung. Und... ja... mein Team hat hart für sie gearbeitet. Das würden wir gern weiter tun.*

Ein ganzes Stück nach zwölf Uhr war es, als ich wieder unten auf dem Corso Venezia stand. Gute zwei Stunden hatte ich geredet, fast an einem Stück und ohne einen vorbereiteten Speach. Mir war es überhaupt nicht so lang vorgekommen. Den Zuhörern vielleicht auch nicht. Eingeschlafen ist mir jedenfalls keiner dabei.

Und noch am selben Tag hat Laura Micali spät nachmittags angerufen: *Entscheidung gefallen. Ihr habt gewonnen.* Wir hatten den Etat. Wir hatten Jaffa!

Schon in der dann folgenden Woche gab es eine dichte Reihe von Copam-Meetings, zumal mit Laura, und die Zusammenarbeit wurde sofort sehr offen und intensiv. Details in Menge standen an, die schnell angegangen werden mussten, da doch die ersten Grapefruits der neuen Saison bereits Mitte Oktober in Italien eintreffen sollten und dann die Werbung schon bald und zügig anzulaufen hatte. Zumal um die Medienauswahl und -belegung ging es in diesen Tagen. Das verfügbare Geld musste sinnvoll eingesetzt werden. Was aber *sinnvoll* war, da gab es doch noch ein paar recht kantige Meinungsunterschiede.

Laura und damit Copam lag vor allem daran, dass möglichst viele Zeitschriften mit starker Schaltfrequenz belegt wurden: nicht nur die großen Familien- und Frauenzeitschriften, sondern auch Nischenblätter, soweit sie sich auch nur einigermaßen umfangreich mit Essen, Trinken, Diätplänen und so befassten. Das war logisch aus Lauras Sicht und durchaus gut verständlich. Ihr Job war es, Pampelmusen immer wieder und möglichst überall redaktionell in die Presse zu bekommen. Dafür schrieb sie sich mit Rezepten, Tipps und Anregungen die Finger wund, verschickte Bildmaterial in Kilopaketen und redete sich die Telefonzunge fusselig. Natürlich konnte sie sich mehr Publikationserfolg bei *den* Blättern ausrechnen, die auch ein gutes Stück vom Anzeigenkuchen abbekamen. Das war klar und stand auch nicht zur Debatte.

Andererseits aber: Wir wollten neben Zeitschriften möglichst viel des Werbegeldes für TV einsetzen und eventuell auch noch eine Reserve für Kinowerbung frei haben. Es ging uns dabei nicht nur um die emotionale Zugkraft der bewegten Bilder, sondern vor allem auch über die Massen derer vom Zielpublikum, die nie im Leben auch nur ein einziges gedrucktes Wort lesen. In Italien waren das damals mehr als 35% derer, die wir Mittelschicht nennen. Heute sind es eher noch mehr geworden.

Nicht nur um die Medien ging es aber in diesen ersten Tagen. Auch Graphik und Produktion fanden sich prompt eingespannt. Laura wollte wenigstens ein paar der von uns vorgeschlagenen Laden-Displays aufs Schnellste verfügbar haben und dafür hatte sie einen guten Grund: die Blickfänger sollten in den nächsten Wochen schon mit den ersten Grapefruit-Lieferungen der neuen Saison an die SB-Märkte gehen. Da war keine Zeit zu vertrödeln.

Und dann war da noch etwas, das zu Eile drängte. Für den Mittwoch der ersten Oktoberwoche hatte Copam sein Jahresmeeting aller am Konsortium beteiligten Großhändler und ihrer Vertriebsnetze angesetzt. Jetzt, da die Wahl der Agentur getroffen war, hatte die Werbung natürlich mit ein Hauptthema der Tagung zu sein.

Verona war die Stadt des Vertriebsmeetings, der Tagungsort eine kühle Obst-Lagerhalle nahe dem Messegelände. Wir hatten es noch geschafft, eine Erstauflage von Mobiles mit unserem neuen Jaffa-Claim, die wir für die SB-Märkte vorgeschlagen hatten, drucken zu lassen und davon baumelten nun einige Dutzend von der Decke und drehten sich im Luftzug. Fröhlich sah es aus.

Katja und Giancarlo waren mitgekommen. Etwa hundertfünfzig Stühle waren vor ein Rednerpult gestellt und nahezu dicht besetzt, als wir in die Halle kamen. Die von der Decke hängenden Mobiles waren aufgefallen. Immer wieder hörten wir ein Raunen *Jaffa, più che un frutto* ringsum in den Reihen. Das Thema Werbung war als letztes des Vormittags angesetzt. Als sozusagen krönender Abschluss war es gedacht und dafür dreißig Minuten angesetzt. Vorher ging es um Qualitätskriterien, ehrgeizige Verkaufsziele für die kommende Saison, Preiskonditionen und deren Flexibilität je nach Lagermengen und so.

Dann war ich an der Reihe. Was ich gesagt habe und wie, daran kann ich mich nicht erinnern. Allzu viel Zeit für strategische Details und technische Daten habe ich ganz sicher nicht aufgewendet. Das vor mir sitzende Publikum hätte sich gelangweilt. Verkäufer wollen Konkretes hören. Schmonzes und alles was sich als solches anhört, erzählen schon sie selber, mehr als ihnen oft lieb ist. So bin ich wohl schnell auf mein Thema der Storys gekommen und damit, so sagt mir die Erinnerung, habe ich angefangen, mir ein paar interessierte Gesichter zu holen.

Dann ließ ich die Bilder der Shop-Displays auf die große Leinwand hinter mir werfen. Die Mobiles hatten die Leute ja schon über ihren Augen baumeln. Der Rest konnte ihnen zeigen, wie toll die Supermärkte in diesem Herbst mit *Jaffa* glänzen würden. Dass Copam dafür spezielle Deko-Teams beauftragt hatte und somit der effiziente Einsatz des Materials ohne ihr Zutun gesichert war, das wurde schon mal zum Anlass für ein erstes befriedigtes Gemurmel. Das Klima war dabei, sich freundlich für mich Vortragsredner zu entwickeln.

Jetzt die Außenwerbung. Linear war von den Displays auf sie überzuleiten. Auch ihre Sujets waren ja noch textarm gehalten, wie sich das für Plakate so gehört. Schade war, dass uns die Zeit nicht gereicht hatte, erste Bögen drucken su lassen und sie auf Wänden oder Litfass-Säulen zu fotografieren. Unser Atelier hatte aber doch ein paar eindrucksvolle Straßenszenen skizziert und die Plakate da hinein montiert. Auf die Leinwand projiziert, sah es nun doch recht imposant und durchaus anregend aus. *Gut angekommen?* Der leicht anschwellende Geräuschpegel ließ es ahnen.

Die Anzeigen jetzt, Motiv für Motiv. Bei jedem kam aus den Lautsprechern der Anzeigentext zum Bild, gesprochen mit glaubhaftem Stimmausdruck wie vom jeweiligen Protagonisten. Dazwischen immer eine kurze Pause. Zwei Worte von mir, um auf das nächste Motiv einzustimmen. Und da nun kam ein erstes, noch zögerliches Händeklatschen aus den Reihen, schon nach den ersten drei-vier Sujets, und von hier und dort auch ein freundlicher Zuruf. Nach dem sechsten Motiv dann aber, dem der Goldhochzeiter, brach echter Applaus im Saal auf. Die Leute waren mitgegangen, waren mitgekommen auf dem Weg ihrer neuen Werbung.

Aber noch war ich ja gar nicht fertig, wenn auch die meisten im Saal das wohl meinten, nachdem auch noch der Medienplan auf die Leinwand projiziert war und alle im Saal nun auch wussten, wo und wann die Plakate geklebt werden und die Anzeigen erscheinen sollten. Dass auch Fernsehen mit geplant war und nicht zu knapp, das wusste noch keiner vom Vertrieb.

Noch ein bisschen Geduld bitte im Saal, denn es geht weiter!

Und jetzt kamen die Spots. Erst Robby im Regen mit dem gelben Kapuzencape. Applaus, echt warmer Applaus. Dann Franca, unsere pausbäckige Kletterin. Da war nun atemlos werdende Anspannung knisternd spürbar im Raum. Stille. Licht an. Dann *der* Applaus. Donnernder Applaus von allen Seiten. Applaus, der von den Wänden widerhallte und nicht enden wollte. Standing Ovation!

So hatte ich es noch nie erlebt.

Das war am Mittwoch.

Samstag darauf war der 6. Oktober. 1973. Bombenhagel auf Sinai und die Golanhöhen. Jom-Kippur-Krieg.

Es gab keine Pampelmusen mehr aus Israel.

Für lange Monate hat es keine mehr gegeben. Und später dann, als wieder exportiert werden konnte, hatten Israels Agrar- und Außenhandelsbehörden kein Geld mehr für Werbung in Italien. Sie hätten aber die Hälfte der Kampagne zu finanzieren gehabt. Allein auf sich gestellt, konnten und wollten die Importeure den Etat nicht stemmen.

Es hat keine Jaffa-Werbung mehr gegeben.

Miura.

Mariella Scalabrin hatte wieder mal zu Weekend-Business-Meeting in das Landhaus Vescovana nahe bei Chioggia eingeladen, das auf die erste Hälfte des 16. Jahrhunderts zurückging und ursprünglich der Palazzo eines venezianischen Patriziergeschlechtes war. Ihr Mann, Mario, hatte das Anwesen samt riesengroßem Park ein paar Jahre vorher für wirklich nur *einen Apfel und ein Ei* gekauft, nachdem es mehr als zwei Jahrzehnte unbewohnt und entsprechend heruntergekommen war. Einer der beiden Flügel war inzwischen weitgehend renoviert, mit beeindruckenden Sälen, einem Küchengewölbe, in dessen Kamin man eine ganze Sau hätte braten können, und auch vier geräumigen Gästezimmern in der Beletage, an deren hier und dort abrupt unterbrochenen Fresken man deutlich sehen konnte, dass da recht willkürlich Wände eingezogen waren, um Bäder zu gewinnen.

Das irre Geld, das so ein Ding verschlang, auch wenn es billigst gekauft war, kam von Idim, dem von Mario Scalabrin aufgebauten Unternehmen, das echt wirksame Pflegekosmetik herstellte und damit dabei war, den italienischen Apothekenmarkt zu erobern. Idim war seit gut zwei Jahren unser Kunde und die Zusammenarbeit mit uns hatte dem Unternehmen schon so etliches an Nutzen gebracht, was Mario und Mariella durchaus zu schätzen wussten.

Eigentlich war es guter Brauch von Interservice, unserer Agentur, Privates und Geschäftliches möglichst nicht zu vermischen, Business-Meetings nie aufs Wochenende zu legen und mit den Kunden auch sonst möglichst in der Agentur zu palavern. Das galt im Prinzip auch für Idim, oder sollte es jedenfalls gelten.

Das war nicht nur so, weil uns am Vorteil von *Heimspielen* gelegen war, sondern weil unsere Kunden selber gelernt hatten, wie angenehm und ergiebig die bei uns im Hause geltende Norm von absolut störungsfreien Meetings war. Da gab es grundsätzlich keine Unterbrechungen durch plötzlich dazwischen schrillende Telefone, oder von Sekretärinnen, die *gerade mal schnell* ein paar Unterschriften brauchten; und da gab es auch nicht die stets überall gefürchteten und dabei doch anscheinend unausrottbaren *spontanen Notwendigkeiten* der Teilnehmer selbst, unversehens und *nur ganz kurz* ein paar Anweisungen an irgendwen durchzugeben.

Mit Idim allerdings waren Ausnahmen zu machen. Der Kunde war zu interessant und lukrativ. Und Mariella war so stolz auf ihr patrizierhaftes Heim und auf die von ihr als sozusagen landadelig dazu empfundene Gastgeberrolle, dass es ganz unmöglich gewesen wäre, ihre Einladungen zu missachten, die sie *incontri amichevolmente utili*, also freundschaftlich nützliche Begegnungen nannte, und die über das ganze Wochenende zu gehen hatten. Drei-viermal im Jahr war das fällig.

Da war also wieder einmal die Einladung nach Vescovana, diesmal für ein Wochenende im Juli. Über die neue, schon in Mailand präsentierte Herbstwerbung müsse nochmals gesprochen werden, war das Argument, und vor allem auch intensiv über die allgemeinen Marketing-Prioritäten, die dringlich für kurz- und mittelfristig zu setzen waren. Echte Entscheidungen stünden an. Ascanio Calvi, der Marketing-Leiter, werde natürlich dabei sein. Und Katja solle unbedingt auch mitkommen. Schon für Freitagabend wurden wir erwartet.

Katja weigerte sich. Sie sah voraus, dass es wohl wieder so kommen würde wie schon manches Mal: nervtötend das ganze Wochenende über. Sie zog es entschieden vor, über das Wochenende für zwei nette Tage zu ihrer Mutter zu fahren. Wir nahmen dann beide die Bahn, wenn auch mit verschiedenen Zielen. Sonntagabend wollten wir uns am Mailänder Bahnhof wieder treffen. Unsere Züge hatten wir zeitlich entsprechend abgestimmt. Und das Wochenende hat sich dann genau so angelassen, wie von Katja vorausgesagt.

Eigentlich war geplant, uns schon am Samstagmorgen gleich nach dem Frühstück zu ernsthaftem Meeting zusammenzusetzen. So jedenfalls war das beim freitäglichen Abendessen angesagt, auch um dann bald frei für eine genussvoll restliche Zeit zu sein. Aber da war doch das Wetter *so* schön und der alte Fischmarkt von Chioggia *so* verlockend, dass wir nach dem Frühstück alle unbedingt dorthin mussten. Mariella bestand darauf und nur das konnte zählen.

Der Markt war ja dann auch faszinierend, wie jedesmal, wenngleich wir erst nach zehn Uhr hin kamen und damit zu schon voller Touristenzeit. Schauen hier, kaufen dort, durch das blitzende und blinkende Angebot wandern, hier den riesigen Oktopus bewundern und dort die sich im Becken schängelnden Aale, dann einen kühlen Schoppen in der Bar del Corso... und als wir in Vescovana zurück waren, war der gekaufte Fisch zu versorgen und dann festzustellen, dass nun noch ein Aperitif gar keine schlechte Idee war, und da war auch gleich schon Essenszeit. Das Geschäftliche also am Nachmittag.

Aber früh am Nachmittag kam dann im Fernsehen das Formel-1-Rennen von Silverstone. Die Rennen in England liefen damals noch samstags und für Calvi wäre es undenkbar gewesen, eines davon zu versäumen. Also denn: Alle erstmal vor dem Glasfratz. Und es wurde dann ja auch ein spektakuläres Ereignis. In Silverstone schüttete es wie aus Kübeln. Nur der vorneweg fahrende Pilot konnte irgendwas sehen, den anderen stand die aufgewirbelte Gischt wie eine Nebelwand vor den Augen. Dreher folgten auf Ausritte und darauf wieder Karambolagen. Abgebrochen wurde trotzdem nicht. Die Briten wollten wohl beweisen, dass sie hart im Nehmen sind, und zudem war Graham Hill am Führen.

Am Ende dann waren auch unsere Köpfe vernebelt. Eine kurze Pause musste folgen, in der sich jeder auf sein Zimmer zurückzog. Nach *höchstens einer halben Stunde* Siesta wollten wir uns wieder zusammensetzen und dann *aber doch endlich* über unsere Sachen sprechen. Es war ja nicht so, dass der Zweck des Treffens vergessen oder etwa gar nicht mehr aktuell sein sollte. Nur, bis dahin hatte es sich eben noch nicht ergeben.

Aus der halben Stunde Relax wurden gut zwei, bis wir alle vier auf der Terrasse unter der gewaltigen Eibe wieder beisammen waren. Aber da stand vordringlich erst einmal ein Problem mit dem Schwimmbecken an. Überchloriert war es laut Calvi, der es gerade benutzt hatte, und dessen rot geäderte Augen es zu bezeugen schienen. Die Diskussion darüber entwickelte sich heftig und zog sich hin. Mariella nahm das, was sie *eine haltlose Anschuldigung* nannte, als ganz persönliches Herabwürdigen ihrer hausfraulichen und gastgeberischen Kompetenz, und das wollte sie nun wirklich nicht auf sich sitzen lassen. Lang und breit ging es darum, ob Chlor täglich beizugeben sei, wie Mariella sich ereiferte, oder höchstens wöchentlich einmal, oder gar, oh Schreck und Graus, nur einmal jeweils dann, wenn das Becken gesäubert und wieder neu gefüllt wurde. Calvi war es, der das meinte, mit dem Hinweis, dass er mit einem Schwimmbecken am Haus aufgewachsen war. Er bestand zu allem Überfluss auch darauf, eine Chlormessung nun gleich sofort vorzunehmen, deren ätzendes Ergebnis die Gemüter keineswegs beruhigen und das Thema erledigen konnte. Mariella verzog sich schmollend in die Küche, weil dort das Personal sicher ihre Hilfe brauchte; Calvi schnappte sich ein Fahrrad; Mario Scalabrin lud mich zu einem Rundgang durch den noch zu restaurierenden Westflügel von Vescovana ein, um mir vor Ort zu erklären, was genau er dort für Pläne hatte.

Und unsere Arbeitsthemen? Geduld, meinte Mario. Nach einem guten Abendessen – und das würde sicher sehr gut werden dank der Fische aus Chioggia – wären die Gemüter sicher so besänftigt und aufgeschlossen, dass zumindest der erste Teil unseres Themenprogramms durchgehechelt und verabschiedet werden sollte.

Mal sehen...

Die Ausbeute vom Fischmarkt war delikat und der leicht perlende Cartizze, der göttliche Weiße von den Euganer Hügeln, ein echtes Gedicht dazu.

Drei weitere Gäste waren noch gekommen, gute Freunde, einer davon ein Teppich-Antiquar, der wundervolle Geschichten über die geknüpften Kunstwerke zu berichten wusste, die er als Auswahl für etliche der noch nackten Böden von Vescovana mitgebracht hatte. Streckenweise war es richtig spannend, was er vortrug, zumal auch der Cartizze keineswegs knapp gehalten blieb. Natürlich konnten wir alle es kaum erwarten, nach dem genussvoll zelebrierten Dessert die persischen und kaukasischen Wunder-werke auch endlich sehen und befühlen zu können, und natürlich ist das nicht ruckzuck über die Bühne gegangen und natürlich wurde das eine recht staubige Vorführung, die danach dringend befeuchtenden Nachschub an Cartizze forderte, von dem natürlich noch größere Reserven im Kühlschrank gehortet waren. Und dann... wer hatte da noch Lust darauf, gegen Mitternacht über Marketing und solches Zeug reden?

Das Frühstück am nächsten Morgen hat sich hingezogen. Erst hatte es schon mal gedauert, bis alle aus den Federn gekrochen und an den Tisch kamen, weil ja doch Sonntag war. Dann mussten doch die neuen drei Gäste verabschiedet werden, die über Nacht geblieben waren, und vor allem mit Carlo, dem Teppich-Antiquar, ging das recht umständlich vonstatten, weil er doch noch die Zukunft seiner orientalischen Schätze bereden und wissen wollte, welche von den guten Stücken er *wenigstens vorerst* da lassen konnte.

Ganz logisch, dass Mariella dann vorschlug, nun erstmal Hunde und Räder zu schnappen und kurz ans Flussdelta zu fahren, was uns sicher allen gut tun würde, nicht nur den Hunden, die aber dringenden Auslauf brauchten, weil sie doch nicht ewig im Park eingesperrt sein sollten. Fahrräder gab es genügend und Mario fand es nett, mir unterwegs die Villa Sant'Urbano zu zeigen, die gar nicht weit entfernt und zwar *nur* aus dem frühen 18. Jahrhundert war, aber gerade zum Verkauf stand und doch gut zu Katja und mir passen würde. *Was sollten wir denn mit einer altvenezianischen Villa in so gottverlassener Gegend?*

Aber was soll's: Sant'Urbano haben wir uns auch angesehen. Dort, wo zu deren Glanzzeiten mal großzügige Kamine geprangt hatte, klafften nur noch traurige Löcher, und was früher der Park gewesen, zeigte sich als abgeerntetes Maisfeld, mit dem noch nicht einmal Mariellas Hunde etwas Rechtes anzufangen wussten. Der Nachbar, der die Schlüssel zur Villa hatte, war lieb und beflissen zu uns, was die Besichtigung nicht beschleunigt hat.

Zurück in Vescovana, waren wir als erstes natürlich alle durstig, was Mariella veranlasste, uns ihren ganz speziellen *Cocktail Aranciamara* zu zaubern, eine Mixbombe aus wenig frisch gepresstem Orangensaft, gut aufgefüllt mit Cointreau und Sekt – geradezu der ideale Schluck für von der Julisonne ausgedörrte Kehlen. Und dann war sowieso bald Essenszeit. Aber gleich nachher würde es an die Arbeit gehen. *Versprochen!*

Zu denken, dass ich allein deswegen fürs Wochenende dorthin gefahren war!

Es ging schon auf drei Uhr zu, als wir uns am Sonntag dann endlich im Schatten der Eibe zur Arbeit zusammensetzten. Dass es nun doch dazu gekommen war, lag nicht zuletzt an meinem die ganze Zeit schon immer wieder und nochmals vorgetragenen Hinweis, dass ich auf alle Fälle rechtzeitig zum Zug nach Mailand müsse und deshalb *spätestens, allerspätestens* um halb fünf ein Taxi zum Bahnhof brauchte.

Mit gelassenem Brainstorming ist da natürlich nichts gelaufen. Ich war irritiert über die so nutzlos verwartete und verbratene Zeit des ganzen und nun schon ausklingenden Wochenendes und zudem kribbelig inzwischen, wegen des Zugs vor allem, aber auch weil ich doch sehr gehofft hatte, ein paar Entscheidungen mitnehmen zu können.

Calvi hätte wohl auch lieber etwas Eigenes unternommen, statt, heran gepfiffen, das freie Weekend bei seinen

Chefs zu verplempern. Man sah es ihm an. Der sonst meist Konziliante grummelte kratzbürstig wie ein Igelfell. Mario Scalabrin hätte sich liebend gern zu einer kleinen Siesta zurückgezogen, was er sich auch durchaus anmerken ließ. Nur Mariella schien sich wohl zu fühlen. Aufgedreht und tatendurstig zeigte sie sich in nun vertauschter Rolle: von der Gast- zur Auftraggeberin.

Entsprechend holperig hat es sich angelassen. Erst einmal haben wir versucht, uns über die Einschaltpläne der Herbstwerbung zu einigen. Zu viele finanzielle Details waren aber da mit im Thema und es deshalb doch wohl besser, das zu vertagen! Deshalb dann zum Dilemma mit dem Vertrieb: Sollte Idim weiterhin nur die Apotheken beliefern, oder nun doch schrittweise ausweiten auf andere Kanäle, wie von ein paar Vertretern vorgeschlagen und von Mariella favorisiert? Was für ein Thema! Genau das Richtige für eine so improvisierte Debatte, bei der jeder seine eigene Meinung hatte und ich zudem den stetigen Blick auf der Armbanduhr, die ich mir vorsorglich und demonstrativ neben das Schreibzeug gelegt hatte.

Die Kehlen trockneten aus vom Palavern unter der Sonne. Antonio, das Faktotum in Vescovana, brachte kühlen Cartizze im Eiskübel und war auch wie von Zauberruf zur Stelle, wenn die geleerte Flasche zu ersetzen war. Die Argumente fingen an, sich im Kreis zu drehen. Nutzlos. Die Uhrzeiger rückten vor und vor und vor. Unerbittlich.

Jetzt aber wirklich ein Taxi! *Kein Taxi.* Calvi will mich zum Bahnhof fahren. Gleich nachher... also echt sofort... nur noch *ganz schnell* der eine Aspekt, der wirklich wichtig und auch gut für wenigstens *eine* Vorentscheidung ist, auf dass das Weekend-Meeting doch nicht ganz...

Und so saßen wir um fünf Uhr immer noch festgenagelt unter der Eibe und vor den Cartizzegläsern. Mein Zug war definitiv nicht mehr zu erreichen. Ich sah schon Katja vor mir, wie sie in ein paar Stunden den Mailänder Bahnhof nutzlos nach mir absuchen würde. Spät abends. Allein. Ein echt irritierendes Bild. Ich war so richtig sauer, von einem

Moment zum nächsten. Und wenn ich sauer bin, dann – ich weiß nicht warum – scheint das mein Umfeld meist ganz blitzartig und fast als bedrohlich, jedenfalls als unangenehm zu vermerken.

Das Arbeitsgespräch war nun definitiv zerbrochen. Was denn jetzt noch? Mein einziger Gedanke war Katja. Aber mein Zug war nun mal nicht mehr erreichbar. Und Katja anrufen, das ging auch nicht. Sie saß inzwischen schon in ihrem Zug und Handys waren erst noch zu erfinden.

Mario Scalabrin hatte dann doch die Idee einer Lösung: sein Auto. Gern könne ich es haben. Sofort. Und irgendwann in den folgenden Tagen würde er es sich in Mailand zurückholen. Ein *vernünftiges Meeting* bei uns in der Agentur sei sowieso dringend nötig, nun, nach diesem bis dahin sehr nett gewesenen aber aufs Geschäftliche bezogen doch nutzlos verplemperten Wochenende. Nur noch schnell auftanken müsse er den Wagen. Und dazu sind wir dann auch unverzüglich zur Tankstelle am Dorfrand gefahren. Die hatte natürlich geschlossen – Sonntagabend auf dem flachen Land. Doch der Pächter wohnte im Hinterhaus und weil Mario so ein guter Kunde war, kam er auch heraus.

Marios Auto war ein Lamborghini Miura. Das war so ein flunderflacher, knallgelber Zweisitzer mit beinahe 400 PS aus einem 12-Zylinder-Motor, der eigentlich ein Renner war und bei voll getretenem Pedal locker seine 270 km/h auf die Piste bringen konnte.

Ich hatte so etwas noch nie gefahren. Mein früherer Alfa Romeo 1900 Super, der mir immerhin auch für ein paar Bergrennen gut gewesen war, hatte sich wie eine Familienkutsche dagegen ange-fühlt. Das Miura-Ding fuhr sich wie ein Gokart, eckig und kantig, hornissenartig nervös: gerade so das Richtige für einen Ritt gegen die Zeit auf sommersonntäglich abendlicher Autobahn, mit nervöser Wut im Bauch und gut einer halben Flasche Cartizze im Blut, die Aperitifs und die Gläser vom Mittagessen gar nicht eingerechnet.

Die Süd-Nord-Strecke der Autobahn hin zur Serenissima, die dann von Venedig nach Mailand führt, war fast leer. Mit dichterem Sonntagsverkehr hatte ich schon gerechnet. Warme Sonne strahlte von links her genau so, dass sie die Fahrbahn in gutes Licht tauchte, ohne aber zu blenden, und das Asphaltband leuchtete fordernd. Nahezu blitzartig hatte ich mein fauchendes Biest auf 200... auf 220... schon gut auf 250 km/h getreten.

So schnell bin ich bei Weitem noch nie gewesen. Der Rücken scheint mir wie mit dem Schalensitz verleimt. Die Augenwinkel kommen mit den Wellen der vorbei flitzenden Leitplanken kaum noch mit und die paar Pappeln der dort im Flussdelta sowieso nichtssagend platten Gegend huschen völlig schemenhaft an mir vorbei. Der rasende Miura brüllt wie eine Hundertschaft empörter Stiere. Jede kleinste Unebenheit der Fahrbahn telegraphiert sich mir mit hartem Schlag zum Hintern durch. Benebelt sich das Hirn? Hebt das Biest gleich ab und steigt hinauf ins Blaue? Das Lenkrad beginnt zu vibrieren. Oder fangen etwa meine Hände an zu zittern? Ich muss vom Gas! *Wirklich!* Da sind aber auch schon die Hinweisschilder zur nahenden Mautstelle bei Padua. An der Raststelle gleich dahinter gibt es lockenden Espresso. Zwei davon trinke ich jetzt auf die Schnelle, vor es auf neuer Autobahn weitergeht.

Die streckenweise dreispurige A4 Serenissima war nun doch um etliches befahrener. Wochenendler kehrten heim nach Verona, Bergamo, vielleicht sogar nach Mailand wie auch ich. Doch besonders viele waren es auch wieder nicht. Zügig rollte der Verkehr. Die äußere Fahrbahn, die ganz links, war streckenweise fast leer. Und ich fuhr gegen die Zeit. An die 240 Kilometer Autobahn waren noch zu fahren und dann die ganze Riesenstadt zu durchqueren, was trotz sonntäglicher Ruhe mindestens eine halbe Stunde brauchen würde. Viel mehr als zwei Stunden hatte ich aber nicht mehr, wenn ich Katja noch erreichen wollte.

Ab Padua ging es direkt nach Westen. Jetzt stand mir die untergehende Sonne gerade ins Gesicht. Gleißend und blendend, wie ich es nun wirklich nicht brauchen konnte. Laut segnete ich Mario, der mich noch in letzter Minute auf seine Sonnenbrille im Handschuhfach hingewiesen hatte. Sie war wirklich da und jetzt ein echter Segen. Und auch die zwei Espresso von soeben hatten gut gewirkt. Relativ nun doch entspannt und sehr zügig fuhr ich meinem Ziel entgegen, konstant auf der ganz linken Spur und, wann immer es die Piste zuließ, mit satten 200 km/h. Immer noch und wieder fuhr ich gegen die Zeit und meine innere Uhr hörte nicht auf zu ticken.

Nach Brescia wurde der Verkehr nun doch dichter. Die Wochenendler vom Gardasee waren dazu gekommen. Die Autobahn begann sich zu füllen, zumal auf der mittleren Spur. Weiter hielt ich mich konstant auf der ganz linken Fahrbahn und hatte trotz noch richtig hellen Sommerlichts des gerade hereinbrechenden Abends meine Scheinwerfer voll aufgeblendet. Eindeutig taten sie ihre Signal-pflicht. Schnell, fast wie von unsichtbaren Fäden gezogen, scherten die meisten vor mir Fahrenden nach rechts ein, sobald sie mich von fern aufkommen sahen. *Das schaffe ich noch, ganz locker!* – dachte ich mir gerade, als...

Plötzlich biegt einer zum Überholen aus. Auf meine Fahrbahn. Ein weißer Kleinwagen. Keine zweihundert Meter vor mir. Fährt höchstens 100 km/h, gerade halb so schnell wie ich. *Vollbremsung!* Ganz spontan, um den Weißling nicht aufzuspießen.

Der Miura kreischt auf, bricht aus als ob von einer Hornisse gestochen, lässt sich nicht abfangen, knallt schräg seitlich in die Leitplanke am Mittelstreifen, wird von ihr zurück katapultiert, saust quer über die Autobahn und dreht sich dabei wie ein Kreisel, rast auf vorbei huschende Schatten zu und irgendwie daran vorbei, reagiert auf nichts mehr... und kommt ganz rechts auf der Notspur zum Stehen.

Rauchende Reifen. Flatternde Hände. Gummi statt der Knie, als ich aussteige. Kein anderes Auto aber gerammt, noch nicht einmal gestreift. *Ein Wunder!* – schießt es mir durch den Kopf. Weit vorne im Sonnenuntergang verschwinden die Autos, die gerade erst neben mir gewesen, mitsamt dem ausgescherten Kleinweißling. Niemand aber rauscht an mir vorbei. *Was ist denn?*

Ein Porschefahrer war hinter mir hergefahren, wohl auch so schnell wie ich und mit nicht großem Anstand. Er hat mein Ausbrechen gesehen, vielleicht schon vor ich überhaupt darauf reagiert habe, hat sich blitzartig auf die mittlere Spur gesetzt, seine Warnleuchten gezündet, Geschwindigkeit herunter genommen, die Nachfolgenden alle abgebremst und angehalten. Nur so bin ich frei kreiselnd quer über die ganze Autobahn gekommen. Nur seine so prompte Reaktion hat eine todsichere Massenkarambolage im blutroten Licht der untergehenden Sommersonne vermieden.

Er ist auf den Seitenstreifen gefahren und hat angehalten, der Porschefahrer. Nur wenig hinter dem Miura. Keinerlei Vorwürfe. Glückwünsche nur, gegenseitige. Gemeinsam haben wir meinen lädierten Boliden begutachtet, die auf das linke Vorderrad verkeilten Karosserieteile befreiend zurechtgebogen, mit einem Wagenheber – seinem, meinem? – den Miura angehoben und inspiziert, was da an Rädern, Aufhängung, den Bremsen und vielleicht Sonstigem wohl beschädigt. Nur Blechschaden, anscheinend. Anderes haben wir nicht entdeckt.

Weiterfahren? Ein Blick auf die Uhr. Vielleicht reicht's noch!

Auf die Polizei zu warten, kam mir wirklich nicht in den Sinn. Wozu denn auch? Die Nummer des zum Überholen ausgescherten Weißlings hatte ich nicht mitgekriegt. Und außer Scalabrins Lieb-lingsspielzeug war nichts zu Schaden gekommen – *niemand* vor allem auch. Also denn...

Zögerlich bin ich wieder in den Verkehr eingebogen und recht langsam habe ich es angehen lassen auf den ersten Kilometern, jedem Geräusch nachspürend und auf verräterisches Vibrieren luchsend. Dann aber doch schneller und noch ein Stück schneller dazu. *Vielleicht schaffe ich es ja doch noch rechtzeitig zum Bahnhof!*

Katjas Zug hatte ein paar Minuten Verspätung. So habe ich es dann noch haarscharf geschafft, rechtzeitig bei dessen Einfahrt am Bahnsteig zu stehen. Freude. Verwunderung von Katja, dass ich meinen Koffer nicht dabei hatte; dass ich sofort und dringend einen satten Whisky wollte, gleich dort noch in der schmuddeligen Bar vom Bahnhof. Bericht: erst kurz über das Wochenende, dann über den Unfall. Gut hat es Katja nicht aufgenommen – das Ganze nicht.

Die Zauberkünstler der Karosseriewerkstatt, die ich schon ewig kannte, haben den Miura wieder wie neu gemacht, samt grellgelbem Lack in Perfektion. Und Mario Scalabrin hat es sportlich genommen, oder jedenfalls hat er so getan, auch wenn er gut zwei Wochen auf seinen Flitzer warten musste und die ganze Zeit über nicht wusste, wie er ihn zurückbekommen würde. Was mich die Reparatur gekostet hat, hat ihn nicht weiter interessiert. Durchaus verständlich auch. Er hatte ihn mir ja nur geliehen. Gefahren und verunfallt habe ich den Miura schon selber.

Bei den Kosten ist mir der Werkstattmeister dann echt entgegen gekommen. Er hat *nur* etwa das verlangt, was er auch bei irgendeinem Massenauto genommen hätte. Weiß doch der Deibel, wo er die nötigen Ersatzteile – den linken Kotflügel, das Frontteil – entsprechend günstig herbekommen hat. Die Originale von Lamborghini hätten satt ein Zehnfaches gekostet.

Trotzdem: Katja, für unsere Betriebsfinanzen zuständig, hat auch die *überraschend günstige* Werkstattrechnung nicht sehr positiv gesehen.

Immer wieder seit damals, wenn ich hinter *Brescia Ovest* in Richtung Mailand über die Autobahn komme, halte ich nach einem weißen Auto Ausschau, das da zu plötzlichem Überholen ansetzen könnte, und in meinen Ohren gellt es kurz auf: kreischende Reifen auf dem Asphalt und schrillendes Metall auf Metall an der Leitplanke. Ich mag die Stelle nicht, obwohl sie ja doch nichts dafür kann.

Schnell gefahren bin ich auch später noch oft und gern. Nie mehr habe ich es aber darauf ankommen lassen, gegen die Zeit zu fahren.

Bist du sicher?

Irgendetwas stimmte da nicht. Ganz sicher hatte ich es Katja gesagt, dass Helmuth Daum am Donnerstag zum Meeting nach Mailand kommen und dass er seine Frau auch mitbringen würde, die zum Friseur gehen und nachher zum Shoppen wollte, und dass ich für den Abend Scala-Karten besorgt hatte für die zwei und uns beide, und dass die Caballé die Norma sang. So oft mussten wir die Daums ja auch nicht in die Scala einladen, auch wenn er ein guter Kunde von uns war, und die Caballé kriegten wir auch nicht alle Tage zu hören. Das waren keine Details, die man einfach so überhören konnte. Natürlich hatte ich das Ganze Katja gesagt, vor Tagen schon und nicht nur so beiläufig.

Aber dann, mittags als ich sie ganz nebenbei fragte, ob sie auch noch bei Pupa, ihrer Friseuse, vorbeischauen wollte, tat Katja doch so, als falle sie aus allen Wolken. *Wozu denn?* - kam es so richtig verwundert und echt mit einem Staunenston, als hätte mich der böse Fips gebissen. *Scala... welche Scala denn?* - jetzt schon fast fühlbar irritiert. Und dann höre ich mich: *Daum... Meeting jetzt nachmittags... Frau Daum auch mit in Mailand.... dann Scalaabend wie längst versprochen...* Katja sieht mich an, als sehe sie ein grün gestreiftes Einhorn vor sich. *Norma...* – zische ich schon mehr, als dass ich es sage, und *...die Caballé doch!*

Dass Daum in der Agentur erwartet wurde, sei ihr völlig klar – hörte ich Katja –, dafür sei im Team ja auch schon tüchtig gearbeitet worden. Und natürlich auch darüber geredet. Doch von seiner Frau und der Idee, die zwei abends in die Scala zu bringen: *Niemals auch nur ein Wort von dir gehört! Und auch nicht von der Norma!*

Was war denn das nun? Und ob ich es ihr gesagt hatte! Mehr als einmal. Und über die Karten gesprochen hatten wir doch auch!

Je intensiver ich darauf bestand, immer mehr verwundert und auch schon irgendwie beunruhigt, umso ablehnender wurde Katjas Reaktion. Wir wurden laut zueinander; fingen an, uns anzugiften; kamen auch vom Hundertsten ins Tausendste, wobei jeder von uns Vorfälle der eher jüngeren Vergangenheit ausgrub, die schlecht oder recht zum Aktuellen passten.

Da war es wieder. Einer nach dem anderen fielen mir Anlässe ein, wo ich irgendetwas längst von mir Angesprochenes wieder erwähnt und Katja dann behauptet hatte, nie davon gehört zu haben. Hatte ich da an eine weiße Wolke geredet? War Katjas Hirn etwa dabei, löcherig wie Emmentaler zu werden? Oder hörte sie mir einfach nicht zu? Nicht mehr? Warum denn?

Das Meeting mit Daum war noch zähflüssiger als sonst meist, wenn das überhaupt möglich war. Aber vielleicht schien mir das auch nur so. Meine Gedanken kreisten doch vor allem um Katja und deren fast schon maßlose Verwunderung, die, je mehr ich da dran dachte, mir immer echter vorzukommen schien. Da war nichts aufgesetzt gewesen, nichts davon gespielt. Sie war wirklich verblüfft gewesen und ganz sicher war sie nur deshalb auch so aus der Haut gefahren. Beruhigend war mir das ganz und gar nicht.

Was da inzwischen Daum von der schwierigen Konkurrenzlage im italienischen Teemarkt schwafelte, wie bei ihm üblich, und von den Spannungen, die er deshalb mit seinem Mutterhaus in Düsseldorf hatte, und dass wir darum jetzt nochmals etwas kürzen und zusammenstreichen mussten vom an sich schon viel zu knappen Werbeetat, das alles rauschte einfach so an mir vorbei und meine Widerstandsargumente dazu kamen nur ganz mechanisch. Die paar kurzfristigen Kürzungen vom bereits schon mal Genehmigten würden wir allemal auch überleben.

Katja kam nicht mit in die Scala. Sie hatte sich auch in der Agentur nicht im Meeting gezeigt. Ihre Erkältung sei leider ganz fürchterlich, ließ sie durch jemanden vom Team bestellen, und die Gefahr, auch noch Herrn Daum und Gattin anzustecken, sei zu groß.

Der Sitz neben uns ist leer geblieben an dem Abend. Die Caballé war gar nicht besonders gut, die Stimme viel zu fettig glatt für eine verzweifelte Druidin, die gerade mit zwei kleinen Kindern wegen ihrer besten Freundin verlassen wird. Und danach beim Mitternachtsessen im *Biffi alla Scala*, das durchs volle Menü-Programm zu gehen hatte, konnte sich Frau Daum nicht einkriegen über den wirklich *so* wunderbaren Kulturabend, und dass es *sooo* bitterschade war, dass Katja den wegen *nur so einem bisschen Schnupfen* versäumt hatte. Es hat irgendwie pikiert geklungen, wie sie das immer wieder hergebetet hat. Dann noch ein Grappino, weil Daum den einfach brauchte. Das Ganze auf meine Visa-Card natürlich. Mir war nur daran gelegen, die beiden Provinzblüten endlich in ein Taxi zu bekommen und sie los zu sein.

Am nächsten Tag dann oder zwei Tage später haben wir, Katja und ich, uns abends für eine Kleinigkeit zum Essen und ein oder zwei Schoppen Wein zu *Silvano* gesetzt. Das taten wir häufig, wenn es etwas in Ruhe zu besprechen gab – ganz gleich, ob Geschäftliches oder Privates. Fast war das schon ein Ritual bei uns. Wenn rundum Stimmen schwirren und Besteck klappert, redet es sich nun mal besser – aufmerksamer und entschieden auch gelöster.

Katja war besorgt. Aber nicht über sich selbst. Wegen mir war sie beunruhigt. Eklatante Erinnerungslücken verbunden mit Wahnvorstellungen: das war es, meinte sie, was bei mir drohte, wenn nicht bereits fortgeschritten im Gang war. Schon öfters mal hatte sie versucht, kam es von ihr, in Ruhe darüber nachzudenken. Die wiederholten Male letzthin, an denen ich *steif und fest behauptet* hatte, ihr etwas gesagt, ohne es jemals auch nur angedeutet zu haben, hatte sie zu rekonstruieren versucht. Immer wieder war sie zum Ergebnis gekommen, dass ich es ihr wirklich nicht gesagt... mir die Vorgänge wirklich nur eingebildet hatte. Und so sicher war sie sich jetzt, als sie davon sprach!

Was sollte ich denn davon halten? Katjas Gedächtnis war bis dahin immer nahezu ein Wunderwerk gewesen. Was da einmal gespeichert war, stand wie gedruckt in einem wohlbehüteten Buch. Und sie speicherte alles, auch Beiläufiges neben einer Riesenmenge von Sinnvollem. Das ihre war ein durchtrainiertes Gedächtnis und weit davon entfernt, etwa ein Sieb zu sein. Ich wusste genau, wie viel Intensität sie aufwendete, es ständig in Trab zu halten. Wie also Katja jetzt bei einem Glas von Silvanos Pinot grigio ganz ruhig, dabei aber eindeutig beunruhigt von meiner *Einbildung* sprach, wurde ich denn doch unsicher. Es ist mir gar nichts anderes übrig geblieben.

Danach, in den folgenden Tagen und Wochen, haben wir uns genau beobachtet. Nicht nur so insgeheim, sondern ganz offen und auch darüber sprechend, wenn es sich ergeben hat. Und ich fing an, Tests zu machen mit: *Hab' ich dir denn schon gesagt, dass...* und so. Echt nervend muss ich da streckenweise gewesen sein. Gebracht hat es nichts.

Zugleich habe ich angefangen, auch mich selbst genauer zu kontrollieren. Recht einfache Checks schienen mir dazu geeignet: Was habe ich gestern Mittag gegessen? Wie lauten die Eingangszeilen der letzten fünf von mir geschriebenen Werbetexte? Wen habe ich heute beim Kommen als erstes in der Agentur begrüßt und wen gleich danach? Solches und anderes. Recht dilettantische Spielchen also, die eigentlich nur dazu dienen sollten, mir selber zu beweisen, dass mein Gedächtnis noch voll funktionierte. Meist hatte ich auch keine Probleme dabei. Meistens. Manchmal doch. Immer noch war ich mir aber ziemlich sicher, dass nicht mit mir sondern mit Katja etwas nicht stimmte, und *ihre* Aussetzer wollten mir nicht aus dem Kopf gehen.

Höchstens zwei oder drei Wochen später war es dann, ein Freitagabend. Nach dem Büro hatten wir irgendwo einen Aperitif getrunken und saßen nun gemütlich mit Büchern und Musik zuhause. Kurz vor neun Uhr war es, als das Telefon klingelte.

Herr Serravalle war dran. *Was will denn der jetzt... und dazu noch hier zuhause?* – war so das Erste bei mir. Aber da überschwemmte mich schon seine aufgebrachte Stimme: Seit acht Uhr sitze er nun schon bei Donini an der Piazza San Babila und das mit seiner Gattin natürlich und sie seien am Warten und Warten und Warten seit nun schon fast einer Stunde und Zeit fürs Abendessen sei nun auch längst schon und warum ich nicht da sei und ob ich denn nun...

Kaum hatte sein aufgebrachter Wortschwall angefangen, mir ins Ohr zu platschen, war es mir brühheiß aufgegangen. Für acht Uhr hatten wir uns doch verabredet; wollten erst einen Aperitif zusammen trinken und dann in ein nahes Restaurant zum Essen ziehen. Seit gut einer Woche war das vereinbart. Erst gestern hatte seine Sekretärin den Termin nochmals bestätigt. Und ich hatte ihn völlig vergessen. So vergessen, als hätte es die Verabredung nie gegeben. Noch nicht einmal den Ansatz von *Da war doch noch etwas!* hatte ich am Nachmittag und dann über den Abend hin gehabt. Vergessen!

Dabei war das Treffen mit Serravalle keineswegs nur irgend so etwas Nebensächliches, wie es leicht auch mal in einem hinteren Hirnfach abgelegt werden kann, um dort dann zu verstauben. Alfonso Serravalle war der Italien-Chef von Total, dem Benzinkonzern mit dem Riesenetat, der seit mehr als einem Jahr ganz oben auf unserer Wunschliste stand. Etliche Versuche um alle vier Ecken hatten wir unternommen, an Total heranzukommen, und endlich war es uns vor kurzem gelungen, die Agentur offiziell vorstellen zu dürfen. Gerade zur rechten Zeit war das, denn bei Total war man eben dabei, über eine neue Ausrichtung der Werbestrategien nachzudenken. Der informelle Aperitif und das gemütliche Abendessen mit dem Ehepaar Serravalle sollten so etwas wie ein letztes Puzzle-Steinchen für uns sein, zur offiziellen Wettbewerbspräsentation eingeladen zu werden. Um wirklich viel war es gegangen, an dem Abend. Und ich hatte die Verabredung einfach vergessen.

Was ich am Telefon gestottert habe, weiß ich wirklich nicht mehr. Nur noch: Wie von einer Tarantel gestochen bin ich aus dem Haus geflitzt und ins Zentrum gerast; habe mich bei Frau Serravalle und ihm so artig entschuldigt, wie das, noch ganz außer Atem, überhaupt möglich war; bin mit den beiden zum Santa Lucia gepilgert, darauf hoffend, dass wenigstens der reservierte Tisch noch frei war.

Hölzern ist der restliche Abend verlaufen. Wie sollte ich denn auch erklären, dass ich das Treffen vergessen hatte? Was immer ich sagte, oder, unter bemühtem Geschwätz vergraben, auch ungesagt ließ, die Wartestunde der beiden und dass sie mich dann ganz friedlich zuhause erreicht hatten, das hat sich nicht übertünchen lassen. Es ist vorbei gewesen. Serravalle habe ich nie wieder zu Gesicht bekommen. Den Etat von Total hat sich verdientermaßen ein Konkurrent geschnappt.

Das Debakel vom Serravalle-Abend hat nachgewirkt. Nun war mir klar, dass in *meinem* Kopf etwas nicht stimmte. Was da passiert war, ließ sich mit *stressiger Woche* und *vielleicht ein bisschen müde* nicht einfach überspielen. So ein Termin konnte nicht vergessen werden – so sehr vergessen zumal, dass nicht einmal das Telefon-Klingeln zuhause gereicht hatte, mein Erinnern sofort auf Trab zu bringen!

Und dann, langsam nacheinander, fiel mir doch noch so etliches an Erinnerungslücken der letzten Zeit ein, die an sich recht ähnlich gewesen waren, wenn auch weit weniger eklatant.

Da hatte mich Dora doch mehrmals anmahnen müssen, den oder jenen anzurufen. Den Stichtag für die Teilnahme am Werbefilm-Festival hätte ich doch glatt verschlampt, wenn mich nicht einer vom Team darauf hingewiesen hätte. Und noch einiges mehr von dieser Sorte kam mir so nach und nach. Das hatte nichts mehr damit zu tun, ob ich nun das eine oder andere Katja wirklich gesagt oder vielleicht mir nur eingebildet hatte, es getan zu haben.

Mit Katja wurde das natürlich bald zu einem wiederkehrenden und öfter mal fast schon abendfüllenden Thema, nicht selten auch auf irritierte Art, und irgendwann sprachen wir dann auch im Freundeskreis darüber. Keiner tat es mit einem Lacher ab, zumal auch wegen der *figuraccia*, die ich bei einem potentiellen Kunden gemacht hatte. Fast alle meinten, ein Facharzt würde nun wirklich nicht schaden. Einer aus der Gruppe konnte sogar einen *besonders guten* nennen.

Seit gut drei Wochen kam ich nun zu Dr. Marmotti, dem mir freundschaftlich empfohlenen Neurologen, und fühlte mich schon als wohlvertrauter Stammpatient. Erst hatte es Fragen über Fragen gegeben, die ich ganz ehrlich beantworten sollte und das auch tat. Na ja, fast ganz ehrlich war das geworden oder so. Dann wurde all das Mechanische gemacht, was es da am und im Kopf für eine Diagnose zu tun gibt. Danach waren die Reflexe dran, wozu ich einmal ganz am frühen Morgen kommen musste und einmal recht spät abends nach einem Arbeitstag, den ich ganz besonders intensiv ausfüllen sollte. Zwischendurch und anschließend waren wohl alle Mental- und Psychotests an der Reihe, die sich in vielen Jahren in der Praxis von Dr. Marmotti so angesammelt hatten. Sogar einen IQ-Test hatte ich zu machen, den zweiten in meinem bisherigen Lebenslauf. Diesmal war ich recht nervös dabei, obwohl es doch gar nicht darum ging, ob und wie blöd ich nun war, sondern rein um die Vergesslichkeit und das Verdrängen ihrer Symptome.

Immer wieder in jenen Wochen hatte ich um Bescheid gedrängt, Ergebnisse erbeten – wie das für ungeduldige Probanden ja nicht abnorm ist. Ungeduldig war ich seit jeher schon gewesen, zumal wenn sich etwas lang und länger hinzog, ohne was zu bringen. Viel gebracht hat mein Gefrage aber nicht. Jedesmal wieder löste es bei Dr. Marmotti nur das gleiche sphinxhafte Lächeln aus, das er mit einem leicht gezischten *Ts-ts-ts* begleitete, um dann von sich zu geben, dass da noch so manches im Dunklen liege und es deshalb gut möglich sei... Worauf er den folgenden Test ankündete, der mein Gehirnrätsel dann wohl hoffentlich lösen würde. Und als fast wie verhext: Meine *Aussetzer* sind die ganze Zeit durch immer wieder gekommen, nicht besonders häufig, aber doch mehr und mehr beunruhigend. Und immer wieder ist es deshalb auch zu irritierten und irritierenden Spannungen mit Katja gekommen.

Irgendwann dann, nach Ewigkeiten wie mir schien, war es soweit, dass Dr. Marmotti alle Auswertungen zusammen hatte, um nun seine endgültige Diagnose zu stellen. Dafür sollte ich nochmals in die Praxis kommen.

Das Rätsellächeln eines alten Etruskers schien mir ausgeprägter denn je, als er hinter dem Schreibtisch herumkam, mich zu begrüßen. Diesmal war da aber kein *Ts-ts-ts*. Wie unerwartet freudig überrascht und doch noch zweifelnd tat er kund: *Negativ... keine Pathologie... gar nichts Abnormes... soweit das feststellbar, bei allem Fleiß und guten Willen.*

Das musste er mir wiederholen. Was denn? Der ganze wochenlange Umtrieb – und dann war da gar nichts? Und das immer wiederkehrende Vergessen sollte ich jetzt einfach vergessen, oder? Aber Dr. Marmotti meinte es ernst; erklärte mir alles ganz detailliert und geduldig; schien irgendwie doch auch selbst enttäuscht dabei, nun wirklich mit gar nichts fündig geworden zu sein.

Nun: Beim Arzt raucht man ja nicht. Keiner tut es. Jetzt aber konnte mich nichts zurückhalten. Erleichtert, ohne auch nur um Erlaubnis zu fragen, zog ich Zigaretten und Feuerzeug aus der Tasche und zündete mir eine an. Dr. Marmottis Gesicht fror ein wie unter Kälteschock. Seine Augen waren plötzlich so rund wie die von Kindern in der Geisterbahn. Und anklagend zeigte sein Finger direkt auf meine Zigarettenschachtel. Ewig dauerte es, wie mir schien, bis da eine Veränderung bei ihm eintrat, die mir nun erst recht nicht mehr geheuer war. Seine eben noch gefrostete Miene wurde breit und immer breiter, fing zögerlich an zu lächeln, bis sie in abruptes Lachen explodierte: *Sie... Sie rauchen... Sie... Marlboro... und nichts... nichts haben Sie mir davon gesagt...*

Wie ein getaufter Pudel bin ich da gestanden. Was hätte ich sagen sollen? Dass man seinem Arzt nie... oder was?

Natürlich war ich mir sicher, dass nun das strikte Rauchverbot kommen würde. Mit all den dräuenden Nebenreden, die einfach unumgänglich mit dazu gehörten. Zumal nach Dr. Marmottis jetzt unausweichlicher Frage, die eine klare Antwort forderte: Ja, so an die vierzig täglich waren das schon, seit fast zwei Dutzend Jahren oder so.

Keine einzige mehr ab sofort! – hörte ich die Arztstimme tönen und dann so richtig scharf dazu noch: *Nicht eine einzige Marlboro mehr, verstanden?!*

Nein. Gar nichts hatte ich verstanden. Sollte ich nun mit dem Rauchen abrupt aufhören? War eigentlich logisch, wenigstens von allbekannter Arztsicht her. Oder waren da etwa *nur* die Marlboro gemeint, wie ausgesprochen, und für die anderen Marken gab es einen Freibrief. Unwahrscheinlich. Aber vielleicht. Also: nachgefragt. Und Dr. Marmotti hatte wirklich nur die Marlboro gemeint.

Wenn Sie mir von Anfang an gesagt hätten, dass Sie Marlboro rauchen, hätten wir uns die halben Untersuchungen und fast die ganzen Tests ersparen können! – war seine Sentenz, nachdem er sich beruhigt hatte.

Und dann berichtete er von dem, was, wie er meinte, jedem längst bekannt sein sollte: Dass dem Tabak der Marlboro eindeutig ein Geschmacksverstärker beigemischt war, der eine irgendwie lähmende Wirkung auf bestimmte Gehirnzellen hatte. Ganz dringend riet er mir, die angebrochene Schachtel sofort in seinem Papierkorb zu entsorgen und mir dann unten, falls ich so wollte, irgendwelche anderen Glimmstängel besorgen – nur nicht *noch einmal* Marlboro! Wenn ich dazu dann meinen Konsum noch auf nur so eine Schachtel pro Tag einschränken würde, anstatt deren zwei, wäre das meiner allgemeinen Gesundheit wohl auch nicht abträglich, aber nicht mehr sein Bier, denn sein Fachgebiet war ja *nur* die Neurologie.

Für einen Monat später erwartete er mich zum Bericht und zu allfälliger Nachuntersuchung.

An dem Abend saßen wir dann wieder bei Silvano, Katja und ich. Er hatte neuen Pinot grigio herein bekommen, der sich sehr gut schnuppern und trinken ließ. Wir hatten ja alle Ursache zu feiern. Bloß was der Grund genau war, das hing uns noch im Nebel. Sollte das Ganze denn wirklich an den Marlboro gelegen haben? Nur an denen? Und einfach nur ein Markenwechsel sollte nun alles glatt bügeln wie von Zauberhand? Ziemlich skeptisch waren wir da schon.

Und wie wir da vor unserem Wein saßen, kam es mir recht plötzlich... oder hat Katja davon angefangen? Unsere Dispute letzthin vom *Das habe ich dir doch gesagt!* und *Nein, hast du gar nicht!* – standen wieder vor uns.

Hatten die Auslöser dazu etwa an uns beiden gelegen? Katja rauchte doch auch Marlboro, auch ihre so ein-zwei Schachteln am Tag und dazu noch ein paar Jahre länger schon als ich. Es konnte ja sein. Die alten Zweifel waren wieder da und irgendwie war das doch ein Schock.

Dass auch Katja sofort auf meine neue Marke wechselte, war augenblicklich beschlossen. Muratti Ambassador waren das. Sie sahen ungewohnt aus mit ihrem weißen Mundstück und schmeckten kaum nach etwas, aber ihre Packung hatte mir gefallen. Katjas Marlboro-Schachtel landete irgendwo im Abseits. Gut gegenseitig unsere *Geistesleistungen* unter Kontrolle zu halten, war versprochen, als wir Silvano baten, noch eine Karaffe Pinot zu bringen und zwei von seinen saftigen Steaks.

Die von Dr. Marmotti geforderten vier Wochen sind uns schnell verflogen. Ein paarmal in den ersten Tagen ist es noch zu den *Aussetzern* der letzten Zeiten gekommen. Aber nur in den ersten Tagen war das so. Und dann: vorbei.

Dr. Marmottis Termin habe ich ungenutzt verstreichen lassen, ihn nur kurz angerufen dazu, ihm zu sagen, dass ich vor einem nächsten Treffen nochmals ein paar Wochen dran hängen wollte, um mir ganz sicher zu werden. Die Muratti Ambassador hatten angefangen, uns zu schmecken, und deren weiß ummantelten Filter fanden wir inzwischen viel ästhetischer als den falschen Kork-Look bei den Marlboro.

Irgendwann habe ich mich bei Dr. Marmotti noch einmal gemeldet, ihm den rundum positiven Bericht erstattet und gefragt, ob ich ihm ein nettes Feuerzeug als mein Dankeschön vorbei bringen dürfe. Eine Flasche Old Glenfiddich war ihm lieber. Wir haben sie dann gleich geköpft in seiner Praxis. Nie mehr wieder haben wir uns danach getroffen.

Später dann, so im Laufe der Zeit, haben Katja und ich immer wieder Marlboro-Raucher nach Gedächtnislücken gefragt. Gar nicht selten bekamen wir welche bestätigt. Und unser Rat, schnell auf irgendein anderes Kraut umzusteigen, ist meist zwar ungläubig, nie aber gleichgültig aufgenommen worden. Die Präsenz der rot-weißen Packungen mit schwarzem Logo hat in unserem Umfeld entschieden abgenommen.

Ich selber habe damals angefangen, vereinbarte Termine kaum noch zu notieren. Sie sollten selbständig in meinem Hirn verankert sein und sich melden, wenn sie an die Reihe kamen. Es hat geklappt, klappt heute noch.

Von Katjas Gedächtnis gar nicht erst zu reden. Wenn es je Löcher gehabt hatte, was sich ja nie so ganz geklärt hat, hat es in der Folge jedenfalls keine Spur davon gegeben. Über so manch anderes konnten wir uns auch später mal gern und intensiv in die Haare kriegen. Der Gedächtnis-Schrecken aber war nur noch für gelegentliche Lacher gut.

Traumhafter Bosporus.

Zum Wochenende waren wir mal nach Istanbul geflogen, Katja und ich. Anfang der 70er-Jahre war das. Wir waren beide noch nie am Bosporus gewesen und neugierig wie kleine Kinder. Und weil wir so wenig Zeit hatten, aber doch *alles* sehen wollten, hatten wir zusammen mit dem Flug gleich auch eine Stadtrundfahrt samt Bootsausflug gebucht. Freitag spät abends kamen wir an. Die Lichter der Stadt glänzten verlockend. Zu mehr als einem Schlummertrunk an der Hotelbar hat es doch nicht gereicht.

Der sonnige Samstagmorgen versprach einen heiteren Tag und gespannt trabten wir nach dem Frühstück zum uns genannten Treffpunkt. Wir hatten beide keine Erfahrung mit geführten Rundfahrten, Reiseleitern oder Fremdenführern. Allein das konnte schon unsere Erwartung beflügeln.

Ob es sich nun einfach so ergeben hat, oder wir bewusst unsere Plätze auswählten, weiß ich nicht mehr. Jedenfalls: Wir kamen ganz vorne zu sitzen und hatten neben uns den Reiseleiter. Das hat sich den ganzen Tag über dann nicht geändert. Jedesmal wenn neu eingestiegen wurde, nahmen sich alle ihre Anfangsplätze wieder und wir die unseren in der ersten Reihe.

Istanbul ist eine herrliche Stadt. Sofort waren Katja und ich verliebt in sie und jede Minute, die verging, jeder neue Eindruck, der auf uns einstürzte, hat uns dieses starke Gefühl noch vertieft. Nicht dass ich hier jetzt viel über die Stadt erzählen will! Da gibt es reichliche Mengen von Beschreibungen in jeder Buchhandlung und zudem ist es für diese Geschichte unbedeutend, was von ihr uns besonders angetan hat und wie das war und so. Wir waren einfach begeistert und die anderen haben das wohl auch mitbekom-men. Unser Herdenführer ganz bestimmt. Und so sind wir mit dem bald ins Gespräch gekommen.

Ahmet Teker hieß er. Stadtführer für Istanbul und auch Reiseleiter bei großen Türkei-Touren war er seit seiner

Studentenzeit, die gar nicht so lange zurück lag und ganz eigentlich noch andauerte, wenngleich er sich ums Studium schon seit ein paar Semestern kaum noch gekümmert hatte.

Nach dem, was wir in Mailand taten, hat er uns ausgefragt, wir ihn nach seinen konkreten Zukunftsplänen und den Möglichkeiten, die er sich dazu ausrechnete. Auch das real türkische Arbeitsleben im Allgemeinen, die Chancen junger Menschen in Istanbul, wie die Familien da mitmachten und was der Staat dabei für eine Rolle spielte: das alles interessierte uns brennend, nicht weniger als die Stadt und ihr Meer. Und Ahmet ist darauf eingegangen.

Wenn er nicht gerade über das rundum zu Sehende und das beim nächsten Halt zu Bewundernde ins Mikrophon sprach, ließ er sich meist darauf ein, ein paar Minuten lang mit uns zu quatschen. Auch im großen Bazar wichen wir ihm nicht von der Seite und er wurde zum aufmerksamen Berater, als Katja sich einen Haremsring mit neun leuchtenden Türkisen aussuchte. Beim Mittagessen saßen wir an seinem Tisch und als wir uns später bei der wohl obligatorischen Teppich-Verkaufsschau ganz augenscheinlich zu Tode langweilten, besorgte er uns eine weitere Tasse Tee und erklärte ernsthaft, wie wichtig es war, dass möglichst viele Touristen wenigstens einen kleinen Läufer mit nach Hause nahmen. Das führte dann vom anatolischen Schafs- und Ziegenhirten über die Knüpfer in ihren engen Hütten und ging ungeniert hin bis zu den Fremdenführern, die auf Provisionen der Händler angewiesen waren, weil sie außer denen und den Trinkgeldern der geführten Gäste praktisch nichts verdienten. So anschaulich hat er die Zusammenhänge geschildert, dass auch Katja und ich einen kleinen Bettvorleger kauften, obwohl wir türkische Teppiche gar nicht verknusen konnten, weil wir fast nur die strengen kaukasischen mochten. Unsere Adressen hatten wir schon vorher ausgetauscht.

Ahmet Teker hatte vor, sich im Reisegeschäft festzubeißen. Sein Bruder hatte ein kleines Hotel in Üsküdar am Meer übernommen, auf der anderen Seite des Bosporus, und ein Onkel hatte dort ein paar Boote für Rundfahrten mit Paaren und kleineren Gruppen. Das, so sagte Ahmet, konnte für ihn schon einmal eine Startbasis in der Branche sein. Er wollte Touristen ins Land holen, deren Unterkünfte und Aufenthalte organisieren und ihnen die Türkei zeigen. Zum sich darauf vorbereiten, arbeitete er in der Reiseagentur, für die er die Stadtführungen machte.

Istanbul, die Blaue Moschee zumal und Top Kapi und die Angler auf der Galata-Brücke und so vieles mehr gingen uns nicht aus dem Kopf, als wir wieder in Mailand waren. Auch Ahmet nicht und seine Perspektive, Touristen in die Türkei zu holen.

Damals, in den 70er-Jahren, war die Türkei noch weit davon entfernt, klassischen Mittelmeer-Reiseländern – etwa Griechenland oder Tunesien – eine echte Konkurrenz zu sein. Die türkischen Bettenlager von Antalya bis Alanya waren größten Teils noch nicht einmal auf Bauplänen und in Investorenköpfen vorhanden. Zu den heute längst schon überlaufenen Ruinen der Antike und den Felsenklöstern in Anatolien fuhren gerade mal ein paar Land Rover mit so richtig zu Abenteuern motivierten Urlaubsleuten. Aber die Türkei war billig, selbst das traumhafte Istanbul.

Mit Freunden redeten wir darüber, auch mit unserem Team in der Agentur und mit Kunden. Die positiven Reaktionen waren so eindeutig, dass ich mich hinsetzte, eine Konzeption dazu zu schreiben: Voraussetzungen, Möglichkeiten und Erfolgschancen eines Italien-Türkei-Projektes. Meine Grundidee dabei war: Wir konnten die Urlauber in Italien gewinnen, auch etwa günstige Flüge verhandeln, und Ahmet vor Ort den Full-Service für die Aufenthalte organisieren.

Erst war es fast nur so eine Feierabendspielerei, mein Strategiepapier über die Pauschalreisen in die Türkei. Dann aber hat Katja es gelesen und wir haben darüber geredet. Das hat wieder dazu geführt, dass ich noch ein paar Details gecheckt und sie eingebaut habe. Und irgendwann war das

Papier so schlüssig und rund, als hätte ich es für einen realen Kunden und dessen neues Produktvorhaben ausgearbeitet. Da war es eigentlich logisch, dass ich es Ahmet nach Istanbul schickte.

Ein kurzer Brief kam als Antwort. Enthusiasmus hätte sich wohl anders ausgedrückt! Ein paar Fragen hatte er aber doch aufgeschrieben. Recht konkrete und zu Aspekten, die ich kaum bedacht und übergangen hatte. Es hatte ihn also doch beschäftigt, mein Papier.

Memos gingen von Mailand nach Istanbul und kamen vom Bosporus zu uns. Nicht sehr zügig. Wochen lagen immer mal dazwischen. Eingeschlafen ist die Idee nicht.

Dann stand Ahmet unversehens bei uns vor der Tür. Ein Pendant zum kleinen Teppich, den wir in Istanbul gekauft hatten, hatte er als Geschenk dabei und ein ledernes Fotoalbum mit silbernen Beschlägen, auf dessen ersten Seiten ein paar Fotos eingeklebt waren, die uns im Top Kapi und vor der Blauen Moschee zeigten. Es sind zwei intensive Tage geworden.

Ahmet hatte nicht nur Geschenke dabei, sondern auch eine ganze Tasche voll Dokumenten, statistischen Tabellen, Fotos von Hotels und deren Anlagen, Stränden, Klippen, Ausflugsbooten, antiken Stätten und dazu noch jede Menge von Notizen. Einfach alles war da, was man zur Gestaltung eines guten Image- und Verkaufsprospektes brauchte.

Meine Konzeption hatte er fast auswendig gelernt, wie sich sogleich zeigte. Er sei jetzt bereit, sie auch umzusetzen, soweit sie den türkischen Part betreffe – sagte er gleich bei einem ersten Espresso, den uns Dora aus der Kaffeeküche brachte.

Und er erzählte: Die vergangenen Sommermonate und dann der Herbst waren gut für ihn gelaufen und zumal die Provisionen hatten ihm ein nettes Polster eingebracht. Dabei hatte ihm die Arbeit genügend Zeit gelassen, sich auch um viele Details zu kümmern, die für den Start seiner Reiseagentur wichtig waren. Auf die mitgebrachten Papiere wies er hin, die seine in der Türkei bereits getroffenen Vereinbarungen dokumentierten. Optionen auf Hotelbetten waren dabei, Vorvereinbarungen mit Bus- und Bootsunternehmen, Übereinkünfte mit Dienstleistern jeder Art... einfach fast alles, wie mir schien, was vor Ort geklärt sein musste, ehe man als neues Touristik-Unternehmen in den Angebotsmarkt gehen konnte. Bruder und Onkel hatte er natürlich mit ins Projekt einbezogen und ein paar weitere Mitglieder der Familie wollten als stille Teilhaber auch das Ihre dazu investieren. *Teker Tours* sollte das Unternehmen heißen. Einfach. Eingängig und auch leicht zu merken. Ganz schön selbstbewusst aber auch, wie mir scheinen wollte.

Da kam jetzt nun Italien ins Spiel. Mein Vorschlag sah eine Vertriebsgesellschaft vor, die sich ausschließlich, darin aber eigen-verantwortlich, dem Angebot von Türkei-Reisen ab Italien widmen sollte, in gegenseitig exklusiver Zusammenarbeit mit dem Veran-stalter Teker Tours. Der Kunden-Service bis zu den Abflügen sollte Aufgabe der italienischen Firma sein und so die Rechnungsstellung und das Inkasso der Pauschalreisen. Auch was hier an Maßnahmen der Werbung und Verkaufsförderung anfiel, hatte operativ und als Kostenfaktor natürlich in Italien zu bleiben. Für die Kooperation mit den Fluggesellschaften war Aufgabenteilung vorgesehen, jeweils nach den sich eventuell günstiger bietenden Gelegenheiten in Italien oder der Türkei.

Neben Interservice wollte ich diese Idee aktivieren, als ein zweites Standbein etwa und zugleich, um unsere eigenen Operativ-Ressourcen integrativ zu nutzen.

Schnell waren wir uns im Grunde über alles einig, ohne darüber erst groß diskutieren zu müssen. Ein paar Details haben wir noch festgezurrt, speziell über die Kosten und deren Verrechnung. Die Einzelheiten dazu sind belanglos für die Geschichte hier und würden nur noch langweilen.

Ein Gesellschaftsvertrag samt Firmenstatuten war zu schreiben. Das hat ein paar Stunden gekostet. Auf den Namen *Teker Tours Italia* haben wir uns geeinigt, was durchaus logisch war und die Intentionen spiegelte. Und schon für den folgenden Tag bekamen wir den Termin bei einem befreundeten Notar, der den ganzen Gründungsbürokratismus übernommen und dann auch prompt erledigt hat. Ahmet, Katja und ich waren nun Partner einer italo-türkischen Reiseagentur, die vorerst zwar nur auf dem Papier stand, uns aber trotzdem schon Freude machte. Ein gutes Mittagessen war fällig, das wir auch angemessen begossen haben.

Als Ahmet uns ein paar Wochen später die offizielle Gründung von Teker Tours mitteilte und über die neu angemieteten Büros in Istanbuls Zentrum berichtete, auch Fotos davon schickte, waren alle Voraussetzungen gegeben, nun auch in Italien auf Kundenfang zu gehen. Wie aber hatten wir uns das vorgestellt?

Als Werbemensch und damit gewohnt, vorwiegend in überregionalen Dimensionen zu denken, war ich natürlich weit entfernt von der Idee, für den Verkauf unserer Türkei-Reisen nun etwa ein Ladenlokal oder leicht zugängliche Büros in der Fußgängerzone zu mieten und eine Fachkraft einzustellen, die dort auf interessierte Vielleicht-Kunden warten sollte. Das war nicht meine Denkstruktur. Mein Konzept sah vor: Angebote über Anzeigen in möglichst großen Zeitschriften und Buchungen über Antwort-Coupons. Das Internet gab es noch nicht.

Im Grunde war meine Idee ja ganz neu. Reiseagenturen hatten Urlaubsreisen schon auf alle möglichen Weisen angeboten, dabei jedoch vorwiegend oder sogar ausschließlich auf den Verkaufsabschluss in ihren Büros gesetzt. Einen Direktverkauf über Publikumszeitschriften wie im Versandhandel, mit Bestellcoupon also und ohne jede persönliche Beratung, hatte in Italien noch niemand versucht. Es konnte eine fürchterliche Schnapsidee sein. Den Versuch war es uns wert.

Von wegen *Wert* allerdings: Zeitschriftenwerbung kostet eine Masse Geld. Damals genau so wie heute. Von dem, was nur eine einzige Anzeigenseite in einer auch nur halbwegs auflagenstarken Illustrierten kostete, konnte man die monatliche Miete samt Nebenspesen eines guten Verkaufslokals locker bezahlen. Wie also den Direktvertrieb finanzieren? Dazu hatte ich mir eine Phantasieidee zusammengestrickt.

Es sollte doch möglich sein, hatte ich mir zusammengereimt, einen Zeitschriften-Verlag zum aktiven Mitmachen zu überzeugen. Unsere Reiseangebote sollten nicht so ohne weiteres als von uns kommend erkennbar sein, sondern sich als *Sonderinitiativen* vorstellen, die der Verlag, die Illustrierte für ihre Leser speziell organisiert hatten und als solche anboten. Natürlich in Zusammenarbeit mit einer qualifizierten Reiseagentur, also mit uns. Redaktionell in allen Teilen sollte das Angebot aufgemacht sein. Und der Verleger sollte uns nicht die Seitenpreise berechnen, wie bei normalen Anzeigen, sondern für jede gebuchte Reise ein gewisses Fixum als abdeckenden Spesenteil und potentiellen Gewinn bekommen. Mir schien das für alle interessant, auch und gerade für die Zeitschrift, die ihren Lesern mit einem neuen Service kommen und sich damit von den Konkurrenzblättern absetzen konnte.

Bei den ganz bedeutenden der Branche habe ich angefangen, mit meiner Idee hausieren zu gehen: bei Mondadori Editore mit seiner Vielfalt an auflagenstarken Familien-, Frauen- und anderen Zeitschriften, und bei Rizzoli, dem Herausgeber von *Domenica del Corriere, Oggi* und *Amica*, wahren Vorreitern im italienischen Blätterwald. Ganz uninteressiert war weder die eine Gruppe noch die andere.

Treffen mit den einzelnen Redaktionen wurden vereinbart und durchlebt; warfen zusätzliche Fragen auf, die Vertagungen verlangten; zündeten Hoffnungen und stießen dann doch wieder auf das Veto von irgendwem. Geduld war gefordert.

Als wir dann nach zähem Verhandeln doch vor der Tatache standen, dass weder mit der Mondadori-Gruppe noch mit den Redaktionen von Rizzoli zu Potte zu kommen war, waren Wochen und Wochen ins Land gegangen. Nutzlos.

Aber keineswegs entmutigend. Nun waren eben die Kleineen dran. Und da ist es plötzlich sehr positiv und zügig weiter gegangen. Bei Cino del Duca.

Cino del Duca war der Verleger von *Intimità*, einer Frauenzeitschrift, die sich in etwa wie die *Bunte* in Deutschland mit mehr klatschigem Inhalt an nicht allzu junge Frauen der Mittelschicht wandte und bis zur letzten Zeile von ihnen verschlungen wurde. Bei mehr als einer halben Million Auflage jede Woche.

Überraschend schnell war die Redaktion von Intimità Feuer und Flamme für meinen Türkei-Vorschlag und auch die vorsichtigen Zögermeinungen der Buchhalter konnten sie nicht abkühlen. Wir gingen in die Details und das wurde dann sehr professionell und kein Stück kleinteilig. Das wurde der redaktionelle Plan:

- *Zuerst ein Bericht über die Türkei – Istanbul, das Land und das Meer, die antiken Stätten und die Handwerkskunst der Teppichknüpfer. Ein Aufheizer.*
- *Zwei-drei Wochen später dann ein hervorgehobener Hinweis auf das von vielen Leserinnen (hoffentlich) bekundete große Türkei-Interesse nach dem Artikel und die Vorankündigung, dass sich die Redaktion dazu etwas Besonderes ausdenken würde.*
- *Wiederum zwei Wochen danach ein Artikel mit der Botschaft vom Verlagsbeschluss, für die Leserinnen und ihre Familien Intimità-Urlaubsreisen in die Türkei zu organisieren, und dabei gleich auch ein Testangebot samt Details und Daten – mit der Einladung, erste und vorerst noch unverbindliche Zusagen an die Intimaità-Redaktion zu schicken.*
- *Dann endlich ein nochmals großer Türkei-Artikel mit den konkreten Angeboten von erst mal zwei Reisen und darin auch der verbindliche Buchungs-Coupon.*

Der Verleger war bereit, alle Kosten der *redaktionellen* Aktion der Zeitschrift zu tragen. Von uns sollte er dagegen 12,5% der Reisepauschalen der mit Intimità erzielten Buchungen erhalten. In allem entsprach das meinem Konzept, ging in den vereinbarten Details der redaktionellen Beiträge aber noch ein gutes Stück weit über meine Hoffnungen hinaus. Mit den Leuten von Cino del Duca zusammenzuarbeiten versprach, spannend und schön zu werden.

Die zu Anfang mit zwei Verlagen nutzlosen, beim dritten Anlauf dann aber doch positiven Verhandlungen hatten Zeit verbraucht. Die Winternebel waren dabei, aus Mailand zu verschwinden. Mindestens Mitte März würde es werden bis zum ersten Türkei-Artikel in Intimità.

Das passte aber immer noch gut in einen tragfähigen Zeitplan. Mit Ahmet waren wir übereingekommen, dass wir das laufende lediglich als ein Testjahr sehen wollten. Nur ein paar Sommerreisen wollten wir für italienische Gäste planen, ganz auf den landestypischen Urlaubsmonat August konzentriert, und falls sich damit ein guter Erfolg abzeichnen sollte, dann vielleicht noch ein paar zusätzliche Termine im frühen Herbst. Wenn also die Intimità-Aktion nicht allzu spät im März anlaufen konnte, dann, alle Zeiten der einzelnen Schritte eingerechnet, konnte spätestens Mitte Mai der große Angebotsartikel mit dem Buchungs-Coupon erscheinen. Für die August-Ferien war das noch nicht zu spät. Viel später durfte es dann allerdings nicht mehr werden.

Auf zweiwöchige Ferienreisen und zwei optimale Termine hatten wir uns vorerst mit Ahmet geeinigt: Die erste Reise vom 2. zum 16. August und die zweite vom 16. zum 30. August. Das war jeweils von Samstag zu Samstag und wir hofften, die Flüge so zu bekommen, dass nachmittags die Hinflüge nach Istanbul erfolgten und die Rückflüge dann jeweils vormittags – oder auch umgekehrt. Entsprechend waren die Logistik und die Abläufe zu planen. Aus Kultur- und Badeurlaub kombinierte Reisen hatten wir vorgesehen. Die erste Woche: Istanbul und dann Troja, Pergamon und Ephesos in geführter Rundfahrt. Die zweite Woche dann: Badeferien am Marmarameer, im Drei-Sterne-Hotel direkt am Strand.

Jetzt aber: Wie viele Teilnehmer brauchten wir für jede Gruppe, um auf ein attraktives Pauschalangebot zu kommen? Was war dagegen deren Höchstzahl, die in erster Linie von den Kapazitäten der Reisebusse zu den Besichtigungen vorgegeben war? Wann waren die Flugoptionen zu bestätigen? Konnten eventuell zusätzliche Hotelzimmer in Option genommen werden? Das und sonst so manches noch waren Fragen, die es schnell zu klären galt.

Vor allem ging es nun ganz konkret um die Flugplätze und deren Kosten. Wir in Mailand verhandelten mit Alitalia und der kleinen Air Dolomiti, während Ahmet sich mit den Leuten von Turkish Airlines zusammensetzte. Die türkischen Flieger machten das günstigere Angebot. Das lag nicht sosehr an den erzielbaren Preisen, sondern vor allem daran, dass Turkish Airlines die endgültigen Bestätigungen der von uns optionierten Flugplätze erst 45 Tage vor dem Abflugdatum haben wollte, die beiden italienischen Fluglinien aber auf 60 Tagen beharrten und uns damit ein geringeres Risikopolster zugestanden.

Dann ging es um die Hotels, die Busunternehmen und all den Rest. Eine ziemlich intensive Zeit wurde das, bis wir soweit waren, nun auch die Preise mit gespitzten Bleistiften zu kalkulieren. Bis dahin hatten wir uns nur auf Richtwerte und unser Gefühl gestützt. Um es kurz zu machen: Bei 40 Teilnehmern wurde uns eine Gruppe lohnend und das Maximum der Teilnehmer waren 62, wegen der Sitzkapazitäten der Busse – es sei denn, genügend Buchungen kamen herein, um zwei Gruppen für je einen der Termine oder gar für die beiden bilden zu können. Das mussten dann mindestens 80 sein.

In der zweiten Märzwoche ist der erste Türkei-Artikel in Intimità erschienen. Sechs Seiten waren es, aufgemacht mit attraktiven Bildern und so geschrieben, dass er geradezu einlud, einmal hin zu fahren. Von den *Verlagsreisen* war plangemäß noch keine Rede.

Dann, wie vereinbart ein paar Wochen später, war die Türkei neuerdings im Heft. Diesmal wieder mit etlichen

Bildern und nun auch der Ankündigung, dass da ein Projekt dazu in der Redaktionsküche schmorte.

Ob dieser Zwischenstepp so besonders schlau war, haben wir uns später oft gefragt. Wir waren ungeduldig geworden, nun endlich konkret zu werden, und was auf dem Planpapier so durchaus überzeugend ausgesehen hatte, brachte uns jetzt nur flatternde Nerven. Doch der Redaktionsplan stand und war nicht mehr zu ändern. Wozu denn auch? Wir waren voll im Zeitfenster.

Spannend wurde es zu Mitte April, als unsere *Intimità-Reisen* angekündet wurden. Jetzt ging es darum zu erfahren, ob die Leserinnen und Leser wenigstens prinzipiell daran interessiert waren und wie sehr. Die zwei vorgesehenen August-Termine waren als feststehend vorgegeben. Zum Ablauf selbst stellten wir noch ein paar theoretische Varianten zur Abgabe von Präferenzen vor: zwei Wochen oder drei; mit Rundfahrt zu den antiken Stätten oder nur Relax am Meer; auch Preisniveaus *von/bis* gekoppelt an unterschiedliche Hotelkategorien. Wir standen ja völlig am Anfang. Wir hatten keine Ahnung, wonach dem Publikum der Sinn stand.

Leserbriefe kamen in die Redaktion. Fast mehr waren es, als wir erhofft hatten. Und – das war das Überraschendste für uns alle – zwei Paare und ein Single aus Turin waren bereit, jetzt schon blind zu buchen, vorausgesetzt, es gäbe auch die kulturelle Rundfahrt. Die angegebenen Anschriften stimmten. Telefonische Rückrufe haben die angekündete Bereitschaft auch bestätigt. Das hat definitiv den Ausschlag gegeben. Und so ging es nun in die Endphase: für Intimità mit dem großen Angebotsartikel samt Buchungs-Coupon und für Ahmet mit der nochmaligen Bestätigung der Vorverträge in der Türkei.

Und dann ist der Streik ausgebrochen. Ende April. Der große Druckerstreik in Italien, der die gesamte Presse lahm gelegt hat – auch die meisten Tageszeitungen, vor allem aber fast alle Zeitschriften.

Erst dachten alle, der Streik würde in ein paar Tagen beigelegt sein und bei Cino del Duca rechnete man damit, eine, wirklich nur *eine* Ausgabe der Verlagsobjekte – Intimità war ja nicht das einzige davon – überspringen zu müssen. Irritiert waren wir schon. Besorgt noch nicht.

Die Fronten verhärteten sich aber. Zu den ursprünglichen Forde-rungen nach dem Üblichen, also nach mehr Lohn und vielleicht auch kürzeren Arbeitszeiten, kam nun auch noch die zusätzliche einer deutlich ausgeweiteten Mitbestimmung und, damit verbunden, einer Aufwertung der Betriebsräte. Was wie ein ganz normaler Streik begonnen hatte, so einer, wie er in Italien jederzeit und in allen Bereichen immer wieder für ein paar Tage Praxis war und kaum noch vermerkt wurde, war nun unversehens zu einer politischen Frage geworden und damit zu einer Machtprobe mit nicht vorhersehbarer Dauer.

Eine Woche schon dauerte der Streik. Eine zweite. Uns lagen die Nerven blank. Und mit jedem Streiktag, der neu dazu kam, steigerte sich unsere Anspannung. Wenn so eine Steigerung überhaupt noch möglich war. Und die dritte Woche verging. Das Erste für uns war jetzt jeden Morgen, im Radio auf die Jagd nach einer einzigen Nachricht zu gehen: Dauerte der Streik noch an? Es ging uns ja nicht nur um unser Türkei-Projekt.

Doch, natürlich ist es uns darum gegangen. Aber eben: *Nicht nur!* Noch nicht einmal mehr vordringlich ist es uns jetzt darum gegangen. Vieles mehr fing an, mit dem Streik für uns auf dem Spiel zu stehen.

Die vierte Woche.

Immer noch wurden keine Zeitschriften gedruckt und kaum Tageszeitungen. Damit erschienen auch keine Anzeigen. Auch alle die nicht, die für unsere Kunden geplant und gebucht waren. Und das jetzt, mitten in der besten Zeit der Frühlingswerbung. Keine Anzeigen, keine Agentureinnahmen davon. So einfach ist das. Und die Abrechnungen der Anzeigenwerbung waren nun mal der größte Brocken von unserem Agentureinkommen.

Der ganze Mai ist so vergangen. Unser aller Nerven lagen blank. Aus der vierten Streikwoche ist die fünfte geworden und danach auch noch eine sechste. Sommerlich heiß war es inzwischen schon.

Und dann war der Streik eines Tages doch beendet. Am 12. Juni war Intimità erstmals wieder am Kiosk.
Die Türkei-Reisen allerdings, die waren nicht im Heft. Anderes und für die Redaktion wohl Wichtigeres hatte sich in den Streikwochen angehäuft und den Vortritt bekommen. Vielleicht, so erfuhr ich, also *sehr wahrscheinlich* konnte unser Angebotsartikel in die Ausgabe der folgenden Woche genommen werden.

Die Telefonleitung zwischen uns und Ahmet war die ganze Zeit über schon heiß gelaufen und ist jetzt glühend geworden. Unser Nervenknistern wäre auch drahtlos über das Mittelmeer geflogen. Hin und her gewendet haben wir jede der uns jetzt noch verbliebenen Möglichkeiten. Der Kalender war aber nun mal der Kalender. Und auch wenn unser Projekt es wirklich ins nächste Heft schaffen würde: am Kiosk am 19. Juni, das war zu spät.

Viel brauchte es nicht, das auszurechnen. Den Leuten musste die Zeit gegeben sein, das Angebot erst einmal zu lesen; sich dann Gedanken darüber zu machen und mit den ihren über die Urlaubspläne zu reden; wohl auch andere Angebote vergleichen, wenn sie sich prinzipiell für die Türkei entschieden hatten. Und ein paarmal überschlafen wollten sie das sicher auch, vor sie buchten. Dazu kam der Postweg. In Italien brauchte damals – und braucht heute noch – jeder Brief wenigstens drei Tage, oft mehr. Erst am 19. Juni am Kiosk. Unmöglich. Oder etwa doch nicht ganz? Wenn...

Aber: Am 2. Juli waren bei der Turkish Airlines für den ersten Reisetermin die benötigten Sitze definitiv zu bestätigen, oder das von Ahmet hart verhandelte Angebot war hinfällig. Ob sich *der* Stichtag nicht noch verschieben lasse, bohrte ich bei Ahmet und kannte doch schon die Antwort.

Recht viel gebracht hätte uns ein Aufschub von Turkish Airlines aber auch nicht. Und dabei wussten wir noch nicht einmal, ob unser Türkei-Angebot am 19. Juni überhaupt im Heft sein würde.

Wir haben abgesagt. Alles und allen. Auch den beiden Pionierpaaren in Turin und dem spontan entschlossenen Single. Es hatte keinen Sinn mehr. Das ganze Projekt nicht. Was sollte es denn, damit eventuell im Herbst zu starten, wo kein Italiener mehr in Urlaub ging? Blödsinn.

Dazu gekommen ist natürlich auch: Das Zusammenspiel mit Ahmet hatte sich in den angespannten Streikwochen mehr und mehr eingetrübt. Ihm war Vertrauen weg gebrochen. Nicht das in uns, oder jedenfalls wohl nicht bewusst. Aber ob er nun das Feeling für Katja und mich verloren hatte, oder *nur* für Italien, war doch einerlei. Und das Ganze für das eine Jahr zu vergessen und uns aufs nächste auszurichten, das haben wir noch nicht einmal erwogen. Zuviel Enthusiasmus hatten wir hineingesteckt. Zu sehr waren wir enttäuscht, Ahmed in Istanbul und in Mailand wir.

Zur Auflösung von Teker Tours Italia ist Ahmet dann gar nicht mehr nach Mailand gekommen. Sein beeidigtes Papier dazu konnte er dem Notar auch brieflich schicken. Ein paarmal telefoniert haben wir noch miteinander. Zu ein paar Jahreswechseln noch Glitzerkarten ausgetauscht. Das war's dann aber auch.

Tschüs Bosporus. Güle güle Istanbul!

Ferienbeginn.

Der Juli rannte seinem Ende zu. Es waren hektische Wochen gewesen, die letzten, weil doch, wie jeden Sommer, wieder die allgemeine Ferienzeit bevorstand, die den italienischen August zum Nicht-Monat macht. Alles und noch etwas dazu musste unbedingt erledigt werden, weil doch unsere Kunden auch in Urlaub fuhren, ihre Projekte aber fix und fertig in der ersten September-Woche vorfinden wollten, so als ob nur für sie der geschlossene August gelten würde, nicht aber auch für uns.

Ursprünglich wollten wir auch diesmal einfach nur so ins Blaue fahren, Katja und ich, wie wir das auch in den letzten Jahren so gemacht hatten. Also: Uns ein Land oder einen Teil davon ausdenken, nur das Nötigste an Klamotten einpacken und losfahren, anhalten, wo es uns gefiel, dort eine Bleibe suchen und für eine Nacht bleiben, oder auch für drei, wenn wir es irgendwo besonders nett fanden. Die Schlösser der Loire hatten wir einmal im Sommer so kennen gelernt, die Küsten der Bretagne und der Normandie ein anderes Mal, und so auch Holland oder Katalonien.

Diesmal fühlten wir uns nach einem hektischen Frühjahr aber echt gestresst und so beschlossen wir, einmal Ferien zu machen wie schon lange nicht: einfach nur Ruhe und Meer und eine Menge Bücher und keinen Kilometer mit dem Auto mehr als irgend nötig. Freunde hatten uns Opatija in Istrien empfohlen und dort ganz besonders das Hotel Belvedere, das sie als direkt am Klippenmeer beschrieben, mit nach hinten hinaus weitläufigem Pinienpark, einer bildschönen Panoramaterrasse zum Wasser hin und ganz nahe am zauberhaften alten Städtchen gelegen. Das hat uns überzeugt, zumal wir vor etlichen Jahren schon einmal in Opatija gewesen waren und uns gern daran erinnerten. So riefen wir denn im Belvedere an und hatten Glück. Ein letztes Doppelzimmer mit Meeresblick war für unsere zwei Augustwochen noch zu haben.

Gemütlich fuhren wir spätmorgens in Mailand los. Über Venedig und Triest waren es nach Opatja nur an die 450 km und vor irgendwann am Abend mussten wir nicht im Hotel sein. Niemand erwartete uns.

Nach Venedig hinein sind wir nicht gefahren. Das hätte uns doch zu viel Zeit gekostet. Irgendwo nahe bei Triest, dort wo die Autobahn wieder an die Küste kommt, haben wir eine blickweite Meeresterrasse für die Mittagspause gefunden. Kurz nach drei Uhr waren wir dann an der kroatischen Grenze und die Zöllner winkten uns locker durch, wohl darauf getrimmt, Touristen gern ins Land zu lassen. Gelassen konnten wir die letzten 80 km angehen.

Doch dann war es plötzlich eng auf der Landstraße geworden. Ein Auto hinter dem anderen fuhr in gedrängter Schlange. Keineswegs nur Touristen waren das, soweit das sichtbar wurde, sondern vor allem einheimische Nummernschilder. Wohl Leute, die ins italienische Triest zum Einkaufen gefahren waren, überlegten wir uns, weil doch Samstag war. Zwischendurch in kleinen Dörfern löste sich schon mal die Schlange auf. Dann aber war bald wieder eine vor uns. Überholen lohnte sich da wirklich nicht. Aber wir hatten ja Zeit.

So etwa ein Stündlein waren wir so dahingezuckelt. Die Sonne schien, unserer Klimaanlage schnurrte, Katja summte vielleicht irgendeine Melodie vor sich hin. Urlaubsanfang.

Und plötzlich war Polizei vor uns, an einem langen, schnurgeraden Straßenstück, das guten Weitblick bot. Eine Motorradstreife stand da, knapp vor einer Parkbucht, und winkte gerade einen Mercedes dort hinein, als wir uns in der Schlange näherten. Noch drei Autos waren vor uns, nur noch zwei... und schon waren wir an den Uniformierten und... wurden von der Straße weg und hinter den Mercedes geholt. Alle, die hinter uns in der dann immer noch recht langen Schlange waren, durften ruhig weiter fahren.

Kfz-Papiere, Führerschein, Versicherungskarte, Pässe – die ganze Latte durch. Was denn los sei, wollten wir wissen. Der Mercedes-fahrer auch. Der bekam gar keine Antwort.

Die Polizisten schienen weder Deutsch noch Englisch zu verstehen. Mein Italienisch dann aber schon. Es wäre doch zu lächerlich gewesen, im heute noch dicht italienisch besiedelten Istrien, wenn die Streifenmänner so getan hätten, als ob sie die alte Sprache ihrer Tanten und Onkel nicht mehr verstünden.

Also denn: Wir waren zu schnell gefahren, hörten wir. Viel zu schnell. So schnell, dass mit bloßem Polizistenauge eindeutig zu erkennen war, dass wir nicht mehr gefahren, sondern schon echt gerast waren.

Die anderen vor und hinter uns? – fragten wir verwundert. *Da hat es keine anderen gegeben! Nur den Mercedes und unseren Volvo!* – bekamen wir verblüfft zu hören. Dabei ist es dann auch geblieben. 800.000 Dinar sollten wir bezahlen. Sofort. Sonst bekomme das Auto eben eine Radklaue und bleibe solange in der Parkbucht bis ich irgendwann mit dem Geld zur Polizeistation im nächsten Dorf komme. 800.000 Dinar. Das waren damals satt über 200.000 Lire, also mehr als 100 Euro in heutigem Geld und an Kaufkraft damals natürlich noch viel mehr. Hart mit den Zähnen knirschend habe ich das vom Urlaubsgeld bezahlt. Quittung konnte ich keine bekommen. Aber weiterfahren durften wir. Und das sind wir dann auch. Wutschnaubend, doch schneckenlangsam.

Das Hotel Belvedere war genau so, wie unsere Freunde es beschrieben und wir es uns vorgestellt hatten. Die Anfahrt durch den Park war wirklich von ausladenden Pinien überschattet, die sich zu beiden Seiten weitläufig hinzuziehen schienen; die sonnengelb gestrichene Fassade mit den sich weiß absetzenden Stuckreliefen zeigte die Großzügigkeit eines herrschaftlichen Jugendstil-Palais, als das das Haus wohl früher einmal gebaut war; und unser zwar einigermaßen spießig und spärlich, dabei aber doch recht nett eingerichtetes Zimmer hatte einen breiten Balkon über dem Meer, der uns sofort an gemütliche Stunden mit unseren Büchern und so manchen hoffentlich guten Schoppen denken ließ.

Eigentlich hatten wir also allen Grund für heiteres Gemüt und wir freuten uns ja auch. Ganz klar. Die unverschämten Wegelagerer wollten uns aber doch nicht aus dem Kopf. Eher im Gegenteil: Je mehr wir darüber redeten, umso mehr redeten wir uns in Rage. Uns wir redeten darüber. Auch noch beim Abendessen auf der Hotelterrasse, bei dem der tiefrote Sonnenuntergang und die frisch aufgebrühten Seeigel doch viel bessere Themen gewesen wären.

Beim Ankommen, bei der Fahrt durch den Hotelpark, waren wir an einem Pavillon vorbeigekommen. Früher war das wohl das Gästehaus der Villa oder vielleicht ein kleines Theater oder so gewesen. Jetzt leuchtete über den Eingangssäulen eine Neonschrift: *Casino Opatija.*

Am Empfang des Belvedere hatte man uns dann bestätigt, dass es ein Spielkasino war, das einzige auf der ganzen Halbinsel Istrien, und dass die Hotelgäste freien Zugang hatten, sagte man uns auch gleich. Einlasstickets bekamen wir auch sofort dazu.

Und wie wir uns also auf der Terrasse dann immer mehr über die Raubritter in Rage redeten, spielte sich das Casino mehr und mehr in meine Gedanken. Die Spielbank war doch wohl eine staatliche Einrichtung oder jedenfalls vom Staat sicher hoch besteuert. Da ließ sich also das von den staatlichen Beutelschneidern geraubte Geld direkt von den Wegelagerern zurückholen. Immer griffiger wurde mir die Idee. Der kühltrockene Silvaner im vom Meer her säuselnden Abendwind bestärkte sie mit jedem Schluck.

Katja wollte nicht mitkommen. *Spielhöllen* konnte sie nie etwas abgewinnen. Auch war sie mit ihrem Krimi an einem besonders spannenden Punkt, sagte sie, und ließ mich allein zum Roulette gehen.

Der Saal war angenehm gedämpft erleuchtet und schon recht gut gefüllt, als ich hinkam. Kroatisch und Italienisch schwätzte es durcheinander, was hören ließ, dass auch viele von Triest oder noch weiter aus Italien herüber gekommen waren. Die Hotelkarte gab wirklich kostenlosen Eintritt und dazu auch noch ein Glas Begrüßungssekt, wie mir der Türsteher freundlich sagte und mich an die Bar verwies.

Bald schon konnte ich einen freien Platz an einem der Tische finden, ziemlich weit unten, also von der Schüssel entfernt, wo es sich meist nicht so eng sitzt. Und erstmal habe ich eine ganze Weile einfach nur von meinem kostenlosen Sekt getrunken und zugeschaut. Die Atmosphäre wollte ich einfangen, die Art des Croupiers kennen lernen und wie er die Kugel warf, mich ruhig einstimmen und dabei die Wut auf die polizeilichen Blutsauger doch nicht vergessen. Von den Jetons hatte ich gerade so viele gekauft, wie das Verlustlimit eventuell aussehen konnte, das ich mir gesetzt hatte. Der Rest des Urlaubsgeldes war bei Katja im Hotel gut aufgehoben. Meine Credit Cards auch. Nicht etwa wegen schlechter Erfahrungen aus der Vergangenheit. Aber sicher ist sicher.

Mit den einfachen Chancen habe ich angefangen: Rouge oder Noir, Pair oder Impair, Manque oder Passe – so wie ich das immer gern machte, wenn ich mal am Roulette saß, was selten vorkam. Viel lässt sich damit nicht gewinnen. Aber es prickelt trotzdem und tut den Nerven gut. Geduld in nicht zu knappem Maße ist verlangt, aber das ist ja gerade das Entspannende, das Spannung bringt.

Die Kugel rollte ein ums andere Mal durch ihre Schüssel. Ein bisschen mit Statistikdenken und doch eher aus dem Bauch heraus schob ich meine Jetons mal hier- und mal dorthin – nicht so wie unsere Kundin Mariella natürlich, die prinzipiell zugleich auf Rouge *und* Noir setzte, weil sie zwar gern spielen, aber nie verlieren wollte, und sich dann immer wieder wunderte, wenn Zero kam und der Rechen des Croupiers ihr beide Einsätze nahm.

Nach einer guten Stunde hatte ich dann ein kleines Häufchen gewonnen. Ein weiteres Glas Sekt hatte mir ein netter Kellner gebracht, auch wieder kostenlos, und dafür einen meiner Jetons bekommen. Nun fing ich an, die Einsätze ein bisschen zu erhöhen. Bei meinem langweiligen Vorsichtssystem bin ich allerdings geblieben. Und noch ein Stündchen klickerte so vor sich hin. Das Häuflein wuchs vor mir. Und damit war dann auch die Wut vorbei.

Wie war es denn? – tönte es mir von Katja entgegen, als ich ins Zimmer zurückkam. Vom Balkon her rief sie mir zu, wo sie mit ihrem Krimi saß und deutlich schon an den letzten Seiten war. Antworten brauchte ich ihr nicht. Mein sattes Grinsen sagte schon alles.

Nicht nur das kroatisch wegelagerische Bußgeld habe ich mir an dem Rouletteabend voll zurückgeholt, sondern fast dreimal so viel. Schönes Geld, das gut angelegt sein wollte.

An der Strandpromenade, gar nicht weit vom Belvedere, haben wir ein Fischrestaurant entdeckt, das für seine Hummer berühmt war. Dorthin haben wir in den nächsten Tagen einen guten Teil der Beute gebracht und etliche Male so viel Schalengetier verputzt, wie sicher nie zuvor.

Die Polizei hat uns verschont, die Ferienwochen über. Und ich das Casino von Opatja.

Das gibt's doch nicht!

Wie kam ich denn eigentlich zu den beiden Frettchen? Oder kamen sie zu uns? Ich weiß es nicht mehr. Wirklich nicht. Plötzlich waren sie da.

Die Frettchen hießen Castagna, Aldo und Ivo Castagna, und sie waren Brüder. Aldo war der Ältere und Kleinere der beiden. Aber auch Ivo war klein: gerade mal 1,55 m hoch, wenn er seine Schuhe mit den Spezialabsätzen anhatte, die er eigentlich immer trug. Doch was ihnen an Höhe fehlte, hatte die Natur im Umfang kompensiert. Alles war rund an den beiden Brüdern: der Bauch natürlich, aber auch die Patschhändchen, der Hals, der Kopf – und dort wieder die geplusterten Wangen, die Glupschaugen, das Mündchen, und auch die rosigen Ohren. Um die 40 waren sie, Aldo wohl knapp drüber und Ivo ein paar Jährchen drunter.

Eine Großhandlung für Haushaltswaren besaßen sie, noch von den Eltern geerbt, und zur Hälfte gehörte ihnen auch ein großes Detailgeschäft im besten Mailänder Zentrum, gleich an der Ecke zur Piazza San Babila, dessen andere Hälfte einer Tante gehörte, die es auch führte. Es muss wohl eine angeheiratete Tante gewesen sein, die Signora Rina, denn ihre hager aufgeschossene Figur und das spitze Sperbergesicht wollten so gar nicht zu den beiden Neffen passen.

Aber wie habe ich die beiden denn kennen gelernt?

Wir – also Interservice, die Werbeagentur, die Katja und ich in Mailand aufgebaut hatten – wir hatten damals einen neuen Kunden, der eigentlich noch gar kein richtiger war. Auf der Anuga, der Kölner Lebensmittelmesse, hatte ich ihn gefunden. Dorthin war ich wegen eines Projektes eines anderen Kunden gefahren, doch das hat hier nichts verloren.

Da bin ich also nach getaner Kundenarbeit für mich allein durch die Messe gewandert; habe hier und dort Halt gemacht, wenn ich irgendetwas sah, das für Italien in Frage kommen und somit ein Etat für uns werden konnte; kam so auf den Stand des Herstellers von *Clipser* und war sofort elektrisiert.

Clipser war eine handliche, orangerote Plastikzange, die mit U-förmig gebogenen Aluminiumteilen, den Clips, gefüttert wurde und dazu da war, Plastikbeutel schnell und gut zu verschließen. Die Fotos am Stand zeigten Dutzende von Einsatzmöglichkeiten, die wichtigsten davon in der Küche und im Haushalt überhaupt.

Mit einer der uniformierten Hostessen bin ich ins Gespräch gekommen. Ein Herr Erler wurde dazu gerufen, der Verkaufsleiter, der gerade am Stand war. Er liebe Italien, war eine seiner ersten Äußerungen, aber, nein, auf dem dortigen Markt sei der Clipser noch nicht. Und so hat es sich ergeben, dass wir uns am folgenden Tag nochmals getroffen haben und er einen Vertrag dabei hatte, mit dem wir, Interservice, gegen Erfolgshonorar beauftragt wurden, für den italienischen Markt einen Exklusivimporteur zu suchen. Wenn der dann auch damit einverstanden war, sollten wir den Clipser-Italien-Etat bekommen. Sechs Monate Zeit wurde mir fürs Suchen zugestanden.

Schnell begannen wir, uns umzutun. Und irgendwie kamen wir so zu den Brüdern Castagna. Besonders beeindruckt war ich nicht von ihnen. Sie schienen auch kein ganz Italien abdeckendes Vertriebsnetz zu haben. Der Laden im Stadtzentrum andererseits, wo man sich in den Hinterräumen traf, war aber doch beachtlich, und überzeugend konnten die zwei ja sein, wenn sie loslegten, zumal Aldo, der eindeutige Wortführer der Beiden.

Wir nahmen uns Zeit mit dem Entscheiden und suchten weiter. Ein paar Angebotsanzeigen in einschlägigen Fachblättern haben wir noch geschaltet. Die Castagnas haben sie natürlich gesehen und waren sauer darüber. Uns aber haben sie kaum neue Kandidaten gebracht. Der Haken war dabei, dass wir einen Geschäftspartner zu suchen hatten, der auf eigene Rechnung importieren und auch wenigstens die

Hälfte der Werbekosten auf die eigene Kappe nehmen sollte. Eine weitere Vorgabe war zudem, dass der italienische Ladenpreis höchstens 10% höher liegen durfte als der in Deutschland. Die für uns interessanten Leute, die mit nachgewiesen flächendeckenden Vertriebsnetzen und einem breiten Bekanntheitsgrad in der Branche, wollten, wenn überhaupt, andere Konditionen haben: Import auf Kommission zum Beispiel, sodass die Ware dem Hersteller erst nach Verkauf an Dritte zu bezahlen war, dazu auch ein größerer Werbezuschuss vom Mutterhaus und eine freiere, den Marktgegebenheiten flexibel anpassbare Preisgestaltung.

Erler sah die Berechtigung dieser Gegenvorschläge auch ein, so irgendwie, war aber doch nicht bereit, mit sich darüber reden zu lassen. Vielleicht konnte er sich auch bei seinen Bossen nicht durchsetzen. Für die war der Clipser sowieso fast nur ein unternehmerisches Spielzeug. Ihr sattes Geld verdienten sie mit der Produktion von Aluminiumclips, die sie zu Tonnen an Europas Wurstfabriken verkauften.

Wochen gingen ins Land. Wir kreisten mehr und mehr um die Castagna-Brüder – auch weil sich Aldo wirklich echt um den Importvertrag bemühte und dafür durchaus attraktive Angebote machte. Ein partnerschaftliches Konsortium regional tätiger Großhändler versprach er, für den Vertrieb aufzubauen, die geforderten Import- und Preisbedingungen verbindlich zu unterschreiben und auch die Werbung auf die vorgesehene Art zu finanzieren. Dass wir den Etat betreuen würden war für beide, Aldo wie Ivo, so selbstverständlich, dass das gar nicht erst zum Thema wurde. Und so hat es sich ergeben, dass wir dann doch die Brüder Castagna als die italienischen Clipser-Partner befürworteten.

Mit Aldo Castagna flog ich nach Düsseldorf zum Clipser-Gespräch. Wieder einmal fiel mir auf, unterwegs, wie klein und wie rund der Mann war. Vielleicht lag es am superkleinen Aktenköfferchen, das er sich wohl auf Maß hatte anfertigen lassen und in das höchstens ein Din-A4-Blatt ungefaltet hinein passen konnte.

Sicher waren wir gut untergebracht, irgendwo nahe der Königsallee. Keine Ahnung habe ich mehr davon, wo wir zum Abendessen waren und was wir da konsumiert haben. Erst viel später und im Rückblick ist es mir so vorgekommen, als hätte ich es nicht erwarten können, endlich ins Hotel zurück und ins Bett zu kommen. Vielleicht ist es so gewesen. Mag sein.

Das Meeting am nächsten Morgen lief jedenfalls gut und glatt. Erler trug seine Firmenwünsche und Erwartungen vor, Castagna ging beflissen darauf ein. Erler forderte zusätzliche Bankgarantien, Castagna wies das als fast schon beleidigendes Ansinnen zurück, wo er sich doch bereit erklärt hatte, die Clipser auf eigene Rechnung zu importieren und auch die von Erler vorgegebenen, für italienisches Verständnis sehr kurzen Zahlungsfristen zu akzeptieren. Detail über Detail wurde festgehalten, während immer wieder mal eine frisch gefüllte Kaffeekanne und Nachschub an Gebäck auf den Sitzungstisch kamen.

Irgendwann war es Zeit für einen Betriebsrundgang. Recht viel zu sehen gab es da nicht. In der Produktionshalle nur automatische Maschinen, die lautstark Aluminiumdraht zerschnippselten und zu unterschiedlich großen Clips zusammen bogen, weiter schoben und verpackten. Die Clipser selbst wurden gar nicht in Düsseldorf hergestellt, erklärte Erler, sondern irgendwo in einer Kunststofffabrik, deren Standort ungenannt geblieben ist

In die Firmenkantine wurden wir dann zum Mittagessen gebeten; ein paar weitere Herren setzten sich mit an unseren Tisch, Techniker von der Geschäftsführung oder so; das Gespräch ging um die Clips, die wir gerade in Produktion gesehen hatten, kam dann ganz logisch auf die europäische Wurstproduktion, und so lernte ich wieder etwas Interessantes, von dem ich bis dahin keine Ahnung hatte. Apfelsaft und Wasser gab es zu trinken und danach wieder Kaffee.

Zurück im Sitzungsraum hatte ein fleißiges Sekretariat bereits die Verträge bereit gelegt, makellos getippt auf fünf-sechs Seiten und in mehr als ausreichender Zahl kopiert. Für mich wurde das nun intensiv. Castagna konnte ja kein Deutsch, vertrauensselig war er aber keineswegs. Zeile für Zeile musste ich ihm übersetzen, seine Einlassungen dazu zurück übertragen, jedes auch nur anscheinend nicht ganz eindeutige Detail zweisprachig klären. Der Kaffee floss in Strömen.

Irgendwann war dann aber alles geklärt und der Vertrag unterschrieben. In Italien wäre jetzt eine Flasche Sekt auf den Tisch gekommen. Hier in Düsseldorf haben wir uns nur befriedigt angelächelt, die Hände auf Gute Zusammenarbeit ausgiebig geschüttelt und Erler *auf bald* nach Mailand eingeladen.

Ich wollte nun nichts anderes als ins Hotel. Ein Stündchen Relax jetzt. In der Agentur vielleicht noch jemanden am Telefon finden, um den erfolgreichen Abschluss schnell mal durchzugeben. Abreagieren. Nichts ist daraus geworden. Castagna drängte es zu einem Stadtbummel. Souvenirs wollte er kaufen und mich brauchte er als Bärenführer und Dolmetscher dazu. Also denn...

Von der Düsseldorfer Altstadt hatte Castagna bis nach Mailand gehört und dorthin musste es zum Abendessen gehen. Ganz sicher haben wir nur Kölsch getrunken. Was sollte man denn dort auch anderes bestellen? Ein *Gelage* ist das nicht geworden. Und dennoch hatte ich plötzlich das dumpfe Gefühl, in einem Wattebausch zu sitzen, abgehoben und mit leicht sirrendem Kopf. Vielleicht kam es vom Lärmpegel, der rundum angewachsen war; oder es war doch der Kaffee schuld, der in ungewohnten Strömen den ganzen Tag begleitet hatte; oder etwa das stundenlange Dolmetschen am Vertrag, für das ich keineswegs trainiert war. Was auch immer: Ich fühle mich blümerant und hatte nur noch das Hotel und mein Bett im Sinn. Dabei war es doch noch recht früh am Abend. Bestimmt nicht später als halb zehn.

Der Clipser war ein Hauptthema der darauf folgenden Tage in der Agentur.

Wir hatten Erler klar gemacht und bei ihm durchgesetzt, dass für den Clipser eine italienische Packung zu gestalten war und wir sie entwickeln würden. Leicht war es ihm zu vermitteln, dass die Zange ein Produkt *zum Erzählen* war, und dass die Packung reichliche Flächen für anregende Beispielbilder und Infotexte bieten konnte, und dass die von uns so konzipierte Packung dann wohl auch dazu einladen könne, sie für Deutschland und eventuell anderswo mit zu übernehmen. Daran war nun schnell zu arbeiten.

Die Entwicklung von Verkaufsdisplays für die Theken, zumal den Kassenbereich, stand parallel dazu an. Auch attraktives Schaufenstermaterial sollte zur Markteinführung verfügbar sein und nicht minder wichtig waren uns kleine aber vielfältig illustrierte Handzettel, die in den Läden ausgelegt und dort nahebei in die Briefkästen gesteckt werden sollten.

Das brachte ziemlich häufige, recht schnell aufeinander folgende Meetings mit den Castagna-Brüdern. Meist trafen wir uns bei ihnen im Zentrum, in den hinteren Räumen ihres Ladens. Zwischendurch kamen sie aber auch zu uns in die Agentur, wie wir das allen unseren neuen Kunden nahe legten, und so lernte auch Katja die beiden kennen. Sie nannte sie sofort *die Frettchen*, weil sie so putzig aussahen und so quirlig waren, und dabei ist es unter uns dann auch geblieben.

Es waren reine Arbeitstreffen, natürlich immer zu Bürozeiten und möglichst kurz gehalten. Einmal hat sich so ein Meeting aber länger hingezogen. Es war eines von denen in den Castagna-Büros, und weil es dann schon recht spät geworden war, lud Aldo mich zum Abendessen ein. Das war nichts Ungewöhnliches. Hätten wir uns in der Agentur verspätet, wäre die Einladung von mir gekom-men. Ein kurzer Anruf bei Katja und ich war bereit.

Gar nicht so spät kam ich dann nach Hause. Katja war noch auf, kam mir fröhlich entgegen und... stutzte, bekam einen verblüfften Blick ins Gesicht... *Was ist denn mit dir los?* – schien mir, sie perplex zu hören.

Am nächsten Morgen erfuhr ich dann, dass ich schwankend in die Wohnung gekommen sei, blöd grinsend, und gelallt hätte ich, als hätte mir einer die Zunge zerquetscht. Sternhagelvoll sei ich gewesen.

Ich? Besoffen? Das gab es doch gar nicht! Ich konnte es einfach nicht glauben. Aber andererseits: Ob ich am Abend noch im Bad war und wie ich ins Bett gekommen war, daran konnte ich mich auch nicht erinnern. Und: Was hatte ich denn an dem Abend getrunken? Das Lokal war gemütlich und das Essen gut gewesen, das hatte ich im Rückblick. Spät war es aber sicher nicht geworden, weil es dazu ja auch überhaupt keinen Anlass gab. Und mehr als zwei Glas Wein hatte ich garantiert nicht getrunken, sagte ich mir überzeugt, weil ich mich bei Kunden-Essen, ganz gleichgültig ob nun mittags oder abends, immer bewusst zurückgehalten habe. Sie waren mir nie so etwas wie Treffen im Freundeskreis, sondern vor allem immer nur Gelegenheiten, Projekte voran zu bringen und Entscheidungen zu erzielen, die mir und der Agentur zugute kamen. Da ist es durchaus vorgekommen, dass ich den Kunden öfters mal nachschenkte, selten aber mir selber. Und trotzdem: Katja hatte sicher recht. Erfunden hatte sie es nicht. Wozu den auch? Ich bin doch wohl besoffen vom Abendessen mit dem Frettchen heimgekommen.

Die Arbeit am und für den Clipser-Auftritt ging zügig voran. Eine erste, in den einschlägigen Handelszeitschriften zu schaltende Kampagne arbeiteten wir aus. Mit Antwort-Coupons ausgestattet, sollten die Anzeigen nicht nur den Clipser vorstellen, sondern auch die Einzelhändler zu direkter Bestellung einladen. Spezielle Rabatt-Vorteile für die Einführungszeit konnten dazu angeboten werden. Und parallel dazu arbeiteten wir schon an den Vorarbeiten für die Publikumswerbung. Die Brüder Castagna nahmen es ernst mit der Verpflichtung, den Clipser von Anfang an verkaufsfördernd und werblich zu unterstützen.

Voll auf TV wollten wir in der Publikumswerbung setzen. Das bot sich ganz logisch an. Der Clipser war ein Produkt, das umso attraktiver wurde, je mehr man über seine bequemen Einsatzmöglichkeiten und die damit verbundenen Nutzen wusste. Fernsehen bot sich an, dafür jede Menge Möglichkeiten attraktiv vorzuführen – in Haushalt, Labors, Geschäften und einfach überall, wo Plastikbeutel zu verschließen waren. Und dazu kam noch der neuerdings flexibel mögliche Einsatz des Mediums. Das Netz der freien TV-Sender war in den letzten Jahren dicht geworden und es gab dabei auch überall im Lande regionale und sogar lokale Sender mit durchaus interessanten Einschaltquoten. Sie waren für den Clipser wie geschaffen. Castagnas hatten ja noch kein national flächendeckendes Vertriebsnetz. Lokales Fernsehen erlaubte, schrittweise genau die Gebiete abzudecken, in denen es Verkäufer gab.

TV-Spots waren also zu drehen. Assofilm, die Produktionsfirma von Corrado Tringali kam dazu ganz logisch ins Gespräch. Wir hatten mit Corrado schon etliche Filme gedreht und ihn dabei schätzen gelernt. Er war einer von denen, die möglichst vieles selber machen: Feinarbeit am Drehbuch, Regie, Musik und die ganze Tontechnik, Schnitt und Montage. So kam Assofilm mit wenigen Mitarbeitern aus und das bedeutete wieder kundenfreundliche Kosten. Die Qualität war dabei nie zu kurz gekommen.

Corrado und die beiden Frettchen Castagna mussten sich kennen lernen. Recht dringend war es einerseits. Einen für alle vier mög-lichen Termin kurzfristig zu koordinieren, hat wohl seine kleinen Schwierigkeiten gehabt. So hat es sich ergeben, dass wir uns dann eben zum Abendessen im Santa Lucia trafen, einem von Corrados Lieblingsrestaurants, das zudem den Vorteil hatte, nur wenige Schritte vom Castagna-Geschäft entfernt zu liegen.

Das erst kürzliche Essen mit Aldo Castagna noch im Kopf, nahm ich mir vor, besonders genau – diesmal noch viel mehr als bei den anderen Kundenessen – darauf zu achten, was ich den Abend über trinken würde, und auch, dass Mineralwasser auf alle Fälle mein Hauptgetränk sein sollte. Und ganz sicher weiß ich, dass mein Weinglas den ganzen Abend über nur ein zweites Mal gefüllt wurde, und dass davon noch ein Rest übrig war, als wir bezahlt hatten und uns verabschiedeten.

Das Auto hatte ich gleich in der Nähe geparkt. Irgendwie kam mir etwas mit meinen Augen komisch vor, als ich aus dem Park-platz scherte und mich auf den Heimweg machte. Aber es waren nicht nur die Augen. Watte hatte ich im Kopf und die Straßenlampen tanzten flimmernd vor mir herum wie sonst nie. Langsam kroch ich aus dem Stadtzentrum hinaus und der Pferderennbahn zu, nahe der wir wohnten.

Beide Seitenfenster hatte ich geöffnet. Die kühle Nachtluft hat die Straßenlampen nicht beruhigt. Weiter tanzten sie in leichtem Nebel, legten fast noch einen Zahn zu. Und auch die lange Allee, die mir so wohlbekannt gerade war, hatte plötzlich ein geschlängeltes Eigenleben. Echt froh war ich, als ich an unsere Einfahrt kam. Jetzt hinein biegen, am Schlüsselpfosten anhalten und das elektrische Tor zu unserem Parkgelände aufsperren – das musste ich nicht denken, hatte es doch hunderte Male zu jeder Tages- und Nachtzeit gemacht. Ich bin auch nicht mehr zum Denken gekommen. Da war plötzlich ein knirschendes Krachen und der Pfosten stand schief, links vor dem Kühler.

Das Tor habe ich dann doch noch aufgeschlossen, das am Kot-flügel schwer eingedellte Auto glücklich zur und hinein in die Garage gebracht. Katja war noch auf. Sie hatte ganz bewusst auf mich gewartet. Gefallen hat es ihr nicht, als ich sie mit schwerer Zunge und leicht schwankend begrüßte.

Erst am folgenden Morgen haben wir in Ruhe darüber geredet. Dass ich wiederum praktisch nichts getrunken hatte, wollte mir Katja auch glauben – sagte sie jedenfalls, mit allerdings der ihr typisch hochgezogenen Augenbraue, die mehr Skepsis ausdrücken konnte als tausend Worte.

Aber – und das hat schon sehr entschieden geklungen – *beim nächsten Mal komme ich mit!*

Mir war das recht, verdammt recht sogar.

Die beiden Abende in Düsseldorf waren mir durch den Kopf gegangen, am Morgen unter der Dusche. Die so plötzlich wattige Müdigkeit damals nach den paar kleinen Kölsch zum Abendessen. Was war denn da mit mir gewesen? Und der Abend vor kurzem, der mich lallend und wankend nach Hause kommen sah. Rätselhaft! Und dass ich jetzt beim Filmgespräch im Santa Lucia an Alkoholischem nur zwei Glas Wein getrunken hatte, recht kleine zumal und das zweite noch nicht einmal zur Gänze, das wusste ich absolut sicher, trotz umgenietetem Schlüsselpfosten, ramponiertem Auto und Katjas hochgezogener Augenbraue.

Lange hat es nicht gedauert, bis sich die Gelegenheit für ein neues Castagna-Essen uns unabwendbar ergeben hat. Die ersten Clipser mit der italienischen Packungwaren produziert, das verkaufsfördernde Material gedruckt und alles andere für den Start in Italien vorbereitet. Erler wollte ihn miterleben und dazu ist er nach Mailand gekommen.

Von unserer Agentur war er verblüfft positiv angetan. Das heißt, eigentlich war er es von meinem Arbeitszimmer und da wieder vom Ausblick. Das war ja auch etwas, mit dem niemand rechnete, der erstmalig zu uns kam, sich vor unserem recht unscheinbar grauen Reiheneckhaus in der zwar ruhigen, sonst aber recht nichts-sagenden Seitenstraße mit den Jugendstilfassaden fand, durch das eher schmale Tor und über die kurze Marmortreppe in den Empfangsraum kam, der fensterlos nur durch recht ein raffiniertes Lichterspiel und stets frische Blumen aufgehellt war.

Wurde der Besucher dann aber in mein Arbeitszimmer geführt, das auch als das *kleine* Sitzungszimmer diente, war er plötzlich in einer ganz unerwarteten Kulisse. Da stand er beim Hereinkommen direkt einem Fenster gegenüber. Nicht einem normalen Fenster aber, sondern einem, das sich über die ganze Breite der Stirnwand und um die Ecke bis zur Mitte der rechten Seitenwand hinzog: sieben plus drei Meter breit war die Glasfront und ein bisschen mehr als vier Meter hoch. Nicht umsonst wurde es *Aquarium* genannt. Hinter den Panoramascheiben dann unser Garten: Birken in kleinen Gruppen, eine offensichtlich uralte Blutbuche hinten in der

Ecke, Hortensien und Magnolienstäucher, ein runder Steintisch mit seinen Stühlen unterm ausladenden Apfelbaum, seitlich die dicht rankende Rosenpergola mit ihrem bis in den tiefen Herbst hinein rosarot leuchtenden Blütenmeer, Lorbeerhecken zu den Nachbargärten und dazwischen der sich offen dehnende Rasen, der fast das ganze Jahr über mit unregelmäßig verstreuten Farbtupfern durchsetzt war – Schneeglöckchen und Krokus noch fast im Winter, dann im Frühling monatelang hunderte bunt gemischter Tulpen und Narzissen, zum Herbst hin Begonien und auch lustig blühende Zwergchrysanthemen. Buroni, der uns beim Anmieten der Villa vererbte Gärtner, hatte mehr als nur den Grünen Daumen.

Doch das war nun abgeschweift.

Also: Erler war da und wir präsentiertem ihm alles, was für den Clipser-Start nun vorbereitet war. Assofilm hatte dafür nicht nur zwei-drei TV-Spots gedreht, sondern auch einen gut zehn Minuten langen Clipser-Dokumentarfilm von fast redaktionellem Zuschnitt, den auszustrahlen etliche lokale Sender schon versprochen hatten. Erler war begeistert. Ganz besonders interessierte ihn dabei die Vielfalt der lokalen Fernsehsender, deren Programme, Reichweiten und die Einschaltquoten, denn Ähnliches kannte man damals in der deutschen Medienlandschaft nicht. Die Castagna-Brüder saßen strahlend dabei, verstanden kein Wort von unserem teutonischen Palaver und stießen trotzdem immer wieder kleine Freudengluckser aus. Für den Abend luden sie zum Festmahl ein. Auch ihre Tante, die geierschnäbelige Signora Rina, war dazu erwartet, weil sie doch Erler kennen lernen wollte, und Katja war natürlich mit eingeladen und auch Giancarlo Meroni, unser Art Director.

Beim Conte Ugolino haben wir uns getroffen, an der Piazza Beccaria gegenüber dem Polizeipräsidium und nur ein paar Schritte vom Hotel del Duomo, in dem Erler untergebracht war. Ein netter, lockerer Abend ist es geworden – für mich allerdings einer mit fast nur Mineralwasser.

Am Weinglas nippte ich nur ganz gelegentlich, wenn es wieder einmal galt, rundum auf dies und jenes anzustoßen. Katja achtete genau darauf und vermerkte es sicher auch exakt, dass ich mir nur einmal nachschenkte und dass das Glas dann bis zum Schluss nicht leer wurde. Was da zwischen uns beiden in der Luft hing, haben die anderen nicht gemerkt.

Recht spät war es noch nicht, als wir aufbrachen. Erler wollte gleich ins Hotel, das ja gerade um die Ecke lag. Wir waren froh, dass er nicht auf die Idee gekommen war, uns noch zu einem Absacker einzuladen. Vor dem Restaurant haben wir uns getrennt. Unser Auto stand gleich gegenüber, vor dem Polizeipräsidium, nur gerade mal fünfzig Meter quer über den Platz zu laufen. Eine schöne, laue Frühlingsnacht war es. Einmal tief durchatmen. Jetzt nach Hause...

Plötzlich war da aber irgendetwas anders. Eigentümlich. Die Lichtstrahler am Polizeibau fingen mir an zu flackern. Der Boden war wellig wie doch vorher nicht. Dumpf waberte es mir durch den Kopf. Ich sagte wohl etwas zu Katja. Sie zuckte erschreckt zusammen. Wie weit war es denn noch zum Auto? Wo blieb nur sein bequemer Sitz und das Lenkrad zum kurz mal festhalten?

So kannst du nicht fahren! – hörte ich Katja schrill wie sonst fast nie. *Ein Taxi!* – darauf bestand sie. Und nichts anderes kam ihr in Frage. Sie hatte ja keinen Führerschein. Nie einen gehabt. Und mei-nen Autoschlüssel hielt sie plötzlich in der Hand und wedelte mir damit vor der Nase.

Ich war eindeutig besoffen wie eine Strandhaubitze, als uns das Taxi vor unserem Parktor auslud und Katja mich zum Haus und in die Wohnung brachte. Irgendwie werde ich schon ins Bett gekommen sein.

Am Morgen danach, beim Frühstück haben wir uns dann darüber unterhalten. Dass ich hochgradig blau gewesen, lag auf der Hand. Katja konnte die Symptome noch viel besser aufzählen, als ich selber sie gemerkt hatte. Woher das Ganze aber gekommen war, ist uns ein Rätsel geblieben, wie auch immer wir es hin und her gewendet haben.

Ich hatte nur anderthalb Glas Rotwein getrunken, aus den kleinen Gläsern, die es beim Conte Ugolino gab. Dessen war ich mir ganz sicher. Katja auch. Ungern und doch befriedigt gab sie zu, mich den ganzen Abend über nicht für einen Augenblick aus den Augen gelassen zu haben. Dazu hatte sie sich am Tisch auch mir genau gegenüber gesetzt. Und überzeugt bestätigte sie mir, dass, solange wir beim Essen und dem anschließenden Quatschen saßen, ich mich ganz normal in der Runde benommen hatte: vernünftig mitgeredet, ohne das Wort an mich zu reißen; gestikuliert wie immer, nie blöd aufgelacht oder gar laut dazwischen gebrüllt, wie das bei Betrunkenen so vorkommt. Nicht nur ich erinnerte mich also genau daran, auch Katja hatte das nicht anders gesehen. Auch dann draußen noch, beim Verabschieden, habe ich mich ganz normal und wie sonst auch benommen – sinnierte Katja. Erst gleich danach, halb über den Platz und zum Auto hin, war es dann plötzlich anders. So erinnerte ich es – und Katja auch.

Wie sehr ich dann plötzlich anders war, mochte sie nur ungern und nur zögerlich beschreiben. Nicht etwa so war es, meinte sie, als hätte ich unversehens eine Kreislaufschwäche gehabt, wie sie ja öfters mal vorkommen kann, wenn man abrupt vom Tisch aufsteht und ins Freie tritt. Auch nach Herzinfarkt sah es ihr nicht aus, obwohl sie darin keine Erfahrung hatte. Besoffen schien ich ihr zu sein, schlicht und einfach sternhagelvoll besoffen.

Mit Meroni sprachen wir dann gleich auch darüber, sobald wir in die Agentur kamen. Er hatte überhaupt nichts gemerkt. Nicht bei Tisch, dass da vielleicht an mir etwas eigenartig war oder wurde. Draußen beim Verabschieden auch nicht. Er war dann nach links und um die Ecke zur U-Bahn abgebogen, ohne uns nochmals nachzuschauen. Also wirklich... keine Ahnung.

Nie sind wir dahinter gekommen, was da mit mir los war, jedesmal wenn ich mich mit den Frettchen oder auch nur dem kleineren von ihnen, Aldo, in ein Restaurant setzte. Klar war nur, dass ich dann betrunken war.

Bei Bürotreffen mit den Castagna-Brüdern, mit einem oder auch beiden, und gleichgültig, ob bei uns in der Agentur oder bei ihnen, war nichts davon zu merken. Nie. Aber kaum aufgestanden von einem gemeinsamen Wirtshaustisch war ich ganz offensichtlich völlig hinüber. Unerklärlich. Ungeklärt.

Nie mehr bin ich mit einem der Frettchen zum Essen gegangen. Vielleicht ist es den beiden aufgefallen und sie haben sich gewundert. Vielleicht auch nicht. Der Zusammenarbeit hat es jedenfalls nicht geschadet. Der Clipser hat sich recht gut im italienischen Markt entwickelt und wir haben ihm gute Werbung für gutes Geld gemacht. Ein paar Jahre lang.

So etliche Zeit ist seither verstrichen. Gelegentlich ist es da schon vorgekommen, wenn auch selten, dass ich nach angespannten Arbeitstagen oder feuchtfröhlich langen Abenden leicht besäuselt war. Als ein Alkoholverächter habe ich nun wirklich nie gelebt. Nicht vor den eigentümlichen Erlebnissen mit den Frettchen und auch nicht später. Betrunken aber? So dass ich meinem Fuß nicht mehr trauen konnte und auch nicht meiner Zunge, dass Schleier oder eigentümliche Lichtreflexe mir vor den Augen tanzten und Wellen meine Fahrbahn unkontrolliert bewegten, dass ich unschuldige Torpfosten und ruhig in der Gegend stehende Bäume angefahren hätte oder anderen als besoffen aufgefallen wäre... nie mehr.

Vielleicht finde ich ja mal jemanden, der mir meine Art, auf Frettchen zu reagieren, erklären kann.

Vier Wände und ein Schild am Baum.

Unsere angenehmste Mailänder Wohnung war sicher die in der Via Mosé Bianchi, vielleicht auch unsere schönste. Sie lag im siebten, dem obersten Stock eines noch fast neuen Hauses, in einer ruhigen Wohngegend nahe der Messe, nur etwa hundert Meter von der U-Bahn entfernt. Wir hatten sie gefunden und kurz entschlossen gemietet, als wir gerade seit ein paar Monaten in Mailand waren.

Es war so richtig eine Traumwohnung für ein junges, kinderloses Paar. Über drei Seiten des Hauses erstreckte sie sich und hatte rundum freien Blick und breite Balkone. Vom Bad und dem Schlafzimmer konnte man nach Norden hin an klaren Tagen die ganze, im Winter so zuckerig verschneite Kette der Tessiner Alpen sehen, das Frühstück im Wohnraum war vom Osten her in helle Morgensonne getaucht und gab nach Süden hin den Blick weit über die Dächer bis zur Innenstadt frei, mit dem gleichen Panorama, das auch von der Küchenterrasse aus lockte. Ein großzügig geschnittenes drittes Zimmer hatten wir mit deckenhohem Bücherschrank zum gemütlichen Arbeitsraum eingerichtet, der mit seiner Schlafcouch gut auch als Gästezimmer dienen konnte und dafür immer wieder mal angenehme Verwendung fand. Ein zweites Bad war auch noch da und der Aufzug ging direkt zu unserer Wohnungstür. Da war ein kleiner Vorraum nur für uns allein, wenn sich die Lifttür öffnete. Aufschließen – und schon war man in unserem Wohnzimmer und konnte auf die Blumenrabatten von einem der Balkone schauen. Natürlich hatte das Haus unten eine großzügige Eingangshalle und eine Pförtnerloge, wie das in guten Mailänder Häusern dazu gehört. Nur eine Tiefgarage für unser Auto fehlte. Das konnten wir aber in einer Garage nur ganz wenige Schritte weiter unterbringen, für kleines Geld.

Rino Gonzato hieß unser Hausbetreuer und Elide, seine Frau, war zweimal die Woche bei uns zum Saubermachen und wurde Katja eine gute Freundin. Es war nett in der Via Mosé Bianchi und in deren Umgebung mit den freundlichen Läden, dem gedeckten Markt gleich zwei Blocks weiter, den paar Kneipen um die Ecke und vor allem auch dem *Derby* so nahe, dass wir gelegentlich auch spät abends gern noch hin spazierten. Das war damals Mailands bestes Kabarett und das renommierteste von ganz Italien. Fast alle, die später auf der Bühne und im Fernsehen Rang und Namen bekamen, hatten im Derby die frühe Heimat ihrer Karriere, und wir haben sie alle gehört, fast alle dann auch persönlich recht gut gekannt.

Und noch etwas Positives hatte die Via Mosé Bianchi für uns: Wir konnten locker zu Fuß ins Büro gehen. Auf halber Strecke dorthin lag auch der Zeitungskiosk. Eigentlich hat es wirklich keinen Grund gegeben, sich nach etwas anderem umzusehen.

Doch irgendwann ist mir unsere kuschelige Wohnung mit dem Weitblick zu eng geworden.

Natürlich: Es war wurde recht eng dort, wenn wir mal zwei Paare zum Essen oder auch nur zu einem Drink danach eingeladen haben. Am runden Tisch hatten fünf Leute noch so richtig bequem Platz, aber bei sechsen war schon ein Zusatzstuhl aus der Küche zu holen und die Ellbogen riefen nach ein bisschen mehr Freiheit. Auch die Sitzgruppe war mit ihrer Couch und den zwei dazu passenden Sesseln nur für vier oder höchstens fünf bequem. Noch ein Sessel, den wir aus dem Arbeitszimmer holen konnten, versperrte das Durchkommen schon so, dass es nur noch sitzend gemütlich war, aber kurz mal in die Küche zum Kühlschrank zu gehen, schon zur Kletterpartie wurde.

Natürlich war das lästig. Einigermaßen. Zumal winters, wenn die Balkone nicht mehr gastfreundlich waren. Aber das wäre doch sicher kein Grund gewesen, sich nach Anderem umzusehen. Zumal wir *soo oft* auch nicht Freunde bei uns hatten, schon gar nicht vier zugleich.

Der wirkliche Grund, der begonnen hatte, mich umzutreiben, war ja auch ein anderer.

Wir hatten mit unserer Agentur die Anfangsjahre recht gut über die Runden gebracht, uns mit etlichen Arbeiten auch gewissermaßen einen Namen gemacht, standen plötzlich aber an einem toten Punkt – oder vielleicht bildete ich mir das auch nur ein. In mir war jedenfalls das Gefühl gewachsen, dass wir, Leistung hin oder her, an die wirklich schönen Kunden nicht heran kommen konnten. Immer noch waren wir zu sehr Außenseiter in Mailand, redete ich mir ein. Mit den Leuten, die in der Industrie und den Verlagen zählten, hatten wir kaum Umgang. Da gab es kein nützliches Netzwerk, in das wir eingebunden waren. Und das würde so bleiben, spintisierte ich, solange wir nicht die Initiative dagegen entschieden in die eigene Faust nahmen.

So sind damals meine Gedanken gelaufen: Man kann die Leute, die zählen, nicht einfach in Restaurants einladen. Warum sollten sie denn kommen? Was hätte ich denn auch schon anzubieten für so ein Treffen, wenn nicht die allzu banale Tatsache, dass ich bereit war, die Rechnung zu bezahlen? Immer wieder dachte ich daran.

Dagegen aber: Hätten wir ein repräsentativeres Heim, mit etwa einem Esstisch, um den acht oder auch zehn Leute bequem Platz finden konnten, und dazu auch noch den entsprechenden Raum für gemütliche Plauder-Sitzgruppen, dann konnten wir uns einfach Abend-Themen aussuchen und reihum Leute, die *zählten*, dazu einladen. Nicht oft, aber doch so zweimal im Monat. Unterschiedliche Kreise, aber immer auch wenigstens ein einigermaßen bekannter, attraktiver Kopf dabei, der zum gewählten Thema passte. Das sollte zu so einer Art Institution werden, eingeladen immer ein Gemisch von Leuten der Mailänder Wirtschaft und der Medien.

Mit Katja habe ich die Idee ein paarmal durchgesprochen, ziemlich detailliert auch. Gewaltig begeistert war sie davon nicht, auch als sie schon begonnen hatte, sich damit anzufreunden. Dabei ging es ihr gar nicht um die Mühe, die auf sie als Gastgeberin zuzukommen drohte, und auch nicht so besonders um die mit meiner Idee verbundenen Kosten, die, wie sie beipflichtete, sicher doch zu stemmen waren. Ganz etwas anderes war es, das ihr gegen den Strich ging.

Katja mochte es sehr, sich in ein kuscheliges Nest zurückziehen zu können. Dabei war sie keineswegs etwa ein *Heimchen am Herd*. Lärmende Kneipen, schicke Restaurants, Auktionen von Kunst und Kruscht oder das knisternde Gedrängel im Foyer eines Theaters waren durchaus ihre Welt. Aber sie mochte es eben auch, ihre gemütliche Höhle zu haben, in die sie sich wieder zurückziehen konnte, wann immer ihr danach war. Und nicht nur, dass sie es mochte; sie brauchte es auch.

Und das zu verlieren, davor hatte sie Angst. Sie konnte sich nicht vorstellen, dass sie sich wohl fühlen könne in einem *Wohnsaal*, wie sie das schnell nannte. Darauf würde es aber doch hinauslaufen, wenn da ein Tisch mit zehn Stühlen und Couch- oder Sesselgruppen für ein Dutzend Leute und die dazu gehörenden Anrichten und die Beistelltische und natürlich auch größere Regale für Bücher und Platten und auch noch Teile unserer Glassammlung Platz haben sollten.

Aber der Alternative dazu, das Essen und dann danach das hoffentlich gemütliche Beisammensein auf zwei Räume aufzuteilen, konnte sie noch weniger abgewinnen. Amüsiert parodierte sie die Szenen von gestelzt bürgerlichem Speisen, choreographischem Aufbruch danach in die Bibliothek, die auch ein Rauchsalon sein konnte, und beinahe ernsthaft stellte sie die Frage in den Raum, ob wir uns denn nicht auch noch ein Damenzimmer zulegen sollten, um echt stilsicher dazustehen.

Zu Kabbeleien ist es darüber gekommen, zu echten Spannungen aber nicht. Dazu hat es nicht gereicht. Und so habe ich angefangen, eine neue, für meine Idee geeignete Bleibe zu suchen, während Katja währenddessen vielleicht doch gehofft hat, dass ich so schnell nichts Anständiges finden und, über das Suchen hin, mir das ganze Projekt auskühlen würde. Doch da wurde mir eines Tages die Wohnung in der Via Pinerolo angeboten.

Die Via Pinerolo liegt im Nordwesten der Stadt, ganz nahe am Fußballstadion San Siro und praktisch neben den Reitbahnen und den *scuderie*, den Pferdegehegen. Dort war in einem Teil des alten Parks von Trenno gerade eben ein recht luxuriöses, mit robustem Mauerwerk umfriedetes und von schmiedeeisernen Toren bewachtes Wohnprojekt fertig gestellt worden, in dem sich zweistöckige Villen mit imposantem Baumbestand abwechselten. Eine dieser Villen stand zur Miete. Zwei Wohnungen hatte sie. Die eine im Erdgeschoß, mit einer weitläufigen Terrasse, die direkt in den ummauerten Park führte, von dem ein Teil mit Maschenzaun zu privater Nutzung abgetrennt war, und eine weitere im Obergeschoß, die zwar keinen Zugang zum privaten Park hatte, dafür aber eine sich über das ganze Haus hinziehende Dachterrasse.

Wir haben die untere Wohnung gemietet. 240 m² hatte sie und dazu noch 100 m² baumbeschattete Terrasse und gut 650 m² Parkanteil und zwei abschließbare Boxen in der Tiefgarage, die genau unter der Wohnung lag und sogar mit einem Lift zu erreichen war. Natürlich wäre die darüber gelegene Wohnung *sicherer* gewesen. Aber die Dachterrasse fanden wir blöd. Um etwas von ihr zu haben, musste man hinauf steigen und hatte dann dort oben nur ein kleines Kabuff, das gerade groß genug war, ein paar Liegestühle aufzubewahren, einen Kühlschrank und ein mittelgroßes Gläserregal hineinzustellen. Die Terrasse war einfach nicht ins täg-liche Wohnen mit einbezogen, im Gegensatz zu der von unten.

Wir haben uns eingemietet. Und das Wohnding, das uns nun erwartete, war schon absolut feudal. Mit dem Aufzug kam man aus der Garage in die gerade ein Stockwerk höher gelegene Eingangshalle mit Marmorboden, holzgetäfelten Wänden und der Tür zu unserer Wohnung. Dahinter: eine geräumige, fast quadratische Diele, Wohnzimmer mit den Gardemaßen von 12 x 5,20 m und Panoramafenstern zur Terrasse, nach links ein weiterer Vorraum und davon abgehend zwei geräumige Zimmer mit grünem Blick in den

Park – das eine ist unser Schlafzimmer geworden, das andere ein gemütlicher Rückzugs- und Arbeitsraum für uns beide – und dazwischen ein mit allen Schikanen ausgestattetes Bad; nach rechts von der Diele dann ein für Einbauschränke ausreichend breiter Gang zur Küche hin, ein weiteres Zimmer, das wir für Gäste dachten, und noch ein Bad, in dem auch schon die Waschmaschine installiert war. Die Küche hatte eine eigene kleine Terrasse mit ringsum Betonbecken als halbhohes Geländer, die einluden, ein duftendes Kräutergärtchen anzulegen. Klimaanlage hatte die Wohnung auch. Und im rund um die Uhr bewachten Park gab es ein Schwimmbad mit freundlichem Clubhaus, dessen Nutzung allerdings ein zusätzliches und nicht eben billiges Abo erforderte.

Ein öffentlicher Bus hielt direkt am Eingang zu unserem Park-gelände, fuhr viertelstündlich bis in den späten Abend und brachte uns in wenigen Minuten bis auf knapp hundert Meter an die U-Bahn vor unserem Büro, die von dort ins Zentrum fuhr. Das war uns sehr wichtig, weil es Katja unabhängig machte. Sie wollte nicht täglich ganztags an das Büro gekettet sein, hatte aber kein eigenes Auto und dachte auch nicht daran, sich eines zuzulegen.

Anfang September sind wir in der Via Pinerolo eingezogen, gerade rechtzeitig, noch eine Reihe schöner Grillabende auf der Terrasse genießen zu können.

Unser neues Grillgerät dazu war ein besonderes Stück, wie ich es nachher nie nochmals gesehen habe. Bei einem alten Schmied in den Hügeln der Brianza haben wir es gefunden: ganz aus Schmiedeeisen gefertigt, mit an vier Ketten hängendem Grillgitter, das über eine Kurbel je nach Glut und Bedarf höhenverstellt werden konnte, und mit einer hinter dem Kohlebecken gewölbt aufsteigenden Stahlscheibe, die die Hitze der Glut aufnehmen konnte und sie von schräg oben auf das Grillgut wieder abstrahlte. Fleisch und Gemüse wurden unendlich viel zarter und schmackhafter, als wir das je an Gegrilltem erlebt hatten. Als wir das Gerät fanden, heben wir nicht geahnt, dass es uns gut fünfundzwanzig Jahre und viele, viele fröhliche Abende lang durch unsere Sommer begleiten würde.

Manch weiteres an Möbeln und Zubehör mussten wir uns nun natürlich noch besorgen, nicht nur für die Terrasse. Das lief aber recht schnell über die Runden, trotz Sommerferien. Wir hatten den Vertrag im Juli unterschrieben und dann schnell klare Vorstellungen, was wir noch brauchten und wo wir es bekommen konnten.

Der Zufall hat da auch recht nett mitgespielt. Etwa bei einem der Teppiche, die wir uns für den *Wohnsaal* gedacht hatten. An einen so richtig großen dachten wir, der wie eine Insel den Plauderbereich unterlegen sollte. Ihn fanden wir bei einer Auktion in der Galleria Manzoni, in die wir eigentlich nur hineingeschaut hatten, weil Freitagabend war und wir ins Kino gehen wollten, aber der Film, den wir uns eingebildet hatten, schon nicht mehr lief.

Als wir kamen, hatte die Auktion noch nicht begonnen. Noch konnten wir durch die Halle schlendern und uns einen Teil von dem ansehen, was in den folgenden etwa zwei Stunden unter den Hammer gehen sollte. Etliche Perser waren darunter, alte Teppiche überwiegend, zum Teil sehr schöne und vielleicht auch das eine oder andere Sammlerstück mit dabei. Man konnte das an ein paar kleineren Stücken sehen, die ausgerollt und teils sich überlappend auf dem Boden lagen. Für uns herausgestochen ist allerdings eine Rolle, die entschieden länger war als alle anderen. Die Katalog-nummer hing dran und der Katalog erzählte von einem etwas mehr als 25 m² großen Täbris, angeblich gut hundert Jahre alt oder viel-leicht auch ein bisschen älter, nur Pflanzenfarben, die Zeichnung ein überquellender, von zarten Blau- und Rosatönen dominierter Blütengarten. Ein Bild war auch im Katalog, schwarz/weiß zwar nur und trotzdem attraktiv. Auf den wollten wir warten.

Und dann kam der spannende Augenblick. Wie für die Galleria Manzoni Tradition, begann auch dieses Los mit dem dafür lächerlichen Startruf von 10.000 Lire, was damals etwa 8,20 US-Dollar waren. Natürlich lag schon das zweite oder dritte Gebot um ein Vielfaches darüber. Besonders viel Enthusiasmus schien der Täbris aber nicht zu entfachen. Vielleicht lag es an der Staubwolke, die bei seinem Entrollen aufgestoben war. Oder etwa doch an den Maßen? Er war schon imposant, wie er da vor dem Auktionator lag. Dabei war er gerade mal zur Hälfte ausgerollt, weil der Platz zu mehr nicht reichte. Bei 400.000 Lire hob Katja die Hand. Sie wurde über-boten. Ich hielt dagegen. Noch einen Bieter gab es im Saal. Das flackerte dann so ein bisschen hin und her. Aber für den Täbris war eben keine echte Begeisterung im Saal. Bei 860.000 Lire ist er Katja zugeschlagen worden. Das waren gerade knapp 800 US-Dollar.

Der Auktionator konnte seine Wut nicht verbergen. Offensicht-lich war er ein Choleriker, dem der bei Manzoni übliche 10.000-Lire-Start wohl an sich schon störte. Jedenfalls: Sein kommentierender Glückwunsch hat ganz schön scharf geklungen und was er dann in den Saal rief, konnte als Bieterbeschimpfung fast schon für gerichtsreif gelten. Wir aber hatten unseren Plauderinselteppich. 4,20 x 6,10 m war er groß. Zu gründlicher Reinigung haben wir ihn einem uns gut bekannten Marokkaner gegeben, von dem wir unsre Schmuggelzigaretten bezogen. Seine Leute haben ihre Arbeit gut gemacht, an keiner Stelle einen Farbton zum Verlaufen gebracht, und sind dabei überhaupt nicht teuer gewesen.

Schon Mitte September, nur wenige Tage nach dem Umzug, hat meine *Abendgesellschaftsidee* ihr Debüt gehabt. Ich weiß nicht mehr, wen wir zu Gast hatten. Sicher war jemand vom Werbe-Marketing eines der großen Verlage dabei. Vielleicht auch der Konsul der BRD, der in einer der Villen neben uns wohnte. Bestimmt war ein potentieller Kunde da, den ich gerade umschwänzelte, und, da bin ich mir beinahe sicher, auch unser Freund Luciano Consigli, der auf Bootsbau spezialisierte Architekt und Herausgeber von *Humor Graphic*, der bei jedem gemütlichen Beisammensein von einander beinahe Fremden an sich ein Garant für gutes Gelingen war.

Eigentümlich. Das, was da der sozusagen operative Start meines Projektes war, ist mir praktisch wie ausgelöscht. Was hat es denn zum Essen gegeben? War Elide gekommen, um Katja an die Hand zu gehen? Wer ist allein und wer mit Partner/in da gewesen? Ist der Abend harmonisch verlaufen, oder hat es da Spannungen gegeben. Alles wie weg gewischt! Nur, dass es ein Freitag Mitte September war, weiß ich noch, weil ich es später mal in einem alten Kalender notiert gefunden habe.

Noch etliche solche Einladungen haben wir im Verlauf von Herbst und Winter gegeben, so etwa eine pro Monat und immer am Freitag. Der alte Kalender behauptet das. Erinnert, weiß ich nur noch, dass es einige waren; und dass alle Abende ziemlich gleich verlaufen sein müssen, weil mir keiner von ihnen besonders hängen geblieben ist; und auch, dass ich nach jedem dieser Abende ein Stück enttäuschter war, denn: der ganze Budenzauber hat uns gar nichts bewirkt.

Nicht, dass da Stimmen herumgeschwirrt wären, es sei langweilig bei uns gewesen, oder mit zu wenig Flair, oder das Essen fad, oder alles zu aufgesetzt, oder andererseits zu bieder, oder was immer auch. Nichts davon war zu hören. Und unser Werbeplanet war nun wirklich ebenso klein wie geschwätzig. Es hat einfach kaum ein Echo gegeben. Keine Gegeneinladungen sind gekommen, als ein Signal dafür, den angefangenen Dialog gern weiter zu spinnen. Nichts auch sonst, was auf ein zartes Anweben von neuem Netzwerk hindeuten konnte. Null. Was mit viel Enthusiasmus be-gonnen hatte, fing an, zur Pflichtübung zu werden.

So hat es sich dann ergeben, dass unsere Programmeinladungen nach einem halben Jahr oder vielleicht auch etwas mehr begannen, sporadischer zu werden, um irgendwann ganz einzuschlafen.

Es ist uns beim Freundeskreis geblieben, den wir vorher schon hatten. Wir haben uns immer wieder mit denselben vertrauten Menschen getroffen, wie ehemals in unserer netten Wohnung an der Via Mosé Bianchi, oder an den alt gewohnten Treffpunkten, oder auch an neuen, die wir erkundet hatten. Auch die Geschäftsverbindungen haben wir wiederum nur auf die uns vordem übliche Art gepflegt und wie früher sind wir damit auch weiterhin immer mal wieder an neue Kunden gekommen.

Trotzdem war es insgesamt schön, in der Via Pinerolo zu wohnen. Schon das Hineinkommen in die Wohnung war entspannend. Von der Diele schaute man durch Flügeltüren ins Wohnzimmer und durch dessen Panoramafenster dann auf die Terrasse und das Grün der Bäume im Garten.

Einen Altwiener Tisch mit seinen Stühlen hatten wir in der Diele, gleich am Eingang an der rechten Wand, mit zu jeder Jahreszeit einer roten oder gelben Rose in schlanker Vase und Obst in einer Meißen-Schale. Für die Mäntel, die unseren und die der Besucher, stand links ein heller Kirschholzschrank aus dem 19. Jahrhundert von der ligurischen Küste, den Katja bei einem Antiquar in der Via Vincenzo Monti gefunden hatte. Und das Licht kam von einem uns schon seit ein etlichen Jahren lieb gewordenen vierkerzigen, reichlich verspielten Murano-Leuchter, den ich Katja mal zum Geburtstag geschenkt hatte und der nach Aussage des Verkäufers angeblich auch schon an die zweihundert Jahre hinter sich gebracht hatte.

Gleich liebevoll war dann etliches weitere Stück für Stück hinzugekommen, wonach der uns nun reichlich umgebende Raum rief. Praktisches, was wir brauchten, Antikes noch, aber auch Modernes für Arbeitsraum und Gästezimmer. Und jetzt hatten wir auch Platz für die größer werdende Sammlung von altem Glas.

Die Panoramafenster zu Terrasse und Park hin waren ein Genuss und vom Vogelgezwitscher aufgeweckt zu werden fast wie ein Traum. Katja liebte es, dann gelegentlich früh morgens vor das Geländetor zu gehen, die Trainingsbahn der Galopper in webendem Frühnebel vor sich zu haben und die Pferde wie Schemen mehr vorbei donnern zu hören als zu sehen. Und beide mochten wir das Schwimmbad, zu dem wir jederzeit schon im Badeanzug durch unser Gartentürchen schlüpfen konnten.

Lange ist die Terrassenwohnung im Park dennoch nicht unser Traumheim geblieben. Für Katja war sie es wohl nie so richtig geworden. Sie war ihr zu groß. Zumal der *Wohnsaal* konnte ihr nie gemütlich werden. Da konnte auch die lebhafte Begeisterung, die ihre Mutter oder Tante bei seltenen Besuchen an den Tag legten, nichts daran drehen.

Von Anfang an hatte es ihr sicher gefehlt, nicht gleich morgens in der Markthalle oder einem ihrer nahen Lädchen schnell besorgen zu können, was wir so brauchten; keine frisch geholten Bäckerbrötchen zum Frühstück zu haben, statt der aufgetauten aus dem Tiefkühlfach; nicht jederzeit zu Fuß ins Büro oder von dort kurz nach Hause laufen zu können, wann immer es sich so ergab; oder auch Pupa, ihre so nett geschwätzige Friseurin, nicht mehr gleich um die Ecke zu wissen. Katja ist einfach nicht warm geworden mit der Network-Projekt-Wohnung im Luxusghetto am Park nahe den *scuderie* von Trenno.

Und auch bei mir ist es relativ bald dazu gekommen, dass die Wohnung anfing, mir auf den Keks zu gehen. Erst waren das nur fast so Kleinigkeiten. Das Heizungsgebläse, wenn eingeschaltet, summte stetig und penetrant vor sich hin, als hätte sich ein wütender Schwarm Hornissen darin versammelt. Das ließ sich nicht abstellen, es sei denn die Bude wurde blitzschnell winterkalt, und auch der Hausmeister oder die Verwaltung konnten daran nichts drehen. Man könne sich daran gewöhnen, hörten wir. Wir konnten nicht.

Oder die Sache mit den Einbrüchen in der Nachbarschaft. Trotz der satt auf den Nebenspesen lastenden Zwei-Mann-Bewachung rund um die Uhr hatte es in den Villen anscheinend ein paar Einbrüche gegeben, die in Wirklichkeit nur Einbruchsversuche und als solche auch nie so ganz geklärt waren. Ob nun wirkliche oder nur eingebildete, das Gerede darüber wollte nicht aufhören und verunsicherte mehr und mehr, zumal auch wegen der dabei kolportierten Vermutung, die Wachleute selber würden dahinter stecken. Das war natürlich Unsinn. Wären *die* auf Fischzug gegangen, hätten sie sich sicher nicht selber dabei gestört.

Wie auch immer. Wir waren daran gewöhnt, bei offenem Fenster zu schlafen. Sommers wie winters. Nun lag unser Schlafzimmer aber ebenerdig und ging direkt zum dunklen Park hin, von dem unser privater Teil nur durch einen recht niedrigen Zaun abgetrennt war. Nicht dass wir Angst bekommen hätten. Aber durch das ewig angehörte Gerede über die Einbrüche wurde es uns doch langsam mulmig und das ungute Gefühl blieb hängen.

Dies und das als nicht so angenehm Empfundenes sind in recht schneller Folge dazu gekommen. Finanzielles auch. Die Verwal-tungsgesellschaft war ausgetauscht worden und plötzlich schossen die Nebenkosten explosiv in die Höhe. Ungerechtfertigt, wie wir Mieter alle meinten. Unumkehrbar, wie bald zu merken war. Und weil die Nebenspesen nun mal schon erhöht waren, fühlte sich der Club-Betreiber bemüßigt, das an sich ja nicht billige Schwimmbad-Abo zu verdoppeln. Wir haben es auslaufen lassen, verärgert. Nett ist es aber nicht, so ein Schwimmbecken mit allem Drum und Dran gleich hinter dem Gartenzaun zu haben und bei brütender Sommerhitze nicht hingehen zu können.

Oder auch die Geschichte mit der Post, die fast unmerklich schleichend angefangen hatte. Der Postbote hatte keinen Zutritt zu unserem Gelände. Was er für uns alle dabei hatte, musste er vorne im Hausmeisterhäuschen lassen und unser Zerberus verteilte es. Sollte es verteilen. Irgendwo in der Hausordnung stand sogar, dass er in spätestens zwei Stunden nach Übergabe alles ausgetragen haben sollte. Und anfangs hat das auch funktioniert. Jedenfalls schien uns das so. Aber dann merkten wir, dass Briefe und Postkarten immer länger unterwegs waren. Länger auch, als es bei der italienischen Schneckenpost sowieso schon üblich war. Viel länger. Dabei konnten wir täglich sehen, dass es mit der Büropost gar nicht so war. Irgendwann ist dann die Bombe geplatzt.

Der Hausmeister hatte die ganze Post einfach in seine Wohnung geknallt und dort liegen gelassen, bis er gelegentlich mal wieder Lust auf einen Rundgang hatte. Das konnte auch eine Woche dauern oder manchmal vielleicht auch länger. Wie ihm eben zumute war. Dass der Postbote dann nach dem Eklat Zutritt zum Gelände bekam und selber alle unsere Briefkästen füllen durfte, hat den Missstand an sich schnell behoben. Das Unbehagen ist uns aber verblieben, so wie das Verbleiben des Hausmeisters auch.

Spannungen haben sich all deswegen aufgebaut. Auch zwischen uns. Immer wieder und jedes Mal ein wenig mehr. Stark zeigte sich jetzt, dass Katja über die Wohnung wirklich nie glücklich gewesen war, und auch die Zeit nichts dazu getan hatte, das ins Positive zu drehen. Im Gegenteil. Immer öfter kam von ihr ein Nostalgieansatz zu unsrem früheren Panoramaheim in der Via Mosé Bianchi. Und auch mein Enthusiasmus war mit dem anfänglichen nicht mehr zu vergleichen. Schon weil mich die Bleibe in ihrer ausladenden Herrschaftlichkeit täglich neu an mein versandetes Netzwerk-Projekt erinnerte.

Das war also der Hintergrund unseres nicht besonders gut gelungenen Mailänder Nobel-Wohnens, als ich wieder mal längs der Trabrennbahn ins Büro fuhr. Ein Schild hing da an einem Baum der Via Diomede, ein grünes Schild, wie sie so üblich waren und sind, um eine zu vermietende oder zu verkaufende Immobilie anzuzeigen. Erst habe ich das baumelnde Ding nur im Vorbeifahren vermerkt, nicht aber bewusst darauf reagiert. Doch am nächsten Tag hing es immer noch und am darauf folgenden Tag auch. So hat mich Neugier dann doch verlockt, mir das Angebot mal anzuschauen.

Villetta con giardino nelle vicinanze vendesi, stand da, und dazu noch eine Telefonnummer. Eine kleine Villa? Eher ein Häuschen, nach Mailänder Sprachgebrauch. Aber immerhin mit Garten. Zu verkaufen. Wo denn in der Umgebung? Die Anschrift stand nicht auf dem Schild. So habe ich mir die Telefonnummer notiert.

Im Büro angekommen, habe ich dann gleich angerufen. Ein Maklerbüro war dran. Gerade rechtzeitig habe ich mich gemeldet, bekam ich zu hören ich, weil *gerade heute, um 15.30 Uhr* die Besichtigung sei, zu der ich doch gern kommen könne. Die Adresse: Via Arenzano 28. Also doch eines der Sträßchen hinter der Rennbahn.

Um halb vier bin ich hingefahren. Niedrige Reihenhäuser säum-ten die rechte Straßenseite. Gegenüber auf der linken Seite lagen Gärten, die erst weiter rückwärts wieder durch niedrige Häuserzeilen begrenzt waren. Einen recht ländlichen Eindruck machte das Ganze, gar nicht so, als wäre man in Mailand.

Dreizehn aneinander geschmiegte Häuschen bildeten eine erste Gruppe. Dann kam ein so etwa ein Dutzend Meter breiter Freiraum und die Nr. 28 entpuppte sich als das Eckhaus der zweiten Zeile.

Gitterzaun begrenzte einen nicht besonders tiefen Vorgarten, von dem ein paar Stufen hoch zur Haustür führten. Souterrain, Hochparterre und einen ersten Stock zeigte die Fensterfront an. Es war wirklich kein Palast, was da vor mir stand. Aber es sah gepflegt aus und schien einen relativ großen Garten zu haben, weil doch die Hälfte des Freiraums zwischen erster und zweiter Bauzeile offensichtlich auch zur angebotenen Immobilie gehörte.

Der Makler war schon im Haus. Eine herumwuselnde Menge Besucher auch, was mir irgendwie irritierend war. Hatte ich mir denn eingebildet, der einzige Interessent zu sein? Da wollte ich erstmal nach dem Garten sehen. Ein geschätzt so etwa sechs Meter breiter Rasenstreifen zog sich vom Vorgarten aus das ganze Haus entlang, dort wo das Grundstück an das daneben grenzte, und weitete sich dann zu einer fast quadratischen Fläche, die über die ganze Hausfront ging und noch einmal so an die zwölf Meter tief war, rundum von nachbarlichen Gärten umgrenzt.

Zwei weit ausladende Bäume standen da: ein Feigenbaum auf dem schmalen Seitenstreifen und hinter dem Haus ein Aprikosenbaum, dessen Krone über den kleinen Balkon im Obergeschoß ragte. Und absolute Ruhe war rundum. Ich konnte mir schon vorstellen, dass sich hier leben ließe.

Dann die Führung durch das Häuschen. Ein paar Stufen zum Eingang. Eine gut solide Tür. Dahinter gerade nur die Andeutung eines Vorraums mit links der Treppe nach oben und vorne hin einem recht schmalen Gang mit drei Türen. Gleich rechts eine zur Küche, die mir nicht gerade groß aber ausreichend schien und vor allem hell wegen ihrer breiten Fenster zum Vorgarten hin. Hinten am Ende des Gangs noch zwei Türen: die eine nach links zur Treppe in den unteren Bereich, geradeaus die andere zu einem fast quadratischen Wohnraum mit hellen Türfenstern hin zum Garten.

Die Treppe hoch dann zwei Zimmer, das eine nach vorne zum Sträßchen und das andere zum Garten, beide mit einem klitzekleinen Balkonchen, die der Architekt wohl als Ausrede dafür entworfen hatte, Fenstertüren zu verbauen, die viel Licht in die Räume bringen konnten. Zwischen den beiden Zimmern ein Bad.

Im Souterrain zwei ausgebaute Räume, die gut trocken schienen und auch beruhigend so rochen. Aus dem vorderen könne ein Hobbyraum werden, so der Makler, der auf uns einredete wie ein Wasserfall. Im hinteren stand die Heizanlage. Ein breites Waschbecken daneben an der Wand, ein Anschluss für die Waschmaschine und viel, verblüffend sehr viel Platz war da, wofür immer auch. Die Fenster entlang der Decke waren nicht sehr hoch, einen halben Meter höchstens, ließen aber reichlich Licht in die Räume.

Keine Viertelstunde war ich im Haus, einschließlich des Trips durch den Garten. Mir hat es gefallen. Natürlich war sofort klar, dass ein paar Sachen renoviert werden mussten. Das Bad vor allem. Insgesamt hat es mir aber einen netten Eindruck gemacht. Auch der genannte Preis. Ob er sich noch so etwa ein Stündchen im Haus aufhalten werde, fragte ich den Makler. Er hatte es vor.

Zurück ins Büro und sofort zu Katja: *Kannst du mal kurz mitkommen? Ich möchte dir was zeigen. Ganz in der Nähe. Nein, nicht später – gleich jetzt!*

Der Makler war noch da, als wir in die Via Arenzano kamen. Allein war er inzwischen. Wortreich führte er Katja durch Haus und Garten. Beflissen beantwortete er die eine und andere Frage. Ich, wie ein Hündchen immer hinter den beiden her. Beim Hören der Maße hakte Kaja noch nach, anhand der Plankopie, die wir bekommen hatten. 46,5 m² begehbare Fläche waren es pro Geschoß, das Souterrain zum halben Preis berechnet, und ein umzäunter, um drei Hausseiten umlaufender Garten von insgesamt 215,8 m². Der von der Besitzerin geforderte Preis: 120 Millionen Lire, und dazu noch die zu Lasten des Käufers übliche Hälfte der 6,5% Makler-gebühren. Blitzschnell umgerechnet, wie es mir damals Gewohnheit war, waren das an die 101.500 Dollar des aktuellen Wechselkurses.

Ob er denn schon einen Käufer habe, war dann unsere letzte Frage, einen der heutigen Besichtiger etwa oder sonst wen. *Viele Interessenten!* – war seine Antwort, die wieder zu einem Wortschwall anzusetzen drohte. Katja hat ihn gebeten, uns vor einem Abschluss bestimmt noch anzurufen.

Der Abend ist lang geworden bei *Da Silvano* und was uns aus der Küche kam, ist vergessen.

Eigentlich meinten wir sofort, dass wir das Ding kaufen sollten. Beide. Das Umfeld hatte uns gefallen: das Sträßchen, die niedrigen Häuser mit ihren tiefroten Fassaden, vor allem die Gärten auch mit ihren vielen Aprikosenbäumen. Und Katja fand es *kuschelig*, was mir doch wieder als ein ziemlich euphemistischer Ausdruck für *beengt* erschien. Weniger als 50 m² je Stockwerk. Drei an sich doch recht kleine Zimmer insgesamt und eine Küche, die zum Kochen sicher gut, doch keineswegs zur Wohnküche geeignet war. Zweifel schwirrten da schon zwischen den Tellern hin und her. Ja doch, das Souterrain war auch noch da, oder besser: der Keller. Aber: Garage gab es keine, nur einen eigenen Stellplatz vor dem Haus, der allerdings gesichert und im Preis inbegriffen war, weil das Sträßchen eine *strada privata* war, Grundbesitz der Anwohner also.

Und auch das fiel ins Gewicht: zur U-Bahn-Station QT8 waren es gerade zweihundert Meter und dort gab es auch einen gedeckten Markt, ein paar Läden, die zu entdecken waren und sogar eine Apotheke. An unsere von allem so weit abgelegene Parkwohnung denkend, war uns das natürlich ein sehr bedenkenswerter Pluspunkt.

Einig waren wir uns darüber, dass der Bau selbst ja in gutem Zustand zu sein schien. Gegenseitig versicherten wir uns immer wieder, dass wir da genau hingeschaut hatten. Alles hatte trocken ausgesehen und auch gerochen. Wenn da etwas war, hätten wir das sicher gemerkt, versicherten wir uns gegenseitig, zumal ja offensichtlich nicht kürzlich neu gestrichen war, um das Angebot ein bisschen aufzumotzen. Auch die Lichtverhältnisse hatten es uns angetan. Breite, hohe Fenster waren für uns immer schon wichtig gewesen. Die Böden allerdings waren aus scheußlichem Terrazzo der Fünfziger Jahre. Dass da Teppichböden oder sonst ein Belag fällig waren, darüber haben wir sofort geredet. Ästhetik war uns allemal schon wichtiger als rationelle Funktionalität.

Aber das alles war gar nicht das Hauptthema, das unsere Teller fast unberührt gelassen, die Gläser aber zügig nachgefüllt hat. *Konnten wir das Ding bezahlen? Wie sollten wir das Finanzielle stemmen?* An sich war der Preis wirklich nicht überzogen. Günstig hörte er sich an. Eher billig sogar, bei *der* Lage und *dem* Garten. Allein schon der Garten. Eine Rarität in Mailand und eigentlich nur in so einem Luxusambiente wie der Via Pinerolo zu bekommen. Trotzdem aber: Das Geld?

Darüber hin- und herrechnend ist es wirklich so spät geworden, dass sie bei Silvano wohl schon angefangen haben, die Stühle auf die Tische zu stellen. Und zuhause dann hat es sicher noch einer Flasche Nuragus den Kragen gekostet, oder einer vom tiefroten Barbera, den wir damals auch gern tranken. Sehr viel klarer sind unsere Gedanken dabei nicht geworden. Aber doch sicherer. Und am Morgen habe ich den Makler angerufen.

Frau Spegnifuoco, so hieß die verkaufende Besitzerin, hat mit sich reden lassen. Auf 116 Millionen Lire ist sie heruntergegangen und unseren Teil der Maklergebühren hat sie auch übernommen. Wirklich nett. Bedingung dabei war aber Barzahlung, so schnell wie irgend möglich.

Einen guten Teil konnten wir zusammenkratzen, ohne unser Konto kriminell zu plündern. Eine Hypothek über 65 Millionen Lire hat uns unsere Bank besorgt. Eine von denen mit kurzer Laufzeit, wie wir es wollten. Die ganze Tilgung in nur drei Jahren. Und *nur* 21,5% Jahreszinsen hat sie uns gekostet, die Hypothek, ein paar Notariatsspesen noch dazu. So war das mit Baugeld in Italien zu Anfang der 80er-Jahre.

Keine zwei Wochen waren vergangen nach dem Schild am Baum und wir hatten der Bank unsere 36 Hypotheken-Wechsel unterschrieben, Frau Spegnifuoco vor dem Notar den schön gebündelten Kaufpreis übergeben und von ihr die Schlüssel bekommen. Lange an etwas zauderig herum zu fackeln war nie unser Ding gewesen; ist es auch später nie geworden. Wir hatten unsere *Schuhschachtel*, wie Katja die *villetta con giardino* noch am Besichtigungsabend mit aufkeimender Zuneigung despektierlich genannt hatte.

Zwanzig Jahre lang hatten wir bis dahin gemeinsam zur Miete gewohnt. Fünf Wohnungen waren es insgesamt gewesen: in Bozen, München und Mailand. Und jetzt hatten wir unser eigenes Haus. Oder beinahe jedenfalls. Anfang Februar war es, im vierten Winter unseres Möchtegern-Ideen-Heims im Park von Trenno.

Nicht gewusst haben wir beim Notartermin allerdings, was alles zusammen mit den Schlüsseln an völlig Unvorhergesehenem bald auf uns zukommen sollte. So eine erste Ahnung davon fing an, uns zu beschleichen, als wir mit Notizblock und Metermaß das erste Mal geruhsam und allein in unserer Schuhschachtel waren. Katja skizzierte, ich nahm Maß. In der Küche haben wir angefangen. Dass da nicht einmal die Hälfte unserer noch fast neuen Einbauküche der Via Pinerolo hineinpasste, war uns schnell klar. Aber dass sich da noch nicht einmal so richtig Platz für einen gemütlichen Frühstückstisch für uns beide fand, das war schon mal eine Dusche.

Im Wohnzimmer ist es nicht viel anders weitergegangen. Entweder ein Esstisch mit seinen Stühlen oder eine der Sitzgruppen. Für beides, mit Gästen essen *und* bequem auf Couch und Sesseln beisammen hocken, hat der Platz nicht ausgereicht. Wieder und wieder habe ich die Maße genommen, ohne dass die Wände auch nur um ein paar Zentimeter zur Seite gerückt wären. Und Katja hat ihren halben Skizzenblock verbraucht.

Im Obergeschoß war es dann aber doch schon besser. Der größere der beiden Räume, der nach vorne hinaus, war gut geeignet, unser Schlafzimmer zu werden. Ein wandfüllender Einbauschrank konnte die Tür umbauen. Für den imposanten Barockschrank, unseren Stolz in der Via Pinerolo, war reichlich Platz und auch noch für ein Tischchen mit ein paar Stühlen.

Kein Problem auch mit dem Raum zum Garten hin. Weitläufig war er nicht, aber doch fast so groß wie das dritte Zimmer, das wir in unserer Panoramawohnung in der Via Mosé Bianchi gehabt hatten, und das hatte sich gut als kombiniertes Arbeits- und Gästezimmer einrichten lassen.

Das Bad allerdings war dann wieder für Kopfzerbrechen gut. Dass da beginnend von der Wanne alles auszutauschen war, darüber hatten wir uns vom ersten Anblick an keine Illusion gemacht. Aber der Raum war doch kleiner, als er uns auf Anhieb vorgekommen war. Zu klein, eigentlich. Da brauchte es nicht viel an Abmesserei. Entweder eine Wanne und kein Bidet, oder das Bidet und dafür nur eine Duschkabine: das war die Alternative.

Zu großer Diskussion hat das nicht geführt. Der Rest aber schon, zumal die Sache mit der zu schmalen Küche und dem zu engen Wohnraum. Wie denn die Möbel stellen? Auf was denn verzichten? Ewig hätten wir uns dazu im Kreis drehen können, hätte Katja da nicht einen ihrer Geistesblitze gehabt: *Luciano! Er ist Innenarchitekt für Boote. Wer in Booten Platz findet, der schafft es in einer Schu-schachtel immer noch!*

Luciano Consigli kam freundschaftlich schnell, marschierte mit seinem Laser-Maßband durch die Räume, klopfte hier an die Wand und grummelte dort bei den Heizkörpern vor sich hin. Kein Wort an uns. Gut eine halbe Stunde lang ist das gegangen. Dann aber plötzlich: *Legt doch die Küche ins Souterrain.*

Uns wäre das nie eingefallen. Aber Luciano hatte recht. Es war *die* Idee. Auf der Eingangsebene den Gang opfern, alle Wände heraus reißen und nur *einen* großen Raum schaffen; auch die Tür zur Treppe nach unten entfernen und durch einen offenen Bogen ersetzen; vorne hinaus, da wo jetzt die Küche war, die zwei Fenster in Richtung Vorgarten zu einer breiten Glasfront öffnen; an der Treppe nach oben die drei unteren Stufen mit einem kleinem Schwung zum dann offenen Wohnraum drehen und sie damit eindeutig gewollt in das Ganze mit einbeziehen: Luciano brachte das alles in einem Atemzug so vor, ohne Punkt und Komma, als hätte er sich stunden-, tagelang mit nichts anderem herumgeschlagen.

Wir standen da im engen Gang, Katja und ich, machten Glupschaugen und sahen schon fast die neue Freiräumigkeit in dem, was unser Wohnbereich werden sollte. Aber sonst...

Von Feuchtigkeit oder Schwamm sei keine Spur in den Wänden und auch nicht in den Böden, noch nicht einmal unten im Souterrain, dozierte Luciano. Erleichterung. Auch beim Dach sei nichts einzuwenden, so weit auf Anhieb erkennbar. Frohes Aufatmen. Aber, kam von unserem Freund gleich die kühle Dusche: *Die Heizanlage ist Schrott und hat ausgetauscht zu werden. Schon wegen der bereits seit ein paar Jahren geltenden Gesetzeslage. Und auch die aus Blech zusammengeschweißten Heizkörper müssen weg, diese absolut nutzlosen Energiefresser.*

Über das Bad hat er nicht groß geredet. Dass wir dort einiges tun würden, hat er wohl vorausgesetzt. Die Elektroanlage aber, die sollten wir genau anschauen lassen.

Unser Traum, nur mal eben die Keramik im Bad zu erneuern und einen Maler über die Wände gehen zu lassen, war zerplatzt. Das mit dem Brenner und den Heizkörpern tönte echt nach Kosten von der Art, mit der wir lieber gar nicht gerechnet hätten. Da schien uns das Herausreißen der paar Zwischenwände und was sonst an Maurerarbeiten auf uns zukommen würde kaum eines Gedankens wert. Wir sollten uns noch wundern.

Luciano hat uns eine Liste ihm gut bekannter Handwerksbetriebe gegeben, mit der Einschränkung aber, dass wir uns jeden von ihnen selber genau anschauen und deren Voranschläge Zeile für Zeile unter die Lupe nehmen sollten.

Mit den Bauarbeitern haben wir angefangen. Bei vier Firmen von Lucianos Liste haben wir angefragt... und das hat dann schon gereicht, uns erstmal in volle Verunsicherung zu stürzen. Angefangen hat es schon damit, dass uns gar nicht so viel Auftragsbegeisterung entgegen schlug, wie wir gedacht hatten. Nicht dass wir richtig abgewimmelt wurden. Irgendwie schien es uns aber doch, als wäre das, was wir da wollten, den Mauerleuten lästig wie etwa ein Schwarm Moskitos. Zumal unser *Dringlichkeitsbedürfnis* konnte überhaupt kein Verständnis finden. Im Frühsommer könne man eventuell für uns anfangen, so gegen Ende Juni, war noch das Beste, was wir herauskitzeln konnten, und auch das nur, *um dem caro architetto Consigli* eine Freude zu machen. Jetzt hatten wir Februar.

Die Voranschläge waren entsprechend. Wie um uns abzuwimmeln fast. Oder war das nur in unsern Augen so? Drei Angebote haben wir bekommen. Schon beim ersten waren wir dabei, trocken nach Luft zu schnappen. Die beiden dann folgenden waren noch höher. Einer fast doppelt so hoch. In unserer ersten Euphorie hatten wir ja auch nicht damit gerechnet, dass da nicht nur ein paar Wände heraus zu reißen waren, sondern dann auch der Boden im Parterre völlig neu zu verlegen war und die Decke zu spachteln, und dass statt der Tür nach unten ein neuer Mauerbogen gewollt und die Treppe nach oben mit ein paar um die Ecke führenden Stufen zu ergänzen und oben das Bad dann... seitenlang waren sie unversehens, die Voranschläge. Und beängstigend teuer. Aber: Es war *unsere* Schuhschachtel jetzt!

Mit allen, die uns nahe kamen, haben wir natürlich darüber geredet. So auch Katja mit Elide, unserer früheren Hausmeisterin in der Via Mosé Bianchi, bei irgendeinem ihrer zufälligen Treffen.

Und aus Elide sprudelte es: Einen Neffen hatte Sie. Edo Pezzuto hieß er, stammte aus ihrem Dorf im tiefen Delta der Poebene, war glücklich verheiratet und hatte ein Bauunternehmen in Mailand. Seit ein paar Jahren erst und noch recht klein. Aber immerhin sein eigenes. Und seiner Tante küsse er die Füße, jedesmal wenn er sie sah, was doch wohl auch das Wenigste sei nach all dem, was sie für den Buben getan hatte.

Mit ihm galt es nun zu reden, mit dem Edo. Seine Tante wolle das Haus ihrer Freundin auf Vordermann gebracht haben, war ihm zu sagen, dem Edo. Schnell und gut. Und kostengünstigst natürlich. Eine reguläre Rechnung brauche sie, die Freundin, sowieso nicht. *Nevvero, Signora Katja?*

Das Neffenbuberl, unter uns nannten wir ihn später nur noch so, kam in die Via Arenzano. Nett war er, gleich wie die Elide, und fast genau so wuselig. Da könne er nun gar nichts tun und sagen, meinte er nach einem kurzen Rundgang, denn so ein Ding müsse doch mal ruhig überlegt sein. Die Schlüssel sollten wir ihm geben. Mit seinem Vorarbeiter würde er bald mal vorbeischauen und dann der Tante berichten. War's das? Das war's. Für *den* Tag jedenfalls.

Es war dann nur wenig später, als Elide anrief, mit uns reden wollte, sich gern zu einem Aperitif einladen ließ.

Edo hatte nachgedacht und Elide war in ihrem Element: Was unser Freund Luciano gesagt hat, das kann er nur bestätigen, der Edo. Die Abwasserleitung, vom Bad hinunter bis unter den Kellerboden, ist allerdings auch bedenklich morsch. Das aufzuschieben wäre schön blöd, wo doch sowieso das Bad zu machen ist. Das mit dem Bogen zur Treppe nach unten kostet gar nichts. Das läuft einfach so mit. Hinter der Tür zum Garten wäre aber eine Terrasse schön. Nicht eine große. Nur so knapp vier Meter tief bis zum Aprikosenbaum. Weil, da sitzt sich's dann doch besser mit den Freunden als nur auf dem Rasen. Und... *Was das alles kostet? Dopo!* Nur nicht so hastig.

Und noch: Der Edo kann sofort anfangen, wenn's recht ist. Eine Dreiergruppe seiner Marokkaner kann er dafür abstellen. Gute Leute. Natürlich kommt er auch zur Baustelle, der Edo, so zwischendurch, nicht jeden Tag, aber ganz schnell, immer wenn's ihn braucht. Zwei Monate *pressapoco* wird es natürlich schon dauern, bis alles so ist, *come Dio comanda,* aber das Ergebnis wird dann echt gottgefällig sein. Und...

Was das alles kostet? Noiosi! Also, wenn das schon ein Thema sein soll: Der Edo hat an fünfzehn Millionen gedacht. Eins fürs andere. Die Hälfte fällig zum Anfangen und der Rest dann bei fertiger Arbeit. Höchstens zwischendurch mal gelegentlich eine Kleinigkeit davon, wenn's nötig werden sollte. Wird's aber nicht. Möglichst nicht. Nur den Bodenbelag und die Sachen für das Bad, die sollen wir besorgen, meint der Edo, weil er auch gar nicht weiß, was uns da so gefällt. Da hat er doch recht, *nevvero*?! Aber wir hier sind doch alles nur vernünftige Leute, will ihm scheinen. Nicht solche Luxusdenker. Da wird dann das Zeug vom Baumarkt auch nicht allzu sehr ins Geld gehen.

Gern hat Elide noch einen zweiten Aperitif genommen. *Fünfzehn Millionen? Wauh!*

Aber andererseits: Das war noch nicht einmal die Hälfte des günstigsten Angebots von Lucianos Liste. *Und das auch noch ohne Rechnung!* 18% Mehrwertsteuer waren somit zusätzlich gespart. *Morgen schon kann es losgehen!* Wir waren elektrisiert, Katja gleich wie ich. Dass das Neffenbuberl mit unserer Anzahlung durchbrennen oder auch nur schludrig arbeiten würde, kam uns gar nicht in den Sinn. Nicht bei *der* Tante.

Die Arbeiten haben dann schnell angefangen. Und als wir erstmals wieder in die Via Arenzano kamen, war unsere

Schuhschachtel wirklich eine Baustelle. Mehr als wir uns das vorgestellt hatten. Nur ein Bauzaun fehlte und die übliche Tafel mit den Angaben zum Besitzer, vielleicht auch dem Architekten, dem Bauleiter und den Genehmigungen. Der Zaun sei nur lästig, erklärte uns das Neffenbuberl, und die Tafel sowieso nur zur Reklame gut. Die Genehmigungen aber, die habe er alle. Natürlich. Aus seiner Tasche zog er einen Packen Papier. *Dein Wort in Gottes Ohr!*

Es war eine echte Baustelle geworden. Und wie das bei Bau-stellen so ist: Überraschungen lassen meist nicht lange auf sich warten. Eine ist recht schnell gekommen. Edo hat im Büro angerufen, eines schönen Morgens. Ich möge doch schnell mal zum Haus kommen. Da sei etwas, das er mir unbedingt zeigen müsse. Mulmig in der Magengrube. Viel Gutes konnte es wohl nicht sein, was da so dringend anzuschauen war. Also hin.

Wie eine Tragödie sah es dann aber doch nicht aus. Das feixende Begrüßungsgrinsen von Edo war jedenfalls nicht danach. *Aber was gibt es dann da zu grinsen?*

Er hat es mir gezeigt. Die unterteilenden Wände waren verschwunden. Offen und hell streckte sich der Raum nun vor uns hin. Zum ersten Mal sah ich es so und es war ein Genuss. Bis... bis ich zum Finger schaute, den der noch immer feixende Edo zur Decke streckte.

Zur Decke? Zu den Decken! Das waren echt drei Ebenen. Jede so an die fünf bis sieben Zentimeter anders hoch als die andere. Der ehemalige Gang, die Küche, der Wohnraum: jedes Teilstück eine andere Höhe.

Volles Abschlagen und ausgleichend neuer Verputz war da die einzige Lösung. Klar doch, einleuchtend. Ob und wie das dann aber mit der Tragfähigkeit aussehen mochte, war ziemlich offen, erstmal. Ein Statiker musste her und ein paar Sondierungslöcher mussten in die Decke gebohrt und daran geklopft und gemessen und sonst was getan werden, bis es grünes Licht zum Weitermachen gab. Irgendwie mit traurigem Blick meinte das Neffenbuberl, dass das nun an die zwei zusätzliche Millionen fressen würde. Mehr oder weniger. Vielleicht auch zweieinhalb. Und fast eine Woche guter Arbeitszeit.

Pazienza. Wird schon weitergehen. Wird schon werden.

Auf unseren Traumbelag für den Wohnraumboden sind wir ganz zufällig gestoßen und gerade zur rechten Zeit.

Figini, ein mit uns befreundeter Drucker, hatte uns zum Kindergeburtstag eingeladen und entsprechend turbulent ging es bei ihm zuhause zu. Ein paar von den Kleinen tobten auf Rollschuhen durch die Wohnung. Sahnetorte klatschte da und dort schon mal auf den Boden und verschüttete Limonaden dazu. Die Eltern ganz gelassen mitten drin. Wir aber sind kribbelig geworden. Nicht wegen der Kinder, des Bodens wegen. Der war ja aus *cotto toscano*!

Wir wussten doch, glaubten zu wissen, dass toskanische Terracotta-Platten mit das Empfindlichste sind, was man an Bodenbelag haben kann. Zerbrechlich fast wie Schiefer – und hier jetzt mit Rollschuhen drüber. Sahneflecken und klebrige Limonade drauf. Ein Horror. Und niemand regte sich auf. Es war uns unverständlich. Der Boden, das war doch *cotto toscano*!

War es nicht. Hat nur fast genau so ausgesehen. Fröhlich hat uns Figini aufgeklärt: Gres-Platten waren es, in Farbe und Form den toskanischen Vorbildern angeglichen, aber praktisch unzerbrechlich und in der hart gebrannten Oberfläche so porenfrei wie bestes Porzellan. Für die Mailänder Kloaken wurden die Platten hauptsächlich verwendet, oder manchmal auch für Fabrikböden. Im Wohnungsbau praktisch nie. Die Anschrift des Herstellers hat uns Figini dann auch noch mitgegeben.

Und damit hatten wir unseren Bodenbelag. Nicht nur für den Wohnraum, in den man direkt von der Straße oder vom Garten kommen würde, auch für die Küche, für den hinteren Abstell- und Heizungsraum und natürlich auch für das Bad. Irre gut hat das dann später all die Jahre lang ausgesehen. Und zum Säubern hat es immer gereicht, nur mit einem feuchten Tuch schnell mal drüber zu wischen.

Auch wenn nasser Straßendreck herein getragen und schon hart angekrustet war. Für teuren *cotto toscano* ist es immer wieder gehalten worden.

In den beiden Räumen oben und auf den Treppen haben wir dann einfach Teppichboden über dem alten Terrazzo verlegen lassen. Ein helles Nussbraun haben wir genommen. Gemütlich hat es mit dem Toskanabraun der Platten harmoniert. Und auch das mit dem Bad ist insgesamt erfreulich über die Bühne gegangen, wenn auch um ein gutes Stück teurer, als wir in unsrem Leichtsinn gehofft hatten.

Mit unseren Ideen zu den Kacheln fing es schon mal an. Beide, Katja gleich wie ich, hatten von jeher eines scheußlich gefunden: die uralte und fast überall anzutreffende Unsitte, die Wände in den Bädern nur bis so drei Viertel hoch oder ein bisschen höher zu kacheln und den Rest nur zu streichen. *Wenn schon Kacheln oder sonst eine Verschalung, dann bis oben hin!* – war unser Motto.

Doch irgendwelche Billigkacheln wollten wir auch nicht. Da schien es uns doch noch besser, auf Kacheln ganz zu verzichten und das Bad matt wasserfest zu streichen. Da war unser Freund Luciano aber voll dagegen. Mit imprägniertem Holz das Ganze auskleiden, das hätte er noch empfohlen. Aber nur Farbe? *Nein!* Es sei denn, wir wollten jedes Jahr neu streichen lassen, was schnell noch mehr ins Geld gehen würde, als einmal gute Kacheln.

Und so ist es dann dabei geblieben. Kacheln, hinauf bis an die Decke. Dass die Kacheln, die uns gefielen, ausgerechnet die fast teuersten waren, konnte uns allenfalls ein müdes Lächeln entlocken. Beim Abholen vom Baumarkt hatten wir allerdings noch keine Ahnung von der Überraschung, die mit dem Bad sonst noch auf uns wartete. Die kam dann so: Wir hatten uns nun doch für das Bidet und damit gegen die Wanne entschieden. Da mussten natürlich andere Zu- und Abläufe gelegt werden. Wieder so ein kleines Detail, an das wir gar nicht gedacht hatten!

Edos Marokkaner stemmten auf. Zuerst den Boden, die Wasserleitungen zu verlegen, und dann die Wand zum

Abfluss hin. Und da lag sie dann, die Überraschung. Das Entsorgungsrohr bis ganz hinunter zur Kanalisation war aus Ethernit, aus der längst schon verpönten Asbestkeramik.

Aufgeregter Anruf vom Neffenbuberl bei uns im Büro. Mir war es im Grunde recht gleichgültig, was da nun für ein Rohr verbaut war. Auch Katja hat das kaum anders gesehen. Na ja, Asbest. Besonders schön war die Idee nicht, damit zu leben. Nach all dem zumal, was dazu durch die Medien gegangen war. Aber irgendwo, so schien es uns, hatte nun doch Schluss mit immer nochmals neuen Kosten zu sein. Also: *Ist schon in Ordnung!* – beschwichtigte ich das Neffenbuberl.

Von wegen, aber! Da kehrte nun Edo doch unerwartet den verantwortlichen Bauunternehmer heraus. Unvermutet und dräuend purzelten Die gesetzlichen Verordnungen aus seinem Mund. Dagegen hat all mein beschwichtigendes Gerede gar nichts genützt. Die ganze Wand musste aufgebrochen werden, bis ins Souterrain und dann noch ein Stück tiefer. Weg mit dem Ethernit. Guter, gesunder Kunststoff musste in die Wand.

Den Arbeitsablauf hat das natürlich verzögert. Ich weiß nicht mehr um wie viele Tage. Ungern aber gut erinnere ich mich nur noch an die Kosten, die wieder einmal einen bemerkenswerten Schub nach oben bekommen hatten.

Trotz allem, es ist zügig voran gegangen. Schon Ende April fing es an, fast fertig auszusehen. Die Terrasse zum Garten hin hatte Form angenommen. Das Bad war eingebaut, die aufgerissenen Wände wieder vermauert und verspachtelt, die Deckengefälle im offenen Wohnraum ausgeglichen und die Böden verlegt. Auch die elektrischen Leitungen waren im ganzen Haus geprüft, alle Steckdosen und Schalter ersetzt, etliche auch neu eingesetzt. Der alte Ölbrenner war samt all seinem Drum und Dran auf dem Schutttransport gelandet und durch eine Gas-Heizanlage ersetzt worden, weil das schon bei den Gerätschaften kostengünstiger war, wie uns jeder versicherte, und im Verbrauch dann auch viel billiger. Und statt der von Luciano so herunter gemachten blechernen Heizkörper standen nun gusseiserne in allen Räumen, die zusätzlich ihr Loch in unsere kaum noch vorhandene Kasse gerissen hatten.

Auch Buroni, der gute Geist unseres Bürogartens, hatte sich schon voll eingesetzt. Noch lag Schutt auf dem, was unser Rasen werden sollte, als er schon anfing, seine Pläne umzusetzen. Als erstes hatte er sich den Zaun vorgenommen. Nicht den des Vorgartens zum Sträßchen hin. Nur die drei Seiten zu den Nachbarn, was in der ganzen Länge aber immerhin auch fast fünfzig Meter waren.

Die Sicht auf den Maschendraht, den wir geerbt hatten, war seinem Gärtnerblick ein Dorn im Auge. Verständlich war uns das ja. Die Nachbargärten, zumal der rechts von uns, waren wirklich keine Schmuckstücke, wenn auch nicht *soo* verkommen, wie von Buroni stets vor sich hingebrabbelt. Ein neuer, sichtfreundlicherer Zaun aber: das war für uns nun wirklich nicht drin. Nicht, solange wir noch nicht einmal einen Überblick hatten über das, was wir jetzt schon schuldig waren und wem. Und selbst dann nicht. Da mochte das Nachbargrün noch so ungepflegt durch leicht angerosteten Maschendraht zu uns herüber grüßen. *Basta!*

Buroni hatte es akzeptiert. Wie alles immer. Einmal kurz über den stoppelhaarigen Schädel hatte er sich gerieben, die Lippen nur ein paar Sekunden lang verkniffen und sie dann zu seinem breiten Grinsen auseinander gezogen: *Sì, Dottore. Lasci pur fare il Buroni.* Und da hatte ich es wieder, wie so oft schon in all unseren Jahren. Lass mal den Buroni machen.

Sehr überraschen konnte es uns nicht, was uns nur ein paar Tage danach beim Besuch der Immer-noch-Baustelle im Garten erwartet hat. Ringsum am Maschendraht wanden sich dünne Efeuranken hoch. Ganz junge Pflänzchen. Alle in exaktem Abstand von etwa je 50 cm in frisch umgegrabene Erde gesetzt. Zart und wie verloren haben sie gewirkt, wie sie da von einander getrennt und doch als fest entschlossene Einheit in der Reihe standen. Hundert Setzlinge waren das.

Mindestens. Die dichte Hecke, zu der sie bald zusammenwachsen würden, ist uns jetzt schon wie vor Traumaugen gestanden. Und Buroni? Ach das sei nichts, grummelte er und strich sich wieder mal schnell über den Schädel. Die Pflanzen habe er *einfach so* gefunden und das bisschen Eingraben... so ein kleines Geschenk dürfe er uns zum Einzug doch wohl noch machen.

Das, was das Neffenbuberl unsere Baustelle nannte, stand also fast fertig da. Herr Paiano, der eigentlich bei Siemens angestellt war, sozusagen *nebenbei* aber und seit etlichen Jahren schon mit Frau und Töchterchen am Abend oder früh morgens fürs Sauberhalten unserer Büroräume sorgte, hatte sich bereit erklärt, an Wochenenden das nun fällige Ausmalen des Rohbaus zu übernehmen. Für kleines Geld, wie er sagte. Billiger als ein Malerbetrieb war sein Angebot allemal und zudem auch ohne Mehrwertsteuer.

So hatte er also damit angefangen. Am letzten Samstag im April war das, wenn ich mich recht erinnere. Vielleicht aber auch am Sonntag. Warum er nicht mit den Zimmern ganz oben begonnen hatte, sondern unten in der Küche? Keine Ahnung. Jedenfalls...

Gegen Mittag war der Himmel nachtschwarz geworden. Nahezu von einer Minute zur andern, wie das in Mailand nicht ganz selten ist. Wind kam auf, eher Sturm schon. Und urplötzlich öffneten sich die Himmelsschleusen. Sturzbäche kamen herunter und dazu noch Hagelkörner in Masse, teils groß wie Kieselsteine. Vom Westen her peitschten Sturmböen und trieben das Prasseln streckenweise fast waagrecht vor sich her. Beängstigend.

Wir saßen gerade beim Mittagessen, Katja und ich, als das Telefon schrillte. Paiano war am Apparat. In unserem Haus sei er. Wir mögen doch bitte herüber kommen, drängte seine irgendwie zittrig klingende Stimme, sofort, wenn möglich, aber... *nein*, erschrecken müssten wir jetzt nicht.

Wer soll denn da nicht erschrecken!

Der Wolkenbruch war so schnell weiter gezogen, wie er gekommen war. Typisch für Mailand. Klatschnass wie ein begossener Pudel stand Paiano vor dem, was dabei war, unser Haus zu werden. Zur Küche zeigte er hin und brachte dabei kein Wort heraus. Wir also: hinein und schnell die Treppe hinunter. Hinunter? Von wegen. Soweit wir eben kommen konnten. Die unteren Stufen standen unter Wasser. Zwanzig Zentimeter hoch, eher mehr. Das Souterrain war voll gelaufen.

Erst haben wir fast in Panik an die Kanalisation gedacht und an unser gerade erst ausgetauschtes Abwasserrohr. Hatte das die Schuld? War da beim Verlegen etwas falsch gelaufen? Oder beim Anschluss? Aber der See, der vor uns lag, war nicht trüb. Klares Wasser schien das zu sein. Was war denn da passiert?

Paiano hatte seine Sprache wieder gefunden. Also: Die Küchenfenster, die ja eher Oberlichten waren, hatte er ausgehängt gehabt, um mit dem Pinsel frei bis in die Ecken zu kommen. Und dann war das Wasser vom Vorgarten her herunter gestürzt. Fast bis zu den Knöcheln hatte er schon gestanden, ehe er erst anfing zu begreifen, was sich da tat. Und dann hatte er uns angerufen. Ja, und wie nun weiter?

Wir waren die einzigen in der Via Arenzano, die es *so* erwischt hatte. Die Feuerwehr ist gekommen. An die zwei Stunden hat der Pumpenwagen vor sich hin geblubbert und Wasser auf die Straße gespuckt. Die Sturzflut war wirklich durch die leeren Fensterrahmen gekommen, nicht aus dem Waschbecken im Heizungsraum und – *Halleluja!* – ganz bestimmt auch nicht aus dem Abwasserkanal. Der Sprecher von den Feuerwehrleuten hat es uns versichert, nach sichtlich aufmerksamer Inspektion und vor er uns sein Protokoll zum Unterschreiben gab. Die tröstliche Auskunft war dann wohl mit eingerechnet, als von seiner Behörde ein paar Tage später die keineswegs knappe Zahlungsverfügung kam.

Edo Pezzutos Truppe ist dann mit Heizgebläse angerückt. Zwei Wochen lang hat es gedauert und wohl irre Mengen Elektrostrom gekostet, bis die Wände wieder so trocken waren, dass die Malerei im unteren Teil neu aufgenommen und dann bald abgeschlossen werden konnte.

Inzwischen hatte Paiano auf den oberen Ebenen schon alles getüncht, auch außen an den Fassaden die Sichtreste der Maurerarbeiten bei den Fenstern beseitigt und sogar die Wandrohre der neuen Heizkörper weiß gestrichen. Aus dem Garten waren die letzten Schuttreste weggekarrt und Buroni war dabei, den Rasen neu anzulegen. Die Möbel konnten kommen.

Am 28. Mai war das, einem sonnigen Freitag.

Darüber, wie viel an Kosten und welche sich schlussendlich da angesammelt hatten, fehlte uns noch jeder Überblick. Nur eines wussten wir bestimmt: es war erheblich mehr zusammengekommen, als wir uns euphorisch ausgerechnet hatten. Da machte es auch wenig aus, dass es sich das Neffenbuberl nicht hatte nehmen lassen, uns noch einen schmalen Pfad das Haus entlang zu pflastern, damit wir nicht durch vielleicht nassen Rasen gehen mussten, oder dass wir zuletzt noch die Schlösser ausgetauscht hatten, weil wir der ganzen Bautruppe zwar unbedingt vertrauten, es aber lieber doch nicht darauf ankommen lassen wollten.

Was wir an Barem noch in Reserve gehabt hatten, war schnell dahin geschmolzen. Aktien und sowas besaßen wir nicht. Fast jeden Knopf hatten wir immer wieder in die Agentur gesteckt und besonders freute es uns, dass wir sie nun schon über mehr als zwölf Jahre halten und zügig ausbauen konnten, ohne jemals eine Bank dafür in Anspruch genommen zu haben. Da war unser Geist nun schon von der teuren fürs Haus genommenen Hypothek belastet. Ein zusätzlicher Kredit kam uns nicht in Frage. Und so haben wir uns eben dran gemacht, die paar *eisernen Reserven* zu verhökern, die wir eigentlich vor sich hin schlafen lassen wollten.

Den Diamanten etwa. Von unserem Diamond-Invest-Kunden IDB hatten wir mal einen Stein bekommen. Das *Warum* ist wieder eine andere Geschichte. Brillantschliff, 1,2 Karat, River, IF – ein nettes Ding mit guter Garantiekarte. Der Diamant war in unseren Büchern jahrelang so irgendwie herum geschwirrt, ohne einen festen Platz in den Spalten zu finden. Jetzt musste er auf den Markt. Schnell war er verkauft und hat dabei noch eine Idee mehr gebracht, als eigentlich aktuell gelistet.

Oder die Goldmünzen, die Schweizer Vreneli. Irgendwann hatte es sich ergeben, dass wir für einen unserer Kunden der Pharma-Branche einen Kongress auszurichten hatten. Wissenschaftliches Thema. Ein paar Uni-Professoren waren als Redner zu gewinnen. Deren Honorare: aus nahe liegenden Gründen nicht in bar zu übergeben und schon gar nicht auf ihre Konten überweisbar. Auf Schweizer Vreneli haben wir uns geeinigt, in den Stückzahlen einem vorab vereinbarten Geldwert entsprechend. BPL, unser damaliger Bank-Kunde, hat uns die Münzen besorgt, etliche Wochen vor dem Kongresstermin bereits, und wir haben sie zum offiziellen Tageskurs bezahlt.

Bei uns im Safe sind sie dann gelegen. Der Pharma-Kunde hatte das so gewollt. Erst kurz vor dem Kongress konnten wir ihm die Vreneli übergeben, im Wert jeweils genau nach den vereinbarten Rednerlöhnen abgezählt und für die Professoren in nette Wildlederbeutel verpackt. Zum Datum der Übergabe haben wir sie dann auch in Rechnung gestellt. Natürlich mit dem aktualisierten Tages-preis, der auf den Finanzseiten aller Zeitungen stand. Und wir hatten Glück dabei. Von den ein paar Wochen vorher besorgten Vreneli sind uns 32 übrig geblieben. Der Goldpreis war mal wieder hochgeschnellt in den letzten Tagen. Und so wie der IDB-Diamant waren auch die übrig gebliebenen Pharma-Vreneli dann durch unsere Bücher geschwirrt, ohne so recht ihren Platz zu finden. Jetzt waren sie uns Hausgold wert.

Sonst haben wir kaum etwas zu Geld gemacht. Katja ein breites Goldarmband, das ihr nie besonders gefallen hatte, und ein paar Ringe, die auch nicht Wunder was an geglücktem Design oder anhänglichem Erinnerungswert waren. Sonst noch etwas? Möglich. Belanglos.

Von der Agentur mussten wir uns dann aber doch noch einen Kredit nehmen. Nicht viel, aber allemal belastend für unseren Haushaltsplan der nächsten Monate. Der Urlaub in *dem* Sommer war schon mal gestrichen.

Es war schön in unserem neuen Häuschen, von Anfang an. Aus der Idee des Bootsarchitekten war ein rundum angenehmer Wohnraum geworden. Hell mit seinen breit-hohen Fenstern. Luftig auch, wozu die offenen Treppen nach oben und zur Küche hinunter entschieden beigetragen haben.

Der warme Ton des Kirschholzschrankes von der ligurischen Küste, der gleich beim Hereinkommen ins Auge fiel, ließ gar nicht an Garderobe denken, solange man ihn nicht benutzte. Die alte Truhe, die wir für die Via Pinerolo eigentlich nur ersteigert hatten, um eine gähnende Freifläche zu füllen, hatte jetzt ihren Sinnplatz gefunden. Quer vor die Couch gestellt, war sie nun der ideale stets blumenbestückte Raumteiler zwischen dem Essplatz vorne zum Vorgarten hin und der Sitzgruppe an den Fenstertüren zum Garten geworden. Der Täbris hat genau in den Raum gepasst und im Essbereich auch der Shiraz meines Großvaters. Selbst unser großes Bücherregal, das noch für die Wohnung in der Via Mosé Bianchi maßgefertigt war, konnte sich so optimal einfügen, als hätte es niemals anderswo gestanden. Gemütlich das Ganze und keineswegs beengt.

Auch die Küche war uns bald vertraute Gewohnheit. Obwohl sie noch nicht einmal halb so groß wie die vorherige war, hatte von unseren noch fast neuen Möbeln doch alles Nötige hineingepasst, und schon nach der ersten Woche war es uns normal, dass sie eine Treppe tiefer lag.

Und der Garten war uns schnell zum zweiten Wohnraum geworden. Die breit ausladende Krone des Aprikosenbaums beschattete die Terrasse mit dem Grillplatz. Schnell war der Rasen zu einem dicken Teppich gewachsen. Unter Buronis aufmerksamen Augen hatte ich gleich in den ersten Tagen drei freundliche Birken besorgt, die nun die rechte hintere Ecke des Gartens bewachten. Und auch das Efeu an den Zäunen wurde zusehends dichter, ohne aber schon den Blick in die Nachbarsgärten zu verhängen.

Auch mit den Nachbarn hatten wir es gut getroffen. Zumal mit dem direkten, Giuseppe Mastrorilli, mit dem wir die linke Hauswand gemeinsam hatten. Vor ihm hatten wir so einigen Bammel gehabt. Es hatte ja nicht viel gebraucht, zu merken, wie hellhörig unsere Zwischenwand war. Das Unbehagen, wie das denn nachbarlich gut gehen würde mit unserem Hang zu klassischer Musik auch spät noch an den Abenden, nachts eigentlich, das hat uns doch belastet. Ein bisschen. Nicht sehr. Aber einigermaßen schon.

Natürlich haben wir das Thema angesprochen, gleich beim ersten Mal als wir Mastrorilli zu einem Schauen-Sie-doch-mal-rein-Aperitif einluden. Und natürlich sagte er, dass ihm das überhaupt nichts ausmache, und er erzählte dazu wie zum Beweis, dass er *seit immer schon* ein Abo für die Galerie der Scala, den *loggione*, hatte, und dass wohl eher *er* der Störenfried für uns sein werde, nicht nur wegen seines ewigen Hustens, sondern ganz überhaupt, weil er doch einfach ein lärmiger Mensch sei, zumal auch mit dem Fernsehen, das ihm ein wenig laut lieber war, weil er sich da nicht immer so allein zuhause vorkomme. Aber er wolle sich bemühen, ein guter Nachbar zu sein, versicherte er – und wir natürlich nicht minder.

Trotzdem: Es hat gar nicht so lange gedauert, bis wir mal wieder so eine Abend-Nacht hatten, in der wir überhaupt nicht ins Bett finden wollten. Die HiFi-Anlage muss ziemlich laut gewesen sein. Unser Nachbar war wohl das Letzte, an das wir gedacht haben.

Und dann stand er am Morgen vor der Tür, als wir ins Büro wollten. Auf gestern kam er zu sprechen, also auf die Nacht. Im Bett hatte er gelegen, erfuhren wir, und nicht einschlafen können. *Wauh! Jetzt war was fällig!* Nein doch, beschwichtigte er sofort, nicht zu laut sind wir ihm gewesen. Nur... die Musik eben... also das Klavierkonzert von Rachmaninow... *Oh Mist, verdammter. Entschuldigung, Mastrorilli, bitte entschuldigen Sie!* Nein doch... nicht was wir jetzt denken würden... nur... ja die ganze Zeit war es ihm im Kopf rotiert, ob das nun Rubinstein war, der da spielte, oder doch

Svjatoslav Richter. *Horowitz war's gewesen.* Die Platte haben wir ihm sofort geschenkt. Mal hat er sie dann aufgelegt, nur ein paar Tage später, so gegen zwei Uhr nachts und recht eindeutig, uns ein Signal zu geben.

Wir sind gute Freunde geworden, zumal Katja und der alte Giuseppe Mastrorilli. Vierzehn Jahre lang ist es ohne alle Wolken dabei geblieben, bis zu seinem Herztod eines Nachts.

Schnell ist der Sommer über uns weggelaufen.

Herrlich waren die Aprikosen gewesen – *unsere eigenen Apri-kosen!* – fleischig und schmackhaft wie mit zusätzlichem Aroma noch getränkt. Nur zu viele, viel zu viele! Körbe davon brachten wir in die Agentur. Wochenlang gab es Nachschub, immer wieder.

Und die Feigen – *unsere Feigen!* – reiften riesig und blau und sprangen noch auf dem Baum auf wie Granatäpfel und lockten früh morgens gierige Wespen, die dann sosehr mit Fressen beschäftigt waren, dass sie uns voll zufrieden ließen. Ein Traum auch die Feigen!

Und am Wochenende grillen! Samstags immer, wenn es nicht gerade abendfüllend regnete, und meistens auch am Sonntag. Oft hatten wir Freunde bei uns im Garten, manchmal auch ein paar von den Nachbarn, die, auch wenn sie nicht dabei waren, nie auch nur ein Wort gegen unsere lämmernen oder schweinsripplichen Duftschwaden und den meist zumindest so etwa zweistündigen Rauch unserer Holzkohle einzuwenden hatten.

Grillen ist uns zu einem lieben Ritual geworden, damals im Sommer, und erst da bemerkte ich zum ersten Mal, wie wichtig auch Rituale sind. Warum hatte ich das nicht schon früher mal realisiert? Was hat mich darauf gebracht, es jetzt zu bemerken? Immer schon hatten wir unsere Rituale gehabt, Katja und ich, und wir liebten sie, ohne darüber groß nachzudenken. Sie geben so viel Ruhe.

Es ist ein schöner, allzu kurzer Sommer geworden.

Schon im frühen Oktober hatte es angefangen, nachts recht kalt zu werden, wenn die ersten Herbstnebel von den Reisfeldern der Poebene aufstiegen. Die Zeit war gekommen, unsere neue Heizung zu erproben. Bis dahin hatten wir den Gasbrenner nur als Durchlauferhitzer fürs warme Wasser genutzt. Jetzt war es so weit, die ganze Anlage laufen zu lassen. Nicht nur so einmal für kaum mehr als eine Stunde, wie im sommerlichen Juni für einen Probelauf kurz nach dem Einzug, sondern in echtem Einsatz ganze Abende lang.

Bei den ersten ein-zwei Malen als es dann passierte, haben wir uns überhaupt nichts gedacht. Da war plötzlich ein Knall gewesen. Recht laut. Von irgendwoher kam er wie ein Paukenschlag. Wenig später dann noch einmal. Zu kurz und dumpf, es lokalisieren zu können. *Wird wohl ein Auspuff gewesen sein!*

Kribbelig ist es uns erst geworden, als wir nach wieder einmal so einem dumpfen Knall eine dünne gezackte Spur an unserer Wand sahen. Wie die Federzeichnung eines scharfen Blitzes zog sie sich vom Boden hoch bis fast an die Decke, genau dort, wo wir das Abzugsrohr des Kamins dahinter wussten. *Der Knall. Der Riss. Ob das zusammenhängt?*

Sofort hinunter und durch die Küche nach hinten. Am Heizbrenner konnten wir nichts entdecken. Hinter dem Sichtfenster leuchtete die Gasflamme stetig vor sich hin und auch das gedämpfte Brummen war so normal, wie es uns der Techniker bei der Abnahme als eben normal erklärt hatte. Wir haben die Heizung trotzdem ausgeschaltet an dem Abend. Beunruhigt waren wir immer noch und so affenkalt war es nun auch wieder nicht.

Vielleicht haben wir dann ein paar Abende im Kühlen gesessen. Ich weiß es nicht mehr. Nur an das so mulmige Gefühl erinnere ich mich, das mich jedesmal wieder in den Magen kniff, wenn ich mir die gezackte Federzeichnung an der Wand ansah. Mag sein, dass sie mir aber nur ärgerlich war, noch nicht gar so richtig beunruhigend. Da roch das Haus noch fast nach frischer Farbe und schon war da ein

Riss. Ärgerlich. Wahrscheinlich ein Trocknungsriss im neuen Verputz, redete ich mir ein, wegen der Wärme, die nun vom Abzugsrohr des Brenners ausstrahlte. Katja war auch der gleichen Meinung. Jedenfalls sagte sie das. Aber irgendwie hat es uns doch davon abgehalten, die Heizung tagsüber und auch am Abend wieder anzustellen. Bis es dann aber doch so richtig kalt wurde.

Ist es am ersten Abend gewesen, oder am zweiten, oder erst noch ein paar Tage später? Keine Ahnung mehr. Ist ja auch gleichgültig. Mit unseren Büchern saßen wir gemütlich im Warmen, hörten mit einem Ohr vielleicht auf das leise Knistern der immer noch neu riechenden Heizkörper und hatten sicher ein recht bauchiges Glas Barbera oder Gleichwertiges vor uns stehen. Nachtruhe.

Rhumms! Wie eine detonierende Handgranate aus einem Film. Aber der Fernseher ist gar nicht an. Und irgendwie vibriert hat es auch. Die Federzeichnung an der Wand ist deutlich breiter geworden. *Das ist eine Explosion gewesen! Bei uns! In unserem Heizraum!*

Bibbernd sind wir nach unten gegangen und haben die Heizung abgestellt. Bibbernd dann uns die Nacht irgendwie um die Ohren geschlagen. Am Morgen sofort Michele Urso angerufen, den Mann, der uns die Anlage eingebaut hatte.

Urso hatte schon jahrelang die Heizung in unserem Büro gewartet. Er war dort dafür zuständig, dass sich der Ölverbrauch in Grenzen hielt, kaufte auch den Brennstoff ein und spielte ganz allgemein den Herrscher im Heizungskeller der Agentur. Ihm den Wunsch abzuschlagen, für die neue Anlage in unserer Schuhschachtel zu sorgen, war nicht in Frage gekommen. Zumal auch, weil er uns von einem Gasbrenner vorgeschwärmt hatte, den er ganz besonders preisgünstig bekommen konnte, weil er eben so seine guten Beziehungen hatte. Den hat er dann auch unter der Hand gekauft und uns montiert. Ob das die detonierende Granate war?

Urso ist gekommen, hat hin und her gewerkelt und ein bisschen geschraubt, bedeutsam an Manometer geklopft und sogar das Ohr an das Abzugsrohr gelegt. Nichts Besonderes sei da gewesen, beruhigte er uns mit treuherzigem Blick, nur ein paar Einstellungen nicht so ganz perfekt, wie sich das nach einem heißen Sommer eben immer ergeben könne und weswegen er, Urso, uns ja auch ausdrücklich empfohlen hatte – das wollte er schon nochmals und ganz deutlich gesagt haben! – die Anlage vor der Heizperiode noch einmal checken zu lassen, so wie das jedes Jahr zu tun ist. Richtig blöd sind wir uns vorgekommen, Katja und ich.

Und am Abend hat es dann wieder geknallt.

Luciano Consigli musste her. Er hatte als erster darauf gedrun-gen, die alte Heizungsanlage durch eine neue zu ersetzen, und besonders er hatte sich auch stark gemacht für Gas statt Öl. Er ist gekommen, hat sich's angeschaut. Was uns dann aus seinem Mund um die Ohren geflogen ist, war gar nicht nett. Für uns nicht und schon gar nicht das über Urso. Rein kriminell das Ganze! In die Luft fliegen hätten wir können mitsamt dem Haus. Er hat sich fast nicht mehr eingekriegt, unser Freund Luciano.

Alles, was da gerade eben für die Gasheizung eingebaut war, musste raus. Allem voran der Brenner. Der war ein uraltes Stück, hatte sich bald herausgestellt, wohl von einem Schrotthändler besorgt und nur neu in leuchtendem Rot lackiert. Das war schon mal das eine. Und Urso hatte ihn zudem noch völlig unsachgemäß montiert. Heißluft-Überdruckblasen stauten sich im Brennraum, wenn wir das recht verstanden haben, wegen ungenügenden Durchzugs und unregelmäßig brennender Flamme, und die Blasen explodierten zwischendurch, wie um der Brennflamme Luft zu schaffen. Oder so.

Echt kriminell und lebensgefährlich sei das Ganze gewesen, bestätigte ruhig der Techniker, den uns Luciano, wieder einigermaßen beruhigt, empfohlen hatte. Absolut Nicht verstehen konnte der, warum wir so ein wichtiges Teil unseres Umbaus einfach nur so übernommen hatten: ohne jede Garantiekarte und auch ohne eine detaillierte Gebrauchsanweisung und ohne die behördlichen Stempel und was bei Heizungsanlagen schon von Gesetz her einfach dazu gehört.

Come dei pollastri scemi! – entfuhr es ihm, was mit blöden Hühnern noch liebevoll übersetzt ist.

Eine *atmosphärische* Gasheizanlage mit Niedertemperaturkessel Marke Vaillant hat er uns eingebaut und uns dazu ein Handbuch von gut hundert Seiten gegeben, Garantiekarte für drei Jahre und eine Reihe nie vorher gesehener, mit einer Menge amtlicher Stempel versehener Formulare. Ein Abonnement für die regelmäßige, jeweils im Frühjahr und vor Anfang der Heizperiode fällige Wartung, mussten wir zur Gültigkeit der Garantie auch unterschreiben. Das hat noch extra gekostet.

Unser Wohnzimmer haben wir noch vor Weihnachten mit Raufaser tapezieren und neu streichen lassen. Nochmals Kosten hat uns das eingebracht und ein paar Tage winterlicher Ungemütlichkeit. Es ist unser wechselseitiges Weihnachtsgeschenk geworden. Mit dem bedrohlich uns täglich neu erinnernden Riss hätten wir nicht leben wollen. Im oberen Stock war er ja nicht zu sehen. Dort verlief er im Bad, hinter den bis an die Decke reichenden Kacheln.

Tja, mit einem grünen, am Baum baumelnden Schild hat es angefangen und mit einer unsere Blitzentscheidungen, die wir sicher nicht getroffen hätten, wenn wir auch nur ein Viertel vom ganzen Rattenschwanz gewusst hätten, der damit an Aufregungen und Kosten auf uns zukommen sollte. Wenn...

Längst waren wir heimisch geworden, als es endlich Zeit war, auch den letzten, den sehnlichst erwarteten 36. Monatswechsel unserer Hypothek einlösen zu können und wir den freudigen Abend genussvoll mit ein paar Freunden und viel Sekt so lange heiter begossen, bis es schon wieder morgens wurde.

Unser erstes eigenes Haus.

Kurz nach dem Kauf, als wir es noch nicht so richtig kannten und auch nicht einmal begonnen hatten, uns vom Umbau-Kosten-Trauma zu erholen, hatten wir uns noch gesagt, dass es vielleicht nur ein Anfang war. Etwas zum jetzt Haben und bald oder später eventuell mal wieder zu tauschen, gegen etwas Größeres vielleicht, wenn es sich ergeben sollte. Dann sind die Jahre vergangen. Mehr als zwanzig sind es geworden.

Unsere Schuhschachtel.

Was ist schon echt?

Eigentlich sollte man stets nur das machen, was zur eigenen Rolle – Aufgabe, Kompetenz, Vergnügen – gehört und deshalb wirklich angemessen ist. Dazu fällt mir die Geschichte vom Mörser ein.

Unser Kunde Farmaco Italiano Padil, Hersteller unter anderem der Hustenpastillen mit dem Zungenbrechernamen *Pulmovirolo*, hatte die Idee, den Auftragseingang mit einem Gewinnspiel für die Apotheker anzukurbeln. Dazu sollten wir uns etwas Nettes einfallen lassen. Irgendwem von uns oder auch auf Kundenseite kam der Gedanke, Mörser als Preise einzusetzen. Das war naheliegend. Ein Apothekenmörser war das Markenzeichen von Padil.

Wir arbeiteten also ein Konzept aus und dazu die Regeln des Gewinnspiels, die einladend aufmunternden Botschaften dazu und natürlich auch die immer recht komplexen Unterlagen für das Ministerium der Finanzen, das in Italien jedes Gewinnspiel zu genehmigen hat und daran verdient. Unser Job, ganz normal.

Hundert Trostpreise sollte es geben und einen Hauptgewinn. Die hundert: möglichst ansehnliche, nicht allzu große Mörser neuer Industrieproduktion. Sie sollten gerade nur einigermaßen dekorativ aussehen und dabei die Apotheker immer wieder mal zwischendurch an Padil erinnern. Der Top-Preis aber, auch ein Mörser, der sollte schon etwas Besonderes sein. Antik und mit entsprechendem Flair. Dem Kunden hat die Idee gefallen. Weniger begeistert war er davon, die Mörser selbst finden und besorgen zu müssen. Das sollten wir machen, war die auffordernd gestellte Bitte.

Wie weit gehen die Aufgaben, die Pflichten einer Werbeagentur? Schwer zu sagen. Es hängt von Fall zu Fall ab. Die Materialbeschaffung gehört im Grunde nicht dazu, auch nicht für verkaufsfördernde Maßnahmen wie einen Wettbewerb. Zuständig dafür ist die Einkaufsabteilung des Kunden. Sollten es sein. Eigentlich. Aber was, wenn ein Kunde es anders will, es intensiv erbittet, ja praktisch schon verlangt? Ungern habe ich zugestimmt.

Die hundert Serien-Mörser waren kein Problem. Schnell ist es uns gelungen, Kataloge aufzutreiben, aus denen Giorgio Perani und Angelo Russo, ihrer Zeichen Chef und Verkaufsleiter von Padil, auswählen konnten. Es gab Versionen aus Marmor und solche aus Bronze oder Messing. Die meisten recht nett. Von äußerst billig bis schon recht teuer. Der Kunde hat gewählt. Nach Russos Geschmack und der Preisvorstellung von Perani: ein eher kleines Stück aus glitzernd glänzendem Messing mit Kräuter-Bordüre rund um die Mitte. Wohl Taiwan-Ware oder von sonst wo her aus Ostasien, aber recht hübsch und im Katalogbild eher teurer aussehend als sein Preis, an dem die Transportkosten sicher den Hauptanteil hatten.

Erster Teil also erledigt. Ein Honorar bekamen wir dafür natür-lich nicht. Beratung und damit verbundener Service werden in unserem Metier kaum jemals bezahlt. Das nette Sprichwort vom guten Rat, der teuer ist, ist uns meist nur eine Utopie. Schadlos zu halten, um nicht zu verhungern, haben wir – die ganze Branche – uns über das Erarbeiten von Werbung und ihrer Schaltung. Meist jedenfalls.

Der zweite Teil war nun fällig: der Hauptpreis. Gedacht war also an ein *wichtiges* Stück – natürlich aus vergangenen Zeiten, unbedingt ins Auge fallend, wie Angelo Russo mehrmals wiederholte, und dabei erschwinglich. Perani wurde nicht müde, Letzteres zu betonen, wobei für ihn *erschwinglich* nur ein Synonym für *billig* war. Eine nette Bananenschale, die ich mir da vor den Fuß gepackt hatte.

Eine kleine Ahnung von Mörsern hatte ich glücklicherweise bereits. Wenn sie gut geformt waren, hatten sie mir immer schon gefallen, und gelegentlich hatte ich auch ein paar gekauft. Nichts Besonderes. Flohmarkt-Erinnerungen, aber nett dekorativ. Etwas in deren Art kam natürlich nicht infrage. Ein *wichtiges* Stück war ja versprochen – fast schon *museumsreif,* wie Perani anmahnte. Oder war das Russo gewesen?

Meinem Buchhändler ist es gelungen, mir einen gut bebilderten Kunstband aufzutreiben: *Antike Mörser in Laufe der Jahrhunderte.* Das war schon mal ein Anfang, der Ansatz zu einem Überblick. Die Mailänder Antiquitätenhändler waren nun an der Reihe. Ein paar kannte ich. Andere habe ich neu angerufen, meist nach einem Tipp von den mir schon bekannten. Anregende Abendbesuche bei ihnen wurden fällig und Katja war oft gern mit dabei. Es war etwas Neues und viel haben wir dabei gelernt. Zumal auch über Mörser.

Allerdings: zweckbezogen besonders ergiebig waren unsere Streifzüge nicht. Natürlich haben wir Mörser gefunden. Bildschöne auch, aus unserer Sicht. Alle aber mit einem Makel: entweder waren sie zu schlicht, um Russos Ansprüchen zu genügen, oder zu teuer, meist viel zu teuer, um von Perani akzeptiert zu werden. Nicht selten auch beides zusammen. Gestresst wollte ich schon aufgeben.

Bei einem Händler in der Via Murillo, der eigentlich auf alten Schmuck spezialisiert war und bei dem ich schon ein paarmal gekauft hatte, ist mir dann ein Mörser ins Auge gestochen. Barock, geschwungene Glockenform mit typisch reicher Bordüre, Löwenköpfe an den Griffen, aus ziemlich dunkler Bronze, interessante Patina, die mehr war als nur Altersschmutz, der Klöppel eindeutig dazu gehörend, weil mit demselben Lilien-Relief am Knauf, etwa 30 cm hoch. Fast genau gleich sah er aus, wie ein in meinem Mörserbuch abgebildeter, der dort als *ausgehendes 17. Jahrhundert* und zuhause im Museo delle Arti von Siena angegeben war. So etwa hatte Russo sein Wunschstück beschrieben.

Was er den kosten solle, wollte ich wissen. Einigermaßen ratlos druckste der Händler herum. Er sei kein Spezialist für Mörser, gab er zu verstehen. Diesen hier habe er nur, weil er bei einer ganzen Hausauflösung an Schmuck und Ziergegenständen mit dabei gewesen sei. Und, meinte er weiter, bei so Sachen wie Mörsern sei es einfach zu schwierig, fast schon unmöglich, die Herstellung zu datieren, auch weil dieselben Gussformen oft über Jahrzehnte, Jahrhunderte hin verwendet wurden. Dass der Mörser von so um 1680-1700 war, wie der in meinem Buch abgebildete, wollte er nicht ausschließen; bestätigen aber auch nicht. Er könne... vielleicht aber auch ein paar Jahre später... oder auch ziemlich viel später... gar Mitte 1800 oder dem Ende zu... aber schön... doch, ja, ein schönes Stück sei er schon. Die letzten Wörter hat er voll betont, mit dem kleinen, leicht mokanten Zusatz *...wenn man eher Schwülstiges liebt.* Womit er sicher nicht auf Russo anspielte. Den kannte er nicht.

Auf einen an sich recht niedrigen Preis haben wir uns geeinigt. Allerdings unter seiner Bedingung, dass Bares über die Theke ging, ohne Kassenbon natürlich. Nicht bei allen Antiquitätenhändlern Mailands ist das so üblich. Bei einigen aber schon. Zumal, wenn man sich kennt.

Mit einem bescheidenen Aufpreis für uns habe ich Perani und Russo den Mörser präsentiert. Russo war begeistert von seinem Aussehen, das nun wirklich *etwas her machte*, und Perani schmeckte der Preis. Eine Expertise gab es nicht. Danach wurde auch nicht gefragt, zumal ich auch das Mörserbuch mit dem Fastgleich-Bild mit dabei hatte.

Padil hat dann eine reguläre Interservice-Rechnung für das gute Stück bekommen. Die brauchte der Kunde auch für den Prämien-Nachweis beim Ministerium. Darauf hatten wir den Mörser ausgewiesen als *im Aussehen typisch für barocke Artefakte um 1700.*

Das Gewinnspiel war also unter Dach und Fach. Der Kunde war zufrieden. Ich hatte eine kleine Marge mit berechnet, die gut reichte, den Mörser-Bildband abzudecken. Den vollen Zeitaufwand der Suche natürlich nicht. Das war mir aber kein Problem. Wenn es auch kein angemessenes Honorar gab, war doch einiges an Sucher- und Entdeckerspaß dabei gewesen.

Alle rundum glücklich also.

Keiner von uns ahnte, dass da eine Bombe am Ticken war. Erst etliche Monate später, als ich das Gewinnspiel schon fast vergessen hatte, ist sie explodiert. Angefangen hat es damit, dass Signorini sich bei Perani gemeldet hat. Lautstark, verärgert und drohend. Der Mörser sei nicht echt.

Sigorini war ein Pharma-Großhändler in Rimini. Einer von seinen Kunden, ein Apotheker in Bologna, hatte beim Ausschreiben den Hauptpreis-Mörser gewonnen und ihn flugs ins Schaufenster gestellt, mit einem Schild davor, das in etwa sagte: *Museumsstück – Original 1680 – Unikat.*

Dem Apotheker scheint dann ein angeblicher Kenner von Antiquitäten in den Laden gekommen zu sein, um ihn wohlwollend aufzuklären: *Unikat* sei allemal schon falsch, weil auch damals schon solche Mörser praktisch *immer* in Serie gegossen wurden und die wenige Einzelstücke alle signiert seien. Woher er das hatte, der Gute, ist sein Geheimnis geblieben. Selbst große Meister wie ein Salzillo oder Serpotta haben längst nicht alle ihre Werke signiert.

Der Apotheker hat dann einen ihm bekannten Antik-Händler dazu befragt, einen zweiten wohl auch, vielleicht noch einen seiner Vetter oder Neffen, glaubte dann weder das *1680*, das er auf sein Schildchen im Schaufenster gemalt hatte, noch überhaupt ein *wohl um 1700* wie im Wettbewerb angegeben, und schon gar nicht auch das Russo so liebe Wort *Museumsstück*. Er war sauer, erklärte sich für verschaukelt und geschädigt. Schadenersatz verlangte er von Signorini. Signorini hat die Forderung an Padil weitergegeben. Nicht er hatte den Preis ausgelobt, war sein Argument, dem der Apotheker auch zustimmte, zumal ihm Sigorini seine Unterstützung bei weiterem Vorgehen zusicherte.

Und Padil? Perani war nicht bereit, über Forderungen, welcher Art immer sie waren, auch nur zu sprechen. Das hat er Russo überlassen, der auf seine diplomatische Art sich wohl die Zunge fusselig geredet hat. Uns, also mich, hat er indessen aufgefordert, eine Expertise beizubringen. Irgendeine, gleichgültig wie sie aussah und von wem sie auch kommen mochte. Hauptsache es war ein Stück Papier mit Unterschrift und Stempel, das dem Mörser seine Entstehung um 1700 oder nicht viel später und in der Ausführung seine

Museumsreife attestierte. Für was für eine Sorte von Dorf-Heimat-Hinterhof-Museum eine solche Reife gelten sollte, war ihm ebenso gleichgültig, wie Briefkopf und Stempel des Attests. *Irgendetwas* – war sein dringlicher Wunsch, nur um die Protestgeschichte möglichst schnell vom Hals zu kriegen.

Da bin ich denn zum Antiquitätenhändler in die Via Murillo gefahren und habe ihm die Sache verklickert. Dass er sich weigern würde, mir zwei Zeilen mit Stempel und Unterschrift zu geben, hatte ich nicht erwartet. Befürchtet vielleicht doch. Er hatte ja gleich gesagt gehabt, dass Mörser nicht so sein Ding seien und man sie überhaupt kaum zeitlich zuschreiben könne. Jedenfalls nicht besonders sicher. Aber, hatte ich mir eingeredet, ein paar Zeilen würde er schon schreiben – recht unverbindliche etwa, immerhin aus-reichende jedoch für Russo und den Apotheker.

Er hat sich geweigert, mein Mörser-Verkäufer. Kein einziges schriftliches Wort könne ich von ihm bekommen. Noch nicht einmal einen nachträglichen Kassenbon, weil das Ding doch gegen Bares und so günstig über die Theke gegangen war. *Günstig?* Ob günstig für ihn oder mich – so sicher war ich mir inzwischen da gar nicht mehr.

Russo hat insistiert. Auch Perani dann. Von irgendwem irgend so ein Papier zu bekommen, das möge mir doch nicht schwer fallen – war ihr drückend wiederholtes Mantra – bei all den Graphikern und Druckern, die ich an der Hand hatte und so. Es war mir ja auch nicht schwer – nur unmöglich war es. Ganz einfach nicht machbar. Verstehen mochten die beiden das nicht. Akzeptiert haben sie es aber.

Ein Blitz aus heiterem Himmel dann. Eine staatsanwaltliche Vorladung ist uns in die Agentur geschneit.

Der Apotheker hatte Padil verklagt und Signorini sich als Nebenkläger dran angehängt, besorgt um seinen Ruf im Markt. Einfach und logisch war es für Padil, den Schwarzen Peter dann uns zuzuschieben. Die Anzeige, die uns jetzt also auf dem Tisch lag, sagte dazu: Eine Fälschung wurde dem

Kläger als echt untergeschoben mit der Absicht, damit einen ideellen und materiellen Gewinn in bewusst betrügerischer Weise zu dessen Schaden zu erschleichen.

Uff! Ein harter Brocken.

Verwundert, auch irritiert natürlich, habe ich sofort den Kunden angerufen. Perani: nicht zu erreichen. Das hatte er so an sich. Alles Unangenehme sollte lieber warten. Allemal. Russo war aber zu sprechen. Zum Abendessen hat er mich und Katja eingeladen. Jenny, seine Frau hat er auch mitgebracht. Gut Wetter wollte er machen.

Wir sollten doch verstehen, dass da wirklich gar nichts Persönliches dabei war. Und auch kein aufgekommenes Misstrauen. Nur... also Perani konnte einfach nicht anders, als den Blitz auf uns umzuleiten... weil wir ja den Mörser besorgt hatten... und wenn wir wenigstens ein Echtheits-Zertifikat beigebracht hätten... irgendeines, den Apotheker in Bologna zu beruhigen... alles in allem eben und so...

Was sollten wir ihm denn sagen? Da gab es nichts zu sagen, auch wenn ich dieses Nichts zwei gute Stunden lang auf ihn eingeredet habe. Zum Antiquitätenmenschen in die Via Murillo habe ich ihn eingeladen, vom niedrigen Preis geredet, für den Padil den Mörser bekommen hatte, über Metallguss und Signaturen und die häufige Problematik der Zeitbestimmung habe ich langatmig referiert. Das alles hat Russo gut und schön gefunden. Geholfen hat es nichts. Er blieb bei dem Seinen: Der Apotheker hatte nun mal Padil verklagt, Signorini sich der Klage angeschlossen, und Padil musste eben den Schwarzen Peter an uns weiter zu geben, die wir den Mörser beschafft und so die ganze lästige Geschichte ausgelöst hatten. Ganz ruhig sagte es Russo, ein paarmal und beschwörend. Sollte ich ihm den Nachtisch über den Schädel kippen?

Die Mühlen des Rechts haben angefangen sich zu drehen. Nicht schnell sofort. Einfach so, wie das in Italien eben so läuft. Erst mal eine Vorladung bei der Staatsanwaltschaft, zu erstem Beschnuppern sozusagen. Nur um Vorfragen und

Termine abzuklären. Ein Verteidiger möge allerdings schon mit dabei sein, stand in der Aufforderung an den *Geschäftsführer von Interservice*, also an mich.

Schon bei der ersten Befragung kam dann aber alles zur Sprache, was mir relevant erscheinen wollte. Das Gewinnspiel und wie es dazu gekommen war und wer die Idee für die Mörser hatte und wie unser Auftrag genau gelautet hatte und vom wem erteilt und ob das Ganze auch richtig beim Finanzministerium angemeldet und die dazu fälligen Steuern bezahlt und... einfach alles, bis hin zum Lilien-Relief auf dem Klöppel.

Der Mörserkauf in allen Einzelheiten war ein zentrales, bis ins letzte Detail zerpflücktes Thema dabei. Warum es keine Expertise gab, war eine der ersten Fragen dazu, und warum auch keinen Kassenbon. Um den Preis ging es, intensiv und bohrend – um den von mir beim Kauf bezahlten und den, den Interservice dann an Padil berechnet hatte, und um unseren Aufschlag von 15% also, der auf der Rechnung nicht als solcher gesondert ausgewiesen war, und wie häufig solche Transaktionen denn waren, in der Werbebranche insgesamt und speziell bei uns.

Fast einen Vormittag lang hatte die Befragung gedauert. Das sollte dem ermittelnden Staatsanwalt doch nun reichen, dachte ich. Er ist anderer Meinung gewesen. Erst hatte er nun die Zeugen zu hören, war seine Belehrung, dann wäre wieder ich an der Reihe, zu deren Aussagen befragt zu werden, und wie es danach weiter gehe, dass müsse ich schon ihm überlassen.

Wenigstens drei Leute von meinem Team wurden dann zum Aussagen geholt, der Mörser-Verkäufer aus der Via Murillo natürlich auch, und noch eine Schar anderer, die vielleicht ganz vage mit zur Wahrheitsfindung beitragen konnten. Für zwei weitere Befragungsrunden wurde ich dann anschließend wieder geladen, jeweils nach einer Reihe von Zeugenaussagen, zu denen meine Replik anstand. Der Verteidiger immer mit dabei, weil das weiterhin so verlangt war. Gut sechs Monate sind damit ins Land gegangen.

Um es kurz zu machen: Keine formelle Anklage.

Die Staatsanwaltschaft hat unser Verfahren eingestellt. Keine Straftat ersichtlich, hieß es da im ersten Bescheid. Eine schriftliche Begründung haben wir kurz darauf auch bekommen. Ein paar von den darin stehenden Erklärungen waren mir sehr vergnüglich zu lesen, wenn auch vielleicht nicht ganz so hieb- und stichfest in allen ihren Teilen.

Zum Beispiel: *Echt.* Ein betrügerisches Unterschieben einer Fälschung war ja das angezeigte Delikt. Der Mörser konnte aber gar nicht gefälscht sein, laut gerichtlicher Begründung, denn für eine Fälschung braucht es ein Original als Vorlage, das als solches anerkannt ist. Ist kein Original bekannt, wie im gegebenen Fall, kann es auch keine Fälschung geben. Aber selbst bei nachgemachtem Original kann noch lange nicht von einer Fälschung gesprochen werden, sondern eventuell nur von einer Kopie. Und auch Kopien sind echt, in ihrer Art und als solche. Im strengen Sinne war also der inkriminierte Mörser ein wertfrei anzusehendes Objekt und als solches echt.

Und: *Barock.* Barock ist ein feststehender Stil-Begriff, so das erklärende Papier, der keineswegs unbedingt nur an eine bestimmte Zeitepoche gebunden ist, sondern gleichwohl auch an bestimmte Aspekte der augenscheinlichen Konfiguration. Eindeutig barockem Stilaussehen ist der in Frage stehende Mörser zuzuordnen, womit es durchaus und voll gerechtfertigt ist, sein Aussehen und also ihn auch so zu bezeichnen.

Dann: *1700.* Zweifelsfrei, so weiter das Gerichts-Papier, ist im als Beweismittel vorgelegten Bildband *Antike Mörser* ein Stück abgebildet und der Epoche um 1700 zugeordnet, das, soweit ersichtlich, in seinen Stilelementen weitgehend dem in Frage stehenden Mörser entspricht. Somit und auch nach materialbezogenem Augenschein erscheint dessen Zuordnung zur genannten Epoche als möglich und kann, auch nach Anhörung des als Zeugen vernommenen Experten und ursprünglichen Verkäufers, nicht ausgeschlossen werden, womit die diesbezügliche, ausdrücklich das Aussehen betreffende Angabe in der von Interservice gestellten Rechnung nicht als ungerechtfertigt oder etwa gar als betrügerisch irreführend erscheint.

Dann noch: *Museumsreif.* Allein diesem Wort hat die Begründung etwa eine halbe Seite gewidmet. Nur, um ganz eigentlich festzuhalten, dass es an sich ein Nonsens-Wort ist. Weil, so steht es da geschrieben, im Grunde jeglicher Krempel ein museumsreifes Stück ist, wie beim Durchwandern so mancher Ausstellung durchaus ersichtlich, und andererseits aber jedweder Aufbewahrungsort irgendwelcher Konglomerate ohne weiteres als Museum benannt werden darf, wenn Publikum zum Besichtigen zugelassen ist. Des Klägers seine Sache ist es also, für sich zu entscheiden, was ihm museumsreif erscheint, ohne andere zu diskriminieren und schon gar nicht, das Gericht damit zu belästigen.

Soweit das amtliche Schreiben.

Der Apotheker in Bologna war natürlich für Padil verloren. Die Firma hat es verschmerzt. Signorini hingegen hat sich recht schnell wieder mit Perani und Russo versöhnt. Padil war doch zu wichtig für sein Geschäft.

Und wir? Noch jahrelang haben wir für *Pulmovirolo,* das Hustenbonbon mit dem zungenbrecherischen Namen, die Werbung gemacht. Lustige Winter- und Kälte-Sujets sind es meist gewesen, viele davon mit Gianni Magni, einem der vergnüglichsten Stars unter den italienischen Komikern.

Aber nie mehr Mörser und so. Schritt für Schritt habe ich es doch noch gelernt, für Kunden nicht alles und jedes zu tun.

Goldrätsel.

Da war eines Tages eine Briefkarte in der Postmappe der Agentur. Büttenpapier, der Druck englische Kalligraphie mit handschrift-licher Ergänzung. *Besten Glückwunsch*, stand da, und eine Einladung war es zudem. Eine Auszeichnung sollten wir bekommen. genauer: Uns war die *Targa d'Oro del Politecnico delle Industrie Italiane*[1] zuerkannt worden und die sollte uns feierlich überreicht werden.

Uns? Unmöglich wollte mir scheinen. Uns allen im Team erschien es unerklärlich. Aber da stand *Interservice* auf der Karte und auch auf dem Umschlag, dort mit voller und richtiger Anschrift. Trotzdem. Nicht wir konnten gemeint sein. Alles sprach dagegen. Diese *Targa d'Oro* war die zweit- oder drittwichtigste italienische Auszeichnung in unserem Bereich. Drei von diesen goldenen Plaketten wurden jedes Jahr vergeben: je eine für Advertising, Public Relations und Sales Promotion.[2] Die bekam man nicht *einfach so*. Wir aber hatten nichts dazu getan, uns eine davon zu angeln. Noch nicht einmal etwas eingereicht hatten wir. Sogar wer diesmal in der bewertenden Jury saß, wusste keiner von uns, als der Postbote uns die Mitteilung brachte. Da steckte ein Missverständnis dahinter. Musste dahinter stecken. Unbedingt überzeugt davon waren wir, denn...

Auszeichnungen, in unserem Branchenjargon nur *Awards* genannt, sind so ziemlich das Wichtigste, um das vieler Werbeleute Gedanken kreisen. Goldene und silberne Bären, Löwen, Palmen, Datteln, Medaillen, Plaketten und anderes an Preisgebilden verlocken wie die Sirenen und so manche Werbung wird nur dafür kreiert, der Agentur eine, besser mehrere dieser Trophäen zu verschaffen. Ob die so preisgekrönten Kampagnen auch im Markt etwas bewegen und

---

[1] *Goldene Plakette des Polytechnikums der italienischen Industrien.*
[2] *Werbung, Öffentlichkeitsarbeit, Verkaufsförderung.*

den investierenden Kunden nützen, das steht auf einem anderen Blatt. Und die Kunden machen mit.

Eigentümlich eigentlich, dass es kein *Goldenes Kalb* gibt. Das wäre doch der sinnigste Award des edelmetallenen Aufgebots, um das so viel an Ehrgeiz, Hoffnungen und Geld – natürlich auch Geld – ihren Reigen tanzen. Es ist ja nicht so, dass da irgendwelche unabhängigen Gremien herumsitzen und sich tiefschürfende Gedanken über spritzige Kreativität und marktbewegende Strategien machen, um dann Jahr für Jahr das im und für den Markt Erfolgreichste zu küren. Die meisten derer, die die Awards vergeben, sind kommerzielle Unternehmen, denen nicht in erster Linie und besonders daran liegt, einen Goldregen über die Meritenträger einer an sich schon überwiegend narzisstischen Zunft auszuschütten. Sie wollen verdienen. Das können sie am besten, wenn die von ihnen vergebenen Auszeichnungen von deren Zielpublikum, den Werbern selbst, möglichst hoch eingeschätzt werden. Logisch hat es sich deshalb entwickelt, dass die Organisatoren schon seit Langem daran gegangen sind, sich die bewertenden Juroren bei denen zu holen, die selber bewertet und prämiert werden sollten. Also: Wir Werber hocken in den Jurys und vergeben die so heiß begehrten Awards an uns selbst.

Natürlich sitzen nicht *alle* Werbeleute in den Preisgerichten. Nur die von uns werden dazu berufen, die es schon zu einigem an kreativen Nimbus gebracht haben. Und die gut Vernetzten natürlich auch. Sie sind es im Grunde, die das Karussell am Laufen halten. So nach dem Motto: Heute stimme ich für dich, morgen dann du für mich. Gegenseitige Anerkennung kann man das nennen. Freundschaftsdienst ist auch ein nettes Wort dafür.

Aber da ist auch noch die Sache mit dem Geld. Auch davon braucht es welches und nicht zu knapp, um den einen oder anderen Award gewinnen zu können. Die Organisatoren machen es doch, weil sie daran verdienen wollen; und ihre Spesen haben sie ja auch. Wer soll denn das bezahlen, wenn nicht die potentiellen Preisgewinner? Also kommen für die Verleihung überhaupt nur Werke in Frage, die von ihren Autoren eingereicht sind. Denn jede Meldung kostet ihre Gebühren. Nicht nur symbolische etwa, die knapp die Kosten decken. Für so manche Trophäe muss tief in die Kasse gegriffen werden, um überhaupt in der Vor-auswahl mit dabei zu sein. Für jede Kampagne, für jedes Sujet extra. Und das eingereichte Material muss sich zudem noch aufs Beste präsentieren. Sonderfertigungen werden dafür oft entwickelt und gestaltet. Die kosten auch wieder. Auch da kann manches noch zusätzlich teuer werden.

Doch warum denn das Ganze?

Egomanie der Werber steckt natürlich mit dahinter. Aber das ist gar nicht das eigentliche Motiv. Um das Gewinnen neuer Kunden geht es in erster Linie. Nichts ist in der Werbewelt so rar wie Kunden mit einigermaßen lukrativen Etats. Davon gibt es rein zahlenmäßig viel weniger als es Werbeagenturen gibt. Paradox mag das scheinen. Ist aber so.

Und die meisten dieser raren Etat-Paradiesvögel haben Leute in den Direktionsetagen, bei denen man nie so genau sagen kann, ob sie nun mehr geltungsgeil sind oder mehr verunsichert. Da werden die Awards zu Wegweisern. So eine preisgekrönte Agentur *muss* ja gut sein, spielen ihre Gedanken, sonst hätte man sie doch nicht ausgezeichnet. Und auch das von ihr Geschaffene, wofür die Agentur prämiert wurde, *muss* ja gut sein. Ganz bestimmt funktioniert es wunderbar im Markt. Da haben doch erfahrene Hasen von der Werbung in der Jury gesessen. *Die* wissen sicher am besten, auf was für Botschaften und welche Gags die Verbraucher anspringen. Also *die* Agentur, die müssen wir haben.

Überzogen? Nein doch. So läuft es bei den Köpfen in den Vorstandsetagen. Und je angestellter in je gewichtigeren Unternehmen die Manager sind, umso mehr laufen sie oft ihren Ködern hinterher. Verunsicherung. Geltungssucht. Inhabergeführte Firmen sind darin einigermaßen resistenter. Wer dort das Sagen hat, ist wohl eher dazu gezwungen, bewusst zu denken. -

Da hatten wir also unsere Briefkarte: den Glückwunsch und die Einladung zur Preisverleihung. Sollten damit echt *wir* gemeint sein? Eher nicht, war bis zuletzt die Meinung von uns allen. Wir hatten ja nichts eingereicht! Gar nichts. Uns mit einem Anruf beim Politecnico zu vergewissern, trauten wir uns aber auch wieder nicht. Wie hätten wir denn die Frage motivieren sollen? So sind wir also hingegangen zur Preisverteilung, das ganze Team, mehr zögerlich neugierig als freudig hochgestimmt.

Im Palazzo Serbelloni war die Prämierung angesagt, im großen Saal der Gobelins, in dem Napoleon 1796 vom Mailänder Stadtkomitee empfangen worden war. Es war in etwa der feierlichste Rahmen, der sich denken ließ. Wenn uns da doch jemand nur einen Streich spielen wollte?

Bei unserer Ankunft war der Saal schon recht gut gefüllt. Etliche bekannte Gesichter, eine größere Anzahl von Journalisten. Wir setzten uns in eine der hinteren Reihen. Ich ganz außen am Gang. Nicht weil ich dachte, bald aufstehen und nach vorne gehen zu müssen, sondern weil ich immer einen Außenplatz nehme, wenn es sich irgendwie ergibt. Das ist ungefähr so, wie ich es nicht mag, eine Tür im Rücken zu haben, oder U-Bahn zu fahren.

Die üblichen Vor- und Einführungsreden von ein paar sich wichtig nehmenden Funktionären dehnten sich hin. Dann irgendwann war es doch so weit, dass der erste Preisträger aufgerufen wurde. Für die Sparte Sales Promotion. Eine Winzereigenossenschaft aus der Gegend des Chianti war es, wenn ich mich recht erinnere, die für ihre Initiativen der Export-Verkaufsförderung ausgezeichnet wurde.

Dann der Zweite, und der war uns schon eine gewaltige Überraschung: Luca Cordero di Montezemolo wurde auf die Bühne gerufen, der Mann von der *Scuderia Ferrari*. Er war es wirklich, der da mit wehendem Haar nach oben lief, braun gebrannt wie immer im Fernsehen gesehen und mit seinem routiniertem Auftrittslächeln. Gelassen hörte er sich die Laudatio an. Er wusste ebenso gut wie alle im Saal, welch positive PR-Werte Ferraris Rennstall nicht nur für die Rennwagen aus Maranello sondern für ganz Italien erzielt hatte und immer wieder einfuhr. Mit großzügigem Lächeln widmete er den Preis der gesamten italienischen Industrie, weil nun Ferrari doch nichts weiter sei als nur ein kleiner Teil des weltweit zu Recht so hoch geschätzten *Made in Italy*. Das war nicht mehr zu toppen.

Doch jetzt war der Award für Werbung dran. Nervöses Wispern lief durch unsere Reihe. Mein Name hing plötzlich im Raum. Wirklich, der meine.

Inge Feltrinelli, die Verlegerin, hat die Laudatio gesprochen. Von ihren Sätzen ist mir nur ein Teil so ganz bewusst geworden. Andauernd habe ich mehr darauf gelauert, einen Hinweis von ihr zu hören, *wer* nun und *was* die konkreten Veranlassungen dafür gewesen waren, dass ich jetzt auf der Bühne stand. Da ist aber kein Hinweis gekommen. Ganz allgemein hat sie von Interservice gesprochen und auf etliche unserer Arbeiten der letzten Jahre hingewiesen, keine davon besonders hervor gehoben, allen viel mehr den Spiritus dessen zuerkannt, vor allem den Markterfolg der Kunden nie aus dem Blick zu verlieren. Viel anders hat es dann auch nicht auf dem Diplom gestanden, das mir mit der *Targa d'Oro*, einer ziegelgroßen vergoldeten Reliefplakette mit darauf einem breit geflügeltem Engel, übergeben wurde:

> *An Interservice Marketing Communications Srl*
> *für die absolute Originalität etlicher Initiativen und*
> *für die erzielten beachtlichen Ergebnisse*
> *durch Botschaften der werblichen Kommunikation.*

Sehr erhellend war das noch immer nicht, aber doch eindeutig nun: Wirklich wir waren gemeint, hatten den Award bekommen.

Cocktails dann. Fotos wurden noch gemacht, eines auch von unserem ganzen Team mitsamt der Plakette. Auch das so übliche Geplauder mit dem einen oder anderen der Gäste hat nicht geholfen, uns effektiver auf die Sprünge des *Wer denn* und *Warum* zu helfen. So sind wir denn bald zum Conte Ugolino gezogen. Feucht-fröhlich und andauernd ist der Abend geworden. Das Goldrätsel rumorte immer noch in unseren Köpfen. Spekulationen aller Art sind am Tisch hin und her geflogen. Auch Carlo, der Wirt, hat die seinen dazu beigetragen, zusammen allerdings mit einer viel konkreteren Flasche Champagner auf Rechnung des Hauses.

Die Zeit ist weiter gelaufen. Andere Awards hat es für uns gegeben. Nicht selten bin auch ich in Jurys gesessen. Das Erlebnis mit der *Targa d'Oro del Politecnico* ist dabei aber einzigartig geblieben. Nie wieder ist es mir begegnet, dass irgendeines der vielen Goldenen Kälber vergeben wurde, ohne dass die damit Ausgezeichneten genau wussten, weswegen gerade sie daran waren und warum jetzt.

Wie geht denn das?

Vor meinen Fenstern regnet es. Dicht an dicht rauscht es herunter. Novemberregen. So richtig die Stimmung zurückzudenken.

Oft haben mich Bekannte, gute Freunde gefragt, wie das denn gehe mit den Einfällen für die Werbung – Reklame sagen immer noch viele – und wie ich denn auf deren Texte komme. Nicht alle meinen, dass es einfach ausreiche, ein skrupelloser Lügner zu sein, der sich sein zweifelhaftes Brot damit verdient, verführerische Sprüche zu klopfen. Aber irgendwie ist es den meisten doch suspekt, dass einer *nichts Anständigeres* zu tun weiß und vielleicht darauf auch noch stolz ist.

Ich bin so einer. Natürlich hat mein Beruf auch noch eine Menge anderer Facetten, aber die Texte zu schreiben ist mir der fast spannendste Teil davon. Nie weiß ich, was bald darauf stehen wird, wenn ich vor einem leeren Blatt sitze. Oft kann ich immer noch verblüfft sein, wenn da dann etwas steht, was mich selber lockt.

Lange ist es mir selbst nicht klar gewesen, wie mir Texte zufließen, die positiv wirken können. *Positiv* meint dabei nicht, dass sie die Leute verführen, etwas zu tun oder zu kaufen, was sie eigentlich gar nicht möchten und ihnen auch überflüssig ist. Und *positiv* meint schon gar nicht, dass sie, die Texte, irgendwelche Schuldgefühle auslösen sollen, die dann zu sie kompensierender Geldausgabe verführen. Es geht um anderes. Darum, ein *Aha*-Erlebnis zu erzeugen, von dem etwas sozusagen Freundliches ausgeht. Positiv eben.

Also, wie denn? Mein Weg ist dabei oft, dass ich mich zeitlich weit zurück denke. Zurück in eine Zeit, die das noch nicht kennt, oder gar für selbstverständlich hält, was ich jetzt meinen Mitmenschen schmackhaft machen will. *Was hätte mir gefehlt, wenn...? Und worüber hätte ich mich besonders gefreut, falls damals schon...?* – ist in etwa das, was ich mich da frage. Und aus den Antworten, die ich in mir höre, entstehen

Wörter und Sätze, die dann bald auf dem Blatt vor mir stehen.

Gute Wörter, Sätze können das dann sein, aber auch verdammt schlechte. Schulmeisterlich belehrende. *Negativ!* Freundschaftliche. *Zu vertraulich etwa doch?* Einfach nur erklärende. *Langweilig?* Apodiktische auch. *Bloß jetzt kein Kasernenhof!* So vielerlei kann da unversehens stehen, auch viel oft Unerwartetes.

Jetzt die Blätter liegen lassen, aber nicht zu lange. Eine oder zwei Stunden vielleicht, höchstens eine Nacht. Und mein großes Archiv kommt dann oft zum Zug: der Papierkorb. Manchmal landet da auch alles und ein neuer Anfang steht an. Geschriebenes nochmals um und um zu friemeln bringt nichts. Entweder da ist etwas, oder es ist eben noch nichts da.

Nur: Weiß ich denn, ob das, was übrig bleibt, in der mir gesetzten Zielgruppe auch funktioniert? Natürlich nicht. Ich kann es nur hoffen... und mit mir meine Auftraggeber, die beim Lesen oder Hören hoffentlich auch ihr *Aha*-Erlebnis hatten.

Mein erster Textlehrer, Hermann M. Lorz, machte sich stark für apodiktische Kurzaussagen, die er dem Zielpublikum gern um die Ohren schlug. *Die Uhr, immer ein gutes Geschenk!* – war einmal sein Claim für die deutsche Uhren-Gemeinschaftswerbung. *Na und?* - schien mir die angemessenste Reaktion darauf zu sein. Für Lorz aber waren solche Behauptungs-Aussagen so ziemlich das Maximum guter, sprich wirkungsvoller Werbung. Er war einigermaßen verdorben von seinen Erfolgen der frühen Jahre, in denen er sich mit solcher Art getexteter Apodiktik seinen Namen gemacht hatte. *Psst, Feind hört mit!* und *Achtung Kohlenklau!* waren Claims von ihm, oder etwa auch: *Räder müssen rollen für den Sieg.* Und viel später eben dann das von der Uhr.

Wie der Herr, so 's Gscherr. Ich habe in der Lorz-Agentur auch so angefangen. *Batscheider Brote, besondere Brote* oder *Adler Käse, von Natur aus gut!* – waren in etwa die traurigen

Fußstapfen meiner ersten Texterschritte. Davon, mich erstmal in die Menschen früherer Zeiten zu versetzen und mich zu fragen, was einer wie ich sich damals hätte erträumen können, und das dann in den Raum zu stellen... davon war ich noch weit entfernt.

Zu Beginn der Interservice-Zeit war das dann anders. Ich hatte *meine Wäsche* bei David Ogilvy und Howard Gossage *gewaschen* und war meinem Konzept vom Werbetext schon ein gutes Stück näher gekommen. Einer unserer allerersten Agenturkunden fällt mir dazu ein: Eurostile, das Architekturbüro von Jean Aschieri.

Eurostile befasste sich mit allem, was *bestehende Räume wohnlich macht*. Restrukturierungen und Restaurierungen waren ein Teil davon, das Hauptgewicht lag aber bei Innendekor und Einrichtung auf anspruchsvoll hohem Niveau. Die Wahl erlesener Stoffe und Bodenbeläge gehörte ebenso dazu wie die Suche nach passenden Kunstgegenständen und Antiquitäten. Unsere Agenturaufgabe war, das Konzept von Eurostile und die sich daraus ergebenden Service-Möglichkeiten in den Markt tragen. Das brauchte vor allem einmal einen kurzen und einprägsamen Claim, der sich in allen Werbebotschaften wiederholen und beim dafür potentiellen Publikum festsetzen sollte. Das war es dann:

Noi siamo il tempo che vi manca. Eurostile. [3]

Damit war etwas gesagt, das Jean Aschieri nicht unbedingt interessierte, dabei aber genau das war, worauf seine eventuellen Kunden anspringen mochten. Sie sollten und konnten daraus lesen, dass es ihnen ganz sicher nicht am guten Geschmack fehlte, sich selber einzurichten, und natürlich auch nicht am Geld, sich alle die schönen Dinge um sich zu sammeln, für die sie ihr Geld ja wohl gescheffelt hatten, sondern einzig und allein darum, dass ihnen einfach die Zeit fehlte, sich um alles selber zu kümmern, was sie

---

[3] *Wir sind die Zeit, die euch fehlt. Eurostile.*

natürlich liebend gern getan und – zumindest in ihrem Wunschdenken – durchaus auch gekonnt hätten, wenn sie eben die Zeit...

Es ist ein Beispiel nur. Viele von dieser Art haben sich mir angesammelt. Auch Italunion könnte dazu passen.

Italunion war die Investmentgesellschaft unseres Kunden BPL, Banca Provinciale Lombarda. Das zu bewerbende Angebot waren Aktien- und Immobilienfonds, die ein überwiegend auf Sicherheit bedachtes Management hatten und vor allem auf private Anleger ausgerichtet waren. Zum Sparen und zur Alterssicherung sollten wir sie anregen. Nahe liegt es bei solcher Vorgabe, sozusagen mit erhobenem Zeigefinger auf die Leute zuzugehen, oder ihnen aber etwas von irrealen Gewinnchancen vorzugaukeln. Die einschlägige Werbung war damals voll davon und ist es auch heute noch. Ich habe auf anderes gesetzt und dabei ist der lakonische, zugleich aber doch nachdenklich stimmende Claim herausgekommen:

Oggi è il primo giorno del tuo futuro. Italunion. [4]

Der Satz hat planende Phantasie gezündet. Deshalb hat er auch funktioniert. Zumal die auf das Ansparen für Renten ausgelegten Italunion-Angebote wurden überdurchschnittlich gut angenommen und leichtfüßig überholten sie die Konkurrenz. Dass der Satz dann bald und für recht lange Zeit zum geflügelten Wort in Italien geworden ist, hat mich besonders gefreut.

Emotionales gehört natürlich auch dazu. Nicht dass ich etwa meine, ein Angebot lasse sich ganz einfach mit und über Emotionen dauerhaft sozusagen zum Liebkind der Verbraucher machen. Das, davon bin ich überzeugt, kann nur in seltenen Fällen funktionieren. Aber zwischendurch einmal ein auch starker Zuschuss von Gefühlsbewegendem kann einer Kampagne durchaus gut tun.

---

[4] *Heute ist der erste Tag deiner Zukunft. Italunion.*

Ein Beispiel dafür ist mir Tai-Ginseng. Das ist ein phytologischer Aufbau-Trunk aus der Apotheke, der – recht gut nachgewiesen – dem Nervenflattern entgegen wirkt. *Burn out*, wie man das heute so nennt, oder auch das berühmte italienische *esaurimento nervoso*, die *Erschöpfung der Nerven*, finden da ihren die Widerstandskrafte stärkenden Helfer. Und was gibt es denn, was mehr als anderes Nervenflattern verursacht? Stress natürlich.

Den Stress machten wir also zum Bösewicht und Tai-Ginseng zum Schild gegen dessen Aggressionen. Da ist es dann schon auch vorgekommen, dass wir auch Emotionen eingesetzt haben. Gelegentlich sogar mit harten Bandagen. An eine Anzeige erinnere ich mich besonders, wohl weil sie die heftigste der Serie war und etlichen Tumult ausgelöst hat. Ihr Titel von mir:

Un tempo era la guerra a seminare morte. Oggi è lo stress. [5]

Das Bild dazu, in Großformat: ein Soldatenfriedhof des zweiten Weltkriegs. Die Reaktion war lautstark und schrill. Sicher, damit hatten wir überzogen. Das Bild weiter einzusetzen wurde uns dann auch vom Werberat verboten; nicht aber der Titel und auch nicht der darunter stehende, recht in aufwühlende Details gehende Text.

Noch ein Beispiel passt auf die gleiche Schiene: Giroset. Giroset ist ein Selbstdurchschreibe-Papier der Feldmühle, das sich gut für mehrblättrige Durchschriften eignet, weil es bis zum sechsten oder auch siebten Blatt eines Sets noch gut lesbare Kopien ergibt. Beim damals noch überwiegend verwendeten Kohlepapier war an solche Ergebnisse nicht zu denken. Schon eine dritte, gar vierte Kopie war meist unleserlich. Eine Werbebotschaft mit direktem Leistungsvergleich hätte sich da angeboten. Doch das kam mir überhaupt nicht in Frage. Die vergleichende Werbung hat stets so etwas Besserwisserisches, Schulmeisterliches an sich und

---

[5] *Früher hat der Krieg reihum den Tod gesät. Heute der Stress.*

ist dazu noch so langweilig statisch, dass sie nur ungern erinnert wird – und dann oft auch noch falsch, also verkehrt herum. Deshalb habe ich auch hier Emotionen ins Spiel gebracht, für so ein absolut emotionsloses Produkt, wie es wohl nur ein Durchschreibepapier sein kann. Der Titel unserer Anzeigenserie:

Di brutte copie ne abbiamo già abbastanza. Basta. [6]

Die Bilder dazu wechselten. Alle stets einen Großteil der Seite füllend und jedes Motiv auf seine Art mit provokantem Stachel. Eines davon hat ganz besonders eingeschlagen. Es zeigte in einem Bildmosaik die Fotos der Regierungschefs Italiens der letzten vier Jahrzehnte. In chronologischer Folge. Unter jedem Foto der Name und die Amtsdauer des Abgebildeten. Es waren 46 in nur zehn Legislaturperioden – und immer wieder waren es dieselben Männer gewesen, die uns regiert hatten und nun entsprechend vielfach von der Anzeigenseite blickten. Die Passbilder von nur 5 Politikern brachten es auf zusammen 31 Präsenzen. Immer wieder Neuauflagen also. Kopien. Das Bildmosaik war schaurig schön. So richtig ein Schlag in des Untertanen Magengrube.

Was da dann an Reaktionen gekommen ist, hat insgesamt schon imposante Formen angenommen. Aus allen Ecken sind sie auf uns eingestürmt und nicht alle waren positiv gestimmt. Gefühle waren aufgebrochen, Emotionen freigelegt worden. Gerade das hatten wir ja auch gewollt. Dass das aber auch noch internationale Steine ins Rollen bringen würde, hatte ich mit keinem Gedankensplitter vorbedacht. Dabei war doch Giroset ein Produkt der Feldmühle und die Feldmühle ein deutsches Unternehmen, das sich hier und jetzt *erdreistet* hatte, Italiens Nachkriegs-Geschichte und seine Regierungen sozusagen durch den Kakao zu ziehen.

Unser Kunde hat es mit Langmut getragen. Im Grunde war doch, speziell auch durch den Rummel, in einem breiten, finanziell nie bezahlbaren Maße genau das erzielt,

---

[6] *Schlechte Kopien haben wir schon mehr als genug. Schluss damit!*

was der Kampagne vorgegeben war: den Bekanntheitsgrad aufbauen und ein bisschen Aversion verankern gegen unergiebige Kopien.

Natürlich gibt es auch Situationen, in denen selbst die spannendsten kleinen Geschichten nichts bringen. Um zu bewerbende Dinge geht es da, die ganz spontan und auf der Stelle zu entscheiden sind. Kurz hingehackte Textschläge wie von einem Dampfhammer können dafür die bessere, manchmal die einzig richtige Lösung sein. Algida fällt mir da ein.

Algida war das in Italien so weit verbreitete Eis wie hier zu Lande etwa Langnese. Sollten wir da werblich sagen, dass es das bessere, gar beste sei? *Quatsch.* Etwa Geschichten erzählen über dessen wundersame Aromen und die Vielfalt der lockenden Farben, der leckeren Sorten? *Blödsinn.* Die Marke war bekannt und noch bekannter konnte sie kaum werden. Bei Nicht-Konsumenten neue Gewohnheiten aufzubauen, das hätte viel zu lange gedauert. Ein Eis zu essen hat ein Spontanentschluss zu sein. Immer wieder, wann immer es sich gerade ergibt. Daran tagelang herum denkend, stand mir plötzlich *der* Hammerschlag vor Augen:

Un Algida, adesso! [7]

Einfach so. Begleitet lediglich von ganz einfachen Szenebildern oder auch auf nur einfarbigem Grund. Anzeigen, Plakate, auch TV-Spots, die nur blitzkurze fünf Sekunden brauchten. Es hat funktioniert. Zur Redewendung ist es geworden, in mancherlei Situation gebraucht. Für mein Texter-Ego besonders befriedigend war der recht banale Hammer nicht; dafür aber gut für die Finanzen der Agentur.

Texte schreiben. Werbetexte für Millionen.
Da ist also mein Versuchen, zurückzugehen zu früheren Zeiten und dem damals vielleicht Gegebenen... ein Nach-

---

[7] *Ein Algida jetzt!*

denken darüber, was ich mir selber wünschen könnte... ein bisschen Emotionen dazu mischen... abwarten dann, was mir nach ein paar Minuten oder etlichen Stunden auf dem Blatt steht... Aber ist das denn alles?

Howard Gossage hat mir beigebracht, was es dazu sonst noch braucht: Geschichten – kleine, spannende Geschichten erzählen, in denen das zu Bewerbende eine Rolle spielt. Nicht unbedingt die Hauptrolle. Eine etwa auch marginale, die eben hängen bleibt.

Manchmal recht lange Texte ergeben sich daraus. Nur so drei-vier plakative Wörter auf oder unter einem Bild reichen da nicht aus. Die sollen im komprimierenden Schluss-Claim ihren Platz finden und können dort wieder und wieder den Nagel einschlagen. Als dauerfestigender Kitt sozusagen.

Und schon höre ich den Einwand: *Lange Texte... die Leute lesen ja keine Werbung!* Aber gerade das ist falsch. Langweiliges Zeug wird nicht gelesen. Da ist es ganz gleich, ob das nun Werbliches ist oder sonst was. Ganz anders aber, wenn etwas spannend ist oder so daher kommt. Auch bei den Anzeigen ist das so, und beim Fernsehen und seinen Spots ist es auch nicht anders. Nur leider: Die meiste Werbung wird nun mal überwiegend langweilig gedacht und geschrieben. Da ist es dann gleichgültig, ob das nun vier Zeilen sind oder vierundzwanzig. Dafür ist jede Minute zu schade. Und die Leute merken das. Auf Anhieb. Sofort.

Und sonst nichts? Nicht viel. Der Rest ist Handwerk. So wie beim Maler, der mit Farben umzugehen weiß.

Ein bisschen Gefühl für Rhythmus schadet nicht. Und natürlich gehört es dazu, ständig im Kopf zu haben, wie viel Platz die Wörter, die Sätze brauchen. Anzeigenraum ist teuer. Und wenn man zum Textlesen eine Lupe braucht, dann wird die Botschaft allemal schnell überblättert. Da geht es den zu kleinen Schriften genau gleich wie den faden Bildern.

Die *schwierigen* Wörter sind natürlich auch so eine Sache. So mancher meiner Kollegen – ob er nun schreibt, oder sonst was im Marketing macht – meint wirklich, dass die Leute ganz irre darauf abfahren, wenn er immer wieder einmal *bedeutende* Wörter einstreut. Also solche, die vollmundig auf gräko-anglizistischen Kothurnen so sperrig einherschreiten, dass es ihnen gelingt, auch die Gutwilligsten in die Lese- oder Zuhörflucht zu treiben. Das ist aber ist weniger der Texter als der Berater ihr Ding.

Ja, noch eines: Wenn so ein Text einmal für leidlich gut befunden ist, dann ihn sofort speichern, ausdrucken und dem Kunden präsentieren oder ihn sonst wohin schicken, wo er erwartet wird. Bloß nicht nochmals drüber nachdenken, gar um zu überlegen, ob er nicht doch vielleicht... Sonst wird er niemals fertig und besser wird er schon gar nicht.

Vor meinen Fenstern regnet es immer noch. Novemberregen ist anhänglich, rennt nicht gern schnell mal hier- und dorthin. Ein paar bunte Rosen lachen mir vom Fensterbrett zu. Rechts durch die Scheibe zum Balkon sehe ich das satte Grün der Eibe, die dort steht. Und da fällt mir auf, dass ich eines nicht erwähnt habe, das ich zum Texten unbedingt brauche – immer schon gebraucht habe: Fenster, breitflächig den Raum dominierende Fenster, die die Umwelt zu mir herein und die Gedanken nach draußen holen. Solche Fenster muss ich vor mir haben. Und die hatte ich auch immer, wenigstens seit ich mir meinen Arbeitsplatz selber wählen konnte. Überdimensioniert breite, möglichst hohe Fenster, die voll in meinem Blickfeld liegen.

So wie die, auf die ich jetzt gerade in den Herbstregen schaue.

Aperitif an der Lagune.

Wohl zum letzten Mal fand in dem Jahr das internationale Werbefilm-Festival in Venedig statt, am Lido. Das wusste damals aber keiner. Ungebrochen schien die Tradition, in der sich Cannes und die Lagunenstadt im Jahresrhythmus abwechselten. Venedig also, noch einmal eine Woche lang die zweite Hauptstadt des Werbefilms. Juni war's wie üblich und alle, die in unserer Branche zählten oder zu zählen hofften, waren an die Lagune gekommen.

Mich hatte Sipra, die Vermarktungsgesellschaft des staatlichen Fernsehens, für die ganze Festival-Woche eingeladen, wie all die Jahre bereits, seit Interservice einiges an kreativer Anerkennung erlangt hatte. Im Hotel Excelsior war ich untergebracht, direkt am Lungomare und nur wenige Schritte vom Filmpalais entfernt. Echt feudal. Doppelzimmer mit Meeresblick. Erste Sahne. Katja wollte zum großen Finale am Wochenende auch kommen.

Eine der Nachmittagssessionen war vorbei. Die Augen brannten mir müde und das Hirn hechelte danach, Luft zu bekommen und die Kehle wollte Feuchtes nach all dem Bilder- und Sprachen-Wirrwarr von gut fünfhundert internationalen Werbespots hintereinander an einem Stück. Vom Filmpalais nach links spazierte ich den Strand entlang, genoss sicher den Blick auf die noch Badenden, das Meer und die ewig hungrigen Möwen. Ohne ein wartendes Ziel. An die Terrasse vom Hotel Des Bains bin so ich gekommen. Thomas Mann ist mir eingefallen, der hier auch gesessen und grünen Jungs nachgeträumt hatte. Hier jetzt ein Aperitif, war mein spontaner Entschluss. Vielleicht fand sich auch jemand auf der Terrasse, mit dem man Werbeklönen und die Kreativen der Konkurrenz zerhecheln konnte.

Peter Quayle war da. Allein saß er an einem der runden Tischchen, wohlgenährt und breitbackig strahlend. Seit gut sechs Jahren hatte ich ihn nicht mehr gesehen. weder in Völlig aus dem Blickfeld war er mir entschwunden.

Da braucht es jetzt kurz die Vorgeschichte.

Ich hatte Peter in grauer Vorzeit der frühen 1960er-Jahre kennen gelernt. Er war damals Kundenberater bei Ogilvy & Mather, der Mailänder Werbeagentur, die mit dem Konfitüren-Etat von Zuegg befasst war, und ich war bei Zuegg Assistent von Dr. Ernesto M. Norbedo, dem Marketing-Vorstand. So war es gekommen, dass wir uns ein Jahr lang häufig sahen, auch anfingen, gut zusammenzuarbeiten, wobei wir allerdings nie auch nur *ein* privates Wort miteinander wechselten. Dann bin ich weg von Zuegg und hinein in eine nächste Etappe meines damals mäandernden Lebens.

Drei Jahre später war ich in Mailand gelandet. GGK, die damals als so wahnsinnig kreativ renommierte Schweizer Agentur, hatte mir die Leitung der italienischen Niederlassung anvertraut, womit ich so etwa der jüngste Chef einer internationalen Werbe-Company in Italien geworden war. Aber die GGK-Filiale musste erst noch aufgebaut werden. Für unsere ersten Monate hatten wir untermietenden Unterschlupf mit partieller Arbeitsgemeinschaft bei Brüllmann & Contini, der Filiale auch einer Schweizer Agentur, gefunden und Peter Quayle war mir dort ganz unvermutet als deren Leiter begegnet.

So hatten wir uns wieder getroffen. Die dann folgende kurze Bürogemeinschaft ist nett geworden. Katja und ich waren neu in Mailand und kannten anfangs noch niemanden. Ganz natürlich hat es sich da ergeben, dass wir bald und immer öfter auch abends und am Wochenende mit den Quayles beisammen waren. Viel dazu beigetragen hat, dass wir Mary, Peters Frau, schnell sehr gern mochten und auch mit seinen Söhnen gut klar kamen. Tommy war damals so an die zwölf und Paul ein paar Jahre jünger.

Ich hatte für GGK dann sehr bald unsere Büros mit Dachterrasse im Hochhaus an der Piazzetta Liberty gefunden, vor deren Pano-ramafenstern die tausend gotischen Spitzen des Mailänder Doms geradezu zum Greifen nahe schienen. Die Untermiete war zu Ende. Nicht aber die beginnende Freundschaft mit Peter und den Seinen.

Dann aber hatte es ziemlich bald irgendeinen Zoff bei Brüllmann & Contini gegeben. Peter hatte den Krempel hingeschmissen und damit wohl auch jede Lust auf Italien verloren. London war seine nächste Etappe. Und so haben wir uns aus den Augen verloren. Jahrelang. Sechs oder sieben. Und nun saß er plötzlich mit einem Glas vor sich da, auf der Terrasse vom Des Bains, und winkte mich fröhlich an seinen Tisch.

Und er erzählte. Zuerst Privates. Über seine zwei Jungs, die fast schon bald erwachsen und im College waren, und davon, dass er sich von Mary getrennt hatte und nun geschieden sei. Dann kam die Rede aufs Berufliche. Er arbeitete nicht mehr in der Werbung und auch sonst nicht in einer Struktur, sondern nun als freier Marketing-Berater. Nicht wegen des Festivals war er in Venedig, sondern für einen Kunden in Murano, dem er den Export nach England organisieren sollte, wobei nun die Gleichzeitigkeit unseres Aufenthaltes lediglich ein Zufall war.

Über ein Unternehmen in Mailand fing er dann an zu reden, das er kurz vorher in dessen Gründungsphase beraten und mit dem Anbahnen von Geschäftsbeziehungen zu einer englischen Firma unterstützt hatte: *Distribution Service*, gegründet und geleitet von einem Herrn Giuliano Mancini.

Neugierig geworden, versuchte ich, ihm mehr darüber zu ent-locken. Und so erfuhr ich, dass es das Geschäftsmodell dieser Firma war, für Hersteller von Markenprodukten den Italien-Vertrieb zu übernehmen und in eigener Regie nach marktgerechten Aspekten zu organisieren. Im Firmenziel war dabei vor allem die Neueinführung viel versprechender Produkte in den Apothekenmarkt, der sich gerade jetzt in den mittleren 70er-Jahren vor einem gewaltigen Umbruch sah. Dass Distribution Service auch für die Werbung dieser Produkte eigenverantwortlich sorgte, ließ mich aufhorchen. Ob es denn da eine beauftragte Werbeagentur gäbe, wollte ich sofort wissen. Peter hat die Frage offen gelassen.

Wir haben uns dann bald getrennt. Auf Peter wartete ein Abend-essen mit seinem Kunden, der am Lido wohnte. Ich ging zu einem der vielen von den Produktionsfirmen für uns Werber organisierten Buffets. Jahre sind vergangen, bis wir uns später wieder einmal getroffen haben.

Zurück in Mailand, fing ich gleich an, nach Distribution Service – DS, wie ich bald lernen sollte – zu suchen und nahm Kontakt mit Giuliano Mancini auf. Die gemeinsame Bekanntschaft mit Peter Quayle hat mir die Tür zu Mancinis Vertrauen geöffnet. Schnell konnte sein Kennenlern-Besuch in der Agentur vereinbart werden.

Aus einem ersten Treffen sind rasch etliche geworden. Erst war da überwiegend nur Neugierde bei Mancini. Vor allem an meinen von Norbedo erworbenen Theorien zur Psychologie der Massen und deren unmittelbare Anwendbarkeit in werblicher Strategie und Botschaft zeigte er sich interessiert.

So kam es dann, dass wir von Mancini kurz nach den Sommerferien zur Konzept-Präsentation für ein Produkt aus Deutschland eingeladen wurden, Tai Ginseng von Dr. Poehlmann in Herdecke, für das DS sich gerade den Exklusivvertrieb Italien sichern wollte. Mein Team und ich konnten überzeugen. So kam es zur DS-Aufforderung an mich, mit zu den finalen Vertragsverhandlungen an die Ruhr zu fahren, was, wie sich bald heraus stellte, Mancini vor allem wegen meiner Deutschkenntnisse in den Sinn gekommen war. Wie dem auch immer: DS hat den Vertriebsvertrag bekommen und wir, Interservice, von Mancini den Agenturvertrag für den Werbeetat. Es war der Anfang einer jahrelangen, intensiven und erfolgreichen Zusammenarbeit, die etliches dazu beitragen sollte, die Entwick-lung von Interservice prägend mit zu beeinflussen.

Für uns besonders interessant und wichtig war dabei, dass Mancini schnell mein Grundkonzept zur Finanzierung von Werbeinvestitionen akzeptiert und zu dem seinen gemacht hat: *Werbekosten sind feste Stückkosten des Produkts, genau so wie es das Rohmaterial und die Produktion und die Verpackungen sind. Entsprechend sind Stückkosten der Werbung ebenso und unverzichtbar vorab in die Preiskalkulationen einzusetzen und dann entsprechend auch stets zu investieren.*

Ich hatte das Konzept von Howard Gossage übernommen, dem brillanten Werbetheoretiker und Texter in Kalifornien. *Communications Generation* hatte er es genannt. Es ist einer der Schlüssel dafür, dass Werbeetats planmäßig zustande kommen, statt wie meist improvisiert festgesetzt und nach Laune fast willkürlich erhöht oder gekürzt werden. Das bringt Planbarkeit, zumal auch für die Agenturen, und den Marken bringt es die Kraft der Konstanz.

DS war der erste Kunde, der uns den Apothekenmarkt nahe brachte, von dem meine Gruppe und ich bis dahin nicht die kleinste Ahnung hatten. Er ließ uns das Dilemma eines Berufs kennen lernen, der zum Teil nur akademisch ausgebildeter Handlanger für Rezepte ist, andererseits aber ein dafür meist ungelernter, sich improvisierend gewiefter Händler einer Vielfalt von frei verkäuflichen Produkten zu sein hat. Und Mancini öffnete uns die Wege auch zu den Gremien des Apothekerverbandes, zu medizinischen Fakultäten und vor allem auch zu den Schaltstellen beim Gesundheitsministerium in Rom.

Für DS und Tai Ginseng entwickelten wir die erste italienische Werbekampagne in Massenmedien, die Stress als Lebensfaktor zum Leitmotiv hatte. Ebenfalls als erste in Italien brachten wir mit DS Werbebotschaften und Displays für Kondome in die Schaufenster und auf die Verkaufstheken der Apotheken, zu einer Zeit, als auch in den Städten die männlichen Kunden sich vielfach noch nicht trauten, Kondome von einer Verkäuferin zu verlangen, und es nicht nur in Italiens tiefem Süden durchaus noch üblich war, diese anstößigen Produkte in anonymes Papier gehüllt verschämt aus einer Schublade zu bekommen. Und nur wenig später erlaubte es uns die Zusammenarbeit mit DS sogar, für einen der damals eklatantesten Werbeskandale Italiens zu sorgen. Was sich da getan hat, kann man sich in seinem Ausmaß und der Härte der erlebten Reaktionen heute kaum noch vorstellen.

So war es dazu gekommen: Mancini hatte in der Schweiz ein Produkt entdeckt, das in Italien völlig unbekannt war: ein Schaum bildendes Zäpfchen zu vaginaler Empfängnisverhütung. *Patentex* hieß es ursprünglich. Wir nannten es *Happy* für Italien. Und der Vertrieb startete landesweit mit einer dicht gestreuten Kombination aus Großplakaten und ganzseitigen Publikumsanzeigen, die kein Leser übersehen konnte. Das Bildmotiv: Ein offensichtlich frisch verliebtes Pärchen, junge und offen strahlende Gesichter mit leicht zerzaustem Haar, ganz normale, ungeschminkte, unbekümmert fröhliche Jugendliche. Der Claim dazu:

Amore sì, un figlio per ora no. Happy. [8]

Das Schöne am ganzen nun fast sofort einsetzenden Skandal-Rummel war, dass sich Mancini nicht ins Bockshorn jagen ließ. Ganz gleich, ob es da in der Folge nun um die Gerichtsklagen wegen krasser Verhetzung der Jugend ging, die zahllos durch die Städte schrillenden Demonstrationszüge aufgebrachter Feministen oder den mahnenden Zeigefinger des Werberats: Mancini hielt durch und ließ die Kampagne weiterlaufen. Auch dann noch, als etliche der Medien bereits angefangen hatten, keine Anzeigen mehr für die Verhüter anzunehmen, und der Hersteller von Happy längst genervt das Handtuch werfen wollte.

Aus der Zusammenarbeit mit DS sind mir die Idee und der Antrieb gekommen, Werbeetats für Interservice auch selbst zu erfinden und uns damit neue Kunden zu erschaffen, statt sie in hartem Konkurrenzkampf auf dem Markt zu erjagen.

Der Anstoß dafür kam so: Das Konzept von Mancinis DS war darauf aufgebaut, Produkte zu suchen, für die es in Italien noch keinen Vertrieb gab. Nicht alltägliche Produkte mussten das sein, oder solche, die zu einer originellen Ver-

---

[8] *Frei übersetzt: Liebe: ja. Ein Kind jetzt schon: nein! Happy.*

marktung einladen konnten. Da lag es mir bald nahe, selbst Marktnischen aufzustöbern, Ideen dazu zu finden und diese dann zu für den Italien-Markt interessanten Produkten zu entwickeln. Mit der Zeit ist mir das zu einem Hobby geworden, das auch bald zu ein paar neuen Produkten geführt hat, für die ich potentielle Hersteller und Vertriebsfirmen begeistern konnte. Einige davon konnten zumal im Apothekenkanal recht gut und dauerhaft Fuß fassen. Deren Werbeetats haben uns ab etwa 1980 einen großen Teil unseres Umsatzes gebracht.

Mancini war mit seinen innovativen Strategien unbestritten einer der prägendsten Erneuerer in Italiens Apotheken-Marketing. Er selber aber hat sich durch eine nicht zu Ende bedachte Nachwuchs- und Aufgliederungspolitik seiner DS dann jedoch selbst die Konkurrenten geschaffen, die ihn in den späten 80er-Jahren dann an den Marktrand drücken und regelrecht ersticken sollten.

Gut zehn Jahre lang ist die Zusammenarbeit mit DS für uns eine intensive, inspirierende und auch ertragreiche Zeit gewesen. Dann ist sie an einer an sich banalen Meinungsverschiedenheit zerbrochen, die mehr von beidseitiger Hartköpfigkeit als von Vernunft getragen war.

Für uns aber hat es sich nahezu unvermeidlich im Laufe der Zeit ergeben, dass ein paar von den jungen Vertriebsfirmen, die nach und nach auf Mancinis Schiene gestartet und selbst auch gut darauf voran gekommen waren, zu Interservice-Kunden geworden sind. Über lange Jahre hin sind sie eine solide, streckenweise auch fast primäre Basis für den unsere Agentur absichernden Umsatz geworden.

Ein Festival der Werbefilme in Venedig, Nachmittagssonne, die Terrasse vom Hotel Des Bains über der Lagune und ein Aperitif mit Peter Quayle...

Interservice wäre sehr anders geworden ohne dieses so ganz zufällige Zusammentreffen.

Versunkenes Venedig.

Vom Erinnern an frühsommerliches Venedig des trubeligen Werbefilm-Festivals springt mein Gedanke jetzt zu den leise glucksenden Kanälen schläfrig dämmernder Winterzeit.

Wir hatten Junghans unter unseren Kunden, den Uhrenhersteller, der dabei war, mit seinen innovativen Solaruhren auch im italienischen Markt erfolgreich zu werden. Seit fast undenklichen Zeiten, schon vor dem Weltkrieg, hatte die Firma eine Niederlassung in Venedig, mitten auf der Giudecca, wo in erster Linie Küchenuhren hergestellt wurden, aber auch die Zentrale für den Italien-Vertrieb der übrigen Produktpalette saß.

Die Zusammenarbeit war auf für uns ganz untypische Art zustande gekommen. Wir kannten Junghans als Marke; hatten bei Mailands Händlern die neuen Solaruhren in den Schaufenstern gesehen; konnten feststellen, dass es dafür keinerlei Publikumswerbung gab, was uns verwunderte – und so war es logisch, den Kontakt zu suchen. Soweit also ganz normal. Was wir aber nicht wussten: Junghans hatte bereits eine Werbeagentur. In Mailand sogar. Die vom mir gut bekannten Franco Colombo geleitete Lambert Adver.

Ich wurde zu einem Kennenlern-Gespräch nach Venedig eingeladen. Was ich zu erzählen und auch im Ansatz vorzuschlagen hatte, war wohl in etwa das, was dort von den Junghans-Verantwortlichen gern gehört wurde. Dem ersten Meeting sollte bald ein nächstes folgen, bereits mit möglichst konkreten Vorschlägen von uns nach detaillierten Vorgaben, die ich mitnehmen konnte. Weitere Treffen hat es dann in Venedig gegeben. Da hatten wir schon feste Anfangsaufträge, auch für eine kleine Probekampagne in hoch angesiedelten Zeitschriften. Dass Junghans *eigentlich* schon eine Agentur hatte, ganz regulär mit dem üblichem Standardvertrag, das hatte uns niemand gesagt. Und niemand auch, dass das Kundenverhältnis zu Colombos Lambert Adver keineswegs eingetrübt oder gar rissig war. Das ist uns erst aufgegangen, als etliche Monate später unsere Solaruhren-Kampagne angelaufen war und Colombo mich deshalb angerufen hat. Wutentbrannt. Was ihm nun ja auch nicht zu verdenken war.

Die Junghans-Geschichte geht mir aber im Augenblick nur recht am Rande durch den Kopf. Venedig im Spätherbst und im Winter sind mir jetzt dominant, die Lagunenstadt in den Monaten meiner Uhrentreffen auf der Giudecca.

Gern habe ich es mir eingerichtet, dass die Uhren-Meetings an den frühen Nachmittagen begannen. So konnte ich am Morgen ohne Hast aus Mailand kommen und hatte einen guten Grund, in Venedig dann zu übernachten. Wie lange so ein Meeting dauern würde, stand ja jedesmal in den Sternen. Der herbstliche und später winterliche Nebel war eine gute Ausrede, nicht spät abends oder nachts durch die meist feuchte Poebene zurückzufahren. Dabei ist es mir in Wirklichkeit nur darum gegangen, immer wieder mal ein paar geruhsame Stunden lang der modrigen und dabei doch so einnehmenden Atmosphäre der alten Serenissima nachzuspüren.

Das mir liebste Hotel war die Pensione Accademia in der Villa Maravege, einem zum Teil fast unverändert gebliebenen Palazzo aus dem 17. Jahrhundert. Direkt am Wasser gelegen, schauen einige seiner Fenster auf den Canal Grande und die anderen nach hinten hinaus auf einen mitten in Venedig ganz unwahrscheinlichen Rosengarten, den man sich gar nicht zu erträumen wagt, wenn man mit dem Vaporetto oder einer Gondel den Kanal entlang fährt und nur die imposanten Fassaden sehen kann.

Eigentlich dürfte es so ein Hotel gar nicht mehr geben. Mit den uns heute gewohnten, ob den luxuriösen oder eher den simpel funktionellen und in aller Welt gleichförmigen Business- und Touristen-Behausungen hat es fast gar nichts gemein. Es hat Flair, das gewachsen ist. Ob die tiefroten Damasttapeten tatsächlich zweihundert Jahre alt sind, die Lüster aus der Zeit von Casanova stammen und etwa Beaumarché sich am kleinen Schreibmöbel mit den Vogelintarsien dort in der Ecke wirklich Notizen gemacht hat: Wen interessiert es schon? Es sieht danach aus. Wie ebenso auch die meisten anderen Details dort den Eindruck vermitteln, in einem geruhsam in langer Zeit gereiftem Ambiente zu sein, dessen seidenbehoste Besitzer sich gerade in ihrem Sommerpalais auf dem Festland aufhielten. Atmosphäre. Kultur früherer Zeiten. Fresken, ein paar Skulpturen und wie zufällig zusammen getragene Kleinigkeiten ringsum. Da durfte es mir nichts ausmachen, dass ich jedesmal zu hoffen hatte, eines der Zweibettzimmer zu bekommen. Die für Singles vorgesehenen sind überwiegend doch so eng, dass das früher dort untergebrachte Dienstpersonal schon froh sein konnte, nur lediglich zum Tiefschlaf kurz ans und ins Bett zu kommen.

Die Villa Maravege lag optimal für meine Kurzbesuche in Venedig. Der Anlegeplatz der öffentlichen Vaporetti war gleich vor dem Eingang. Schnell und bequem war es, zum Kunden auf die Giudecca zu kommen, oder andererseits den Parkplatz am Piazzale Roma zu erreichen. Und hinter der nur wenige Schritte nahen Brücke über den Canal Grande, dem Ponte dell'Accademia, lag das ganze enge Gassenlabyrinth hin zum Teatro La Fenice und weiter dann zum Markusplatz.

Ankommen also, kurz duschen und ein frisches Hemd, das Meeting überstehen... und Vorfreude auf die Streifzüge danach durch die aufsteigenden Nebel der winterlich von Touristen leeren Serenissima.

Schön war es da für mich, dass die Junghans-Leute nicht gastfreundlich waren. Niemals ist es ihnen eingefallen, mich zu einem Aperitif nach stundenlangem Meeting oder gar zum Abendessen einzuladen. Das Arbeitsprogramm haben wir abgespult, meist trocken und recht zügig, und dann war freundliches *Ciao, ciao!* Unbelästigt konnte ich meiner Wege gehen. Natürlich habe ich versucht, die Termine so zu legen, dass dabei nicht nur abendliche Wanderungen sondern sich auch mal der eine oder andere Zusatznutzen ergeben hat.

So ist es mir gelungen, eine unvergessliche Traviata mit Ileana Cotrubas, Domingo und Miles in La Fenice zu hören, bei der der Schlussapplaus zu Recht gut eine halbe Stunde gedauert hat. Ich kannte in Mailand die Scala und hatte sie bis dahin für das viel-leicht harmonischste Opernhaus überhaupt gehalten. La Fenice war mehr. Theatermäßiger, wenn sich das auch nicht so richtig ausdrücken lässt. Heiterer. Fast schon verspielt bis hin zur schmalen Grenze, an der anheimelnder Kitsch in allzu schrillen umschlagen kann. Es war ein Wohnraum irgendwie, ein Ort zum sich Hineinkuscheln und Wohlfühlen. Undenkbar wäre mir das Horrorbild gewesen, dass nur kurze Zeit später das ganze Theater ausbrennen würde. Und nie mehr ist es mir später dann gelungen, die aus der Asche neu hochgeflogene Fenice nochmals zu sehen. Ob sich das noch je ergibt?

Überhaupt, Venedig im Winter!

Die Läden schlossen spätestens um halb acht Uhr und früher noch die Museen. Die Gassen leerten sich dann fast schlagartig und wie plötzlich frei gefegt. Verständlich: die meisten Beschäftigten zog es schnell nach Hause und ihr Daheim war überwiegend auf dem Festland.

Auch die Kneipen waren fast verwaist zu abendlicher Essenszeit, dabei aber immer gemütlich warm und oftmals für eine meist freundliche Überraschung gut. Da konnte es schon vorkommen, dass ein alter Mann sich an den Tisch dazu setzte, obwohl rundum reichlich freie standen, und anfing, einfach so vor sich hin zu erzählen. Über seine Arbeit auf dem Wasser etwa und wie das früher alles ganz anders gewesen war, als es für den Warentransport noch kaum Motorboote auf den Kanälen gab, sondern nur *sandali, chiatte* und die schnellen *pattanelle*. Und dass der Wirt ihm dann bald ein randvolles Glas hinstellte, wie selbstverständlich, mit fragendem kleinen Lächeln zu mir, ob das schon recht so und von mir übernommen sei. Sich dann etwa ein anderer dazu setzte und dann noch einer und vielleicht ein Vierter bis kein Stuhl mehr an den Tisch passte und die Luft immer dicker wurde vom reihum qualmenden Zigarettenrauch der filterlosen *Nazionali* und der Aschenbecher bald über-quoll. Auch dass sich bald dann mindestens drei von der Runde gleichzeitig über irgend etwas ereiferten, während die anderen scheinbar gar nicht darauf hörten, und der Wirt immer wieder mal mit Fragelächeln an den Tisch kam, das ich wohl anfangs nochmals mit einem Nicken quittierte, beim zweiten oder dritten Mal aber mit nur angedeutetem Abwinken.

Nicht selten fing einer zu singen an, in so einer Kneipe. Leise, in sich gekehrt, wie verträumt. Ein Zweiter mochte einfallen und dann dauerte es manchmal nicht lange, bis sich ein richtiger Chor aufgebaut hatte. Mehrstimmig. Gedämpft. Nicht für Zuhörer, sondern nur so vor sich hin. Die Venezianer haben so oft Musik in sich und häufig auch gute Stimmen. Vor allem die Männer hatten das. Ob auch die Frauen? Sie waren nicht in den Kneipen.

Und die Katzen.

Jedesmal gern bin ich spät noch durch die fast wie ausgestorbene Stadt gestreift: durch die dunklen Calli, in denen man oft nur nach einer Biegung den nebeldumpfen Schein einer Straßenlaterne an der nächsten Piazzetta sehen konnte; entlang schmaler, vor sich hin glucksender Canaletti bis deren flankierender Gehweg plötzlich zu Ende und im Dunkeln kein Durchgang in einem Torbogen zu sehen war, was nur noch zum Umkehren zwang; über die plötzlich vor mir auftauchenden Buckel kleiner Brücken, hinter denen sich das Gassenlabyrinth gleich eng verwinkelt und kaum beleuchtet weiter zog. Wanderungen zum sich Verirren. Was so manches Mal nur an die zehn Minuten dauern sollte, konnte sich da schon zu einer Stunde dehnen, ehe ich wieder zu Bekanntem und zu einer Anlegestelle der Vaporetti fand.

Die Katzen waren meine nächtlichen Gefährten. Dutzende. An allen Ecken, in dunklen Nischen, auf den Treppen eines Ponticello oder hingekauert auf dessen Balustraden. Schattige Schemen manchmal nur. Und dann wieder eine, die wie eine Statue im Lichtkegel einer Laterne saß, unbewegt und wie auf etwas wartend, das glasklar oder vielleicht schon halb vergessen in ihren Gedanken war. Lautlos, alle. Da kam kein Miauen oder aggressives Fauchen. Lautlos gingen sie weiter, wenn ihnen danach war, anderswohin zu wollen. Ob unsere Augen für die Katzen im Dunkeln auch so leuchten, wie die ihren uns anglimmen?

Intim.

Ein zweideutiges Wort ist das leider geworden. Es ist auch nicht so ganz das richtige. Aber es gibt wohl kein anderes dafür. Das heißt: Mir fällt keines dafür ein. Intim also.

Die Stadt hat etwas ganz besonders Intimes, wenn sie erlaubt, im Spätherbst und Winter nächtens durchstreift zu werden. Nichts unbedingt Vertrauliches, oder etwa doch. Nichts Aufwühlendes. Im Gegenteil. Ruhe und unvermutete Ideenkeime durchströmen den Kopf, wenn die kurzen Wellen der Kanäle im Rhythmus eines Metronoms an ihre Steine schwappen und die Straßenlaternen vor sich hin flirren und schnell verhuschendes Tappen eines Kleintiers kurz aus dem Dunkeln aufklingt und eine vertaute Gondel in stoisch gleich bleibendem Auf und Nieder an ihren Pfählen knarzt und nebelgedämpft zwischendurch von verstimmter Glocke ein zögerlicher Stundenschlag herunter tönt.

Es ist *das Adagio*. Fast möchte ich meinen, dass das Adagio in Venedigs Nächten seinen Ursprung hat und dort erstmals auf Notenblätter gekommen ist; und dass man ein Adagio vielleicht nur dann so richtig verstehen, spielen oder hören kann, wenn man es wenigstens ein einziges Mal winternachts in Venedig hautnah erspüren konnte.

Eines Abends war ich mal im Wintercasino der Serenissima, in der wundervollen Ca' Vendramin Calergi am Canal Grande, von der ein paar Zimmer auch Richard Wagners letzte Bleibe waren.

Von den frei zugänglichen Örtlichkeiten Venedigs ist es wohl die, die bis vor ein paar Jahren noch am meisten vom in sich geschlossenen Patrizierleben in der Lagunenstadt des 18. Jahrhunderts schnuppern ließ. Nicht nur das akkurat restaurierte Interieur und die fast noch privat-feudal wirkende Einrichtung haben dazu beigetragen, sondern vor allem auch die zurückhaltende Eleganz der Gäste, das von unaufdringlich uns umschwebenden Harfen- oder Streicherstimmen überlagerte Murmeln der Gespräche und die Selbstverständlichkeit, mit der nahezu unsichtbare Livrierte lautlos für prompte Wunscherfüllung sorgten. Das Klicken an den Roulettetischen hat dazu gehört und der rhythmische Sprechgesang des Croupiers, der wie ein beflissener *Maestro da Ballo* das Menuett der Einsätze skandierte.

An einem der Tische hatte ich ziemlich unten ein nicht allzu beengtes Plätzchen gefunden und, ein Glas Sekt vor mir, meine Türmchen recht kleiner Jetons aufgebaut. Die Stühle am unteren Tischende waren mir die liebsten, weil sie einen so bequemen Setzgriff auf die einfacheren Chancen bieten: Rouge et Noir, Impair et Pair, Douzaines und so.

Bestimmt saß ich schon eine ganze Weile dort, setzte ein paar Jetons und beobachtete vor allem, was sich rundum so tat, als mei-ne Nachbarin anfing, mir interessant zu werden. Sie schien aus einer anderen Zeit – *der* Zeit Venedigs – zu kommen, oder von ihr hier vergessen zu sein. Ein gutes Stück über siebzig war sie sicher schon. Bodenlanges, sparsam mit Strass besetztes Schwarzes; das leicht azurn getönte Haar sorgfältig gelegt; eine zart geschnittene Kamee am samtenen Halsband; behutsames Rouge auf schmal gewordenen Wangen und Lippen. Ihr wie in sich gekehrtes, nach rückwärts gerichtetes Lächeln war mir aufgefallen. Und auch die Zielstrebigkeit, mit der sie ihre Jetons legte, sobald des Croupiers Rechen den Tisch wieder frei gemacht hatte – immer auf die einfacheren Chancen, wie ich auch.

Vielleicht habe ich sie doch zu ungebührlich angestarrt, oder wenigstens zu lange. Jedenfalls: *„Buona sera"* – lächelte sie mir irgendwann zu und so sind wir ins Gespräch gekommen.

Ihren Vornamen nannte sie und sagte auch, dass sie eine Großnichte des letzten Marchese di Rivalta war, einem seinerzeit gutem Freund dieses Hauses, was wohl nur bedeuten konnte, dass damit die früheren Besitzer von Ca' Vendramin gemeint waren, denn zum Spielcasino war es erst in den 1950er-Jahren geworden. Sie wohnte auf dem Festland, nur einige Bahnstationen entfernt. Deshalb konnte sie auch herkommen, während für Venedigs Einwohner der Zutritt zum Spielbetrieb verboten war. Und sie kam regelmäßig, wenigstens zweimal im Monat. Und weil sie schon mal am Erzählen war, plauderte sie weiter über sich.

So erfuhr ich von früheren Tagen; von einer unbeschwerten Vorkriegsjugend mit vielen Reisen und praktisch keiner Ausbildung; von aufgezehrten Gütern und damit schrittweise weg geschwundenem Status, verlorenen Freunden, einsam gewordenen Zeiten. Richtig zu arbeiten hatte sie nie gelernt. Wozu denn auch? Geheiratet auch nicht. Es hat sich nie ergebnen. Als Gesellschafterin hatte sie noch gewirkt bis vor ein paar Jahren. Also: *Nein!* – eher doch als eine gute Freundin *der Contessa* hatte sie bei dieser gelebt, aber auch wieder nicht so richtig als deren Gast, sondern eben doch mehr als eine *Zeitvertreiberin* mit kleinem Lohn. Vor ein paar Jahren war *die Contessa* gestorben und sie war in ihre derzeitige Kleinwohnung mit Kochnische gezogen, die sie sich von irgendeinem Erbe hatte kaufen können, und hatte von Erspartem gelebt, bis auch davon fast nichts mehr übrig war. Keine Rente oder Pension natürlich. Und keine Chance, für irgendwas. Nur das Roulette vielleicht. So kam sie nun zwei-dreimal jeden Monat... um zu überleben. Und es funktionierte. Freude blitzte in ihren Augen auf, als sie das erwähnte und dabei ein paar kleine Jetons sorgsam vor sich aufbaute, die sie gerade gewonnen hatte.

Lange haben wir beisammen am Roulettetisch gesessen, unsere einfachen Optionen gespielt, Leute beobachtet, über dies und jenes geplaudert und uns vom livrierten Schatten verwöhnen lassen, der unsere geleerten Sektgläser gelegentlich gegen neu prickelnde vertauschte. Rechtzeitig für ihren letzten Zug ans Festland ist sie aufgebrochen. Für wieder ein paar weitere bescheidene Lebenswochen war ihr der Abend gut geworden.

Wenig länger als ein halbes Jahr hat unsere Zusammenarbeit mit Junghans gedauert. Colombo hat auf seinen Vertrag bestanden. Die Junghans-Leute eierten herum am Thema, wollten Unangenehmem aus dem Weg gehen und entblödeten sich schlussendlich nicht, einen, wie sie sagten, *goldenen Kompromiss* vorzuschlagen: Wir, Interservice, sollten die gestaltende Arbeit machen, weil wir doch die um so viel Kreativeren waren, und die Medienkommission der Kampagne dann einfach mit Lambert Adver teilen.

Hirnrissig war das natürlich. Jenseits von Gut und Böse war uns das Ansinnen, praktisch fürs halbe Geld die ganze und gute Arbeit zu leisten. Wir haben aufgehört. Von heute auf morgen. Einen Junghans-Vertrag hatten wir ja nicht und damit auch keine Karenzzeit, die einzuhalten es gegolten hätte.

Selten bin ich dann nachher noch in Venedig gewesen und nie mehr nachts im Winter. Versunken.

Seite oder was?

Gefragt, welcher Kunde mir der unsympathischste war, könnte ich keine Antwort geben. Alle Kunden sind sympathisch, zu Anfang. Und wenn es dann beginnt zu knistern im Gebälk, ganz gleich aus welchen Gründen, geht man sich gegenseitig Schritt für Schritt mehr auf den Keks, bis dass man sich eben trennt. Nicht nur deshalb und so verliert man einen Kunden, oder, seltener, ein Kunde seine Agentur. Auch Konkurrenz wird in der Branche groß geschrieben und Abwerbungen gehören zur Tagesordnung. Aber das ist hier ja nicht das Thema.

Der unsympathischste Kunde also: Nicht zu sagen. Aber der dümmste: Massimo Castozza, der Chef von MinuMetal. Oder war er vielleicht doch nur der dreisteste?

MinuMetal hat als Kunde gar nicht zu uns gepasst.

Dessen Produkte mochte keiner von uns: Kleinteile aus Metall, also Schrauben, Muttern, Haken, Beschläge, Scharniere in vielerlei Formen und Dutzenden von Größen. Da war gar nichts, woran sich Phantasie kreativ entzünden konnte. Und es gab auch keinen Medienetat. MinuMetal brauchte keine Publikumswerbung und Imagepflege in Fachzeitschriften war auch nicht im Programm. Alles, was der Kunde brauchte und wollte, waren Kataloge und illustrierte Datenblätter.

Wie Castozza oder seine Mitarbeiter auf uns gestoßen sind? Keine Ahnung. Ich habe es wohl mal gewusst, längst wieder vergessen. Interessanter ist schon die Frage, warum wir MinuMetal als Kunden genommen haben.

Der Grund war recht banal. Wir hatten kurz vorher zwei junge Graphiker eingestellt: Bianca, die Nichte eines befreundeten Druckers, als Praktikantin und als Juniorkraft Giorgio, der gerade die Fachschule abgeschlossen hatte. Beide hatten noch eine Menge zu lernen. Die Pusselarbeit an technischen Katalogen war da gerade auch das Richtige:

Seitenraster entwickeln, schlampig geschriebene Kundentexte in klare und logisch abfolgende Kolonnen gliedern, den passenden Textsatz ausrechnen und bestellen, Fotos all der Kleinteile in Auftrag geben und dann bearbeiten, Größenverhältnisse erkennen und sie Seite für Seite, Blatt für Blatt bei den Bild-Text-Montagen exakt beachten... da war mit Geduld eine Menge von dem zu lernen und zu trainieren, was in der klassischen Werbung eher selten gebraucht wird, für einen Agentur-Graphiker aber doch unerlässlich ist. Dafür war MinuMetal nun ideal. Was da an Katalogen und Datenblättern anfiel, war bestes Training für das Auge, für die Fertigkeit und auch die Geduld. Und zudem brachte es uns auch Geld in die Kasse – ein seltener Luxus, wenn Schulung angesagt ist.

Eigentlich wollten wir mit MinuMetal auf klassische Weise aufwandbezogen abrechnen, also Materialkosten plus eingesetzte Zeit. Das aber wollte Castozza gar nicht. Zu wenig *planbar* war es ihm und auch zu wenig *kontrollierbar.* Da könne jeder kommen, wiederholte er immer wieder, der da behauptete, soundso viel Papier für ihn verbraucht und Stunden gearbeitet zu haben, ohne dass einer das irgendwie nachprüfen konnte, ganz abgesehen vom großzügigen Umgang mit dem Material und der sicher vertrödelten Zeit, zu denen eine aufwandbezogene Bezahlung ja direkt herausfordere.

Von professioneller Arbeitsethik hatte Castozza wohl nie gehört, oder er glaubte einfach nicht daran, oder er tat so als ob. Eigentlich hätten wir gar nicht erst anfangen sollen, für MinuMetal zu arbeiten. Aber da waren eben unsere beiden Neuen und besonders viel für sie geeignete Schulungsarbeit hatten wir eigentlich auch nicht auf dem Tisch und noch ein solches gerade auch im Volumen passendes Auftragspaket kam uns eher selten in Reichweite, weil doch Kataloge und Datenblätter gar nicht unser eigentliches Metier waren.

So haben wir uns also die von Castozza vorgetragene Forderung angehört. Ausschließlich Festkosten wollte er abgerechnet sehen, mengenbezogene. Also: ein einheitliches Fixum für jedes aufgenommene und endbearbeitete Foto, ein weiteres für jede Seite vollständiger Druckunterlagen.

Leicht zu veranschlagen war das nicht. Das fing schon mal bei den Abbildungen an. Metallene Kleinteile gehören zum wohl Tückischsten in der Objektfotografie. Wie immer man sie auch ausleuchtet, unerwünschte Reflexe und nicht ganz perfekte Scharfstellungen in einzelnen Bereichen sind an der Tagesordnung und können jeden zur Verzweiflung treiben, der große Stückzahlen unterschiedlicher Formen und Formate sozusagen in Fließbandarbeit zu fotografieren hat. Und auch bei größter Sorgfalt lässt es sich kaum je vermeiden, dass ein guter Teil der Bilder mit Retusche nachbearbeitet werden muss. Der Zeitaufwand: ein Risikofaktor.

Eine weitere und auch noch größere Schwierigkeit, einen festen Seitenpreis für die Druckunterlagen zu kalkulieren, lag im vom Kunden dafür gelieferten Ausgangsmaterial. Und dabei in erster Linie auch bei den Texten. Würden sie vom Kunden als definitive Daktyloskripte kommen, die von uns keine redaktionelle Bearbeitung brauchten? Castozza sicherte das zu. Bindend, wie er sagte. Und wie lang sollten sie durchschnittlich sein? Für die Satzkosten konnten sich da bedeutende Spannbreiten ergeben. Maximal 80-90 Anschläge pro Produkt, versicherte Castozza.

Dass die Abbildungen gleichbleibend in einen Raster von 6x6 cm pro Bild eingebaut werden sollten, wurde vereinbart und gab uns eine zusätzliche Basis für die Kalkulation der Seiten. So haben wir also Erfahrungswerte angesetzt, hin und her gerechnet, kleine Risikomargen noch hier und dort eingebaut und so dann das Ganze angeboten. Die Festpreise, wie verlangt. Ein Preis pro Bild, neu aufgenommen und bearbeitet. Und ein Preis je Seite, inklusive Textverarbeitung, Montage und jeweils zwei Kontrollkopien der zum Einsatz fertigen Vorlage.

Das Angebot stand. Wir haben es vorgelegt. Damit war es aber längst nicht ausgestanden. Stundenlang hat sich das

Geplänkel mit Castozza und seinem Buchhaltungspfennigfuchser, noch hingezogen. Wie das denn kalkuliert sei, wollten die beiden immer wieder wissen. Und dass es da noch Rabatte geben müsse, schien ihnen selbstverständlich, bei *der* Menge an Fotos und Seiten. Echt entnervend. Katjas lächelnde Geduld bei solchen Anlässen hätte ich an mir nie, echt niemals abrufen können!

Doch irgendwann war da der Moment, an dem wir den Auftrag hatten. Mit genau hingeschrieben, was zu tun und mit welchem Volumen zu rechnen war, und besonders exakt auch den Kosten: Stückpreis pro zum Druck verwendetes Foto plus Seitenpreis je komplett abgesetzter und montierter Druckvorlage. Ein Stückpreis. Ein Seitenpreis.

Die operative Zusammenarbeit mit MinuMetal hat sich dann doch nicht *so* reibungslos flutschend entwickelt, wie das von Castozza wort- und gestenreich ausgemalt war. Natürlich nicht. Nie läuft es optimal und schussgeschwind ab, wenn Kataloge zu machen sind, und Techniker das dafür nötige Zeug zu liefern haben. Und hier war es wie immer. Genau so, wie wir es aus leidvoller Erfahrung kannten und wofür wir die Risikomargen ins Angebot eingebaut hatten, die uns die Rabattzange des Kunden nun wieder abzwacken gewollt und teils auch gekonnt hatte.

Die zu fotografierenden Teile kamen nicht in kompletten Grup-pen ins Studio. Immer wieder fehlten ein-zwei Stücke aus einer Serie, die also zu notieren und nachzufordern waren. Dasselbe bei den Beschreibungen und Daten. Und keine Rede davon, dass die uns gegebenen Texte etwa druckreif waren, also in den Beschreibungen einheitlich konzipiert und die Daten stets gleichförmig aufgegliedert. Jede Lieferung war zu überarbeiten, bevor die Manuskripte in Satz gehen konnten. An sich einfach das Übliche. Wahrscheinlich. Vielleicht übertreibt da mein Gedächtnis, wenn es mir zuruft, dass es beim Projekt von MinuMetal doch noch bedeutend mehr zwickte, klemmte und hakte als bei allen anderen Katalogen auch.

Trotzdem. Die Arbeit ist voran gegangen. Bianca und Giorgio sind von Tag zu Tag routinierter und damit auch sicherer, schneller, präziser geworden. Der Kunde hat jeweils zu Ende einer Woche Andruckskopien der fertigen Seiten bekommen, die er zügig zu prüfen und eine davon, als genehmigt und freigegeben unterschrieben, uns möglichst schnell zurückzugeben hatte. Das ist insgesamt recht zügig gelaufen und eines Tages war es dann soweit, dass das Ganze an die Druckerei gehen konnte. Termingerecht war es uns gelungen. Abrechnung jetzt.

Die Rechnung ist uns von MinuMetal zurückgekommen. *So nicht!* – stand sinngemäß an ihren Rand gekritzelt, und rot umkreist war die als berechnet ausgewiesene Seitenzahl der Druckvorlagen. Und daneben noch, mit einem dicken Pfeil: *La metà!!*

La metá? Die Hälfte? Was denn? Wie sollten wir das denn verstehen? Und was soll denn die einfach so mit der Post zurück geschickte Rechnung? Warum hat Castozza nicht angerufen? Hat er doch sonst für jeden Pups getan! Oder wenigstens Longaroni, der Hauptamtspfennigfuchser.

Katja war konsterniert, wie wir sie selten gesehen hatten. Wir übrigen waren es nicht minder. Keiner konnte sich einen Reim drauf machen. Eines nur wussten wir sofort: Da war eine Bombe am Platzen. Mehr als 500 Katalogseiten waren das. Und wir hatten keine Anzahlung bekommen, auch keine Zwischenhonorare nach jeweils fertig gestellten Themen und Kapiteln.

Castozza sei auf Geschäftsreise, wie wir bei schnellem Anruf erfahren mussten, und Longaroni leider besetzt. Aber er würde zu-rückrufen. Bestimmt. Sicher, doch. Schnellstens. Also, so bald wie möglich.

Den Druck aufhalten? Das war fast das Erste, was wir versuchten. Aber das ging nicht mehr, obwohl Tettamanti von der Tipografia Comense uns den Gefallen gern getan hätte. Der Katalog von MinuMetal war schon ausgedruckt, gerade eben in die Binderei gegangen.

Zehn Tage oder so hat es gedauert, bis wir an Castozza herankamen und ich ihn treffen konnte. Nicht bei uns in der Agentur. Zu MinuMetal musste ich fahren. Dann aber gab er sich verschmitzt-charmant, bot mir einen Espresso an und fragte mit interessiert gerundeten Augen, wo mir denn der Schuh drücke und was es jetzt denn so Dringendes gebe, wo doch der Katalog geliefert und so schön geworden sei, dass alle in der Firma und überhaupt jedermann ihn großartig fand.

Wo der Schuh drückt? Ich dachte, ich höre nicht richtig! Die Rech-nung mit dem roten Kringel und dem dicken Pfeil zog ich heraus und legte sie auf den Tisch.

Ach das? So richtig erstaunt glubschte mich Castozza an, als hätte er die Rechnung schon wieder völlig vergessen, oder sie gar nicht mit meinem Kommen in Verbindung gebracht. Die von ihm gesehene Rechnung sei sicher nur ein Versehen unserer Buchhaltung gewesen, tönte er lässig, die vielleicht nicht so gut Seiten zählen könne – ha, ha, ha –, und er habe gedacht, dass wir das längst schon korrigiert hätten.

Dass ich das Ganze nicht verstünde, nahm er mir nicht ab. Wie wir den auf mehr als 500 Seiten kämen, wo es doch wirklich nur etwa 250 gewesen seien. 254 um genau zu sein. Ich dachte, ich hör' nicht richtig.

Das aber, redete ich mir ein, war nun wirklich schnell zu klären. Und doppelt sicher war ich mir, als er aus dem Regal hinter sich den Stapel der ihm verbliebenen Andruckkopien holte. Der hatte griffbereit dort gelegen. Castozza hatte sich also doch auf unser Treffen eingestellt! Nicht auftrumpfend sondern wie ganz selbstverständlich forderte er mich auf, den Stapel durchzuzählen. Nicht nötig, kam es von mir, die Seiten waren ja unten am Rand durchnumeriert und das ging von 1 bis 508.

Wie einen grünfelligen Gummibären hat er mich angesehen, der Castozza. Ob ich denn von allen guten Geistern verlassen sei, staunte er mich an. Das da unten an den Rändern seien ja nicht die Seitenzahlen, sondern die der Fronten – *facciate* sagte er. Und eine Seite – *pagina* sagte er ganz richtig – habe nun mal zwei Fronten, eine vorne und eine hinten, also zwei.

Dass das nach Wörterbuch zwei Seiten sind und dass zwei Seiten, oder meinetwegen auch zwei Fronten, ein Blatt – *un foglio* – bilden, das ließ er überhaupt nicht gelten. Seite? Blatt? Ihm sei es ziemlich gleichgültig, wie ich das nennen möge, weil es sowieso immer dasselbe sei: eine Seite eben, die genau so wie jede Seite von einer Zeitung, einem Buch oder einem Katalog zwei Fronten hat – eine vordere mit meist ungerader Nummer und eine hintere mit gerader. *Pagina! Basta!* Jedes Kind weiß das doch. Und 508 Fronten machen nun mal 254 Seiten. Und im Kostenvoranschlag, gleich wie im Vertrag, steht klar und eindeutig der Festpreis je Seite – *per pagina* – und nicht je Front – *per facciate* – angegeben. Und Blatt – *foglio* –, was ist denn schon ein Blatt? So etwas hängt an den Bäumen und hat in einem Buch nichts zu suchen. Auch nicht in einem Katalog.

Dann dazu noch: Aufhören mit meinen Tricksereien solle ich doch endlich. Eine neue, berichtigte Rechnung schicken. Für 254 Seiten zum vertraglichen Preis. Schluss.

Das sollte es dann gewesen sein. Oder doch nicht?

Die Schiedsstelle unserer Berufsvereinigung haben wir angerufen – ganz so wie Castozza sofort angekündet und schriftlich bestätigt. Die Gebühren natürlich vorweg bezahlt und dann gute vier Monate auf deren Spruch gewartet. Natürlich haben wir Recht bekommen. Nahezu ausgelacht haben sie uns wegen des *so lächerlichen* Falles. Gebracht hat es nichts. Castozza hat den Schiedsspruch einfach nicht anerkannt.

Ab da verkehrten wir über Anwälte miteinander. Minu-Metal hatte damit angefangen. Das Angebot von Castozza lag noch auf dem Tisch: 254 Seiten Festpreis, jetzt allerdings abzüglich seiner Anwaltskosten. Inakzeptabel. Vor Gericht sind wir mit der offenen Rechung gezogen. Wieder Spesen vorab. Neues Warten. So ein Rechtsstreit konnte, kann in Italien auch Jahre dauern. Bis zum ersten Urteil. Wir hatten

Glück. Nach kaum einem Jahr hatten wir unseren Spruch. Seite war Seite für das Gericht und Blatt war Blatt. Zur Zahlung der 508 Seiten wurde MinuMetal verurteilt, plus aufgelaufene Zinsen und Gerichtskosten. *Halleluja.* Doch MinuMetal ging in Berufung. Von Zahlung war deshalb nicht die Rede. Nicht für die Rechnung. Schon gar nicht für die Zinsen oder Spesen.

Berufungsurteil? Mit gut zwei Jahren Wartezeit hätten wir nun zu rechnen, warnte uns unser Anwalt. Und sofort mit nun zusätzlich fälligen Gerichtskosten, falls wir weitermachen wollten. Und, ja... leider natürlich... aber er sei eben auch nur ein Mensch, und wenn er an dem Fall für uns dran bleiben solle, dann hoffe er jetzt auf einen angemessenen Vorschuss, wobei *hoffen* natürlich nicht das rechte Wort sei, da er den Vorschuss wirklich brauche, weil das Leben eben teuer und er auch nichts geschenkt bekomme.

Katja und ich haben nur kurz darüber gesprochen.

Lass mal. Schwamm drüber! – war ihr Kommentar, und das war's dann. Katja war fast unschlagbar darin, auch auf Unangenehmes ohne große Illusionen schnell zuzugehen und ganz pragmatisch auch abzublenden, wenn Hirn und Bauch es nahe legten. Ich habe da nie an sie heran gereicht.

Später, bei einem Glas Wein, meinte sie nur noch, dass es doch sinnlos ist, ewig den Kohlhaas zu spielen; gutem Geld auch noch schlechtes hinterher zu werfen; uns dazu noch die Nerven weiter anzufressen. Pech gehabt und fertig. Gehört eben zum Metier, zum Leben überhaupt gelegentlich.

Und so haben wir denn unsere Klage zurückgezogen.

Das mit Castozza ist eines der ganz wenigen Male gewesen, wo wir auf einer Rechnung sitzen geblieben sind. Rundum schlecht fanden wir die Erfahrung mit ihm aber trotzdem nicht, nur viel zu langwierig.

Da war zum einen: Mit MinuMetal hatten wir ein nahezu ideales Trainingsprojekt für Bianca und Giorgio, das sich auf ihre spätere Arbeit bestens ausgewirkt hat.

Und dazu noch: Wir haben gelernt, bei unseren Kostenvoranschlägen und den Verträgen auch die klarsten Wörter nochmals durchs Sieb zu drücken und in den Angaben besser auch doppelt zu moppeln.

Wir haben es verdaut und verkraftet. Das Finanzielle schneller als den Schock.

Nur zwei Fotos.

Es waren noch die frühen Jahre unserer Agentur. Wir hatten Eckes als Kunden gewonnen, den Hersteller von *Hohes-C*, der gerade auch die Marke Granini gekauft hatte. Für uns in Italien stand die Markteinführung von Eckes Früchtenektar an. Dafür hatten wir die Etiketten entworfen und etliches Material zur Verkaufsförderung: Regalstopper, Boden- und Thekendisplays, von den Decken der SB-Läden hängende Mobiles und all die anderen Dinge, die in den Läden die Aufmerksamkeit auf die neuen Säfte lenken sollten. Nun war die Publikumswerbung an der Reihe.

Der zu Anfang verfügbare Etat war klein, klitzeklein. Er konnte vernünftig nur dazu reichen, die *Simulation einer großen Kampagne* zu finanzieren. Das war ein Planungstrick, den gerade damals ein begnadeter Kollege in Deutschland ausgearbeitet und im Spiegel erstmals durchgezogen hatte. Auch heute noch ist es eine kaum genutzte Methode. Für die nun folgende Geschichte ist sie wichtig und deshalb soll sie hier kurz erklärt sein.

Also: Für die gesamte Kampagne wird nur ein einziger Werbeträger gewählt. *Grazia* war das in unserem Fall für Eckes, die damals größte italienische Frauenzeitschrift mit etwas mehr als 600.000 Auflage jede Woche und nach LA so an die drei Millionen Lesern.

Grazia brachte das Inhaltsverzeichnis stets auf der dritten Seite, die dreispaltig aufgemacht war. Eine der Spalten, die rechts außen, war für Werbung reserviert. Diese Drittelseite haben wir für Eckes gebucht: als Festplatzierung, jede zweite Ausgabe, für 26 Anzeigen pro Jahr.

Der so eingesetzte Werbe-Mechanismus wirkt sozusagen als Simulator. Die Leser/innen der *einen* belegten Zeitschrift sehen die Anzeigen immer wieder – in unserem Fall auch immer wieder an derselben Stelle im Heft, neben dem von vielen stets bevorzugt und immer sofort gesuchten Inhaltsverzeichnis. Die Anzeigen erscheinen zwar nur in dem einen

Blatt. Doch für dessen Stammleser werden sie durch die ständig wiederkehrende Präsenz so vertraut, dass es ihnen scheint, als wären sie Teil einer breiten Streuung.

Das ist die *Simulation einer großen Kampagne*. Sie erreicht zwar nur ein beschränktes Segment; dieses aber intensiv und langzeitig wiederholt, also optimal. In unserem Projekt Eckes waren es somit die über ganz Italien verstreuten Leserinnen von Grazia, die zu gutem Teil Hausfrauen waren und gut in unsere Zielgruppe für naturreine Fruchtsäfte passten.

Für die Eckes-Kampagne waren Anzeigen vorgesehen, die genau auf das gewählte schmale und hohe Spaltenformat ausgelegt waren. Für jede Schaltung immer ein neues Anzeigenmotiv. Darin stets eine Fruchtsaftflasche, dominierend auf leuchtend blauem Grund: mal Orange, mal Apfel, mal Aprikose oder Pfirsich; gelegentlich gefüllt und noch verschlossen, dann wieder leicht gekippt, zum Teil geleert und mit einladend halbvollem Glas daneben; und im oberen Bildbereich immer so 7-9 Wörter Titeltext.

Die Präsentationsskizzen stammten von Wanda. Zu der Zeit schien ihr die Idee zu gefallen. Fotografiert hat die Serie Gaetano Vernizzi, den wir gern engagierten, auch wenn seine Frau Rosa recht mühsam sein konnte – zumal, wenn es ums Aushandeln der Honorare ging. Mit Vernizzi sollte Wanda nun zusammenarbeiten und dann die Fotos für die Gestaltung der Anzeigenserie verwenden. Ein ganz normaler Job anscheinend. Aber...

Da ist nun ein Rückblick auf die Situation damals in der Graphik-Abteilung fällig und auf Wanda.

Roberto Baggio, unser guter Freund und wiederholt als *Creative Director* angepeilter Partner, hatte sich nach so manchem Hin-und-Her nun endgültig entschlossen, sein Design-Atelier doch nicht mit unsrer Interservice zu fusionieren. Werbung schien im nach langer Überlegung als ihm doch zu riskant. Von deren Wechselbädern wollte er sich lieber fern halten und sich weiterhin nur auf das flüssig entlohnte

Terrain von Design und Packungsgestaltung konzentrieren. Gern wollte er uns aber weiterhin nahe bleiben, auch zwischendurch gern Tipps und kreative Ideen beisteuern, doch nur von außen und als guter Freund.

Damit brauchten wir einen *Assistant Creative Director* in der Agentur. Unser Giulio Cesare Antico, der Mann hieß wirklich so, war erstklassig in seiner Präzision und auch schnell in der Erstellung von Druckunterlagen, aber mit gestalterischen Einfällen war bei ihm nicht zu rechnen.

Roberto wollte uns bei der Suche helfen. Er war es dann auch, der uns Wanda Coari vorgestellt hat, die er irgendwo aus einem Haufen junger Kreativer herausgepickt und ein paar Wochen lang in seinem Atelier als Praktikantin eingesetzt gehabt hatte. Felsenfest war er davon überzeugt, mit ihr das Richtige für uns zu haben: eine tolle Mischung zwischen eigenständiger Kreativität und flexibler Neigung zur Teamarbeit. Robertos Urteil war uns heilig. So ist Wanda zu uns gekommen.

Sie war eine zierliche, mit ihrer fast schwarzen Prinz-Eisenherz-Frisur recht hübsche damals 24-Jährige mit beeindruckend gutem *graphischem Auge* und entwurfsicherer Hand. Aber sie war keineswegs ein einfach zu erlebender Mitmensch, wie sich schnell herausstellte. Ihr ausgeprägter, fast radikal kämpferischer und deshalb gelegentlich irritierender Feminismus spielte dabei auch eine Rolle. Mehr noch ins Gewicht fiel aber ihr Hang, sich zwischendurch und aus oft kaum erkenntlichem Grund zutiefst gekränkt zu zeigen. Wie hermetisch abgekapselt gab sie sich da, unzugänglich für allen Versuch und jedes Argument.

Was Wanda in der Zusammenarbeit fühlbar zeigte, ließ stark vermuten, dass sie weder mich noch auch Roberto mochte, ganz einfach weil wir Männer waren und Männer jeglicher Art nur nichtsnutzige Kreaturen, zumal wenn sie Fleisch fraßen und etwa gar auch noch Alkoholisches tranken. Robertos kreative Autorität war ihr trotzdem heilig. Sichtlich schwerer fiel es ihr, Anregungen von mir zu bedenken und umzusetzen. Ich war eben kein Graphiker und für sie deshalb kein Kreativer, jedenfalls kein ernst zu nehmender. Spannungen waren somit vorprogrammiert. Irgendwann ist es dann zum Eklat gekommen, mit Roberto mitten drin.

Und so sind wir wieder bei Eckes und den Saft-Anzeigen.
Gastone Vernizzi hatte also fotografiert und Wanda angefangen, die Fotos auszuwählen und zu bearbeiten. Sie hat mir die ersten acht der fertigen Anzeigen gezeigt. Zwei davon habe ich abgelehnt, weil ich sie nicht stimmig fand. Um die Linearität der Umsetzung ist es dabei gegangen.

Dazu: Zum Konzept des spontanen Wiedererkennens einer Kampagne gehört bei aller spannenden Vielfalt ihrer Anzeigenmotive immer die Einheit eines dominierenden graphischen Elementes, das, wie etwa in diesem Fall, ein spezieller Farbton sein kann.

Für alle Eckes-Anzeigen war nun ein sonnenhell blauer Hintergrund festgelegt, der leuchtende Frische vermitteln sollte. Zwei der von Wanda ausgewählten Bilder zeigten nun aber die Flasche und das Glas vor einem hellem Grau. Was sich Vernizzi dabei gedacht hatte, als er auch diese Varianten fotografierte, konnte ich nicht nachvollziehen. Es war mir im Augenblick auch gleichgültig, weil wir ja insgesamt mehr als genügend Fotos hatten, aus denen die auf grau gestellten locker ausgetauscht werden konnten.

Überraschung und Staunen nun aber: Wanda verweigerte sich. Ihr gefielen gerade die Sujets mit den Grautönen. Am liebsten hätte sie die ganze Serie auf graues Grundmotiv umgestellt. Mit Argumenten war bei ihr da nichts zu erzielen. Im Gegenteil: Wanda bestritt meine Kompetenz und forderte die Meinung ihres *Creative Directors*, also die von Roberto. Mir schien das vernünftig und gut so.

Roberto hat sich dann aber auf Wandas Seite geschlagen. Nicht weil er die Grau-Lösung für besser hielt, obwohl doch er es gewesen war, der das durchgehend helle Blau des Hintergrunds ursprünglich ins Spiel gebracht hatte. Er meinte nun einfach, Vielfalt könne auch demokratisch sein und Uniformität möge leicht in Langweile umschlagen und warum denn also nicht zwischendurch mal wechseln und so.

Die Szene hat sich gar nicht gut entwickelt, ist aus dem Ruder gelaufen. Ein grundsätzlicher Streit begann über die nötige Kohärenz in den Konzepten; über die unbewusste Einflussnahme von Farben und deren Kombinationen; über das Prinzip auch, vom Kunden einmal Abgesegnetes unverändert durchzuziehen – alles Aspekte, bei denen Roberto und ich stets absolut gleicher Meinung gewesen und, wie ich sicher meinte, an sich auch immer noch waren. Auch wenn er mit den zwei grauen Fotos recht eindeutig für Wanda Partei ergriffen hatte.

Dann aber kippte der Streit eindeutig und immer mehr ins Persönliche der Zusammenarbeit. Wanda hatte eindeutig meine Autorität in Frage gestellt und fühlte sich nun noch von und durch Roberto bestätigt. Sie hob das hervor, beharrte darauf, und in der überhitzten Atmosphäre sah es nicht danach aus, als ob es schnell wieder zu einem normalen Miteinander kommen konnte.

Ich dachte ans Team, an die Arbeitsatmosphäre im Haus. Jetzt würden die Wanda-Spannungen noch belastender werden, sich eventuell wieder und wieder in solchen Szenen entladen, andere Mitarbeiter etwa mit hinein verwickeln und die Agentur eventuell in Fraktionen spalten, so wie jetzt ja schon ein kleiner Keil zwischen Roberto und mich getrieben war. Ein Horrorgedanke. Ich fühlte, dass ich mich sofort zu entscheiden hatte. Und so habe ich Wanda gekündigt. Sie in noch aufgeheizter Atmosphäre spontan entlassen. Fristlos. Mit dem vollem Lohnausgleich natürlich und all dem anderen sozial-bürokratischen Kram.

Es war das erste Mal, dass ich einen Mitarbeiter entlassen habe. In den insgesamt sechsunddreißig Jahren von Interservice ist es nur noch zweimal vorgekommen.

Roberto hat hitzig, spontan, jenseits von all seinem bedenkenden und wohlbedachten Sicherheitsdenken reagiert, wie ich es weder vor- noch nachher bei ihm erlebt habe. Er holte Wanda zu sich in sein Atelier und stellte sie gleichgestellt mit Roberto Lazzarato und Giuseppe Verdini, seinen zwei langjährigen Mitarbeitern, ein.

Glücklich ist er damit nicht geworden. Was vorher in seinem Laden ein eingespieltes Drei-Männer-Clan war, wurde nun mehr und mehr durch Spannungen belastet. Das Fehlen einer getrennten Damentoilette im kleinen Loft hat nur den Auftakt gegeben. Die Kaffeeküche musste dafür aufgegeben und umgebaut werden. Wein und Bier hatten bald schon aus dem Kühlschrank zu verschwinden. Und nur Roberto durfte sich das Recht herausnehmen, etwas zu und über Wandas Arbeit zu sagen – es sei denn Lob natürlich. Das nahm sie auch von Lazzarato und Verdini gern entgegen. Lange konnte das nicht gut gehen.

Das abrupte Ende ist dann aber für uns alle doch wie ein Keulenschlag gekommen: Wanda wurde eines Tages, nur wenige Monate später, in ihrer Wohnung gefunden. Tot. Mit dem Kopf im Gas-Backrohr. Ihre Lebensgefährtin hatte sie verlassen.

Geburtstagsfahrt.

Heinz hatte zu seinem Geburtstag, einem von den runden, nach Freiburg eingeladen. Er war unser Schwager, der Mann von Katjas Schwester Gisela, und Schauspieler. Am 16. Februar sollten wir kommen, einem Freitag, und über das Wochenende bleiben.

Unbeständiges Winterwetter war vorhergesagt. Eigentlich wollten wir mit dem Zug fahren. Da war es gemütlich warm und in den Speisewagen konnte man sich auch setzen. Aber dann dauerte uns die Bahnfahrt doch zu lang, bei dem Schneckentempo durch die Schweizer Berge, und wir hatten ein recht sperriges Bild mitzunehmen, unser Geburtstagsgeschenk für Heinz, und zudem wollten wir in Freiburg Bücher kaufen, nicht nur so zwei-drei, sondern einen richtigen Vorrat, der vielleicht bis in den Mai hinein reichen sollte. Also doch das Auto.

Bis zum Gotthard war strahlende Sonne. Schnee lag zwar links und rechts der Straße, aber die Autobahn war frei und trocken durch das ganze Tessin hin. Entspannend. Unsere Woche war recht hektisch gewesen und auch der Morgen noch in der Agentur, weil wir ja gleich nach dem Mittagessen losfahren wollten. Langsam fingen wir an, uns auf Freiburg zu freuen.

Der Tunnel. Etwas länger als die Dauer einer Zigarette. Gerade noch im Limit des mir Erträglichen. Wieder draußen dann aber, wie ein Überfall: Schneetreiben. So richtig ein dichtes, vollwinterliches Schneetreiben. Lange konnte es noch nicht angefangen haben. Die Fahrbahn glänzte nur leicht überzuckert, aber nass darunter. Vorsicht war angesagt. Einmal schon wegen der Sicht, aber auch wegen der glitschigen Glätte. Die ersten Kehren und ein gutes Stück ins Tal hinunter hatte es sowieso nur 60 km/h Höchstgeschwindigkeit. Gemächlich sind wir dahin gezottelt.

Dann plötzlich überholt uns einer. Mit einem Affenzahn. *Wohl verrückt!* Ein dunkelblauer Land Rover oder so. Und kaum ist er knapp an uns vorbei, schert er vor uns ein. Als ob wir gar nicht da wären. Schreck. Vielleicht habe ich ganz reflexhaft leicht gebremst. Mag sein. Wahrscheinlich. Viel zu überlegen, dazu bin ich nicht mehr gekommen.

Denn jetzt: *Knirsch!*

Ich war wohl auf der glibberigen Fahrbahn ins Schleudern gekommen. Das Auto ist nach rechts ausgebrochen und schrammt an der Leitplanke entlang. So an die zwanzig Meter weit. Bleibt dann leicht schräg gestellt auf der Standspur stehen.

Paniksekunde. Aber das Auto steht still. Ob es sich an der Leitplanke festgeklemmt hat? Mag sein. Das Schneegestöber ist dichter geworden. Auf der linken Fahrspur fließt dünner Verkehr gleichförmig an uns vorbei. *Und nun?* Katja steigt aus, weil sie ja rechts sitzt. Sie will kurz mal an der Leitplanke sehen, ob das Auto verhakt ist oder ob wir weiterfahren können. Wenigstens zur nächsten Tankstelle, die ja bald kommen muss. Also nur mal kurz raus und schnell nachschauen.

Kein Problem! – ruft sie mir von vorne an der Motorhaube zu und ist schon dabei, wieder einzusteigen.

Da jetzt: *Krrraach.* Eine Panzerfaust hat uns erfasst. Einer von hinten ist uns voll hineingedonnert.

Katja ist noch nicht ganz eingestiegen. Eine Arschbacke hat sie vielleicht schon auf dem Sitz, das rechte Bein noch draußen. Unser Auto macht einen gewaltigen Satz nach vorn. Katja ist hinaus geschleudert. Gut zehn Meter weiter den Steilhang oben liegt sie auf dem Boden, nicht weit von der Leitplanke. Sie versucht aufzustehen, tappt ohne Brille wie blind herum. Ich helfe ihr auf, bringe sie zum Auto, setze sie auf die Rückbank. Die Tür vorne rechts ist jetzt an der Planke verklemmt. Gerade eben war Katja doch dabei gewesen, dort wieder einzusteigen.

Ein grauer Renault hatte unseren Ford gerammt und ihn mit Wucht nach vorne katapultiert. Katja, die gerade beim wieder Einsteigen war, hatte es hinaus geschleudert. Knapp neben ihr, die nun seitlich auf der Autobahn lag, war er zum

Stehen gekommen. Nur ein Nichts hatte gerade noch gefehlt und er hätte er sie voll überfahren.

Und nun? Schock. Ratlos. Beide bibbern wir. Sicher haben wir uns eine Zigarette angesteckt.

Katjas Brille liegt in unserem Auto, rechts auf dem Armaturenbrett. *Wie ist sie denn da hingekommen?* Vielleicht beim Aufprall von ihrer Nase geschleudert, gerade während sie dabei war, wieder einzusteigen. Wenigstens kann sie wieder richtig sehen! Doch jetzt: *Wie geht's weiter?*

Wir sitzen da. Ich am Steuer. Katja gekauert auf der Rückbank. Und...

Urplötzlich ein Inferno hinter uns.

Der dritte Weltkrieg scheint ausgebrochen. Hinter uns donnert es wie Granatenschläge. Ein Krachen nach dem anderen. Irgendwie gedämpft und damit doppelt bedrohlich. Der Schnee stöbert weiter. Jetzt muss schon etliches davon auf der Fahrbahn liegen geblieben sein. Dunkel ist es inzwischen geworden. Zu sehen ist rundum fast nichts mehr. Nur das Krachen weiter oben. Und dann plötzliche Stille. Haben wir das Donnern und Scheppern hinter uns etwa nur geträumt?

Ich weiß nicht mehr, wie lange wir in unserem jetzt an der Leitplanke fest verklemmten Auto gesessen sind. Nur ein paar Minuten vielleicht. Oder eine halbe Stunde. Keine Ahnung. Katja hat zu zittern angefangen wie Espenlaub. Eine Decke wollte ich ihr aus dem Kofferraum holen. Ob der noch aufgeht, schoss es mir durch den Kopf, als ich dazu nach hinten ging.

Und da jetzt: Unter dem verformten Heck des Wagens sehe ist eine Pfütze. Rosa. Benzinduft steigt davon auf. Und stetig tropft es weiter. Der Tank ist aufgeschlagen. *Nichts wie raus, Katja, das Ding kann jeden Augenblick explodieren!*

Dann plötzlich ist Blaulicht da. Polizei. Auch bei uns, die wir jetzt an der Leitplanke lehnen, nicht weit vom Auto. Fragen. Bericht. Mehr gestottert als gesprochen. Katja steht bibbernd daneben und weiß immer noch nicht so recht, was überhaupt los ist. *Eine Ambulanz ist gleich da!* – schwyzert der

Polizist uns zu. Und: *Hat es Verwundete gegeben?* – kommt es von Katja.

Es hat. Ich brauche nur auf sie zu zeigen. Erstaunt blinzelt sie, versucht zu lachen. Knallrot war ihr das Gesicht inzwischen angelaufen und die eine Seite auch schon beängstigend aufgeschwollen.

Nach Altdorf ins Kantonhospital haben sie Katja gebracht. Später sollte ich ihr dorthin folgen. Zuerst aber hatte ich mit zur Polizei-Dienststelle zu kommen, zur Aufnahme der Personalien und weil es etliches zu klären gab. Völlig dunkel war es inzwischen geworden und die Straße dicht mit Schnee bedeckt. Verkehr kam keiner mehr vorbei. Eigentümlich, fuhr es mir durch den Kopf. Nur auf der Gegenfahrbahn hatte sich ein schaulustiger Stau gebildet, der sich im Schritttempo zum Tunnel hinauf bewegte.

Das Überwachungszentrum des Gotthard-Tunnels, in dem auch die Polizei ihre Räume hatte, war mir ein Tempel der Technologie, wie ich ihn vorher noch nie gesehen hatte. Ein weiter Saal gleich hinter dem Eingang, die Wände rundum mit einem Mosaik von Monitoren bestückt, auf denen man wohl jeden Meter des Tunnelinneren, der Zufahrten und der Fluchtwege rund um die Uhr beobachten konnte. Und davor saßen gut ein Dutzend Uniformierter vor komplexen Schalttafeln, die genau das auch taten. Dahinter ein paar Vernehmungskabinen mit Glastüren in einem schmalen Gang. Sie waren alle belegt als ich hingeführt wurde. Rote Stühle der Wand entlang zwischen den Türen. Ein paar waren besetzt. Auch wohl von Verunfallten, wie ihre grauen Gesichter zu erzählen schienen. Bald wurde ich aufgerufen. Und nachdem ich das Meine alles gesagt hatte, konnte ich endlich auch erfahren, was geschehen war.

Angefangen hat es damit, dass ein viertüriger Renault mit französischem Kennzeichen in unser etwas schräg an der rechten Leitplanke stehendes Auto hineingedonnert ist. Da sei wohl überhöhte Geschwindigkeit mit im Spiel gewesen, ließ der auskunftsfreudige Polizist durchklingen, und dazu wohl auch sonst noch etwas. Was dieses *Etwas* gewesen ist, hat er in der Luft hängen gelassen. Erst so eine Stunde später habe ich es von einem seiner Kollegen erfahren, als der mich zum inzwischen abgeschleppten Wagen fuhr.

Nach dem Aufprall des Renault, der unser Auto ein Stück weit die Autobahn hinunter katapultiert hatte, war ein paar Minuten lang anscheinend nichts weiter geschehen. Wie lange, das war wohl nicht zu eruieren. Aber dann ist es Schlag auf Schlag gegangen. In der Kurve ein Stück hinter dem stehenden Renault war ein Wagen ins Schleudern gekommen, oder sonstwie außer Kontrolle geraten, und hatte den Renault gerammt. Das Auto dahinter konnte nicht mehr ausweichen. Und ebenso nicht das nächste und das danach nächste auch nicht. Eine Massenkarambolage ist es geworden. Sechsundzwanzig Fahrzeuge waren am Ende in den Unfall verwickelt, ein paar sogar ineinander verkeilt. An die fünf Stunden lang war die Süd-Nord-Trasse der Gotthard-Autobahn danach gesperrt. Verletzte scheint es keine gegeben zu haben, außer Katja eben.

In eine Werkstatt nahe bei Andermatt hatte man unser Auto inzwischen abgeschleppt. Dorthin brachte mich einer von der Wache. Und der wusste zu berichten: Im Renault, der uns gerammt hatte, war ein Ehepaar mit Kleinkind unterwegs gewesen. Er ein Peruaner mit nur befristeter Aufenthaltsgenehmigung in Frankreich, sie aus Bulgarien stammend, das Kind gerade knapp zwei Jahre alt. Am Steuer war die Frau gesessen, das Kind auf dem Rücksitz.

Und dazu dann, was der Polizist über ihre Aussage zu berichten hatte: Das Schneetreiben habe nicht allzu sehr gestört. Aber das Kind hinten auf der Rückbank sei quengelig gewesen. Dem Mann sei es nicht gelungen, es ruhig zu stellen. Sie, die Frau am Steuer, habe sich deshalb nach hinten gedreht, um nach dem Kind zu schauen, vielleicht auch Beruhigendes zu sagen. Ganz kurz nur, nach ihrer Aussage. Aber das *Kurz* war eben doch zu lang. Da war der Knall. Eine Frau habe sie dann gesehen – *das war Katja* – knapp vor dem Renault auf die Autobahn geschleudert. Einen silbergrauer Ford – *der unsere* – ein Stück weiter vorne mit eingedelltem Kofferraum und darunter einer sich rosafarben ausbreitenden Pfütze im Schnee.

Wenn nur die da nicht da gewesen wären... – soll die Bulgarin immer wieder gegreint haben, womit sie uns an der Leitplanke Stehende meinte.

Die Werkstatt in Altdorf war noch voll besetzt, als ich dort abgesetzt wurde, obwohl es schon nach sieben Uhr war und zudem Freitag. Zerbeulte Autos füllten den Gewerbehof. Zwei weitere wurden gerade vom Schlepper geladen. Ein echt goldener Abend für den Meister und sein Team.

Totalschaden, sagte die gemütlich pummelige Frau, die mich in Empfang genommen hatte. Ich möge mir das doch selber ansehen: eingedrückter Kofferraum, aufgeplatzter Tank, verzogene Hinterachse, zerknautschte Kotflügel vorne rechts und hinten, dazu wahrscheinlich die Achse auch angebrochen. *Nichts mehr zu machen mit dem Auto. Lohnt sich nicht.* Den Auftrag zur Verschrottung sollte ich bestens gleich erteilen. Das wäre noch das billigste, hörte ich, und vielleicht würde ich sogar noch ein paar Fränkli herausbekommen. Aber nicht sicher.

Sie hat mir dann noch eine Mitfahr-Gelegenheit nach Altdorf besorgt. Unsere zwei Reisetaschen hatten den Aufprall unbeschadet überstanden. Auch das in einen Plaid eingewickelte Bild war noch intakt, mitsamt seinem Glas und dem Rahmen. Und so bin ich voll bepackt nach Altdorf gekommen. Das Schneetreiben war in nieseligen Regen übergegangen. Nahe der Klinik an einem Hotel wurde ich abgesetzt. Dort hatten sie noch ein Zimmer frei und auch eine warme Wirtsstube. Mich aber hat es zu Katja gezogen.

Erst durfte ich gar nicht zu ihr. Nur an der Aufnahme hören konnte ich, dass wohl *nichts Schwerwiegendes* vorliege. Zunächst war aber Bürokratisches angesagt.

Nach Katjas Krankenversicherung wurde ich als erstes gefragt. Dass sie *nur* die staatlich italienische hatte, war ganz offensichtlich keine die Fragemaid beglückende Auskunft.

Stirnrunzeln und skeptisches Geschau. Dass ich dann die Information über unsere private Zusatzversicherung bei der *Concordia* nachschieben konnte, hat ihr schon besser gefallen. *Einzel- oder Mehrbettzimmer?* – kam ihre Frage, ehe ich überhaupt noch zu wissen bekam, wie es Katja nun wirklich ging und welches die Prognose war. Trotzdem: das Einzelzimmer natürlich.

Und dann war da gleich noch die Sache mit dem Geld. 2.500 Sfr sollte ich schon mal hinterlegen. Sofort. Ob als Anzahlung oder als Kaution, konnte ich nicht genau verstehen. Ich hatte bei Weitem nicht so viel dabei. Die Kreditkarte wurde nicht akzeptiert. Nur ein paar Hunderter konnte ich verschmerzen. Viel mitgenommen hatten wir nun mal nicht. Es sollte ja nur für ein kurzes Wochenende in der Familie und die Bücher reichen. Jetzt hatte ich aber die Übernachtung zu bezahlen, schoss es mir durch den Kopf, etwas zu Essen auch, und mit dem Zug nach Freiburg musste ich auch noch kommen. Da konnte ich nicht mein ganzes Bares weggeben, das sowieso längst nicht gereicht hätte. Langes Palaver. Irgendwie haben wir uns geeinigt. Dann endlich durfte ich zu Katja.

Erschreckend sah sie aus, als sie mich aus hoch gestelltem Kissen anlächelte. Zu lächeln versuchte. Die Lippen verquollen. Das Gesicht dick aufgeschwollen, zumal auf der rechten Seite. Dunkle Rötung und blau sich anbahnende Blutergüsse um die Augen und auf den Backenknochen bis weit hinunter zum Hals. Vom nassen Schneetreiben noch zerrupftes Haar. Doch keine Schmerzen, be-ruhigte sie mich sofort. Fast gar keine. Wirklich kaum welche. Nicht sehr starke jedenfalls...

Sofort geröntgt war sie geworden und danach durch noch eine ganze Reihe anderer Checks gegangen. Eine Prellung auf der Stirn und ein Riss im Backenknochen. Rechts. Drei gebrochene Rippen, doch keine Splitter durch die Lunge oder so. Gehirnerschütterung. *Sonst aber gar nichts* – spielte sie herunter. Lästiges eben. Nichts Weltbewegendes. Wann sie denn aus der Klinik weg könne, wollte sie wissen, und auch, was mit dem Auto sei. Das vom Auto konnte ich ihr sagen, fürs Andere hatte auch ich noch keine Ahnung.

Ob ich Gisela und Heinz verständigt hatte, war eine ihrer ersten Fragen. Klar, hatte ich. Noch vom Gotthard-Zentrum aus. Natürlich waren die entsetzt gewesen, wollten mehr wissen, hatten sich nur ungern auf später vertrösten lassen. Vom Hotel wollte ich sie nachher nochmals anrufen.

Am nächsten Vormittag habe ich den Zug nach Freiburg genommen. Umsteigen in Luzern. Nochmals dann in Basel. Das sperrige Bild, Heinzens Geburtstagsgeschenk, hatte ich bei Katja in der Klinik gelassen und ihre Reisetasche natürlich auch. So hatte ich nur leichtes Gepäck dabei.

Die in der Holbeinstraße, Gisela und Heinz wohnten da, waren völlig aufgelöst als ich eintrudelte. Die Wohnung war voller Gäste. Überall Blumen. Von Geburtstagsfreude aber keine Spur. Nur bange Fragen von allen Seiten. Ein paar konnte ich beantworten, die aber, die am brennendsten waren, nur ungenügend. Auch der Frühdienst in der Klinik hatte mir nur allgemein Zuversichtliches gesagt, keineswegs aber, wann Katja entlassen werden könne.

Was sonst noch an dem Samstag, Heinzens Geburtstag, war? Mattscheibe.

Gisela kam mit mir, als ich am Sonntag wieder nach Altdorf fuhr. Sie wollte Katja sehen, sich selber vergewissern und auch ihre Hilfe anbieten.

Trotz Feiertags wurden wir in die Verwaltung gebeten und noch einmal fing das öde Lied von der Anzahlung an. Detaillierter begründet wurde die Forderung nun vorgetragen: Notaufnahmegebühren, Kosten und Nebenkosten der Untersuchungen, Einzelzimmer für wohl mindestens eine Woche und noch einige Posten mehr. Gisela wurde frostig, so wie Katja das konnte, wenn's darauf ankam: *Zumutung!* – zischte sie und: *Unverschämt! Wollen Sie das schriftlich? Ich bin die Frau von Heinz Meier, dem Schauspieler, so Ihnen das was sagt. Das sollte doch Garantie genug sein. Oder...?*

Heinz war nun mal der auch in der Schweiz, sogar im hintersten Graubünden, wohlbekannte Fernseh-Darsteller von Loriots Erwin Lindemann, dem Lottogewinner. Besonders beeindruckt sah die Verwaltungsmamsell trotzdem nicht aus. Es war eine andere als die vom Freitagabend. Rein äußerlich. In ihrer sturen Hartnäckigkeit allemal dieselbe. Einigermaßen gottergeben sah sie erst aus, als ich ihr Stein und Bein zuschwor, gleich am nächsten Morgen für eine Blitzüberweisung aus Mailand zu sorgen.

Und Katja war wirklich dazu verdonnert, eine ganze Woche in der Klinik zu bleiben. Mindestens. Wenn keine Komplikationen dazukommen, sagte die Stationsschwester, die uns das Röntgenbild der gebrochenen Rippen zeigte. Widerspruch zwecklos. Arzt war keiner da. Sonntag. Bald Mittagszeit.

Die inzwischen tiefblaue Landschaft auf Katjas Gesicht bis hoch zum Haaransatz sprach ja auch Bände. Und genau so auch das mühsame Lächeln, wenn sie wieder und wieder betonte, sich völlig in Ordnung zu fühlen, und zugleich bei jedem tieferen Atemzug schmerzvoll zusammenzuckte.

Gisela hat dann das recht sperrige Bild für ihren Heinz mit nach Freiburg genommen. Eine Schwester hatte noch geholfen, es gut zu verpacken, auch mit einer Griffschlaufe an der Schnur, um es ein wenig handlicher zu machen. Es war eine der eher bedeutenden Graphiken von Edgar Chahine aus der Endzeit der Belle Epoque. Eigentlich hatten wir es für ein ganz anderes Familienfest gekauft.

Zurück in Mailand habe ich die Anzahlungs-Überweisung an das Kantonhospital natürlich nicht vertrödelt. Sofort dort angerufen habe ich auch und die Bestätigungsdaten durchgegeben. Ich wollte doch nicht, dass die argwöhnischen Graubündner Katja etwa noch das Essen kürzten.

Die Reaktion im Team der Agentur vibrierte zwischen neugierig und fassungslos, zumal als ich die Polaroids von Katjas blau-rot geschecktem Gesicht zeigte, das ein Picasso auch nicht abstruser hätte bringen können.

Kommunikation und Papierkram mit den Versicherungen war dann angesagt. Fotos vom ramponierten Auto hatte die Werkstatt mitgegeben und auch von der Klinik hatte ich ein paar Unterlagen bekommen.

Das Auto hatten wir bei der *Zürich* versichert, wie seit Jahren alle schon zuvor. Ob ich einen Anwalt einschalten solle, war meine Frage. Nicht nötig. Die Versicherungsleute wollten sich um alles kümmern, nicht nur um die Belange der Verantwortlichkeiten, sondern auch um den Schadenersatz. Dass ich den Wagen schon in der Schweiz zum Verschrotten freigegeben hatte, fanden sie zwar nicht so gut. Die mitgebrachten Fotos haben dann aber doch gereicht, zu überzeugen.

Und auch Concordia, unsere Zusatz-Krankenversicherung, hat keine Schwierigkeiten gemacht. Checks, Einzelzimmer und Pflege in der Klinik wollte sie voll übernehmen. Nur für eventuelle Folgeschäden erklärte sie sich als dann nicht mehr zuständig. Eine Eilmitteilung nach Altdorf dazu ist auch raus gegangen und hat dort die etwa noch übrigen Zahlungszweifel doch gelöscht.

Ein neues Auto musste her. Bei Ford hatten sie genau denselben Sierra im Showroom stehen. Auch silbergrau, auch mit Schiebedach aus Acrylglas. Nach 24 Stunden konnte ich ihn schon abholen, voll zugelassen und versichert. Nur an den Nummernschildern war zu erkennen, dass es nicht der alte war. Am Samstag bin ich damit nach Altdorf gefahren.

Katja konnte nicht sofort entlassen werden. Dazu hätte ich sie vor 11.00 Uhr abholen müssen. Das hatte ich telefonisch nicht erfahren. Die Nachricht aber, dass sie *entlassungsfähig* gewesen wäre, war schon mal ein Lichtpunkt. Ihr hatte man das nicht so gesagt. Nur angedeutet als eventuell möglich.

Ins Dorf gehen durfte Katja aber sofort. Schnellstens sind wir der Klinikatmosphäre entflohen, zum Marktplatz oder sonst wohin, haben eine warme Wirtsstube gefunden und etwas Vernünftiges zu essen. Ich hatte es ja gewusst: die ganze Woche über hatte Katja kaum ausreichend gegessen. Spitalluft hatte ihr immer schon den Magen verriegelt.

Und es hat so viel zu bereden gegeben.

Die Rückblende auf den Unfall hat natürlich dominiert. An Einzelheiten konnte Katja sich kaum erinnern. Sie sah sich noch dabei, wie sie an der Leitplanke stand und mir zurief, dass das Auto nicht verkeilt war. Dann wusste sie nur, dass sie unversehens auf den Hintersitzen saß und ihr die Brille fehlte. Als nächstes erinnerte sie erst wieder, wie sie in den Rettungswagen geschoben wurde und gar nicht verstehen konnte, warum denn und warum ich nicht mitkam und wo es nun hingehen sollte.

Fasziniert hat sie sich die Geschichte angehört und ist dabei still und stiller geworden. Was wäre denn gewesen, wenn...

Wenn sie schon ganz wieder eingestiegen gewesen wäre, als der Renault von hinten kam. Oder aber: Wenn sie noch ganz eng zwischen Motorhaube und Leitplanke gestanden hätte, wie gerade etwa drei Sekunden vorher. Und: Wenn der Renault nicht knapp vor ihre zum Halten gekommen wäre, als sie, beim gerade wieder Einsteigen aus dem Auto geschleudert, mitten auf der Autobahn lag. Horrorvisionen. Eine nach der anderen.

Dann auch das mit der Brille. Wie war denn die aufs Armaturenbrett gekommen, wo ich sie gefunden hatte? Wie konnte sie ihr dorthin von der Nase gerissen werden, als sie, halb eingestiegen, hinaus geschleudert wurde? Ob die Brille nicht doch etwa neben ihr auf der Straße gelegen und ich sie aufgehoben hatte, ohne es überhaupt zu realisieren?

Und der leck geschlagene Tank. Das ausrinnende Benzin unter dem Auto. Sicher hatten wir geraucht. Todsicher nach *dem* Schreck. Beide. Der Wagen hätte Feuer fangen, explodieren können! Ein Albtraum war das Ganze.

Draußen vor der Wirtschaft liefen Maskierte durch die Gegend und Guggenmusik von Fasnacht-Narren schrillte ins Wirtshaus. *Auch das noch!* – stöhnte Katja. Seit Tagen ging das nun schon so, berichtete sie entnervt, immer beginnend zu noch nachtschlafender Zeit und dabei hatte das Hospital noch nicht einmal Doppelfenster. Solch eine Dauersequenz makabrer Dissonanzen hatte ihr jetzt ge-rade noch gefehlt.

Viel später mal habe ich Katja eine CD der Altdorfer Fasnacht-Katzenmusik-Gesellschaft mit den schrillen Pfeifern und Trommlern geschenkt. Nur so als ein Gag. Auch da noch konnte sie nicht drüber lachen. Altdorf war ihr definitiv ein Dorn im Fleisch.

Ihre Nachgeschichte hat die Gotthard-Karambolage noch gehabt. Ums Geld ging es dabei.

Es hatte sich herausgestellt, dass der Renault, der unser Auto gerammt hatte, ein Firmenwagen eines Straßburger Unternehmens war, den man dem Peruaner, also dem Mann der gebürtigen Bulgarin, für eine Geschäftsreise durch Europa geliehen hatte. Der gute Mensch war kurz nach dem Unfall nach Südamerika zurückgekehrt und weder für weitere Aussagen noch gar für Haftung greifbar.

Das war aber unserer Versicherung, der Zürich, vorerst gleichgültig. Von ihrer Gegenseite, der anderen Versicherung, verlangte sie Schadenersatz: Ein noch fast neuer Ford Sierra zu Schrott gerammt, Kantonhospital in Altdorf, ein angemessenes Schmerzensgeld für Katja und dazu auch das Abschleppen, die Fallkosten der Polizei, allfällige Forderungen des Kantons Uri wegen der stundenlang gesperrten Autobahn und was sonst noch alles.

Die Versicherung der anderen hat auf stur geschaltet. Keinen Knopf wollte sie bezahlen. Im Gegenteil. Sie wollte Geld und nicht zu knapp. Den Renault-Fahrer – die taten jetzt so, als ob *er* am Steuer gewesen wäre – wurde als völlig schuldlos dargestellt. Unser Ford sei da mitten auf der Fahrbahn gestanden. Urplötzlich. Kein rotes Dreieck warnend in der Gegend. Ein unausweichliches Hindernis. Mehr als ein Dutzend Seiten lang war das gegenbelastende Dokument und haarsträubend dessen Forderungen.

Es hat sich hingezogen, eine Lösung nicht in Sicht.

So ist es zum Prozess gekommen. Mailand sollte der Gerichtsstand sein, wollte unsere Versicherung; die Gegenseite bestand auf Strassburg als Zulassungsort des Renaults. Geeinigt haben sich die beiden dann auf das Obergericht des Kantons Uri in Altdorf, weil dort schon ein polizeiliches Vorgehen gegen alle an der Massenkarambolage Beteiligten anhängig war.

Ich bin dazu nicht nach Altdorf gefahren und Katja schon gar nicht. Die Anwälte der Zürich hatten es nicht für nötig gehalten. Sie hatten unsere beeidigten Aussagen, Kopien der Polizeiakten und sicher sonst noch eine Menge mehr. Auf die Verhandlung und den Ausgang haben wir trotzdem mit Bibbern gewartet.

Ich wurde verurteilt. Zu 280,00 Sfr Schadenersatz für vierfünf Meter beschädigter Leitplanke. Das nicht aufgestellte Warndreieck hat nochmals etwa 60,00 Franken Buße eingebracht, wobei der gedrängte Zeitablauf verteidigend unterstrichen und mildernd berücksichtigt war. Schuldlos gesprochen bin ich für den ganzen Rest geworden. Schriftlich, in imposanter Mappe und mit dem daran pendelnden Siegel des Kantons Uri habe ich den Richtspruch zugeschickt bekommen.

Und der Schaden, unsere Kosten? Wie das Ganze bei der Ver-sicherung und ihren Verhandlungen im Einzelnen so gelaufen ist, habe ich nie erfahren. Oder längst vergessen. Jedenfalls: Mit dem Geld, das uns die Zürich dann nach ein paar Monaten überwiesen hat, waren gut 80% vom Kaufpreis des neu erworbenen Ford Sierra abgedeckt, dazu noch alle Altdorfer Kosten und zusätzlich ein netter Betrag auch für Katja.

Wie tief ist denn aber Katjas Trauma gegangen?

Die Blessuren waren nur ein paar Wochen lang zu sehen. Von ursprünglich ausgedehntem Blau verfärbten sie sich Tag für Tag mehr in grün verschattetes Gelb, zogen sich langsam zurück und verschwanden dann restlos. Bis es soweit war, hatte Katja immer ein Foto vom ramponierten

Auto dabei, das sie grinsend hervorholte, wenn es zu ihrem Picasso-Gesicht wieder mal süffisante Fragen gab mit scheelem Seitenblick auf mich.

Ob aber der Schock je so ganz überwunden war, der sie wohl erst so richtig getroffen hatte, als wir in Altdorf über die Einzelheiten redeten und die fasnächtliche Guggenmusik schrillte, ist ihr Geheimnis geblieben. Nur wenn wir später wieder durch den Gotthard-Tunnel kamen und das Steilstück nach Altdorf hinunter fuhren, konnte ich merken, dass sie tiefer in ihren Sitz rutschte und sich verkrampfte.

Nicht mehr oft haben wir später über die Freiburg-Fahrt zu Heinzens Geburtstag gesprochen. Manchmal schon.

Was darf das kosten?

Ein großes Problem von Interservice war in den ersten Zeiten die Preisgestaltung bei Kostenvoranschlägen und den Abrechnungen.

Das betraf nicht so sehr die Medien-Kampagnen. Dafür gab es eine internationale und auch in Italien einigermaßen akzeptierte Vorgabe: 15% des Streuetats. Diese Vergütung wurde von den Medien bezahlt, nicht von den Agenturkunden, wie eigentlich logisch, und sie hatte sowohl die dem Kunden erbrachte Beratung als auch die kreativen Leistungen abzudecken. Mit den Kunden war gerade nur darüber zu debattieren, ob ein Teil dieser Medien-Provisionen etwa gar an sie abzuführen war. Wir weigerten uns aus Prinzip, dieses Thema überhaupt erst aufkommen zu lassen, und sind damit fast immer gut gefahren.

Schwierig war es aber beim Rest unserer Honorierung, ganz gleich ob für die Beratung oder die kreativen und durchführenden Leistungen, die nicht den Medien-Einsatz und damit den Streuetat betrafen. Das ging vom Entwickeln von Markenzeichen hin zur Packungsgestaltung, von bescheiden zweiseitigen Flyern zu aufwändigen Katalogen, zu Schaufensterdisplays, Informationselementen, Promotionsaktionen samt ihrem Drum und Dran... und was sonst noch alles so in den Bereich Marketing Communications hinein fällt.

Mit Stundenhonoraren war da in der Praxis nichts zu machen. Denn erstens: Wie sollte da ein vielleicht in Jahren gereifter, dann aber in nur ein paar Sekunden aufgestrahlter Geistesblitz abgerechnet werden? Und zweitens: Wie konnte einem Kunden erklärt werden, dass sich *dieses Mal* etwas als ganz besonders zeitaufwändig erwiesen hatte und deshalb entsprechend zu honorieren war? Endlose Debatten wären dabei vorgegeben gewesen. Sie waren es auch in der Tat. Oft und oft waren wir darin verwickelt, wenn wir uns mal darauf eingelassen hatten, Stundenhonorar abzurechnen.

Die Alternative: Projekthonorar. Das hört sich gut an und ist auch das Vernünftigste. Nur: Wie sollten wir da festlegen, wie viel etwa der Text für einen Werbebrief kosten sollte, oder die kreative Gestaltung eines Thekendisplays... und das für dutzende, hunderte von oft ganz verschieden aufwändigen und genutzten Elementen?

Immer wieder standen wir wie der Ochs vorm Berg. Wir wuss-ten zwar fast immer, wie viel wir für eine Arbeit, für ein Projekt *eigentlich* berechnen mussten, um dessen Aufwand herein zu holen und einen einigermaßen angemessenen Verdienst dazu. Aber: Wie würden denn unsere Konkurrenten dasselbe Projekt, dieselbe Leistung abrechnen? Was würde der Kunde als sozusagen *normal* anstandslos akzeptieren? Wo waren denn die Grenzen zwischen *schön blöd* und *maßlos teuer*? Immer wieder ist uns nur geblieben, über den Daumen zu peilen und zu hoffen. Echt nervend war das. Jedes Mal. Bei jedem Kostenvoranschlag und bei der Rechnungsstellung dann wieder.

Natürlich hatte ich etliche Erfahrungen dazu aus meinen früheren Jahren in anderer Agentur. Doch da war ich mit Abrechnungen weniger befasst gewesen. Einerseits. Und dazu kamen uns, Katja und mir, die stetigen Zweifel, ob die von den großen amerikanischen oder Schweizer Agenturen erzielten Preise, soweit wir sie kannten, auch unserer kleinen Interservice zugestanden würden.

Wir brauchten eine Preisliste. So eine von der Art wie sie die Ärzte, Architekten oder Rechtsanwälte hatten. Es gab aber keine für die Beratungsarbeit und die kreativen Leistungen im Bereich der Werbung. Und wenig hat es auch gebracht, dazu auf Kollegen zuzugehen. So gern und laut stets über alles andere gequatscht wurde, beim Thema Abrechnungen gab es fast niemals mehr als starres Schweigen. Jeder dachte, er werde nur ausgefragt, um dann unterboten zu werden. Oft stimmte das ja auch.

Irgendwann, ein paar Jahre waren da schon vergangen, haben wir beschlossen, unsere eigene Preisliste aufzulegen.

Die hauptsächliche Basis dafür: aus unseren Abrechnungen haben wir das Beste an Preisen heraus gesucht, das wir bis dahin schon hatten erzielen können; das haben wir versucht, in ein einigermaßen harmonisches Gesamtbild zu bringen; und auf jede Position haben wir dann noch einen vernünftigen Aufschlag sozusagen als Verhandlungsmarge drauf gepackt. Denn, wo wäre wohl *der* Kunde gewesen, der nicht einen Sonderrabatt beansprucht hätte? Nur für sich allein, versteht sich, das aber energisch.

Mit den nötigen, recht detaillierten Kommentaren und einem Mustervertrag ergänzt, ist daraus ein Taschenbüchlein von 36 Seiten geworden, in dem fast alles seinen Preis hatte, was uns bis dahin an möglichen Bereichsleistungen angefallen war. Den Medienkampagnen und ihren Streuetats, die ja auch dazu gehörten, war ihr besonderes Kapitel gewidmet.

In seiner Druckauflage hat das Ding schon etwas hergemacht. Autorität hat es ausgestrahlt, auch wenn es eindeutig nur eine Interservice-Preisliste war. Verblüffend ist es dann immer wieder gewesen, wenn nun ein Kosten-Gespräch anstand, der Kunde laut-hals über *unbezahlbare* Preise und die *viel zu teure* Interservice klagte, und ich ihm darauf das Gedruckte mit wie entschuldigendem Lächeln hingeschoben habe: *Hier, die Liste der Mindestpreise. Was kann denn ich da machen?*

Vernünftige Preise zu erzielen, also solche, die für die Kunden akzeptabel waren und uns auch etwas verdienen ließen, war uns damit schon um etliches leichter geworden. Unsere Verunsicherung war geschrumpft, aufgelöst hatte sie sich aber keineswegs.

Dann einmal stand ein langes Interview in *Strategia*, dem damals wohl wichtigsten Fachblatt der Werbung. Donato Mutarelli, der Chefredakteur, hatte es mit Germano Motti, dem Präsidenten von ACPI[9], gemacht. Um den Sinn und

---

[9] *Associazione Consulenti Pubblicitari Italiani – die Vereinigung*

Zweck der von Motti geführten Berufsvereinigung ging es dabei und zumal auch um die Vorteile, die den Mitgliedern geboten waren. Einer der Pluspunkte hat mich elektrisiert: Motti sprach über einen *Tariffario Acpi*, einen für den Verband gültigen Honorar-Leitfaden, den er wegen dessen Marktnähe über den grünen Klee lobte und als Italiens einzig vorhandenen, verbandsoffiziellen Leitfaden für konkurrenzgerechte Kostenvoranschläge und Abrechnungen bezeichnete. Natürlich nur den Mitgliedern vorbehalten und von denen als höchst vertraulich zu behandeln.

Schnell habe ich mich mit Motti getroffen. Gern hätte ich den Honorar-Leitfaden als erstes gesehen. Nicht möglich, hörte ich von ihm, da er – *leider, leider* – wirklich nur den Mitgliedern zugänglich war, ohne dabei zu versäumen, ihn als ein echt unverzichtbares Instrument wieder in den allerhöchsten Himmel zu loben. So bin denn ich, der ich Vereinen und Ähnlichem grundsätzlich fern stehe, ein Mitglied von ACPI geworden.

Kaum den Beitrag bezahlt und die Vereinskarte bekommen, bat ich im Sekretariat natürlich um den so sehr geheim gehaltenen Leitfaden. Anstandslos bekam ich ihn. Vier hektographierte Seiten. Das war's dann auch schon. Zwei Seiten mit einem projektbezogenen Mustervertrag und zwei weitere gefüllt mit blumenreichen Ausführungen zum Ausgestalten eines *vernünftigen und markttauglichen* Kostengesprächs und Hinweisen darauf, wie wichtig es sei, niemals eine Arbeit in Angriff zu nehmen, ehe es dafür einen vom Kunden nicht nur mündlich akzeptierten sondern zumal auch unterschriebenen Kostenvoranschlag gab. Keinerlei Leistungsbeispiele standen da und auch keinerlei Zahlen.

Schönen Dank auch, lächelte ich der netten Maid zu, aber vor allem gehe es mir um die *Preisliste*. Verständnisloses Glupschen. *Prezzi, Listino?* – sowas war nicht vorhanden, hatte es nie gegeben. Aber der *Tariffario* von dem Motti so enthusiastisch geschwärmt hatte? Das waren die vier Seiten,

---

italienischer Werbeberater.

der offizielle Acpi-Leitfaden, an ein vernünftiges Honorar zu kommen. Dafür hätte ich nun wirklich nicht Mitglied zu werden brauchen.

Aber der Verein war nett. Die monatlichen Info-Abende mit gemeinsamem Essen insgesamt recht interessant, zumal auch eine sprudelnde Quelle für Klatsch und Tratsch aus unserer Berufswelt, woraus sich vielleicht gelegentlich auch mal Nützliches ergeben konnte. Nur eben: keine Preisliste.

Sollte es dabei bleiben?

Zu einem der Info-Abende habe ich unsere Interservice-Preisliste mitgenommen und darüber einen kurzen Vortrag gehalten. Staunen. Offenes Interesse. Fast schon Neid. Auch drängend werdende Fragen. Auf die Agenda der nächstfolgenden Vorstandssitzung ist das Thema gekommen und ich als Gast dazu eingeladen. Der dort dann gefasste, beinahe schon voraussehbare Beschluss: Mich bat man, unsere so ganz subjektiv auf uns zugeschnittene Preisliste als *allgemein gültig* der Vereinigung freizugeben. Warum denn auch nicht?

Also, grundsätzlich war ich durchaus einverstanden. So im Prin-zip. Meine Zweifel hatte ich aber schon an einer Umsetzung nur *eins zu eins*, also praktisch bloß auf ein neues Titelblatt beschränkt. Ich, der ich Kommissionen und alle ähnlichen Gremien eigentlich nicht verknusen kann, bat um das Einsetzen einer Arbeitsgruppe. Sie sollte die in unserer Interservice-Liste vorgegebenen Service-Leistungen und ihre angesetzten Preise Stück für Stück prüfen, abändern und ergänzen wo nötig.

Zustimmung. Zwei Vorstandsmitglieder wurden damit betraut, unsere Interservice-Preisliste mit mir zusammen zu überarbeiten. Beide zeigten sich voll des Eifers, wie das bei solchen Gelegenheiten üblich ist. Zu einer operativen Sitzung dieses Teams aber ist es nie gekommen. Logisch. Es schien in Mailand damals enorm schwer zu sein, drei in recht stressigen Beruf eingebundene Leute dazu zu gewinnen, gleichzeitig die Zeit zu finden, Arbeitsstunden oder gar ihre Freizeit für etwas Ehrenamtliches einzusetzen. Mir will scheinen, dass es ist auch heute noch so ist, und nicht nur in Mailand.

Der Honorarleitfaden war nun aber schon mal versprochen. Der Präsident selbst hatte ein Rundschreiben an die Mitglieder geschickt, in dem an verheißungsvollen Vorschusslorbeeren nicht gespart war. Dass die erste Auflage ganz kurz bevorstehe, hatte er auch hinein gepackt. Und so ist nichts anderes übrig geblieben, als unser Material sozusagen als vorgefertigtes Paket zu übernehmen.

Es war die dritte oder vierte Ausgabe unserer eigentlich nur für uns selber gestrickten Preisliste. Sie war schon um einiges besser, in Teilen marktnäher als die erste. Auch weil ich inzwischen zwei deutsche Leitfäden zur Preisgestaltung gefunden und mir besorgt hatte, den *Etat-Kalkulator* und den *Rotstift der Werbung*, die schon damals periodisch aktualisierte Durchschnittspreise für fast alles und jedes in unserem Bereich veröffentlichten. Das waren natürlich für Deutschland geltende Werte. Mit etlichem Mut und ein bisschen Fingerspitzengefühl hatte ich sie der italienischen Kaufkraft angepasst und mit den so gewonnenen Bezugsdaten und Zahlen die neueren Ausgaben unserer Liste aufgemöbelt. Aus den anfangs 36 Seiten waren 48 geworden. Und mit neuem Titel war das dann der Honorar-Leitfaden der Vereinigung der italienischen Werbeberater. Offiziell beim Verwaltungsgericht hinterlegt, wurde er schon bald als Orientierungsgrundlage für Schiedssprüche und Schlichtungsverfahren bei Belangen der Werbung zugelassen. Und so gab es nun endlich auch für uns eine Honorarordnung, die zwar nicht offiziell gültig war, wie etwa die der Ärzte, Anwälte oder Architekten, aber doch immerhin den offiziellen Stempel der Berufsvereinigung hatte und damit eine recht prägende Wirkung im Markt.

Viele Jahre sind seitdem vergangen.

Nun, da das Dokument im Einsatz war, ist es dann doch noch gelungen, ein Team zusammen zu bekommen, das sich, zwar nicht allzu intensiv aber doch stetig, um dessen

Marktnähe kümmerte und dafür Daten zur Aktualisierung sammelte. Die Zusammensetzung der Arbeitsgruppe hat gewechselt, immer wieder mal. Ich aber war stur genug, sie über die ganze Zeit zu koordinieren – bis zur Edition 2009/10 als es Interservice schon etliche Jahre nicht mehr gab.

In ziemlich regelmäßigen Zeitabständen marktgerecht angepasst und neu aufgelegt, ist *unser* Leitfaden in der italienischen Werbung zu einer vielfach und stetig genutzten Messlatte der Honorarberechnung geworden. Und er ist der einzige geblieben. Über Jahrzehnte hin. Solange es ihn geben durfte.

2010 aber ist es zum Eklat gekommen. Italiens offizielle Wettbewerbshüter befanden in ihrer großen Weisheit plötzlich, dass der Leitfaden gegen EU-Recht verstoße. Ganz eindeutig ein Instrument illegaler Preisabsprachen sei er. Nicht nur zum verbrecherischen Instrument unerlaubter Absprachen, oh nein, zu einer Zwangsjacke gar gegen freiheitliche Preisgestaltung und gegen die Idee von Freiheit überhaupt war er geworden. Wer weiß, was für ein Medien-Mogul da wohl wieder einmal auf unseren ihm lästigen Berufsstand geschossen hatte?

Unser Verband hat dagegen gehalten. Was denn da mit den Honorarordnungen der Journalisten, Architekten oder Anwälten sei, war unsere erste und grundsätzliche Einlassung. Und wieder einmal wie schon so oft bekamen wir es zu hören: Die anderen sind anerkannte Berufe und haben somit ihr gutes Recht auch auf eine Honorarordnung; wir Werber aber sind nur irgendwas, kein Berufsstand, von niemandem als nur höchstens von uns selber anerkannt, im Grunde genommen nichts weiter als freilaufend im Markt streunende und herum wildernde Scharlatane oder so.

Der Honorar-Leitfaden unseres Verbands ist 2011 verboten worden. Nicht gerichtlich. Italiens spezielle Regierungskommission der Hüter des freien, fairen und transparenten Wettbewerbs hat das ganz eigenständig durchgezogen. Eine

Berufung dagegen war ausgeschlossen. *Roma locuta, causa finita.*

Wenn ich aber so zurückdenke: Da hatten wir vor langer Zeit in der Agentur das Gefühl, für die Kostenvoranschläge und die Abrechnungen eine Richtschnur zu brauchen. Ein Interview in einem Fachblatt dann ganz zufällig, in *Strategia*: Eine offizielle Verbands-Honorarordnung scheint es zu geben, also die uns so sehr fehlende Preisliste. Nur um sie zu bekommen werde ich Mitglied... und dann schreibe ich sie mir selbst, redigiere auch noch ihre Aktualisierungen über Jahrzehnte hin.

Schön wäre zu wissen, wie so manch anderes und auch recht gewichtig Erscheinende zustande kommt.

Schnell mal in der Löwenapotheke.

Im Februar 1992 trat in Italien ein neues Gesetz für Diätprodukte und Nahrungsergänzungsmittel in Kraft. Von da an mussten sie nicht mehr so wie Medikamente in langwierigen und kostspieligen Verfahren genehmigt werden. Es reichte nun, gewisse Auflagen zu Wirkstoffen und Herstellung zu beachten und das geplante Produkt mit Formel, Packung, Beilageblatt und Herstellernachweis dem Gesundheitsministerium anzukünden. Falls dann innerhalb von 60 Tagen von dort kein Widerspruch kam, galt die Marktfähigkeit als erteilt. Auch für den Vertrieb in Apotheken.

Unversehens hatte sich damit eine Nische aufgetan, die viele interessieren konnte. Jetzt brauchte es eine Idee.

Über Ostern waren Katja und ich nach Freiburg gefahren. Bei der Fahrt hatte ich mir eine Erkältung eingefangen, die sich recht lästig entwickelte. Ich brauchte etwas dagegen. Karsamstag hatten die Geschäfte offen und am Bertoldsbrunnen kamen wir an Löwenapotheke vorbei. Beim Warten dort fiel mir ein Thekendisplay ins Auge mit Produkten, die ich früher nie bemerkt und die ich zumal in keiner Apotheke Italiens je gesehen hatte: Vitamin- und Mineralpräparate als Brausetabletten. Hermes war der Hersteller. Sofort kaufte ich drei Stück von allen Varianten.

Zufall! Selten vor und nachher habe ich mich je so erkältet, dass mir danach war, etwas dagegen zu tun. Dazu noch: In Freiburgs Innenstadt wimmelt es von Apotheken. Nur in der Löwenapotheke stand aber vielleicht an jenem Tag das Display mit den Brausetabletten neben der Kasse. Und das, als in Italien das Gesetz zu den Nahrungsergänzungsmitteln seit gerade ein paar Wochen in Kraft war.

Zurück in Mailand folgten dann sofort die ersten Checks. Sind die Hermes-Produkte schon in Italien? Was bietet der italienische Markt an Gleichem oder Ähnlichem? Wie etwa werden Vitamin- oder Mineral-Brausetabletten in den Apotheken aufgenommen? Lässt sich der eine oder andere unserer Kunden dafür interessieren – oder andere Firmen?

Offen hat sich der Markt gezeigt. Es gab nichts Vergleichbares. Und ermutigend dazu: Schon erste Andeutungen bei ein paar Apothekern entfachten lebhaftes Interesse.

Wir haben Kontakt zu Hermes aufgenommen. Die ersten Reaktionen waren positiv. Italien konnte durchaus interessieren, hörten wir aus München, und wir sollten doch mal ein detailliertes Konzept einreichen, um unsere Ideen und Pläne prüfen zu können.

Genau das hatte ich befürchtet. Zu oft hatten wir erlebt, dass so ein Papier gern bekommen, aufmerksam gespeichert und weidlich ausgeschlachtet wurde, wir aber dabei in den Wind schauten. Das alte Risiko unseres Berufs! Hermes hat trotzdem unser Exposee bekommen. Auf etlichen Seiten war darin vieles angedeutet und nichts gesagt. So etwas zu schreiben hatte ich ja gelernt in den letzten etwa fünfundzwanzig Jahren.

Enthusiastisch war die Reaktion nicht gerade, die uns nach nicht zu knapper Wartezeit aus München kam. Einleuchtend seien unsere Gedanken, konnten wir lesen, und man werde sie aufmerksam prüfen und sich dann gern mit uns darüber austauschen – bald... also möglichst bald schon. Dann Funkstille. Etliche Wochen lang. Bei unseren Anrufen, zwischendurch immer mal wieder, war entweder zufällig kein Verantwortlicher im Hause, oder wir wurden um noch ein paar Tage Geduld gebeten.

Frühsommerlich war es inzwischen geworden. Wir, Katja und ich, beschlossen spontan einen Wochenendtrip nach Deutschland, auch weil wir neue Büchervorräte brauchten. Da konnten wir doch nach München fahren und den Montag noch für Hermes dran hängen! Also rief ich an, sagte, dass wir *zufällig* durch München kommen würden, gab auch vor, mich riesig über die gute Gelegenheit zu freuen, uns nun persönlich kennen zu lernen. Leicht überfahren haben sich die Hermesianer sicher gefühlt. Aber sie haben es recht gut weggesteckt, ihrerseits viel Freude durch das Telefon gesäuselt und uns am Montagmorgen dann auch nett empfangen.

Den obligaten Werksrundgang mussten wir absolvieren. Dann waren wir in einem riesigen Sitzungszimmer, in dem wir uns völlig verloren, auch wenn noch eine Assistentin oder sowas mit hinzugekommen und wir somit also zu viert waren.

Unser erster Vorschlag: Wir vermitteln Hermes eine bei den italienischen Apotheken gut eingeführte Vertriebsfirma, die auf eigene Rechnung importiert und auch für die Marketingkosten aufkommt. Mit einem unserer Kunden hatten wir das vorab schon besprochen und sein Einverständnis in der Tasche. Allerdings, das musste gesagt sein, anständige Preiskonditionen waren dabei schon vorausgesetzt.

Der Hermesmensch hat behutsam den Kopf geschüttelt, etwas auf seinen Notizblock gekritzelt, am Taschenrechner herumgespielt und... *Ja, könnte interessant sein...* vor sich hingebrabbelt.

Unsere Alternative wollte er noch hören, vorausgesetzt wir hatten eine. Hatten wir. Ob Hermes eventuell als Hersteller einer Handelsmarke für Dritte produzieren würde, war unsere Frage. *Eigentlich... äh... aber... mal sehen...*

Die Uhr ging schon auf Mittag zu. Er möchte die Sache mit seinem Vorgesetzten besprechen, verkündete unser Hermes, und es wäre doch nett, wenn wir, Katja und ich, so zwischen 14.30 und 15.00 Uhr nochmals vorbei kommen könnten. Wir sind wieder gekommen. Leicht verärgert zwar, weil es uns gar nicht gewohnt war, einfach so über Mittag verschickt und zugleich zu neuem Antanzen verdonnert zu werden.

Der Hermesjunge war nachmittags dann wieder lieb und nett und hatte auch einen fast schon riesigen Karton mit Brausetabletten aller Art für uns bereitgestellt. *Antworten?* Tja... – druckste er herum – natürlich hatten wir recht, uns welche zu erwarten... wenigstens so in etwa, und das war ja wohl auch verständlich, aber... naja, sein Chef hatte dazu gemeint, dass es doch besser sei, über das Ganze noch ein bisschen intensiver nachzudenken und... also in spätestens zehn Tagen werden wir einen Brief mit allem, also wirklich allem bekommen... zu den beiden Themen, also Hermesvertrieb Italien *und* eventuelle Produktion einer Handelsmarke für Dritte.

Es ist uns noch reichlich Zeit geblieben, gemütlich zurück nach Mailand zu fahren.

Den Brief haben wir dann bekommen. Vielleicht innerhalb der angesagten zehn Tage, vielleicht auch etwas später. Wenige Zeilen nur: Kein Interesse daran, dass wir uns um einen Italien-Konzessionär bemühten. Hermes sei durchaus in der Lage, sich dort, wo eventuell gewollt, seine Partner selber zu finden. Und auch keinerlei Interesse für Dritte und deren Handelsmarken zu produzieren. Solches sei gegen alle seit Ewigkeit verfolgte Hermes-Politik und allein schon unsere Idee, Lohnproduktion anzufragen, als nahezu absurd empfunden.

Sag's gleich! Da hätten wir doch wirklich nicht wochenlang antichambrieren und dann auch noch mit unserem Hermes-Jüngelchen die Zeit verplempern müssen.

Ein Gutes hatte die Hermes-Geschichte allerdings: Definitiv war ich nun überzeugt, dass die Vitamin- und Mineral-Brausetabletten eine innovativ interessante Option für den Italien-Markt waren, jetzt und dank der neuen Gesetzeslage für Diätprodukte und Nahrungsergänzungsmittel. Da wollte ich unbedingt weitermachen. Und noch etwas anderes war mir nach Hermes klar geworden: In den Brausetabletten steckte nicht nur gutes Potential für *ein* Unternehmen in Italien, das damit unser Kunde werden konnte, sondern eventuell für deren zwei oder auch drei. Nicht mehr die Idee, Italien für eine anderswo schon konsolidierte Herstellermarke zu öffnen, war mir jetzt vordringlich angesagt. Etliche neue Handelsmarken konnten für die nun entdeckte neue Marktnische geschaffen und ausgebaut werden. Das sollte unsere Chance sein!

Da galt es nun also *nur*, einen auf Brausetabletten spezialisierten Lohnhersteller zu finden und ihn für unser Projekt und eine Zusammenarbeit zu gewinnen. Das aber hat sich gar nicht so leicht ergeben. Wochenlang haben wir alles durchstöbert, was uns an Info-Quellen in den Sinn und unter die Augen kam. Unser Telefon ist heiß gelaufen. Nichts war zu finden. Internet steckte damals noch in den allerersten Kinderschuhen.

Und wieder ist mir der Zufall beigesprungen.

Mitten in unsere Suche platzte ein Anruf von Ferdi Baldus herein. Wir hatten uns vor langer Zeit mal kennen gelernt. Später war er dann bei den Blendax-Werken gelandet und hatte dort auch einmal versucht, Interservice mit dem Blendax-Etat für Italien in ein Boot zu bringen, was allerdings im Sand verlaufen war. Jetzt rief er an mit der Mitteilung, dass er sich mit einem Partner selbständig gemacht hatte, in Frankfurt, als Berater vor allem im Apotheken-Marketing, und dass sich da eventuell deutsch-italienische Arbeitsbrücken auftun könnten. Ferdi hatte gar keine Ahnung, wie punktgenau mir sein unerwarteter Anruf gekommen war.

Brausetabletten schienen ihm kein schweres Thema. Zu Anfang. Auf Anhieb wusste er von etlichen Marken, die sogar bei Discountern im Regal standen, mit Preisen auch, die weit unter dem Hermes-Apothekenniveau lagen. Die meisten davon eindeutige Handelsmarken. Da sollte es doch leicht sein, meinte er, mit ein paar Lohnherstellern ins Gespräch zu kommen. So haben wir denn vereinbart, dass er sich umsehen würde. Über Geld haben wir da noch nicht gesprochen. Wir wussten ja auch nicht, wie es weiter gehen sollte. Die Anschriften zu erfahren: darum ging es jetzt.

Ferdi Baldus hatte sich die Sache doch leichter vorgestellt, als sie sich dann entpuppte. Auf keinem einzigen der Brauseröhrchen, die er sich besorgte, war ein Herstellername zu finden. Auch nicht der Ort der Produktion. Die dazu heute geltenden Normen und Verpflichtungen der Klarstellung sind erst später in Kraft getreten.

Und auch die Anrufe bei den vermarktenden Firmen, den Inhabern der Handelsmarken, haben nichts gebracht. Es war wie eine Verschwörung. Keiner war bereit, seinen Hersteller nennen.

Ferdi begann, über seine auflaufenden Kosten zu klagen. Er wollte aufgeben und auf eine andere Gelegenheit der Zusammenarbeit mit Interservice warten. Dann hat er sich aber doch zum Weitermachen überreden lassen. An unser mit den Brausetabletten verbundenes Konzept hatte ich ihn erinnert, also an die nicht allzu knappen Provisionen, die ich von einem Lohnhersteller erwartete, wenn ich ihm neue Kunden aus Italien brächte. Daran sollte natürlich auch Ferdi beteiligt sein, vorausgesetzt, er fand heraus, wer denn die verdammten Dinger herstellte.

Ferdi Baldus hat weiter gesucht. Wochen und Wochen sind ins Land gegangen. Nutzlos. In seinen Berichten wuchsen die Suchschwierigkeiten von Mal zu Mal, fast bis ins Gigantische. Und jedesmal kam sein Provisionsanteil auch mit ins Gespräch. Von einem Viertel für ihn, wie ursprünglich die Rede, waren wir bald schon bei eins zu zwei Dritteln angelangt. Seine Infos kamen trotzdem nur tröpfchenweise. Das Konkreteste, was ich nach fast endlosem Hin und Her von ihm erfahren konnte, war, dass es da einen Hersteller gebe, in der Gegend von Hamburg, mit dem er, Ferdi, inzwischen auch mal persönlich gesprochen habe, der jedoch auf allerhöchste Diskretion aus sei und deshalb uns in Italien *noch* nicht genannt werden dürfe.

Ich konnte damals wirklich nicht verstehen, was diese ganze Geheimnistuerei denn sollte. Erst viel später bin ich dahinter gekommen, welche Fehden da unterschwellig im Markt ausgetragen wurden. Ziemlich klar war mir aber geworden, dass Ferdi wohl immer noch nicht genug hatte im Poker um die Höhe seiner Provisionsanteile, die nun insgesamt aber doch dabei waren, sich wie Morgennebel aufzulösen. Ich sagte ihm das auch; erklärte ihm klar, dass das Limit erreicht war und ich nun echt die Anschrift des Hamburger Phantoms haben wollte. Er werde es sich überlegen, war seine Antwort. Keine Ahnung, was das wieder sollte!

Wieder verging die Zeit. Davon, dass Ferdi es sich überlegt hätte, war nichts zu hören. Auch unsere Mailänder Suche, die natürlich parallel weiterging, war wie in Sanddünen festgefahren. Selbst die Spur nach Hamburg brachte uns nicht weiter, obwohl wir dazu sogar die Italienisch-Deutsche Handelskammer und das Konsulat eingeschaltet hatten. Meine Marktnischen-Idee der Brausetabletten ist mir zugleich von Tag zu Tag brennender geworden. Und so habe ich mich dann doch wieder durchgerungen, nochmals bei Ferdi in Frankfurt anzurufen.

Nur Lutz Baier war an den Apparat zu bekommen, sein Partner in der seit nun etwa einem halben Jahr bestehenden Beratungsfirma. Nein, hörte ich von ihm, Baldus sei nicht da; überhaupt nicht da; nicht mehr. Lutz und Ferdi hatten sich in die Haare bekommen. Um Geld war es anscheinend gegangen. Sie hatten sich getrennt. Mit wildem Zoff, wie es aus Lutz' Stimme noch zu schwingen schien. Das Projekt Brausetabletten? Kaum je hatte Ferdi davon mit ihm gesprochen. Eine Anschrift? Ein Hersteller in Hamburg oder dort in der Gegend? Mal sehen...

Keine halbe Stunde später hat Lutz Baier zurückgerufen. Den Hersteller hatte seine Telefonmaid ganz einfach unter Ferdis ge-speicherten Kontakten gefunden: C. Hedenkamp KG, Hövelhof bei Paderborn. *Von wegen Hamburg!* Die ganze Anschrift mitsamt den Telefon- und Faxnummern hat mir Lutz auch durchgegeben. Vergütung oder so wollte er dafür keine. Vom Provisions-Konzept und Ferdis Anteilen daran hatte er nie gehört und wollte davon auch gar nichts wissen. Hauptsache war ihm, wie er sagte: Nichts mehr mit Baldus und dessen Sachen zu tun zu haben.

Leicht war es dann, mit Hedenkamp ins Gespräch zu kommen. Ein Meeting in Hövelhof war schnell vereinbart. Langwieriger war es dagegen schon, dorthin zu kommen. Flug nach Düsseldorf, Zug nach Paderborn und von dort ein

Lokalbähnchen mitten hinein in weites Bauernland mit immer wieder Pferden auf freiem Gelände oder in ihren Koppeln.

Zu einem schmalen, niedrigen und sich tief nach hinten ziehen-dem Gebäude mit roter Ziegelfassade hat mich das Taxi gebracht. Empfangen hat mich Jutta Wiesing. Sie ist auch heute noch, mehr als zwanzig Jahre später, die Rechte Hand von Klaus Hedenkamp. Auf ihn selber hatte ich dann nicht lange zu warten. Er war etwa in meinem Alter. Sein Unternehmen hatte er mit Christa, seiner Frau, ungefähr zur gleichen Zeit gestartet wie Katja und ich unsere Interservice. Ganz locker sind wir ins Gespräch gekommen. Und so habe ich recht bald auch die ganze Hintergrundstory erfahren, weshalb solch ein Geheimnis um die Brausetabletten gemacht wurde und warum es auch so schwierig gewesen war, von seiner Firma zu erfahren.

Also: Neben ein paar wenigen Pharma-Unternehmen wie Her-mes und Woelm-Pharma in Eschwege, die nur ihre eigenen Marken produzierten, hat es damals in Deutschland lediglich zwei Lohnhersteller von Vitamin- und Mineral-Brausetabletten gegeben: Dr. Krüger und Hedenkamp. In ganz Europa gab es insgesamt auch nur noch zwei-drei weitere, einen davon in der Schweiz. Zugleich waren aber allein in Deutschland über ein Dutzend Handelsmarken im Markt, die alle dieselben Röhrchen verkauften, nur in unterschiedlichen Aufmachungen und mit teils leicht abgeänderten Formeln. Damit hatte es angefangen, zu einem fast schon mörde-rischen Preiskampf zu kommen, zumal sich der Verkauf vom ursprünglichen Kanal Apotheken mehr und mehr auf Drogeriemärkte und dann auch zu Aldi und Lidl verschoben hatte. In diesem Preiskampf der Handelsmarken riskierten nun auch die beiden Lohnhersteller, Dr. Krüger und Hedenkamp, zerrieben zu werden. Und mit jedem Anbieter, der neu in den deutschen Markt drängte, drohte sich der Preisdruck noch zu steigern. Deshalb war es in der gesamten Sparte zum Beschluss gekommen, die Hersteller möglichst *unsichtbar* zu halten. Aus gutem Eigeninteresse hielt sich jeder dran: die Inhaber der Handelsmarken, weil jeder neue Eindringling es zunächst einmal mit Dumpingpreisen versuchte, sich einen Platz im Markt zu schaffen, und die beiden Lohnhersteller, weil sie die ersten waren, die bei ihren etablierten Kunden in diesem Preiskampf immer mehr Federn lassen mussten. Deshalb: Kein Herstellerhinweis auf den Packungen, nahezu striktes Schweigegebot bei den Mitarbeitern und... Internet gab es ja noch kaum.

Doch für Italien zu arbeiten war etwas ganz anderes, meinte Hedenkamp. Fast schon kribbelig wurde er, als ich ihm von meinem Projekt erzählte. Er hatte von unserem alten Zulassungsgesetz in etwa gewusst und gedacht, dass es wohl deshalb in Italien keine *Brause-Röhrchen* gab – weder in den Apotheken noch gar in den Regalen der SB-Ketten. Doch die noch immer recht neue, Gesetzesregelung war an ihm vorbeigegangen. Hellwach war er, als er davon hörte. Da gab es einen potentiell offenen Millionen-Einwohner-Markt, in dem noch kein Preiskampf tobte, und ich bot ihm an, für seine Lohnherstellung dort Kunden zu schaffen.

Noch am selben Tag haben wir unsere Vereinbarung geklärt und so festgelegt: Es geht um Vitamin- und Mineral-Brausetabletten und um Italien; Hedenkamp stellt her und verpackt, wobei sein Service sich kostenlos auch auf die technische Bearbeitung von Formelideen und die dann fällige Bemusterung erstreckt; Interservice dagegen sucht im Italien-Markt eingeführte, zahlungssichere Kunden und hält für sie die Verbindung zu Hedenkamp; die Preise bietet Hedenkamp prinzipiell an Interservice an; Interservice gibt dann die Angebote mit einer auf die vorgegebenen Netto-Preise aufgeschlagenen Provisionsmarge an die potentiellen Kunden weiter und verhandelt sie, wobei möglichst ausschließlich diese Aufschlagsmarge als Spielspanne für die Preisgespräche zu gelten hat; die Dauer der Vereinbarung ist unbegrenzt und die anfallenden Provisionen sollen ohne Zeitlimit fließen.

Es war ein für beide Seiten faires Abkommen. Noch zwei Tage länger bin ich in Hövelhof geblieben und als ich zurück nach Mailand fuhr, wusste ich etliches mehr über Mineralstoffe und Vitamine und *alles* über deren Brausetabletten.

Nun galt es, dafür griffige Produktkonzepte und überzeugende Präsentationen zu entwickeln. Ziel dabei war mir, mehr für Interservice zu erzielen, als *nur* Hedenkamp neue Kunden zuzuführen. Ein Fixpunkt in meiner Idee war darin, ein Projekt anzubieten, in dem es etwas gab, das von uns auch direkt an diese Kunden abgerechnet werden konnte. Die mit Hedenkamp vereinbarten Provisionen waren ja recht und gut, aber so sicher auch wieder nicht. Wenn es mir nämlich nicht gelang, in den Preisgesprächen die für Interservice eingerechneten Margen zu retten, schauten wir in den Wind. Und dieses Risiko war real. Welcher italienische Kunde würde nicht feilschen wollen?

Nahe liegend und fair wäre es gewesen, auch von den Kunden einen kleinen Betrag als Lizenzgebühr zu fordern. Die neu vorgeschlagenen Produkte hatten schließlich das Ziel, ihren Firmen gute Umsatz- und Gewinnsteigerungen zu bringen. Aus leidvollen Erfahrungen wusste ich aber, wie schwer Lizenzgebühren bei italienischen Kunden nicht nur durchzusetzen, sondern vor allem bei Fälligkeit dann zu kassieren sind. Spannungen und Zank in Masse sind in der Regel dabei meist vom ersten Tag an vorgegeben.

Das Interservice-Konzept für potentielle Kunden wurde deshalb: Wir liefern Ideen für neue Produkte und helfen bei deren Ent-wicklung. Das soll nichts kosten. Im Gegenzug bekommen wir aber die Aufträge für die Gestaltung der Packungen, Präsentations- und Werbemittel, und zudem für wenigstens drei Jahre die Betreuung der Werbeetats. Das Ganze zu marktüblichen Konditionen.

Was dann eventuell an Provisionen von Hedenkamp noch dazu kam, sollte uns Zusatznutzen sein.

Für ein paar Monate sind Brausetabletten zum primären Thema in der Agentur geworden. Auf der Basis dessen, was in anderen Märkten erfolgreich war, angereichert auch mit eigenen Ideen, entwickelten wir Formeln, die Traditionelles und auch Neues abdeck-ten. Hedenkamp fertigte die Datenblätter und Muster dazu, wir gestalteten Packungen und Produktpräsentationen in Varianten... und hielten zugleich intensiv nach potentiellen Vertriebsfirmen Ausschau.

Nicht jede der angesprochenen Firmen war schnell bereit, auf unseren Zug aufzuspringen. Brausetabletten waren hierzulande unbekannt und *was der Bauer nicht kennt, frisst er nicht*. Auch hatten wir beschlossen, die Produktidee wenigstens anfangs nur für den Apothekenkanal anzubieten. Das engte ein, versprach dabei aber die Durchsetzung höherer Preise und damit besserer Margen für alle. In die SB-Ketten konnten wir später immer noch gehen, war unser Ansatz. Die ersten Gespräche waren also recht zäh. Dann aber hat es doch recht schnell geklappt.

Den ersten Durchbruch hatten wir mit einer Firma in Padua, Cabassi & Giuriati, die bis dahin nur auf regionaler Ebene als Apotheken-Großhändler gearbeitet hatte, sich nun aber auf nationale Aktionspräsenz ausdehnen wollte und dabei war, dafür geeignete Produkte zu suchen. Wir kannten die Leute von früheren Arbeitskontakten. Eine Zeit lang waren sie lokal für Mancinis DS tätig gewesen.

Für Unternehmen wie sie, Cabassi & Giuriati, hatten wir eine 7-Produkte-Palette ausgearbeitet, die Vitaminkombinationen für unterschiedliche Zielgruppen umfasste und dazu die klassischen Mineralpräparate gegen Magnesium-, Kalk-, und Eisenmangel. *Supravit* hatten wir Linie genannt und den Namen auch als ® erfolgreich eintragen können. Bunt und ins Auge fallend war unsre Packungsgestaltung dafür, so dass sie einen attraktiven Kontrast in die überwiegend langweiligen Apothekenregale bringen mochte. Recht großzügig konnte der Kunde seine Preise kalkulieren, denn es gab ja noch keine spezielle Konkurrenz.

Cabassi & Giuriati hat unser ganzes Angebotspaket übernommen, zu gutem Honorar für die Basiselemente und auch samt der akzeptierten Auflage, uns mit der Werbung zu betrauen. Mit viel Verve ist der Kunde ins Projekt eingestiegen.

Das Präsentationsmeeting für das gerade im Aufbau befindliche nationale Vertriebsnetz war denn auch als große Show organisiert, mit kompetenten Rednern zu den innovativen Möglichkeiten der Nahrungsergänzung, erschöpfender Produkterklärung griffigen Verkaufsargumenten und eben all dem, was es bei so einer Gelegenheit braucht. Die Leute sind voll mitgegangen. Und auch wenn der als Redner verpflichtete Ernährungswissenschaftler in für Vertriebsleute meist unverständlichen Sätzen redete, war die Stimmung am Schluss dann angeregt und allgemein eindeutig positiv. Das hat sich auch in den ersten Verkaufswochen bestätigend so gezeigt. Die Umsätze sind gut angelaufen.

Allerdings: Das Unternehmen war doch zu klein und kleinkariert, die Chance zu nutzen, Marktführer in einer neuen Nische zu werden. Giuriati traute sich nicht, angemessen in Werbung zu investieren. Vielleicht fehlte auch das Geld dazu. Die Apotheken hingegen erwarteten, dass aktiv Nachfrage für sie geschaffen wurde. Die Produktgattung war in Italien ja noch unbekannt und da reichte es nicht aus, die an sich attraktiven Röhrchen ins Schaufenster und auf die Theke zu stellen. So fingen die Vertriebsleute also an, anfangs leicht angekratzt und dann recht schnell mehr und mehr demotiviert zu sein. Bei Verkäufern ist das so: Vor Enthusiasmus berstend nach einem einigermaßen gelungenen Präsentationsevent, dann aber ebenso schnell am Boden zerstört, wenn sich erste Steinchen auf den Weg legen.

Dazu kam, dass es sich für Giuriati wohl schwieriger als erwartet zeigte, ein nationales Vertriebsnetz aufzubauen, zu führen und täglich aufs Neue zu motivieren. Oder auch zu teuer. Ein Teilgebiet nach dem anderen brach aus der noch anfälligen Organisation wieder weg und konnte nicht neu besetzt werden. Mehr und mehr zog sich das Unternehmen also wieder auf seinen Stammplatz Venetien zurück und auch dort auf den nie aufgelassenen traditionellen Pharma-Großhandel. Ein Jahr oder so war Supravit auf dem Weg, eine nationale Marke zu werden. Dann war das vorbei und Supravit dümpelte nur noch lokal ein bisschen vor sich hin.

Für uns war das enttäuschend, im Grunde aber gar nicht so schlimm. Etliches mehr hatte sich inzwischen getan in unserem Bemühen um den neuen Markt.

Ganz oben auf meiner Liste hatte ich ganz von Anfang an Riccardo Ricatti. Er war der Chef von Marfarma, einem in ganz Italien aktivem Unternehmen des Sektors Gesundheit, das als besonders innovationsfreudig galt. Immer wieder hatten wir Ricattis Sekretariat und auch ihn selber angerufen. Es wollte nicht gelingen, einen Kennenlern-Termin zu bekommen. Kein Interesse, mussten wir uns sagen lassen, weder an Brausetabletten noch an sonst was von uns. Wir hatten schon aufgegeben, Marfarma abgehakt.

Umso erstaunter war ich dann, eines Morgens von Ines, unserer Telefonistin, zu hören: *Sie werden nicht glauben, wer jetzt dran ist...* und sie mir Ricatti durchstellte. Er hatte es sich anders überlegt. Einfach so nur. Wann ich denn bei ihm vorbei kommen könne? Und dann haben wir uns schnell in seinem Büro getroffen.

Vom Brausetabletten-Konzept hatte ich eine Kopie dabei, extra auf Marfarma zugeschnitten. Die sozusagen *klassischen* Vitamin- und Mineralformeln waren nicht dabei. Die blieben für Supravit von Cabassi & Giuriati reserviert. Wir aber waren inzwischen schon einen Schritt weiter: *Donna, Uomo, Junior* hatten wir entwickelt – zielgerichtete Spezialformeln für Frauen, Männer, Kinder – und zudem noch ein-zwei Mineral-Vitamin-Kombinationen, die schon sehr nahe an die Grenze zu Arzneimitteln kamen. Das Angebotskonzept aber war unverändert: Hedenkamp stellt her, Marfarma hat und pflegt die eigene Handelsmarke, und wir erhoffen uns die üblichen Gestaltungshonorare und dazu den Werbeetat.

Zwei Linien alternativer Packungsgestaltung hatten wir mit Blick auf Marfarma vorab entwickelt und mit in die Konzeptunterlagen genommen: bunt attraktiv die eine, eher apothekennüchtern die andere.

Unerwartet ewig lange hat das erste Marfarma-Treffen gedauert. Viel länger, als bei solchen Anlässen üblich. Ricatti wollte jetzt plötzlich alles wissen – und *alles* schloss für ihn auch ein konkretes Preisangebot für das Gesamtpaket dessen ein, was für eine eventuelle Markteinführung zu entwickeln war: Formeln, Packungsgestaltung, argumentierende Texte, die Datenblätter fürs Ministerium, Verkaufshilfen und was alles es an Basismaterial sonst noch brauchen konnte. Darauf war ich vorbereitet.

Ricattis Nase zuckte leicht und seine Stirn schien sich kurz zu kräuseln, als er mein Kostenexposé anhörte..

Für nur eine Linie? – kam es gedehnt von ihm, wobei er auf die zwei Gestaltungsvarianten zeigte, die er die ganze Zeit vor seinen Augen hatte. Ich habe wohl genickt oder so.

Gegenvorschlag. Ich nehme alle zwei und Ihr Preis gilt dann für beide. – hörte ich ihn.

Dann noch drauf: *Das Kreative ist sowieso schon getan und nachdem Sie es mir gezeigt haben, können Sie es nur noch in den Papierkorb werfen.* So ganz unrecht hatte er damit nicht.

Er wollte zeitgleich in zwei Marktsegmente gehen. Und Markennamen hatte er dafür auch schon bereit: *Marvit* für die Apotheken, *GenesVit* für die SB-Ketten. Letztere wollte Ricatti über Wassen Italia beliefern, einer zweiten Firma von ihm, die vor allem Hustenbonbons und Körnerkekse verkaufte.

In Rekordzeit haben wir es hinbekommen, die zwei Linien marktfertig zu machen. Für den SB-Kanal haben wir die dafür allzu speziellen Formeln weggelassen und stattdessen für GenesVit zusätzlich zu den Frau-, Mann- und Junior-Formeln auch hoch dosiertes Vitamin C genommen und dazu noch eine nahezu allumfassende Multivitamin-Kombination.

Und es hat sich gelohnt.

Die Linie Marvit ist ein angenehmer und über etliche Jahre hin konstanter Apotheken-Erfolg geworden. Werbung setzte Ricatti von Anfang an für die Produktlinie ein, auch Fernsehen in Herbst- und Frühjahrszyklen. Riesig groß ist der Etat nie geworden, aber wir durften ihn langzeitig betreuen. Was wir damit verdienten und dazu Hedenkamps

Provision, das hat uns Marvit zu einer streckenweise recht gewichtigen Einkommensquelle gemacht.

Mit der GenesVit-Linie ist es zähflüssiger gelaufen. So besonders stark vertreten war Ricattis Wassen Italia bei den SB-Ketten nicht und zudem sind Nahrungsergänzungsmittel dort nie die großen Renner geworden. Aber trotzdem: klein-klein rotierte GenesVit doch in den Regalen von ein-zwei italienweit präsenten Ketten – nicht etwa als leuchtende Dauerbrenner, aber doch irgendwie als freundliches ewiges Lichtlein.

Dabei sollte es aber nicht bleiben. Noch viel mehr war in der neuen Geschäftsverbindung drin.

Marfarma galt zu Recht als ein innovatives Unternehmen. Kaum ein Treffen gab es mit Ricatti, in dem von ihm nicht ein *Schlafen Sie nicht ein – und wenn Sie was Neues haben, dann sagen Sie es mir schnell!* gekommen wäre. Das hat angespornt. Wo war die nächste Marktnische, die besetzt werden wollte?

Über einen englischen oder Fachartikel bin ich zu der Zeit gestolpert, der bei Grippe von erstaunlichen Ergebnissen in der Vorbeugung und einer schnellern Heilung durch Zink berichtet hat. Das konnte vielleicht etwas sein. Ausreichend dosiert und mit Vertrauen weckendem Vitamin C oder Ähnlichem kombiniert. Brausetabletten natürlich, diese aber nicht mehr in den Röhrchen, sondern wie Arzneimittel in Blistern und Faltschachteln verpackt.

Hedenkamps Labor hat Proben gefertigt, die sich schnell im Wasserglas lösten, dabei schön sprudelten und beinahe gar nicht schäumten, eine appetitliche Farbe des Getränks ergaben und dazu auch recht gut schmeckten. *Influzinc* fiel mir als Name dazu ein – von Influenza und Zink. Nicht besonders originell, aber leicht zu merken und... noch frei und als ™ registrierbar.

Ricatti hat begeistert zugegriffen. Der Packung hat man von weitab den Enthusiasmus angesehen, mit der sie unsre Graphiker entwickelt haben. Vom Ministerium hat es keinen Einspruch gegeben, trotz hart an die Grenzen getextetem

Beilageblatt. Und die von Marfarma großzügig genehmigte Werbung hat Influzinc überraschend schnell dazu gebracht, von den Apotheken gern aufgenommen zu werden.

Es ist ein echter Renner geworden. Über Jahre hin.

Und dann war da die Geschichte mit *Snell'it*.

Etwas über den Trockenextrakt von Apfelessig hatte mir Hedenkamp bei einem meiner Besuche kurz ins Ohr geraunt. Für die schlanke Figur. Zum zügigen Abnehmen ohne Diätopfer. Das war doch was – wenn auch vielleicht nur für einen Frühling oder so, weil doch jedes Jahr seine aktuellen Abmagerer hatte, die dann meist auch wieder nicht so recht funktionierten und nach baldig Neuem riefen.

Mit Schlankmachern hatte es allerdings seine Schwierigkeiten beim Ministerium und auch beim Werberat. Recht eng wurde alles gesehen, was da auf den Markt kam und wie es beworben wurde. Um einzelne Wörter konnte in diesem Bereich gekämpft werden. Die Produktnamen aber, die wurden dabei nicht auf die Goldwaage gelegt. Ich weiß nicht mehr, wem *Snell'it* eingefallen ist, aber: eindeutig war der Name, eingängig auch... und in Rom ist er ist anstandslos genehmigt worden.

Wieder hat Marfarma ausreichend in Werbung investiert. Ricatti hatte mein Konzept der *Communications Generation* inzwischen gut verstanden und auch akzeptiert, was den Etat-Investitionen Auftrieb gegeben hat. In der Werbung haben wir so wenig gesagt wie irgend möglich. Bloß kein Risiko irgendwelcher Einsprüche! Dass wir den Apfel vom Apfelessig auf nette Art mit der schlanken Schlange und der alles eher denn pummeligen Eva bildlich und sinnlich zusammen brachten, hat niemanden gestört.

Und Snell'it hat nicht nur einen Frühling lang getanzt. Es ist ein zweiter Dauerbrenner von Marfarma geworden.

Und weiter gegangen ist es auf dieser Schiene.

Allein für und mit Marfarma ist es uns gelungen, gut ein halbes Dutzend Produktideen marktreif zu machen. Das meiste davon hat Hedenkamp produziert. Und bald sind zu Marfarma noch andere Unternehmen in unserem Neue-Produkte-Projekt dazu gekommen.

Erbavita in San Marino zum Beispiel, BiosLine bei Padua oder in Bergamo Menarini und etliche weitere noch. Einige der Produkte haben sich bald wieder totgelaufen und sind vom Markt verschwunden, nach zwei-drei Jahren bereits oder auch schon früher, wie das bei den meisten neuen Markenartikeln eben so der Fall ist. Ein paar haben sich aber doch für verblüffend lange durchgesetzt und einige finden sich auch heute noch in den italienischen Apotheken.

Für Interservice ist das gut zehn Jahre lang zu einem tragenden Pfeiler geworden, wobei allein die Provisionen aus Hövelhof zeitweise fast ein Viertel unseres Jahresumsatzes ausgemacht haben. Und nicht genug damit. Endgültig hatte ich nun gelernt, Ideen für Neues im Markt aktiv für uns umzusetzen, wenn sie mir schon mal gekommen waren. Das hat sich ausgezahlt. Damit wurden wir frei davon, uns um jeden neuen Kunden mit einem Haufen Konkurrenten aufwändig balgen zu müssen und dann, wenn der Etat gewonnen war, täglich zu bibbern, ihn bald mal wieder zu verlieren.

Bücher hatten wir in Freiburg kaufen wollen. Die Löwenapotheke dort. Es hätte ja gut sein können, dass da gerade kein Display mit Brausetabletten neben der Kasse stand, als ich am Zahlen war, oder dass ich gar nicht hinein gegangen wäre, weil ich keine Erkältung hatte, oder dass Italiens neues Gesetz zu den Nahrungsergänzungsmitteln ein paar Wochen später herausgekommen wäre...

Ohne das alles hätte Interservice so manche der zeitweise recht drastischen Wellen von Streiks und Wirtschaftskrisen zu Mitte der 1990er-Jahre kaum schuldenfrei meistern können. Nicht genug damit. Auch heute noch, 2013, bekomme ich gelegentlich einen Provisionsscheck von Hedenkamp. Nicht mehr viel ist das, aber immerhin.

Wie es Ferdi Baldus wohl ergangen ist?

Dialog im Menuett.

Das Gesundheitsministerium kommt mir in den Sinn. Es lag in Roms Viertel EUR, das Mussolinis Architekten völlig neu und futuristisch gebaut hatten, im Stil also, den man in den 1930er-Jahren dort für zukunftweisend gehalten hatte, so wie eine Generation später die tristen Betonklötze der 60er-Jahre als die Zeugen eines aufbruchfreudigen Fortschritts beklatscht hat. Die Palazzi von Roma-EUR sind wenigstens imposant in ihrer Art, was man von unseren nachkriegerischen Fußgängerzonen nicht grade sagen kann. Aber ganz unabhängig davon: Das *Ministero della Sanità* liegt eben dort in Mussolinis Hauptstadttraum und dorthin musste ich immer mal wieder.

Der Grund war, dass wir durch eine Reihe von Zufällen etliche Kunden gewonnen hatten, die Sachen herstellten und verkauften, für die die Apotheken zuständig sind. Das meiste davon brauchte und braucht ministerielle Zulassungen – nicht nur für die Produkte selbst, sondern auch für deren Aussagen auf den Beilageblättern, den Packungen und wo überall sonst noch. Da hat es sich eben ergeben, dass wir den Weg zu den dafür zuständigen Leuten zu finden hatten.

Ein Kunde, für den ich eine Zeitlang öfters mal nach Rom und zum Ministerium musste, war ein Pharma-Unternehmen in Deutschland. Schwarzer AG oder so ähnlich hieß die Firma, die nahe an einer Rheinbrücke ihr Werk hatte und damals K.H.3 herstellte.

K.H.3 war ein Geriatrikum, das nicht nur ein lebensbejahendes Altern versprach, sondern darüber hinaus und gezielt eine ganze Latte spezieller, fast schon wundersamer Wirkungen für sich in Anspruch nahm: gekräftigte Effizienz von Herz und Kreislauf, Gedächtnisstärke, Nervenspannkraft, Immunpotenz und ein paar weitere noch dazu. Damit war das Präparat auch in Italien zugelassen und mit den

Jahren hatte es sich eine lukrative Marktposition erworben. Dann war aber dessen hauptsächlicher Wirkstoff ins Gerede gekommen. Internationale Studien schienen auf ein stark erhöhtes Infarktrisiko hinzuweisen. Zudem sprachen neuere wissenschaftliche Publikationen von möglichen Schäden der Neuro-transmitter bei Langzeitkonsum und damit von einer keineswegs zu unterschätzenden Gefahr von medikamentbedingten Pathologien, bis hin auch zu eventuell erhöhter Parkinson-Anfälligkeit.

Das Ministerium hat darauf reagiert. Die Rücknahme der Zulas-sung lag in der Luft, war offiziell angedroht. Der Hersteller kündete im Gegenzug unabhängige Studien an, die das Präparat voll entlasten würden. Der italienische Importeur und Vertreiber, der unser eigentlicher Kunde war, war äußerst allarmiert und das zu Recht, machte K.H.3 doch fast ein Drittel vom Umsatz seines Unternehmens aus. Und weil ich Deutsch konnte und, seit längerem schon im Ministerium gut bekannt, dort ein- und auszugehen wusste, wurde ich von ihm und der Schwarzer AG sozusagen als ihr *Verbindungsmann* dorthin beauftragt. Dottor Poggiolini war damals Staatssekretär im Ministerium, die geachtete Graue Eminenz, die unverrückbar an ihrem Schreibtisch verblieb, während die Minister meist ein- oder zweimal im Jahr mit jeder neuen Regierung ausgewechselt wurden.

Duillio Poggiolini hatte ursprünglich mal Medizin studiert, dann aber umgesattelt, um Anwalt zu werden, war in die Beamtenlaufbahn und als kleines Rädchen in den Gesundheitsapparat gekommen, wo er sich zielstrebig nach oben gedreht hat, bis er dort zu fast göttlichem Nimbus gekommen war und nun schon seit Jahren wie eine Spinne im Netz saß.

Geduldig zuhören zu können: das war eine seiner, des *Dottore*, Stärken. Jeder, der ihm gegenüber saß, hatte unweigerlich den Eindruck, ihm wichtig zu sein, mit dem eigenen Anliegen seine ganz besondere Aufmerksamkeit zu haben und meist auch sein ungeteiltes Wohlwollen. Er *konnte* das einfach. Es war seine Natur, oder vielleicht war es auch *nur* hart antrainiert. Ganz sicher geholfen hat ihm dabei ein physisches Handicap, das er wohl von Kind an hatte. Seine Augen. Das eine war blau und das andere goldbraun. Und sie guckten in verschiedene Richtungen. Viele Menschen schielen. Das kann ein reizender Silberblick sein, mit dem sich auch noch kokettieren lässt. Nicht so aber beim Dottore. Er schielte aufs Unwahrscheinlichste. Schaute das braune Auge scheinbar auf den Besucher, war das andere nach schräg oben zur Decke gerichtet, als ob er dort seine Eingebungen lesen würde. Oder wenn das braune Auge etwa zur Seite und aus dem Fenster blickte, um vielleicht dem Sonnen-untergang nachzuhängen, war das blaue auf den Notizblock gerichtet, auf dem er die interessanten Darlegungen seines Besuchers notierte. Nie konnte man wissen, wohin Dottor Poggiolini wirklich schaute, gleich wie wohl keiner bei einem Gespräch mit ihm dahinter kam, was er nun wirklich dachte. Nur: Dass er schielte, merkte jeder; dass er wohlwollend interessiert war, hat sich manch einer eher nur eingebildet.

Er, der Dottore, war nicht nur Staatssekretär, sondern natürlich auch ein gefragter Mann. Hätte er allen Wünschen stattgegeben, hätte sein Tag weder für die Treffen gereicht, noch gar dafür, zwischendurch auch sonst etwas zu tun. Dazu ließ er es aber nicht kommen. Der Zugang zu ihm war dicht abgeschottet. Durch drei sperrige Vorhöllen untergeordneter Chargen musste man sich durchmanövrieren, telefonisch oder auch mit längerem Antichambrieren, bis man endlich zu seinem persönlichen Zerberus vordringen konnte, einer resoluten und nicht mehr ganz jungen Dame, die einen Termin vereinbarte – oder auch nicht. Im Abschirmen war Signora Teresa einfach Spitze.

Aber es konnte auch anders gehen. Um 17.30 Uhr war Feierabend im Ministerium. Eine halbe Stunde später hatte das Haus leer zu sein. Die elektronischen Schleusen an den Ein- und Ausgängen, durch die tagsüber unter gestrengen Augen uniformierter Sicherheitsleute jeder hindurch musste, wurden abgeschaltet, und die Portale verschlossen. Die Burg war verrammelt, ab 18.00 Uhr. Scheinbar.

Der Dottore war dann immer noch ein-zwei Stunden länger an seinem Schreibtisch, wenn er wie meist in Rom war. Viele wussten davon. Wenige wussten aber auch, es zu nutzen. Mir hat das ‚Wie' Franco Cornieri verraten, einer der wohl ausgebufftesten Lobbyisten der Pharmabranche in Rom, mit dem ich gern mal abends zusammen saß, wobei sein Alkoholkonsum etwa noch ungezügelter war als meine Neugier.

Das von Cornieri erfahrene ‚Wie' ging so: Erstens und vor allem war zu wissen, dass die Signora Teresa, wenn sie abends das Haus verlies, ihr Telefon zum Dottore umschaltete. Der war ab 18.00 Uhr also direkt zu erreichen. Dazu war aber die Geheimnummer von Signora Teresa zu kennen. Sie war wirklich geheim, oder sollte es jedenfalls sein.

Der Dottore nahm meist ab, wenn sich das abendlich durchgestellte Telefon auf seinem Schreibtisch meldete. Und wenn man ihm dann sagte, man sei gerade in der Bar gegenüber, standen die Chancen gut, ihm einen Besuch – *ma breve, breve* – abluchsen zu können.

Dann musste man nur noch wissen, wie in den abgeriegelten Bunker hineinzukommen war. Tagsüber brauchte es dazu Perso-nalausweis, Rücksprache des Empfangs mit der angegebenen Ab-teilung, Namensschild am Revers und dann noch das Überwinden der elektronischen Schleusen. Nach Feierabend ging's leichter, für Eingeweihte. Da gab es im Rücken des Palazzo eine unauffällige kleine Tür, die stets offen war. Dahinter saß links in einem Glaskasten ein Nachtwächter, der gern akzeptierte, dass man erwartet war. War er ein Neuling, rief er auch schon mal oben beim Dottore an und ließ sich die Bestätigung geben. Das war's dann mit den Barrieren. Keine Schleusen an der Tür, keine Abschirmungen und kein Zerberus Signora Teresa – einfach die Treppe hoch in den zweiten Stock, den Gang links hinunter und dann die letzte Tür rechts.

Diesmal war ich wegen K.H.3 zu Dottor Poggiolini gekommen. Die von der Schwarzer AG versprochene und dann auch fristgerecht eingereichte Zusatzstudie, die alle zweiflerischen und warnenden Veröffentlichungen entkräften sollte, war von der ministeriellen Kommission zur Kenntnis genommen und geprüft worden. Die Ergebnismeinung sollte nun auf dem Schreibtisch des Staatssekretärs liegen und von seinem Wohlwollen hing sie letztlich ab.

Recht dürftig war diese neu eingereichte Studie schon. Anders konnte es ja gar nicht sein. Die Zweifler und Warner hatten alle Zeit der Welt gehabt, sich mit dem Wirkstoff und dem Präparat zu befassen. Es waren auch etliche gewesen, die unabhängig von einander zum Thema geforscht und veröffentlicht hatten. Der Hersteller hingegen, aufgerufen zur Widerlegung und Rechtfertigung, hatte gar nichts auf Lager gehabt außer den Basisarbeiten, die er seinerzeit für die Zulassung eingereicht hatte. Das war Material von vor zwei Jahrzehnten oder so, in kaum Nennenswertem inzwischen aktualisiert und nichts also, das den nun von den gegnerischen Seiten vorliegenden, inkriminierenden Veröffentlichungen entgegengestellt werden konnte. Das spontan vorgetragene Angebot der Schwarzer AG, neue Studien vorzulegen, war ja auch nur ein Bluff gewesen. Zeit wollte man gewinnen und auf gutes Wetter hoffen. Fürs Erste war das die ganze Firmenstrategie gewesen.

Sechs Monate Frist hatte das Ministerium denn auch nur zugestanden. Das war üblich bei so gelagerten Fällen. Den Unternehmen sollte bei Angriffen und dadurch bewirkten Verwarnungen eine faire Möglichkeit geboten werden, ihr Material neu zu sichten, auf seine Aktualität hin zu prüfen, gegebenenfalls zu ergänzen und sorgfältig auch die Verteidigung des inkriminierten Präparates aufzubauen. Dass in den dafür genehmigten sechs Monaten nur schwerlich eine grundsätzliche Studie zu Risiken und Nebenwirkungen erstellt werden kann, gilt dabei als ausgemacht.

Dem Italien-Importeur war es trotzdem irgendwie gelungen, das Team einer Universität für K.H.3 ins Boot zu holen, das angeblich schon seit einer geraumen Weile an einer Langzeitstudie über den prioritären Wirkstoff des Präparats und etlicher seiner Kombinationen arbeitete und mit den Erhebungen *eigentlich* schon fast fertig war und *an sich* nur noch die Auswertungen fertig zu stellen und zu gewichten hatte. Den neuronalen Effekten galt das Haupt-augenmerk der bewussten Studie, doch auch Herz und Kreislauf waren im Ansatz mit berücksichtigt. In nicht mehr als vier-fünf Monaten konnten die Arbeiten abgeschlossen, ausgedruckt und unterschrieben sein, also noch innerhalb der gegebenen Frist. Es war zu schön!

Das wurde dann auch das Material, das die Arzneimittelkommission erhalten und das der Dottore samt Kommentar auf dem Tisch hatte, als ich ihm nun gegenüber saß.

Der Große Mann schaute zugleich an die Decke und nachdenklich auf mich, der vor ihm saß, sah nach draußen in die Däm-merung und dabei tiefsinnig auf das Konvolut vor ihm, faltete die Hände wie zu tiefer Sammlung... und lud mich ein, ihm *meine* Meinung zu sagen. Ganz einfach so. Nur einfach meine Meinung.

Was sollte, konnte ich dem Dottore denn schon sagen? Etwa, dass ich ein Marketing-Mensch war und nicht ein Schüler des Asklepios? Das wusste er gut. Oder, dass meine Agentur den Werbeetat von K.H.3 hatte und deshalb auch ich sehr auf die Verlängerung der Zulassung hoffte, weil ich an das damit zu verdienende Geld dachte und schließlich kein Masochist war? Wahr wäre das so ziemlich gewesen, aber zugleich auch keine Neuigkeit für mein Gegenüber. Ganz eindeutig wollte er wohl, dass ich etwas zur Studie sagte, die da vor ihm lag und mal vom einen, mal vom anderen Auge flüchtig gestreift wurde. Irgendetwas habe ich bestimmt als Antwort gebrabbelt. Sicher war es etwas, das mir gerade unverfänglich schien. Bloß jetzt keinen Engel durch den Raum schweben lassen!

Er wartete. Nicht lange. Und dann fing er an mit einem seiner berühmten Monologe, die mindestens so lang sein konnten wie sein Zuhören und die er immer wieder mit scheinbar zum Dialog auffordernden, dabei aber meist durchaus nur rhetorisch gemeinten Zwischenfragen würzte. Der erste Rote Faden des Abends: Wissenschaft und ihre Mysterien, die sie trotz aller ihrer scheinbaren Nachvollziehbarkeit doch immer haben wird.

Bei den antiken Griechen und im Florenz der Medici startete seine Wanderung. Wie sich das alles entwickelt hat, so Schritt für Schritt. Und der Zufall. Wie der immer wieder dazwischen gefunkt und oft als Katalysator gewirkt hat. Schon war er an einem Beispiel: Wie das doch so eigentümlich spielte, dass gerade jetzt so sehr auf ein altes und gut marktgängiges Geriatrikum geschossen wurde, wo zufällig gerade gleichzeitig ein überseeischer Konzern dabei war, ein neueres zur Zulassung zu bringen. *Hey! Info gespeichert!* Ja, diese Zufälle in der Wissenschaft. Auch, dass da ein Präparat ganz dringend etwas braucht, das seine Gültigkeit untermauert, und genau zur gleichen Zeit eine Universität da ist, die zufällig gerade die richtige Studie dazu in Arbeit hat. Und das ist zudem eine ganz bestimmte Uni, an der ein paar Mitglieder der Zulassungskommission studiert haben. *Wieder was erfahren!* Tja also, die Zufälle...

Dann war er plötzlich ganz wo anders auf der Strecke. Von der Kraft der menschlichen Psyche begann er unversehens zu reden. Wie doch manches allein schon deshalb richtig wird, einfach weil man davon überzeugt ist. *Ob er auf die Kommission anspielt?* Wie da auch nichtswertige Produkte zu höchst zufrieden stellenden Marktrennern werden können. Gerade auch Arzneimittel. Und wie andererseits die negativen Neben- und Auswirkungen sich häufen, sobald irgendwer anfängt, vollmundig laut ein Präparat in die Mangel zu nehmen. *Macht er mir nun Hoffnung?* Aber wie doch wiederum die Psyche stets ihr gutes Korrektiv hat: die Überlegung. Und dazu deren Schwester: die Geduld. Tja, schlecht wohl, wenn man immer nur schnell und aus dem Bauch heraus...

Das blaue Auge schweifte zur Decke und blieb dort hängen. War das braune Auge auf mich gerichtet, oder war da hinter mir etwas Interessantes zu sehen? Nachdenkliche Stille war im Raum, aber nicht unangenehm.

„*Geduld, Geduld und Überlegung...*" – fing er wieder an. Da gibt es einen großen deutschen Geist, der gerade dafür voll zu bewundern ist: Paul Ehrlich. *Wo will er denn jetzt hinaus?* Die Doktorarbeit von Paul Ehrlich wurde in Leipzig gedruckt, so um 1880 etwa und ist allenfalls noch irgendwo in einem deutschen Antiquariat erhältlich, sinnierte er vor sich hin, und dass sie in seiner Sammlung noch fehlte. Eine recht traurige Lücke. Versonnen und wie zu sich selber gesprochen, fragt er zum Fenster hin, ob es *den* Druck wohl noch irgendwo zu erwerben gebe, heutzutage.

Über K.H.3 haben wir überhaupt nicht mehr gesprochen, an jenem Abend. Brauchten wir auch nicht. Es war ja alles gesagt. *A presto!* – haben wir uns verabschiedet, also *Bis bald!* Dass er es sagte, war Einladung genug. Und Aufmunterung auch.

Höchstens zwei-drei Wochen später war ich wieder in Rom und wieder ergab es sich, dass ich in vorrückender Abenddämmerung in der Bar gegenüber dem Ministerium war. In einer Viertelstunde möge ich doch hinauf kommen, hörte ich die vertraute Stimme.

Sachlich distanziert war die Begrüßung, wie immer. Die Tischplatte war blank und leer, außer dem Aschenbecher aus schwerem Bleikristall, der stets in Reichweite der Besucherstühle stand. Dottor Poggiolini rauchte selber nicht, machte seinen Gästen diesbezüglich aber keine Vorschriften. Auch nicht Gardinenpredigten, obwohl im Gesundheitsministerium.

Mit dabei hatte ich Paul Ehrlichs Dissertation in ihrer Erstauflage der Leipziger Universitätsdruckerei. Von einem Antiquar war sie an den Rhein gekommen und von dort zu uns nach Mailand. Keine Ahnung, was der Händler dafür bekommen hat. Nun holte ich den Druck mit ein paar Dokumenten und dem Notizblock aus meinem Aktenköfferchen und legte das Papierzeug vor mir auf den Tisch –

das schon recht vergilbte Büchlein mit dem gotisch beschrifteten Einband vielleicht ein bisschen abseits.

Diesmal ging ich den Dottore recht direkt an. Ob er sich denn inzwischen eine Meinung habe bilden können über K.H.3 und den Kommissionsbericht zur letzten Studie, fragte ich geradewegs, und was für eine. Dass ich auf gute Nachricht hoffte, gab ich nicht nur mit Augensprache und Körperhaltung zu verstehen. Ganz so als wäre es eine Antwort, kam seine Gegenfrage, ob denn die K.H.3-Leute vernünftig denkende Mitmenschen seien. *Das passte doch gar nicht hierher.* Was er damit sagen wollte, bohrte es mir im Kopf, während ich die Vernunftqualitäten meines Kunden nachdrücklich bestätigte, ohne weiter in Details zu gehen. Sollte ich ihm sagen, dass die Leute vernünftig profitgierig waren, oder vernünftig gegen allzu viele Skrupel gewappnet, oder was sonst denn an vernünftig?

Ein paar Minuten haben wir uns noch unterhalten. Auch über einen anderen meiner Kunden, zu dessen Präparataussagen die Stellungnahme des Ministeriums ausstand. Meine Papiere packte ich zurück ins Köfferchen. Das etwas abseits gerutschte Büchlein aus Leipzig ist liegen geblieben. Hat er einen Blick darauf geworfen? Mit welchem Auge?

Schon zum Verabschieden aufgestanden, hörte ich den Dottore dann doch noch: Einen interessanten Brief würden die Leute von K.H.3 in den nächsten Tagen bekommen; auch der Importeur eine Kopie davon.

Der Brief mit Kopf und Stempel des Ministeriums ist dann auch schnell gekommen. Die weitere Gültigkeit der Zulassung von K.H.3 war darin bestätigt. Allerdings nur befristet für vorerst 30 Monate und mit zwei Auflagen. Die eine: Eine grundsätzliche Straffung der Wirkungsversprechen auf dem Beipackzettel und in der Werbung. Was da maximal geschrieben werden durfte, war in einem auch gestempelten Anlageblatt detailliert aufgelistet. Und die zweite Auf-lage: Vor Ablauf der gewährten Frist hatten weitere Studien zu den Funktionen und Nebenwirkungen des Präparats vorgelegt zu werden Alternative: die definitive Rücknahme der Zulassung.

Zweieinhalb Jahre Marktfähigkeit gewonnen!

Das war mehr, als ich zu hoffen gewagt hatte. Ganz sicher war ich, dass die Leute von K.H.3 das am Rhein mit einer Flasche Fürst Metternich begießen würden. Das haben sie wohl auch getan. Bis nach Italien allerdings sind die Rhythmen ihrer Freudentänze nicht durchgeklungen. Keineswegs. Der Rheinwind ist südlich der Alpen eher winterlich geworden. Nicht nur für uns. Auch für den Importeur, den der ministeriale Brief so hoch erfreut hatte. Und nicht leicht ist es uns gewesen, den Grund für den teutonischen Klimawandel zu erfahren.

Die K.H.3-Leute hatten einfach nichts verstanden. Von Italien jedenfalls gar nichts. Das Rheinland ist wohl nicht die Wiege des Menuetts gewesen.

Mit ihrem Handelspartner im italienischen Markt gingen sie gar nicht konform. Dass *der* eine recht nette, keineswegs übertriebene Spende an die Universität überwiesen hatte, aus der die zufällig so schön zweckentsprechend und genau rechtzeitig fertig gewordenen Studie gekommen war, fanden sie schlicht und einfach als *unangemessen* – zumal, als sie von ihrem Italien-Partner aufgefordert wurden, sich zur Hälfte daran zu beteiligen. Auf welchem Mond lebten die Rheinländler denn?

Mit meinem *dürftigen Ergebnis* fanden sie sich auch nicht glücklich und zufrieden. *Nur* zweieinhalb Jahre Aufschub. Und dazu noch die aufoktroyierten *satten* Beschränkungen in der Produktauslobung. Das sollte ein Erfolg sein? Sowas hatte doch anders auszusehen. Das war doch höchstens wieder einmal so ein italienisches Gemauschel.

Und dann noch die Paul-Ehrlich-Dissertation. Den rheinländischen Kommentar habe ich nicht zugetuschelt, sondern überdeutlich aufs Brot geschmiert bekommen – wieder und immer mal wieder in den folgenden Zeiten, mit spitzen Halbsätzen und stacheligen Anspielungen. Nur mir allein, so hatte ich zu hören, konnte die abartige Idee gekommen sein, den Staatssekretär damit zu beglücken. Und auch das wohl nur, um mich und die Agentur bei ihm Liebkind zu machen. Wobei es jetzt aber so ausschauen würde, als hätte die Schwarzer AG ihn *bestechen* wollen. Unmögliche Idee! Ein deutsches Unternehmen! Und dazu völlig grundlos.

Sie haben halt nichts verstanden, gar nichts, die guten Rheinmenschen. Menuett war ihre Stärke wirklich nicht.

Wenig mehr als zwei Jahre lang haben wir dann doch noch für die Leute gearbeitet. Eigentlich nur, weil wir mit dem Importeur gut konnten – auch und gerade nach der römischen Zeitgewinnungsaktion.

Als der dann K.H.3 aus seinem Programm und Angebot nahm, war das Kapitel auch für uns zu Ende. Nur noch nebenbei haben wir mitbekommen, dass für K.H.3 keine neuen Studien fristgerecht eingereicht wurden, oder jedenfalls nicht genügend aussagekräftige, und dass es nach den 30 Monaten dann kein K.H.3 mehr gab[10] in den italienischen Apotheken.

Dialog kann so schön und Zusammenarbeit so angenehm gedeihlich sein, wenn dabei auch kultivierte Riten ihr Plätzchen finden. Warum den marschieren, wo doch ein Menuett allemal netter und meist ersprießlicher ist?

---

[10] *K.H.3 wird übrigens in Deutschland heute (2013) durchaus noch verkauft.*

Nachts an Villa Borghese.

Abgehoben kommt es mir vor, wenn ich mir das heute so vorstelle: Wann immer ich damals in Rom zu tun hatte, und das hatte ich ziemlich oft, wohnte ich im Hotel Parco dei Principi. Das ist ein echtes Luxushotel, das direkt an den sagenhaften Park von Villa Borghese angrenzt, von dem es einen Randteil ins eigene Gelände einbezogen hat. Ob es das schönste Hotel Roms ist, darüber streiten sich so manche. Dass es das bestens gelegene ist, bleibt jedem unbestreitbar, der Ruhe, Pinienduft und das Morgengezwitscher fröhlicher Vögel liebt.

Dort war ich also wieder einmal. Ich hatte wohl einen Termin beim Staatssekretär im Gesundheitsministerium, etwa wegen zulässiger oder zumindest doch tolerierter Aussagen zu irgendeinem Apothekenprodukt eines unserer Kunden, wie das öfter mal der Fall war. Sicher war es ein stressiger Tag gewesen, ganz gleich ob ich nun gerade am Abend in Rom eingeflogen war, nachdem ich wie üblich zum allerletzten Drücker an den Check-in gekommen war, oder ob ich das Treffen im Ministerium schon hinter mir hatte. Wie das genau an dem Tag war, weiß ich nicht mehr. Auch nicht, ob ich mit jemandem zum Abendessen gewesen war, was ja in Rom schon wegen der dabei aufgetragenen Mengen immer anstrengend war, oder ob ich allein irgendwo etwas gegessen habe, oder etwa auch gar nichts, was auch nicht so selten vorgekommen ist. Jedenfalls: Irgendwann hatte ich nochmals Lust, mir die Füße zu vertreten und laue Frühlings- oder Herbstluft lockten mich nach draußen. So gegen Mitternacht war es bereits.

Erst lief ich nur um das hell angestrahlte Schwimmbad herum. Dann aber ging ich doch weiter, durchs Gittertor hinaus und in die schummrig beleuchteten Wege des öffentlichen Parks hinein. Vielleicht so an die zehn Minuten bin ich vor mich hin geschlendert. Fast absolute Ruhe. Gelegentlich ein kurzer Schatten vor mir. Eine streunende Katze vielleicht, oder doch ein Fuchs, von denen es in den Büschen etliche geben sollte. Ganz entfernt ein Käuzchen oder sonst ein Eulentier, das seinem Partner irgendetwas zurief. Ein knutschendes Pärchen auf einer der Bänke. Reichlich verspätet, dachte ich mir, und versuchte beim Vorbeigehen, den Kies nicht allzu laut knirschen zu lassen. Friedvoll abreagierend war das.

Und dann standen sie plötzlich vor mir, wie von Zauberhand hingestellt oder aus dem Boden gewachsen. Sechs oder sieben waren es. Alle männlich und so etwa 17-18jährig.

Ein irgendwie fieses Grinsen hatten sie aufgesetzt. In der Hand von einem blinkte etwas. Wieso habe ich da gleich an ein Schnappmesser? Sehr bedrohlich sahen sie aber doch wieder nicht aus. Ob sie denn nur zufällig in die mir entgegengesetzte Richtung unter-wegs waren? Aber was sollten *die* im Hotel Parco dei Principi? Gäste waren es sicher nicht. Und für eine anrückende Putzkolonne war es viel zu nächtens. Ich weiß nicht mehr, was mir da für ein Allerlei durch den Kopf geschossen ist. Rückblickend fühlt sich das an wie Waldorfsalat, auch so matschig.

Angst? – fragte einer feixend, während er noch etwas näher kam, also mir schon fast auf die Pelle rückte. Von Angst konnte überhaupt keine Rede sein. Das war schon knieschlotternde Panik, die da begonnen hatte, in mir nach oben zu klettern. Ob ich mir eine Zigarette angezündet habe? Eher nicht. Wahrscheinlich hatte ich schon eine glimmende in der Hand wie eigentlich meistens damals.

Che volete? – habe ich blöd auf die dunkle Gruppe zugeschrieen. Sie sagten nicht, was sie wollten. Was wollten sie denn? Immer noch näher auf den Pelz rückten sie mir aber. Jetzt alle sechs oder sieben.

Wie üblich hatte ich meine Schultertasche dabei und darin so ziemlich alles, was man nicht besonders gern hergibt, zumal nicht nachts im Park: Brieftasche mit dem Geld für unterwegs, die Credit Cards von Diners Club und Visa, Steuerkarte, Scheckbuch, Führerschein natürlich, und alle

Schlüssel, die man mit sich herumträgt, ob man sie nun braucht oder nicht. Auf meine Tasche hatten sie es abgesehen! – schien mir ganz klar zu sein. So ein Gast vom Luxusschuppen da hinten war doch ein glitzernder Fisch. Ob die hier regelmäßig auf so Hühner warteten wie mich? Da hätte doch aber mindestens ein Warnhinweis an der Rezeption stehen können! Ich: zwei Schritte zurück, zögerlich. Die Gruppe: drei Schritte vor, still und ungemütlich. Blinkte da in der einen Hand nicht schon wieder etwas auf?

Ein-zwei Takte aus der West Side Story verkrallten sich in meinem Gehirn. Warum erinnere ich das noch so genau?

Hai paura, ne...? – kam es wieder von dem, der sich wohl als Anführer fühlte. Ich war stehen geblieben. Nicht mehr zurück gewichen. Ob das dem Leonard Bernstein sein Verdienst war? Und kraftvoll – wie mir scheinen wollte, obwohl die einzige gefühlte Kraft die war, die mir auf die Blase drückte – kraftvoll konterte ich ihm: *Angst? Wovor denn? Wohl nicht vor ein paar ragazzi, denen gerade langweilig ist!* Und in das verblüffte Schweigen hinein: *Was tut ihr denn eigentlich hier? Zu trinken gibt es nichts, hier im Park und mitten in der Nacht. Mädchen sind auch weit und breit keine. Oder seid ihr vielleicht frosci, die ich gerade gestört habe?*

Für Schwule gehalten zu werden, hat sie irritiert, empört sogar. Tätlich aggressiv sind sie trotzdem nicht geworden. Ein Wort hat dann das andere gegeben. Fast so richtig ins Plaudern sind wir dabei gekommen. Beinahe hätte ich die ganze Blase noch zu einer Runde an die Hotelbar eingeladen. Aber dafür waren es doch zu viele und außerdem war es auch zu spät – und *so* sympathisch war mir die Gang auch wieder nicht. So bin ich denn gegangen. Die jungen Nachtmahre sind dort stehen geblieben. Jedenfalls: Gefolgt sind sie mir nicht.

Mein Bibbern hat langsam aufgehört. Geblieben ist die Unsicherheit, die mich zurück ins Hotel begleitete und die mir seither immer wieder mal aufblitzt: War ich da einem Raubüberfall entkommen? Oder waren das doch nur nette Jungs, die aus dem letzten Kino auf dem Heimweg waren und sich ein bisschen Spaß machen wollten? Oder ist es eine Handvoll jugendlicher Ludewigs gewesen, die ihrer Pferdchen Nacht-Park-Arbeit bewachten, so wie man gutes Kapital und Einkommen eben zu beschützen hat, und die sich dabei doch irgendwie die Zeit vertreiben wollten?

Sehr schlau war es von mir sicher nicht gewesen, spät nachts durch den weiten Park von Villa Borghese zu spazieren. Gelernt habe ich daraus nichts. Eher im Gegenteil. Vielleicht hat es mir so etwas wie eine Hornhaut gegeben, das Erlebnis mit der dunklen Gruppe und dem aufblinkenden Etwas in der einen Hand.

Wie auch immer: Auch später dann und heute noch schlendere ich immer wieder gern mal nachts durch einsame Gassen oder Anlagen, schaue nach flüchtigen Schatten von Katzen und bilde mir ein, dass es Füchse sind. Eigentlich hatte ich mir ja vorgenommen, die Schultertasche dabei zuhause zu lassen und nur Münzgeldbörse und Schlüssel mitzunehmen. Das aber vergesse ich dann immer wieder.

Missverständnisse.

Luciano Costantini war unser *commercialista*. Die Bezeichnung an sich spricht Bände über das italienische Wirtschaftssystem und ist ins Deutsche doch kaum übertragbar. Es ist eine Berufsbezeichnung, die vieles umfasst oder zumindest umfassen kann. Häufig sehe ich den Begriff als ‚*Wirtschaftsberater*' übersetzt, wobei gerade das wohl so ziemlich das Falscheste ist, das Wort seiner Funktion entsprechend zu übertragen.

Commercialista: Das ist eine Person, die die Unternehmen beim behördlichen Kram beraten und ihnen auch operativ helfen soll. Zum Beispiel dabei, die Mitarbeiter *gesetzesrichtig* einzustellen und deren monatliche Lohnabrechnungen ebenso zu erstellen. Ein Kinderspiel, könnte man meinen, und bei einer in ihrer Mitarbeiterzahl doch sehr überschaubaren Werbeagentur wie der unseren wohl überhaupt nicht nötig. Falsch. Die zu beachtenden Vorgaben und Faktoren füllen dicke Bücher und oft ändern sie sich im Wochenrhythmus. Noch nicht einmal einem klitzekleinen Ladengeschäft mit nur einer Verkäuferin und etwa noch einer Aushilfe für die Stoßzeiten war es damals und ist es auch heute noch möglich, ohne seinen *commercialista* gesetzestreu und bußgeldfrei über die Runden kommen.

Das ist aber nur eine der Facetten. Mehrwertsteuer – ein weiteres Stichwort zum Berufsbild. Es ist ja in Italien nicht so, wie hierzulande gewohnt. In Deutschland reicht es aus, monatlich oder pro Quartal, je nach Umsatzgröße, die Gesamtzahlen des Abgerechneten und die Summe der zeitgleich angefallenen, abzugsfähigen Vorsteuern zu melden. Das kann wirklich jedes Kind. In Italien aber sind zusätzlich dazu detaillierte Listen fällig, in denen die einzelnen Positionen kategoriengerecht zu trennen und vielfach auch mit Begründungen zuzuordnen sind. Da ist auf die Hilfe des *commercialista* und seiner schreibfleißigen Mitarbeiter nicht zu verzichten.

Von der Mehrwertsteuer zu den übrigen Steuern und Abgaben ist es da nur ein kleiner Schritt. Steuerberater denkt nun manch einer, wenn er *commercialista* hört. Zumal es ja für ‚*Steuerberater*' kein so richtiges Wort im Italienischen gibt.

Da aber fängt ein großes Missverständnis oft schon an. Bei vielen. Auch wir sind ihm erlegen. Der *commercialista* versteht sich selbst nämlich als *troubleshooter* im Hinblick auf Behörden aller Art, keineswegs jedoch als Berater in Steuersachen. Meist jedenfalls. Andererseits übernimmt es jeder *commercialista*, auch die jenseits der MwSt periodisch anfallenden, ebenso komplexen und immer wieder mit neuen Regeln aufgemotzten Erklärungen der übrigen Steuern und Abgaben normgerecht zu erstellen und einzureichen. Nahezu jedes Unternehmen bucht diesen Service. Klein ist da der Schritt, sich einzubilden, damit zugleich auch guten Rat für steuersparende Möglichkeiten mit einzukaufen. Wir haben das ewige Zeiten lang auch geglaubt.

Costantini war also unser *commercialista*. Durch einen im Grunde misslichen Umstand waren wir an ihn gekommen. Das war wenige Monate nachdem wir, Katja und ich, unsere Interservice gegründet hatten.

So war das gekommen: Die Sekretärin des Notars, der unsere Gründungsschritte begleitet hatte, rief eines Tages an. Mit der amtlichen Registrierung der Firma stimme etwas nicht, wusste sie zu berichten. Keineswegs aus Verschulden des Notars natürlich. Aber, unabhängig von der Ursache, lästig sei die Situation trotzdem und schnell brauche es jemanden, der das bei den Behörden gerade biegen könne, weil...

Von sattem Bußgeld war dazu ihre Rede, eventuell sogar von Firmenschließung.

Wer was genau verschlampt hatte und warum, ist nie ganz klar geworden. Nur, dass wir niemanden kannten, der uns aus dem Schlamassel ziehen konnte, das wussten wir sofort und sehr genau. Warum denn nicht der Notar selbst, war unsere spontane und nicht so ganz weit her geholte Frage. *Unmöglich!* – war dessen fast schon aufgebrachte Reaktion, die aber immerhin einen Namen samt Anschrift erbrachte: Luciano Costantini.

Der war, wie sich dann schnell herausstellte, *noch* Angestellter bei der Mailänder Filiale der Junkers Werke, aber eigentlich gerade dabei, sich selbständig zu machen. Als *commercialista*. Ein guter Freund der Notariatssekretärin war er auch und von ihr hoch gepriesen. Nicht etwa weil er ein Freund war, sondern *nur* wegen seiner bedeutenden beruflichen Fähigkeiten. Wir wurden Costantinis erster Kunde.

Das Missgeschick mit der vermasselten Registrierung konnte er nicht aus der Welt schaffen. Wir mussten die im Spätherbst gegründete Firma auflösen und sie mit all dem anfallenden Bürokraten-Klimbim unter anderem Namen neu gründen. Viel wollten wir am Namen nicht ändern, zumal wir gerade angefangen hatten, ein bisschen bekannt zu werden. So ist aus unserem ursprünglichen *Interservice* das zumal im Telefonbuch Platz raubende *Interservice Marketing Communications* geworden. Die Kosten der Neugründung haben ein echtes Loch in unsere noch äußerst knappen Finanzen gerissen. Das zudem eigentlich fällige Bußgeld allerdings konnte Costantini uns verhindern.

Jahre sind vergangen. Interservice hat sich entwickelt. Was anfangs an Aufgaben für einen *commercialista* wirklich nicht nennenswert war, ist gewachsen. Damit auch Costantinis Honorar, von dessen Höhe ich aber kaum etwas mitbekam. Administratives war nicht mein Bereich. Das war Katjas Domäne.

Ich sah Costantini eigentlich nur drei-viermal im Jahr, wenn amtliche Unterschriften des Geschäftsführers fällig waren. Bilanzen, Jahresberichte, besondere Anträge und so. Da ließ er sich die Gelegenheit nie nehmen, sie persönlich bei mir einzuholen, was dann regelmäßig Anlass zu einem gemeinsamen Abendessen gab. Seine Frau kam auch fast immer mit dazu.

Ich weiß nicht, ob ich Costantini mochte. Eher nicht. Er war mir ein bisschen zu schwabbelig fett und dabei auch ein bisschen zu möchtegern-sportlich mit seinem ewig mitgeschleppten Motorradhelm, auch entschieden zu schwammig im Händedruck. Aber ich traf ihn ja auch selten genug.

Zwischen Katja und mir kam das Costantini-Thema nur etwa einmal im Jahr auf, im Spätherbst immer, wenn der ökonomische Jahresverlauf dabei war, sich abzuzeichnen. Das war die Zeit, in der uns beiden die Steuern einfielen. Da fragten wir uns: Sind wir in den Limits des *redditometro*[11]? Können wir Sonderausgaben geltend machen und eventuell welche? Lässt sich vor Jahresende etwa noch etwas steuerlich Sinnvolles an den Abrechnungen machen? Vielleicht sie zum Teil ins nächste Jahr schieben? Sollen wir, müssen wir...?

Und Jahr für Jahr sprach Katja mit Costantini darüber. Zu dafür speziell arrangierten Treffen zu dritt kam es dabei regelmäßig auch. Unsere jeweils aktuelle Situation wurde da von vielerlei Ecken und Seiten her diskutiert. Nie aber, wirklich niemals in all den Jahren, ist uns von unserem *commercialista* ein kleiner, klitzekleiner Tipp gekommen, eventuell auch nur ein paar Kröten einsparen zu können. Wir wollten nichts Illegales. Nur von Möglichkeiten hofften wir zu hören, wie wir im vorgegebenen Rahmen ein Zuviel an Steuern vermeiden und zumal auch doppelter Besteuerung entgehen konnten. Das italienische Steuergesetz war und ist an fantasievollen Fallstricken reicher als jegliches Wildererergelände. Eine ebenso kreative Gegenwehr ist da fast schon überlebenswichtig. Dazu von Costantini aber: nichts.

Unser Missverständnis war eben: Wir hatten in ihm, dem *commercialista*, auch unseren Steuerberater gesehen. Er aber hat sich als nur der verstanden, der zusammen mit seinen

---

[11] *Redditometro: Die staatlich festgesetzte Gewinnmarge, die als vorgegebene Grundlage zur Besteuerung jedem Betrieb zugeordnet wird, unabhängig ob er nun einen konkreten Jahresgewinn oder einen Verlust gemacht hat.*

übrigen Aufgaben *auch* die hat, die Steuererklärung formgerecht zu erstellen und zu übermitteln. In seinem Verständnis war seine Beratungspflicht auf das Formelle des Zusammenstellens, Belegens und zeitgerechten Vorlegens begrenzt. Dass es so zu sein hatte, davon war er wahrscheinlich fest überzeugt. Zum Unterschied von uns. Lang hat es gedauert, bis Katja und ich das verstanden haben. Wie viel es uns an entgangenen Möglichkeiten, an zuviel gezahlten Steuern gekostet hat, das haben wir lieber schlafen gelassen.

Irgendwann einmal, das war schon im zweiten Jahrzehnt unserer Zusammenarbeit mit Costantini, ist es zwischen mir und ihm aber wegen ganz was anderem zum großen Knall gekommen. Also...

Die Sozialabgaben für die Mitarbeiter waren monatlich fällig. Monat für Monat am 9. des Folgemonats. Costantinis Büro rechnete den geschuldeten Betrag aus. Immer pünktlich. Und pünktlich machte Katja am 9. die Überweisungen. Nur wenn der 9. auf ein Wochenende viel, dann eben schon am 7. oder 8. – dem Freitag davor. Gedanken machte sich niemand dabei. Es hatte so zu sein.

Allerhöchste Verwunderung deshalb, als da eines Morgens ein Zweigestirn düsterer Finanzinspektoren bei uns im Vorraum stand. Betriebsprüfung. Dringlicher Verdacht auf Delikte im Bereich der Sozialabgaben.

Sofort hat Katja Costantini gerufen und der ist dann auch gekommen, so schnell sein Motorrad ihn durch die Stadt tragen konnte. Die Fahnder vom Finanzamt hatten sich inzwischen schon mal unsere Personaldateien geben lassen. Die *Delikte* sind dann schnell offenkundig geworden: Seit Jahren hatten wir die Sozialabgaben zu spät überwiesen. Fast immer zu spät. Termingerecht nur in ganz seltenen Monaten. Das waren die Monate, in denen der 9. auf ein Wochenende gefallen war. Und das bedeutete nun einen satten, zutiefst erschreckenden Bußgeld-Bescheid – wenn nicht noch mehr, weil die Finanzprüfer, schon einmal auf uns angesetzt und im Laden, es nun nicht bei nur der Kontrolle der Sozialabgaben belassen wollten oder konnten. Aus ihrer Sicht ganz logisch: Wo ein Delikt zur Dauergewohnheit wird, liegen weitere sicherlich noch zuhauf versteckt.

Drei Wochen lang standen sie jeden Tag um halb neun Uhr an unserer Tür, von morgenfrischem Forschungsdrang beseelt. Nichts, was irgendwie administrativ von Belang sein konnte, durfte von uns die ganze Zeit über angefasst oder gar bearbeitet werden. Selbst die offenen Dockets, die Projektmappen der laufenden Arbeiten durften nicht aktualisiert und angeschlossen werden. An die Abrechnung von Fertiggestelltem war nicht zu denken. Die Agentur war administrativ weitgehend lahm gelegt.

Und dazu die andauernde Angst, unsere Kunden würden davon Wind bekommen! So eine Betriebsprüfung hat es in sich, kann schnell mal überspringen – zu freien Mitarbeitern, Lieferanten und vor allem eben auch auf Kunden. In Italien jedenfalls. Das ist dann wie Pestgefahr. Auf Distanz zu gehen ist angesagt. Schnell kommt es da zu Dauerschäden.

Viel war es dann nicht, was die Prüfer in ihrem Protokoll stehen hatten, als ich es endlich doch zum Unterschreiben bekam. Die üblichen Lappalien nur, die so oder ähnlich wohl überall auftreten und auch unvermeidlich sind. Die Sache mit den chronisch verspätet bezahlten Sozialabgaben ist aber an uns hängen geblieben. So schwerwiegend, dass das Delikt nun nicht etwa mit einem sofortigen Bußgeld-Bescheid abgetan werden konnte. Das Verwaltungsgericht hatte darüber zu urteilen. Die ihnen offenkundige Langzeit-Kriminalität war den Prüfern einladend genug, an eine durchaus heftigere Bestrafung des Geschäftsführers zu denken. Unser Gesetzbuch ließ da recht kreative Interpretationen zu.

Aber wie war es denn überhaupt dazu gekommen?

Missverständnis! – war alles, was Costantini dazu zu sagen wusste. Die Zahlungen der Sozialabgaben waren an jedem 9. des Monats *fällig*. So hatten er und seine Mitarbeiterinnen es auch Katja gesagt. Und sie hatten es nicht nur gesagt. Auf jeder Monatsabrechnung war es auch immer wieder hingeschrieben: Am 9. fällig.

Und Katja, was hatte sie denn anderes getan, als pünktlich jeden 9. die Überweisung zu veranlassen? Das war ja auch unbestritten und unbestreitbar. Dafür gab es ja alle die Bankbelege. Was denn also? Tja, ein Missverständnis eben.

Costantini und seine Leute hatten unter *scadenza* – also *Fälligkeit* – den Tag gemeint, an dem die Sozialbehörde das Geld im Haus zu haben hatte. Katja dagegen, wie auch ich übrigens, hatte in der Illusion gelebt, der Fälligkeitstag sei der, an dem zu bezahlen war; und bezahlen bedeutete ihr und mir und fast allen befragten Freunden ebenso: die Überweisung machen.

Das Delikt also: Zahlungsverzug, jeweils um die zwei oder drei Tage, die zwischen der Abbuchung bei uns und der Gutschrift auf dem Konto der Sozialbehörde lagen.

Hatte Costantini, hatten seine Mitarbeiterinnen das nicht bemerken können... oder gar sollen? Da waren ja alle unsere Zahlungsunterlagen, Monat für Monat, über die Jahre hin. Das waren doch auch wichtige Belege für die Arbeit der mit dem Personalwesen befassten. Sie hatten es nicht bemerkt. Einfach nur darüber weggesehen haben sie. Zur Kontrolle gab es für sie keine Verpflichtung, wie Costantini lauthals betonte, als ich es wagte, ihn darauf anzusprechen. Mir hat da unser *commercialista* echt bis zur Halskrause gestanden. Katja hat sich konzilianter gegeben.

Dann, nach so acht bis zehn mit Bibbern verbrachten Monaten ist es zum Gerichtstermin gekommen. Und zum Schuldspruch, verschärft auch noch wegen erwiesenermaßen chronischer Delinquenz. Zum an sich schon unverhältnismäßig hohen Bußgeld sind in erschreckend hoher Berechnung die Zinsen und Zinseszinsen für die der Staatskasse verloren gegangenen Tage gekommen. Und dazu dann noch die gerichtliche Drohung, auch schriftlich festgehalten, dass in solchem oder ähnlichem Wiederholungsfall die Amtsfähigkeit des geschäftsführenden Partners ausgesetzt werden könne.

Wer war denn da echt Schuld an dem Schlamassel? Ich war der Meinung: Costantini. Wozu hatten wir ihn denn bezahlt, wenn nicht dafür, uns vor den Fallstricken der Bürokraten zu bewahren? Dass mit ihm als *Steuerberater* nicht zu rechnen war, hatten inzwischen auch Katja und ich verinnerlicht.

Er hat das anders gesehen.

Interservice hat Berufung eingelegt. Unser Rechtsanwalt, auch er nicht billig, hat auf ein „zweifach mögliches und somit durchaus irreführendes Deutungspotential" des Begriffs *scadenza* plädiert. Und er hat recht bekommen. An die vier Jahre später. Freispruch hat es gegeben. Der Bußgeldbescheid mitsamt den uns zusätzlich aufgedonnerten Zinsbelastungen wurde von Amts wegen zurückgenommen. Die Gerichtskosten aber und auch die des Anwalts sind an uns hängen geblieben. Lehrgeld für uns.

Costantini sind wir auch nachher noch und bis zum Ende von Interservice treu geblieben. Seinen *commercialista* wechselt man in Italien nicht. Das hat Tradition. Gute Gründe raten davon ab.

Sorry, der Chef ist tot.

Für den 29. September, einen Freitag, war die Markteinführung von *Pollitabs* geplant, in Florenz. Drei große Events waren vorgesehen: Morgens um neun Uhr die Produktvorstellung für das Vertriebsnetz, um halb eins dann eine Pressekonferenz mit anschließendem Buffet und am Abend ein für den Apothekerverband ausgerichtetes offizielles Galaessen, bei dem wir auch hofften und alles daran legen wollten, Giacomo Leopardi, den ebenso langjährigen wie fast unnahbaren Verbandspräsidenten begrüßen zu dürfen.

Pollitabs sollte etwas *absolut Innovatives für die Stärkung des Immunsystems* werden, war jedenfalls als solches für den Apothe-kenmarkt konzipiert, und braucht deshalb hier nun kurz seine Hintergrundstory.

Schon Paracelsus oder sonst einer der uralt historischen Medizinmänner hatte gelehrt, dass die Blütenpollen eine nahezu optimale, fast schon wundersame Quelle kraftvoller Widerstandsfähigkeit des Organismus seien. Ganz so wie überliefert scheint das aber doch nie funktioniert zu haben. Irgendwer hat dann die Ursache darauf geschoben, dass Blütenpollen in ihrem Naturzustand vom Menschen nicht verdaut werden können. Von den Vögeln anscheinend auch nicht, wie mir dazu erklärt wurde. Ein harter Schutz-panzer mit höchstens nur zwei-drei klitzekleinen Schwachstellen, der schützend jedes Pollenkorn umschließt, sei schuld daran. Ob Paracelsus oder sein Kollege etwa Bienen waren, für die die Pollenverdaulichkeit kein Problem ist, oder ob sie etwa gar etwas anderes meinten als Blütenpollen, hat sich mir bei der Sache nie so recht ergeben. Ist hier ja auch nebensächlich.

Jedenfalls war da in den frühen 1950er-Jahren ein schwedischer Eisenbahner und Hobby-Biologe, Carl Carlsson, der einen Weg gefunden hatte, den Pollenpanzer zu knacken und so an das gesundheitsfördernde Innere so zu kommen, dass es nun endlich wirklich nutzbar wurde. Wie Carlsson das mit dem Panzerknacken hinbekam, konnte ich niemals erfahren. Ein Mysterium. Patentrechtlich geschützt. Wohl etwa so wie das bei Coca Cola ist, dessen Originalrezept auch ein bestens gehütetes Geheimnis sein soll.

Carlsson hat sein Patent dann an Erik Solberg verkauft. Der hat dem vom Panzer befreiten Pollenextrakt den Namen *Cernitin* verpasst, ein paar klinische Studien damit machen lassen und, als sich da wirklich einige interessante Ergebnisse ergeben hatten, begonnen, das Ding zu vermarkten. Eine von den Studien hat Solberg vor allem begeistert: Prostata war ihr Bezugspunkt und das ganze männliche Geschlechtspotential dazu. Besonders dort sei der Pollenextrakt höchst schutzaktiv, vor allem auch kräftigend und vielleicht sogar so ein bisschen immunisierend gegen Krebs.

Das war also die Ausgangslage. Und weil in Schweden damals die Steuern ganz besonders hoch waren, kam Erik Solberg darauf, seine Vermarktungsfirma in der Schweiz anzusiedeln. In Lugano hat er das gemacht und sie *Cernelle SA* benannt. Ari Lewenstein wurde der Geschäftsführer.

Unter den vielen Kontakten von Lewenstein war auch einer zu Mario Fortunat, dem Inhaber von *PanOsfa SpA* in Mailand, einem Unternehmen der Veterinärmedizin, das unser Kunde war. Und so sind wir, Interservice, an Cernitin gekommen.

Fortunat wollte differenzieren, einen Fuß in die Humanmedizin hinein bekommen. Mit ihm und Gianfranco Rossi, seinem Vertriebsleiter, quatschten wir über Marktlücken. Cernitin kam ins Spiel. Prostata auch. Mehr aber doch die ursprünglichen Versprechen in Richtung von Immunstärke und breiter Kräftigung überhaupt. Auf Tabletten einigten wir uns, weil sich der getrocknete Pollenextrakt dafür gut eignete und weil PanOsfa die Maschinen hatte, sie günstig herstellen zu können.

Der Schritt zum Namen war dann leicht: *Pollitabs*. Und für eine kurzes, griffiges Kennzeichnen der Alleinstellung ist mir *Cuore di Polline* – ‚Pollenherz' – eingefallen, was Fortunat sofort akzeptiert und zusammen mit Pollitabs schnell für seine Firma zum Copyright eingetragen und ®-geschützt hat. Mit Lewenstein machte er einen Exklusivvertrag für Italien, der ihm den Rohstoff Cernitin zu guten Bedingungen langfristig sicherte. Die Arbeit am innovativen Immunkraft- & Leistungssteigerer konnte beginnen.

Damit hat sich intensives Zusammenarbeiten zwischen uns und Lewenstein ergeben. Er wollte jede einzelne Textzeile, jedes Wort von Packungstext und Beilagezettel, von Fachinformation, Publikumswerbung und Pressenotizen abklopfen, zerpflücken, auseinander drösen und aus seiner Sicht neu verklöppeln. Dabei ist es ihm keineswegs nur um wissenschaftliche Inhalte und nicht irreführende Aussagen gegangen, sondern oft mehr auch um sein persönliches Sprachverständnis, das von der Züricher Geburtsstadt, dem Schweizer Wohnort Lugano und seinem stammesspezifischen Zungenschlag geprägt war. Nervend war das schon. Zumal ich immer dabei auch im Hinterkopf hatte, wogegen die Entscheidungsträger im italienischen Gesundheitsministerium waren und was sie hingegen gern lesen wollten. An ihnen lag es ja, ob sie den Texten die Zulassung erteilten... oder auch nicht, wenn ihnen mal ein Wort oder Komma nicht so passte.

Lewenstein kam immer zu uns in die Agentur. Nie forderte er, dass ich oder einer vom Team zu ihm nach Lugano fuhren. Jedesmal, wenn er kam, wurde er schnell gefragt, wie das bei uns so üblich, ob er gern einen Espresso wolle. Stets hat er zugestimmt. Freudig sogar, wie es schien. Der Kaffee aber ist dann stehen geblieben, erst dampfend, dann kälter und nach Stunden ganz kalt. Was war denn da los? Nicht einmal genippt hat er daran. Nie. Irgendwem ist dann eine Idee gekommen: Die Tassen! Beim nächstfolgenden Besuch bekam er also den Espresso in schaurigem Einweg-Pappbecher. Mit sichtbarem Genuss hat er ihn getrunken. Noch dampfend heiß. Ist eben koscher gewesen, der Becher. Tja, Lewenstein...

Pollitabs hat sich indessen weiter zum bald präsentablen Markenprodukt entwickelt. Die Packung ist anmutend und attraktiv geworden. Die begründende Dokumentation hat das Ministerium schnell als ausreichend belegt beurteilt und uns auch die eingereichten Texte fast ohne Abstriche durchgewinkt – nicht nur die von Packung und Beilagezettel, sondern auch die ebenfalls genehmigungspflichtigen der Werbung, was schon von besonders gutem Einvernehmen sprach, das wir da mit Roms Tutoren hatten.

Zumal mit den Publikumsanzeigen hatten wir uns ziemlich weit aus dem Fenster gelehnt. Lewenstein war entsetzt gewesen, bei ihrem ersten Lesen. Fortunat und Rossi hatten ihrerseits lautstarke Warnfanfaren ausgestoßen... unter der Hand aber auch etwas von *Vielleicht geht es aber doch noch ein bisschen stärker!* gezischelt. Gut erinnere ich mich an den Abend in Rom dann, als ich das ganze Material informell dem Staatssekretär im Ministerium unterbreiten konnte und er, Dottor Poggiolini, mit anscheinend zur Decke gewandtem Blick etwas vor sich hin murmelte, was so klang, als sollten wir das Konvolut so wie es war gern und ganz unbesorgt der Prüfungskommission einreichen. Keine fünf Monate hat es dann gedauert, bis wir Grünes Licht für alles hatten, mitsamt den amtlichen Protokollnummern. Ein römischer Rekord beinahe!

Ja, und dann war es soweit, Pollitabs in den Markt zu bringen. Die Fach- und Werbebotschaften waren in allen Details ausgefeilt und offiziell genehmigt, das Vertriebsteam kribbelig gemacht, an die Medien vorab ein paar Signalballons gegeben – was eben so alles läuft bei einigermaßen gewichtigen Markteinführungen.

Es war uns gelungen, den Zentralverband der Apotheker neu-gierig auf Pollitabs zu machen. Fortunat hatte ja keine Ahnung davon, wie das gehen sollte. Sein Spielfeld war bis dahin die Veterinärmedizin gewesen. Was alles man bei den Apothekern mit Immun- & Leistungskräftigung, zumal im genitalen Bereich, an Kassen-Klingel-Träumen zu bewegen vermochte, davon konnte er sich auch bei beharrlichem Nachdenken kein rechtes Bild machen. Dass der große, als unnahbar verschriene Giacomo Leopardi – mit dem genial depressiven Dichter nur um ein paar Ur-Ecken verwandt – sein höchstpersönliches Interesse an einem *informierenden Verbandsabend* durchblicken ließ, war dann bei PanOsfa natürlich *das* Thema des Jahrhunderts. Der Startschuss der Markteinführung von Pollitabs *musste* zum Großereignis werden. Geld spielte dazu nun keine Rolle mehr.

Und entsprechend haben wir uns ins Zeug gelegt.

Florenz war als Location unsere erste Wahl. Zum einen schon mal wegen seiner zentralen Lage. Die Vertriebsleute von PanOsfa sollten doch aus ganz Italien zusammenkommen und da wurde schon darauf geschaut, dass es nicht immer nur Mailand war. Aber das war eigentlich nur eine Randüberlegung. Was uns vor allem zählte war der Symbolgehalt der Stadt: Rinascimento, Renaissance, Wiedergeburt... neu geweckte Lebenskraft dank Blütenpollen... Blüten, Florenza, Firenze, die Blühende... da ließ sich schon eine ganze Menge daraus machen. Zumal für die Medien. Und auch die Journalisten kamen ja gern nach Florenz, vor allem wenn auf Gastgebers Kosten eingeladen. Genügend guter Hotelraum hatte sich dafür mit angemessenem Vorlauf buchen lassen.

Auch sonst wurde bei der geplanten Pressekonferenz nichts dem Zufall überlassen. Dafür hatten wir Osvaldo Svalduz engagiert. Er war Mailands bester Organisator von Presseevents: eine unermüdliche Ameise bei auch nur den kleinsten Details der Vorbereitung und dabei zugleich ein stets aufgeregt herumhechelnder Hirtenhund, bis dass er alle seine Schreiberschafe im Pferch und er dann hinterher eine dicke Ausschnittmappe als Ergebnis hatte. Und er konnte Werbetexte, unser Metier, brillant in Pressetexte umsetzen, die den Journalisten nur noch Schere und Kleister statt Schreibzeug abverlangten.

Svalduz hatte versprochen, auch das Fernsehen zum Event von Pollitabs zu bringen – und nicht nur irgendwelche lokalen Sender, sondern mindestens auch einen der ganz großen der staatlichen RAI oder von Berlusconis Mediaset. Und natürlich auch Cesare Capone, den *Kaiser* der Gesundheitsjournalisten von RCS, der, wenn er sich gut behandelt fühlte, immer für wenigstens je einen mehrseitigen, meist auch reich bebilderten Artikel in den auflagenstarken Zeitschriften *Annabella* und *Oggi* gut war.

Zwei Professoren hatten wir als Referenten engagiert: einen Andrologen der römischen Universität La Sapienza und einen nicht minder angesehenen Immunologen der Uni von Ancona. Ihre Vorträge sollten kurz sein, war vereinbart, aber dafür war ihnen abverlangt, gleich dreimal in Florenz aufzutreten: am Vormittag vor den Verkäufern, mittags bei der Pressekonferenz und am Abend dann noch einmal für kleine Info-Ansprachen beim Dinner der Ehrengäste und Apotheker. Die jüngsten Studien über Cernitin, die positivsten natürlich, sollten sie bekräftigend vorstellen, und sich auf die anschließenden Frage- & Antwortspiele dann möglichst nicht allzu sehr einlassen.

So an die hundertfünfzig Vertriebsleute von PanOsfa aus ganz Italien waren für das morgendliche Meeting angesagt. Zur Pressekonferenz rechnete Svalduz mit mehr als fünfzig Präsenzen, zumal er auch von den lokalen Medien jeden eingeladen hatte, von dem er sich ein paar gedruckte Zeilen erwarten konnte. Das abendliche Galadiner mussten wir auf *nur* zweihundertzehn Gäste beschränken. Mehr Tischplätze waren im von uns vorgesehenen Saal beim besten Willen nicht unterzubringen.

Der Saal, die ganze Event-Location überhaupt – das war der Knüller, auf den uns Svalduz gebracht hatte. Ein absoluter Knüller: die nur selten für Kongresse und Ähnliches geöffneten Räume des ehrwürdig mittelalterlichen Konvikts der Franziskaner an der Piaz-za Savonarola.

Ein beeindruckendes Umfeld! Drei Säle konnten wir bekommen, von denen ursprünglich sicher jeder seine wichtige Repräsentationsrolle in Stadt und Kirchensprengel hatte. Überall und immer wieder beachtliche Fresken zwischen hohen Bogenfenstern. Reich geschnitzte Kassettendecke im großen Versammlungssaal, der am Abend das Dinner-Reich unserer Cateringfirma werden sollte. Und dazu, sozusagen als unsere Eingangshalle, der von antiken Säulen umstandene Kreuzweg. Eine solche und gerade diese Örtlichkeit für die Pollitabs-Taufe zu bekommen, das war schon so etwas wie ein echter Geniestreich gewesen. Fortunat und Rossi konnten es kaum glauben, als sie erstmals davon hörten und dazu meine paar Fotos sahen. Die Kosten waren dann überhaupt kein Thema.

Für das Direktorium von PanOsfa und die wichtigsten der Gäste hatten wir im feudalen Hotel Roma gebucht, nahe den Sehenswürdigkeiten der Altstadt, und dort auch für Svalduz und mich. Schon am mittleren Nachmittag vom Donnerstag fingen die Leute einzutrudeln.

Fortunat und Gattin mitsamt dem Ehepaar Rossi waren die ersten, aufgeregt und gackernd wie ein ganzer Hühnerhof. Bald danach kamen Lewenstein und Assistentin. Auch die zwei Professoren, von mir in Beschlag genommen, um noch einmal die Details ihrer Referate durchzukauen. Die Schweden, Erik Solberg mit Gemahlin und noch ein paar Begleiter, mussten vom Flughafen abgeholt werden. Später kamen auch noch die drei Verkaufsleiter Nord, Mitte und Süd dazu, die mit ihren Leuten in der Nähe untergebracht waren. Beim gemeinsamen Abendessen im Hotelrestaurant sind wir schon eine beachtliche Gruppe gewesen.

Besonders gut erinnern kann ich mich nicht an jenen Abend. Nur, dass er lang geworden ist und wohl auch recht feucht. Sicher bin ich von Tisch zu Tisch gesprungen mit der Versicherung, dass alles vorbereitet und perfekt und bestens unter Kontrolle sei. Sehr wahrscheinlich habe ich diesem und jenem an die zehnmal noch wiederholt, wie das am nächsten Tag im Einzelnen ablaufen werde; auch versichert, dass ganz bestimmt viele Journalisten zur Presse- konferenz kommen würden; hier und dort Lampenfieber gekühlt, während meines höher und höher stieg. Genau weiß ich nur noch, dass ich mich baldmöglichst nach dem Dessert verkrümelt habe und, im Versuch abzuspannen, noch eine ganze Weile ziellos durch das nächtliche Florenz gelaufen bin. Irgendwann bin ich dann ins Bett gefallen und, wie ich mich kenne, wohl auch blitzartig eingeschlafen. Morgen...

Ich dachte, es sei der Wecker, der da in meinen Tiefschlaf hinein schrillte. *So bald schon?* Ein noch sehr frühes Grau fing vor dem Fenster an, zögerlich sich aufzuhellen. *Verdammter Wecker!* Ihn abgestellt. Kein Ergebnis. Weiter und weiter schrillte das durchdringende Geklingel. *Das Telefon!* – kam es mir langsam ins schlaf-nebelige Hirn. Svalduz war dran. *Aufstehen...* – knarzte er durch den Hörer, fast wie vom Kasernenhof – *...kalt duschen und in zehn Minuten sehen wir uns unten in der Hall.* Ziemlich blöd muss ich wohl gekontert haben. Jedenfalls schnarrte es mir zurück aus dem Hörer: *Machen Sie schon endlich. Der Papst ist tot.*

Ein paar Minuten nach sechs Uhr morgens ist es gewesen. Der 29. September 1979. Freitag. 33 Tage hatte Albino Luciani als Johannes Paul I. auf Petri Stuhl gesessen.

War Svalduz es dann? Bin ich es gewesen? Gleichgültig. *Zum Kloster jetzt, aber schnellstens!* – war die Devise.

Spiacente, ma... – es tat ihm sichtbar leid, dem Bruder an der Pforte, aber uns einzulassen, das erklärte er für echt unmöglich. Den Pater Prior belästigen. Jetzt belästigen. So früh am Morgen! Unmöglich. Und überhaupt: Wussten wir denn nicht, was passiert war?

Sappiamo, mirabile fratello! Sappiamo, purtroppo sappiamo! Gerade weil wir eben Bescheid wussten, mussten wir doch mit dem Pater Prior sprechen. Dringend. Gleich jetzt. *Sia cortese! Il reverendo padre comprenderà di grazia...* – und noch ein bisschen mehr von so Beschwichtigendem, mit Engelszunge.

Hier nun hat es sich lohnend erwiesen, dass mir die richtigen Schlüsselwörter geläufig waren. Wozu war ich denn auch jahrelang Franziskaner-Zögling gewesen?!

Der Pater Prior hat uns empfangen.

Er habe uns selbst schon angerufen. Im Hotel. Konnte ja nicht wissen, dass wir praktisch bereits an seiner Pforte waren. Wir hätten aber wirklich nicht herkommen müssen. Denn... natürlich verstanden wir sicher, dass er unser Programm absagen müsse. Ganz absolut absagen. Schließlich: der Chef war tot.

Eisig hat es sich angefühlt. Dabei war es doch logisch, dass das nicht mehr der Tag war, mönchische Trauerklausur mit unsrem kommerziellen Spektakel aufzubrechen.

Aber: Geduld gehört zum Orden... und auch zuhören, überlegen, argumentieren, abwägen.

So etwa eine Stunde hat das Gespräch mit dem Prior gedauert, vielleicht ein bisschen kürzer. Ein kurvenreicher Hürdenlauf. Viel gegenseitiges Verstehen. Intensiv wiederholtes Bitten um wechselseitige Einsicht. Gedämpft entspannter Ton bei laut knisternd gefühlter Spannung. Und dann doch die ersehnte Zustimmung.

Wir durften!

Das Konvikt stand uns offen. Trotz Trauertag. Die einzige Bedingung: Keine Musik. Auch und schon gar nicht beim abendlichen Dinner im großen Saal.

Das Pollitabs-Programm ist dann wie geplant durch den Tag ge-laufen, in allen seinen Teilen und reibungslos, wenn auch vor streckenweise eher unkonzentriertem Publikum. Das so abrupte Ableben von *Papa Luciani*, Johannes Paul I, überdeckte ganz einfach das zwischendurch doch aufkommende Interesse an den Blütenpollen, Panzern, Immunrisiken und androgenitalen Defiziten.

Svalduz hat es eigentlich am Schlimmsten getroffen. Was es in den Medien an freiem Seitenraum und verfüglichen Sendeminuten ursprünglich vielleicht für die Texte und Bilder seiner Pressemappe gegeben hatte, war in den folgenden Tagen voll mit Päpstlichem belegt. Und als sich dann der vatikanische Rummel gelegt und vorbei war, waren die Pollitabs-Notizen längst in allen Papierkörben entsorgt.

Er hat es unbeschadet überstanden. Pollitabs auch.

Eben mal vorbeigekommen.

Ortrud und Piero haben uns überfallen, meine Schwester und ihr Mann. Samstag, früher Nachmittag. Eben noch war Siestastunde. Die Türklingel schlägt an. Ungewohnte Zeit für einen Besuch bei uns. Die Grillfreunde kommen doch erst viel später. Ob es jemand von den Nachbarn ist, der vielleicht etwas zu berichten hat?

Und da stehen die Beiden, wie vom Himmel geschneit. Ein hal-bes Jahr war es wohl her, seit ich sie das letzte Mal gesehen hatte, und auch da nur auf sozusagen neutralem Boden: dem Friedhof jener borniertem Stadt an den Dolomiten, in der wir aufgewachsen waren. Unsere Mutter war gestorben. Katja hatte gemeint, ich müsse unbedingt zur Beerdigung, und sie kam natürlich mit, weil ich sonst ganz sicher nicht hingefahren wäre. Da haben wir uns dann getroffen, sind auch nett nebeneinander gestanden, dem Reigen der Beileid-Murmelnden die Hände zu schütteln, hatten uns auch vorher kurz begrüßt und sind danach dann schnell auseinander gegangen. Und davor? Jahrelang hatten wir uns nicht gesehen. Wozu denn auch.

Jetzt aber standen sie an unserer Tür. Piero sogar mit einem Blumenstrauß, den ihm Katja schnell abnahm, um damit blitzartig in die Küche zu verschwinden.

Ja was führt denn euch zu uns? – Originelleres ist mir da sicher nicht eingefallen und mein Willkommensgrinsen im Spiegel zu sehen, ist mir zum Glück erspart geblieben.

Ob sie denn Kaffee möchten, hat Katja dann die Situation ge-rettet. In den Schatten unter unsere Bäume haben wir uns gesetzt. Tröpfchenweise ist Plauderei aufgekommen und hat sich zu langatmiger Erzählung Pieros hingedehnt. Nur ganz zufällig waren die Ortrud und er nach Mailand gekommen, hörten wir, weil sie am Morgen in Cremona gewesen waren, was ja nicht eben um die Ecke lag – *ha, ha* – aber doch auch nicht so weit weg, um nicht doch noch einen Abstecher zu uns zu machen, weil es ja nur gerade mal hundert Kilometer entfernt war und auch kein gewaltiger Umweg bei der Heimfahrt war. Und nach Cremona waren sie gefahren, weil sie dort eine Geige ansehen wollten, für Benno – *ganz richtig, für Benno* –, der aber nicht mitgekommen war, weil die Geige doch eine Überraschung für ihn sein sollte.

Benno war der Beiden Ältester. Ich hatte ihn, wie auch seine Geschwister, nie kennengelernt. Nur auf dem Friedhof kurz begrüßt. Inzwischen musste er auch schon an die vierzehn sein, oder etwa auch mehr. Dass er Geige spielte, oder überhaupt ein Instrument, hätte ich nie vermutet. Wie denn auch? Bei uns zuhause hatte es noch nicht einmal ein Radio gegeben, weil zu geräuschvoll für unsere Mutter. Und, dachte ich mir, typisch Ortrud: der Junge wird natürlich nicht mitgenommen und gefragt, wenn es darum geht, *sein* Instrument auszusuchen.

Pieros Erzählfluss mäanderte inzwischen weiter. Katjas Frage dazwischen, ob sie denn noch eine Kanne Kaffee aufsetzen solle. Piero wollte lieber ein Glas Wein. Dann endlich kam er zur Sache – und eindeutig klar wurde nun, dass die ganze Cremona-Geschichte eben nur eine Erzählgeschichte war, um nicht völlig mit der Tür ins Haus zu platzen.

Um das *Güetl* ist es gegangen. Das war ein eher kleineres Obst-bauernland, das unser Großvater vor ewig langer Zeit gekauft und dann der Rica, unserer Mutter, vererbt hatte. Das war jetzt erblich dritteln zwischen mir, Ortrud und Klaus, unserem Bruder, weil die Rica ohne Testament gestorben war. Groß war der vom Pächter abgerechnete Ernteertrag nie gewesen. Aber die Lage war interessant. Die Stadt hatte sich immer mehr nach Süden ausgedehnt, der Etsch zu, und lange konnte es nicht mehr dauern, bis auch das *Güetl* mit seinem Umfeld als Baugrund für eine Vorstadt-Siedlung ausgewiesen würde.

Was wollten die Beiden nun, Ortrud und Piero? Jetzt zu ver-kaufen, um das Bare zu teilen, war doch blöd. Da war es doch besser, damit noch so ein-zwei Jahre zuzuwarten. Das wollte ich gerade fragen und sagen. Aber da war nun Piero am Reden und langsam sogar in Fluss gekommen.

Also: Von Verkaufen war gar keine Rede. Im Gegenteil. Behalten war das klar angesagte Ziel. Weil das *Güetl* doch sozusagen ein Vermächtnis vom Großvater, dem Tati, war, und die Rica das immer hoch gehalten, nie an ein Verkaufen gedacht hat, über die ganzen Jahrzehnte hin und auch in schwierigen Zeiten. Deshalb: *Nein*, ein Verkauf kam gar nicht in Frage. Und das sollte für alle drei Geschwister gelten. Denn auch schon der Verkauf von nur einem Drittel würde völlig gegen Ricas Geist verstoßen. Das, so Piero, müsse ich doch einsehen – und Katja natürlich auch. Ortrud hat nur daneben gesessen, vielleicht zwischendurch von ihrem Wein getrunken.

Nichts einzuwenden! – das war nun Katja. Nur, meinte sie, da wir nun schon mal beisammen waren, konnten wir doch gleich auch einen Notariatstermin vereinbaren für das ganze Bürokratische der Erbfolge und die Übertragung der gedrittelten Anteile. Auch mit Klaus dabei, natürlich.

Da hatte Katja etwas nicht verstanden. Ich auch nicht. Aber Piero hatte ja auch noch nicht zu Ende geredet.

Das mit dem Notar war nicht so dringend, winkte er ab. Aber etwas anderes schon. Und die Geige in Cremona war da doch eine gute Gelegenheit, sich zu treffen... darüber zu reden...also... Und schon fing er wieder an herumzueiern. Das Trutschele, also die Ortrud, konnte es sich nicht verkneifen, ihn unter dem Tisch anzustupsen. Diskret wohl. Uns deutlich aber. Eindeutig.

Und Piero hat seinen Faden wieder gefunden: Sicher konnte ich mich wohl daran erinnern – Katja war jetzt völlig außen vor –, dass Rica öfter mal geäußert hatte, das *Güetl* sei der Ortrud zubestimmt und sie, nur sie allein, solle es einmal erben. Da war aber nun kein Testament da. Leider. Und deshalb saß er hier, oder besser, Ortrud und er saßen hier. Weil, es war doch ganz natürlich, dass ich – ein mit einbeziehender Blick auch auf Katja – zugunsten der Ortrud auf meinen Teil vom *Güetl*, der ja eigentlich gar nicht richtig mein Teil war, verzichtete... zumal die Ortrud auch Kinder hatte und ich keine.

Und dazu noch: *Der Klaus natürlich auch.*

Bei dem waren sie schon gewesen, hörten wir, und der hatte auch verzichtet. Was heißt denn hier *auch*? Und warum hat Klaus denn verzichtet? Er hat doch selber drei Kinder, oder vielleicht vier inzwischen. Aber habe ich den Piero überhaupt richtig verstanden? Ich hatte.

Rausgeschmissen hätte ich beide am liebsten. *Ruck-zuck.* Einfach so. Ohne überhaupt noch ein einziges Wort. Viel zu lange waren sie schon unter unseren Bäumen gesessen, hatten Katjas Kaffee und meinen Wein getrunken, wobei sie, die Ortrud, die ganze Zeit eigentlich nur stumm vor sich hingeschaut hat, mit einem leichten Anflug ihres altbekannt lüsternen Grinsens, so ganz wie eine bald satte Katze. *Raus!*

Einfach nur so? Ganz ohne Kommentar?

Katja sieht mich an. Zieht ihre linke Augenbraue gerade eine Idee nach oben. Ich murmle irgendwas von *kurz mal für kleine Knaben* zu müssen und gehe ins Haus. Katja kommt nach. Und: Sie hat ja recht. Soll denn wieder alles anfangen? Habe ich denn von meiner Mutter auch nur *ein* Erinnerungsstück an meinen Vater bekommen, als der starb? Sollten wir uns jetzt belasten mit etwas, das der Rica gehört hatte? Mit dem Trutschele, der Ortrud, etwa noch ewig über zehn- vielleicht zwölftausend Quadratmeter Obstland diskutieren, wohl gar vor den Kadi ziehen? Oder sollten wir auf *unserem* Drittel ein Häuschen bauen und dann Garten an Garten mit den beiden Geiern leben? *Lass es!* – kam es von Katja, liebevoll ungeduldig gezischt. Also...

Wie nett, dass ihr da wart... – Katja, zurück unter den Bäumen, vipernsüß –*„... und eurem Notar könnt ihr sagen, er soll die Verzichts-unterlagen nur einfach an den unseren schicken.* – Ein Zettel mit der Adresse geht an Piero – *Tja, das war's denn und tschüs. Wie's hinaus-geht, wisst ihr ja.*

Es war langsam an der Zeit, den Grill anzuwerfen.

Vielleicht waren die Beiden, Ortrud und Piero, ja doch am Vormittag in Cremona gewesen, damals. Möglich könnte es gewesen sein, weil... im Internet habe ich Jahre danach mal gesehen, dass Benno doch etwa Geige gespielt hat. Er hat später am Konservatorium studiert und verdient sich heute seine Brötchen mit Musik.

Und das *Güetl* gibt es längst nicht mehr. Die Umwandlung in Baugrund für Wohnungen hat nicht lange auf sich warten lassen. Ein netter, schneller Reibach für Schwesterchen und Schwägerlein.

Ich habe die Beiden seither nicht wiedergesehen. Katja wohl auch nicht.

Vreneli und die Professoren.

Solch einen Rummel hatten wir vorher noch nie bewerkstelligt. Dabei sollte es schon ein einbeachtliches Event werden, also eines über das die Medien berichteten und von dem auch nach Wochen noch geredet werden sollte. Letztendlich ging es aber doch nur darum, den Apothekern ein für sie neues Verkaufsprodukt vorzustellen und zu hoffen, dass auch die Masse der eventuellen Käufer etwas darüber aus der Presse oder sogar vom Fernsehen erfahren würde.

Um Tai-Ginseng ging es. Das ist ein leicht alkoholischer Saft mit Extrakt aus der Ginseng-Wurzel und ein paar Aromastoffen. Recht simpel also, mag es auf Anhieb scheinen, aber da konnte man eine Menge daraus machen. Hatte man auch. An die viertausend Jahre asiatischer Medizin konnten als gruselig-aufregend-verführerische Basis dienen, auf der sich Vielversprechendes aufbauen ließ. Das hatte die kleine Naturheilmittel-Firma Dr. Poehlmann im sauerländschen Herdecke getan und sich damit eine seit Jahren schon munter sprudelnde Quelle aufgetan. Jetzt sollte auch der italienische Markt das Seine bringen.

Giuliano Mancini, der charismatische Gründer von Distribution Service in Mailand, hatte Tai-Ginseng bei einer seiner Deutschlandfahrten entdeckt. Das war kein Zufall. Wann immer Mancini in ihm fremden Landen unterwegs war, hat er die Apotheken nach Anregungen und Produkten abgeklappert, die er nach Italien holen und mit seinem Vertrieb, DS eben, hier zu Gold machen konnte. Das war nicht lange nachdem ich ihn kennen gelernt hatte. Er hat mich gebeten, ihn nach Herdecke zu begleiten, weil er kein Deutsch sprach und seinem Englisch auch nicht so sehr traute. In recht zähen Verhandlungen war es uns gelungen, die beiden Inhaber der Dr. Poehlmann GmbH zu überzeugen, dass nicht alle Italiener Betrüger waren und dass es *da unten* nicht nur liebestolle Papagalli und aufdringliche Paparazzi sondern auch eine recht kaufkräftige Bevölkerung gab, und dass DS ganz sicher der am meisten dyna-mische, am besten einge-führte Apothekenvertrieb im Lande war und dass...

Zwei Tage lang ist das mit dem Palavern hingegangen. Hatte der eine Partner, Hans Proppert, seine kommerziellen Fragen alle abgeschossen und beantwortet bekommen, fing der andere, Heinz Huhn, mit seinen produktions- und lagertechnischen Aspekten an. Und ich hatte Wort für Wort zu übersetzen. Hin und zurück. Und von Mancini konnte man vielerlei sagen, dass er geduldig war aber keineswegs.

Irgendwann war der Vertrag aber doch unter Dach und Fach. DS hatte die Vertriebsrechte von Tai-Ginseng für Italien, nachdem Mancini sich noch ausdrücklich zu satten Werbeinvestitionen verpflichtet hatte. Und ich, also Interservice, bekam den Etat für die Werbung.

Nun war also der Moment gekommen, den Ginseng-Saft aus Herdecke Italiens Apothekern und möglichst auch den Medien schmackhaft zu machen.

Mit nur ein paar netten Geschichten über asiatische Medizin und so hätten wir keinen einzigen Apotheker verlocken können, die Hälfte eines verkaufsoffenen Nachmittags für ein Informationsevent dranzugeben, und schon gar nicht die begehrten Journalisten. Und auch die von Heinz Huhn uns immer wieder als *ganz besonders essenziell und äußerst beachtenswert* herausgestrichenen Anbau- und Qualitätsaspekte der verarbeiteten Wurzeln konnten da keine viel versprechenden Köder sein.

Dass nur koreanischer Ginseng guter Ginseng war; dass nur 7-jährige Ginsengwurzeln wirkliche Gesundheitseffekte brachten, aber keineswegs etwa die 6- oder 8-jährigen; dass Huhn jedes Jahr extra nach Seoul fuhr, um dort die besten der sieben Jahre alten Wurzeln und nur diese für den Tai-Ginseng zu ersteigern... wen sollte das schon groß vom Schemel reißen? Damit wurde in Deutschland geworben und für *den* Markt reichte es wohl auch, wenn man Huhn so reden hörte. Wir aber hatten den italienischen Markt vor uns, und zumal den gleichermaßen anspruchsvollen wie gewinnträchtigen Apotheken-Kanal. Da hatte uns schon Überzeugenderes einfallen müssen.

Jahre vorher, warum weiß ich nicht mehr, hatte ich mal das Buch von Hans Selye, dem *Vater der Stressforschung* gelesen. An das hatte ich mich erinnert, als ich im Druck stand, mir für Tai-Ginseng etwas Zugkräftiges einfallen zu lassen. Denn mitten im ganzen Wust von fernöstlichem Medizin-Gedöns, das ich mir über Ginseng auf den Tisch gepackt hatte, war ich zwei-dreimal auf eine Spur gestoßen, die es bei mir klingeln ließ: Stress.

Stress. Nervenbelastung. Psychosomatisch bedingte Minderleistung. Ehekrisen und Kündigung, oder Sitzenbleiben der Kinder... da ließ sich doch etwas für den Ginseng-Saft machen!

So habe ich mir das Selye-Buch wieder vorgenommen. Darin die Ansätze für aufrüttelnd Psychosomatisches, für überzeugende Funktionsargumente und, daran dann weiter spinnend, zündende Werbethemen zu finden, war leicht.

Also denn: *Stress ist Feind – Tai-Ginseng gegen Stress.*

Mancini war sofort begeistert vom Konzept. Die beiden Poehl-männer schielten nur auf den Umsatz, wobei sie das *Wodurch und Wie* kaum interessiere. Wobei Huhn aber doch nochmals unterstrich, dass der so äußerst wichtige Aspekt der absolut ausschließlich 7-jährigen und nur aus dem Bergland von Korea stammenden Wurzel nicht zu kurz kommen dürfe.

So standen wir also vor der Veranstaltung, die dem Ginseng-Saft in Italien Tür und Tor öffnen sollte. In Rom. An einem Donnerstag. Im Kongresszentrum des Hotels Parco dei Principi, dessen großer Saal bis zu 900 Besucher fassen konnte. Beginn um 16.00 Uhr. Der Titel des Events:

Medicina Psicosomatica, Farmaci Neuropsicotici. [12]

Billiger wollten wir es nicht geben.

---

[12] *Psychosomatische Medizin, Neuropsychotische Heilmittel.*

Mit Akribie hatten wir den Auftritt vorbereitet und Mancini hat an nichts gespart. Zu sehr hatte ihm das misstrauische Anfangsgequatsche in Herdecke auf dem Geist gelegen. Und zudem war er jetzt, mit dem Stress-Thema, doppelt davon überzeugt, mit Tai-Ginseng eine potentielle Goldquelle entdeckt zu haben.

Wissenschaftlicher mussten als Referenten kommen.

Sehr gern hätten wir den hochbetagten Hans Selye aus Kanada eingeflogen. Nicht möglich. Sein Buchagent konnte uns aber einen seiner Adepten nennen, Professor Gianoli, der in der Schweiz an einer Uni lehrte und in Lugano lebte. Der hat akzeptiert, über Stress und dessen Gesundheitsbelastungen ausführlich zu referieren.

Dazu konnten wir einen recht namhaften Neuropathologen, Dozenten an der *Università San Raffaele* in Mailand, für ein Referat über Neurotransmitter und deren stressbedingte Ausfallserscheinungen gewinnen.

Von der römischen *Università La Sapienza* hatten wir zudem einen Spezialisten der Geriatrie gekapert und Dr. Guido Razzoli, Italiens wohl anerkanntester Fachautor für Naturheilkunde, war bereit, über sein Thema, auch mit speziellem Blick auf die Medizin Ostasiens, zu sprechen.

Das war schon ein gewichtiger Fachkreis, den wir da zusammengespannt hatten. Heinz Huhn, der unbedingt auch auftreten wollte, war für die Erklärung der Ginseng-Wurzel und ihres Funktionspotentials vorgesehen. Speziell für ihn mussten wir auch noch eine Simultan-Dolmetscherin samt Kabine anheuern.

Frühzeitig waren alle in Rom angekommen. Die Gruppe aus Herdecke, Mancini und sein Team und auch die Referenten. Der Saal war fristgerecht dekoriert. Vom Spediteur waren auch die Drucksachen gekommen, die den Hörern zur Dokumentation zugedacht waren: ein 96-seitiges, mit Fotos und Graphiken illustriertes Büchlein, das ich über Stress, Leistungsfähigkeit, Neurotransmitter, die chinesische Medizin und die 7-jährige Ginseng-Wurzel in auch der westlichen

Forschung zusammengeschrieben hatte. Die zweiseitige Bibliographie im Anhang war vielleicht das Beste daran.

In den Wochen vorher bereits hatten die DS-Vertriebler ihre Apotheker auf das bevorstehende Event hingewiesen und Flyer dazu verteilt. Die römischen Mitarbeiter waren dabei besonders aktiv gewesen. Persönliche Einladungen waren zudem an die sogenannten Honoratioren gegangen und natürlich auch an handverlesene Journalisten. Mit etwa 400-450 Teilnehmern rechneten wir. Auf 700 aber haben wir gehofft.

Schon gegen halb vier Uhr fing das Foyer des großen Festsaals an sich zu füllen. Bald drängelte es sich dort mit erwartungsvollem Gemurmel. Huhn lief herum wie... na ja, ein aufgescheuchtes Huhn und wollte allen vorgestellt werden. Frühzeitig mussten die Saaltüren geöffnet werden. Und weiter strömten Leute herbei. Kurz vor der festgesetzten Zeit waren schon gut zwei Drittel der Sitze belegt. Dabei kamen und kommen die Römer prinzipiell überallhin mit so einem Viertelstündchen Verspätung – die pünktlichen von ihnen. Und noch immer kamen neue. Laut Saalplan hatten 900 Teilnehmer Platz, die Stehplätze hinten und an den Seiten nicht gerechnet. Um so etwa viertel nach vier, als Mancini das Zeichen zum Anfangen gab, wäre auch dort kein Blatt Papier mehr auf den Boden gefallen. Im Foyer drängten sich immer noch etliche, die auch in den Saal hinein wollten. Es müssen insgesamt an die 1.000 Leute gewesen sein, wahrscheinlich mehr.

Und alle waren da, auf die wir gehofft hatten. Zumal auch Giacomo Leopardi, der Präsident des italienischen Dachverbands der Apotheker, mitsamt seinem Vize und dem Generalsekretär. Das allein war schon ein Erfolg.

Die Referenten haben ihre Pflicht getan und zum Teil auch mehr. Streckenweise herrschte fast schon angespannte Stille im Saal, zumal als Dr. Razzoli über seine neuen Studien zu Phytotherapie im Zusammenspiel mit Psychotherapie sprach, und dann wieder, bei Professor Gianolis mit statistischen Zahlen gespicktem Vortrag zu Stress im

Arbeitsleben. Schön war es, mit anzusehen, wie vielerorts Stifte hektisch ihre Notizen kritzelten. Nur Huhn ist mit seiner Rede etwas abgefallen, was zum Teil wohl auch an der recht atemlosen und zwischendurch sich gelegentlich verhaspelnden Dolmetscherin gelegen hat. Für die erhofften Presseberichte war das kein Problem. Huhns Vortrag lag gut gestrafft und in druckreifen Sätzen in der von Svalduz vorbereiteten Pressemappe:

„Ginseng, qualità e funzioni." – Prof. Heinz Huhn, Herdecke. [13]

Dass Huhn kein Professor war, ja noch nicht einmal je in seinem Leben eine Universität von innen gesehen hatte, ist da nicht ins Gewicht gefallen. In Italien stört es niemanden, wenn sich einer Professor nennt, der vielleicht mal drei Grundschülern Nachhilfe gegeben hat. Und sein Bild, auch in der Pressemappe, das ihn mit Hornbrille und wohl gestutztem Bart im weißen Kittel an ein paar Retorten zeigte, hatte schon ihr professorales Flair. Es ist ja dann auch vielfach gedruckt erschienen, viel öfter als die Fotos der echten Professoren, was Svalduz wunschgemäß arrangiert hatte.

Soweit war also alles bestens. Bis dann die Saaltüren aufgingen und vom Foyer der Duft von reich bestücktem Buffet her wehte. Wahnsinn jetzt! Plötzlich war es, als ob die zehntausende Rinder von *OK Corral* in sinnloser Stampede ausgebrochen wären.

So viele Füße wie da im Spurt an die Theke rasten und Ellbogen, die sich in Bäuche rammten, und vorwärts schiebende Schultern und spitz stechende Knie... die gibt es gar nicht. Ein plötzliches Inferno war das. Spitze Schreie hier und dort. Nicht gerade zarte Kraftausdrücke dazwischen, wofür die Römer ja weltweit berühmt sind. Bäuche fanden sich eng bedrängt und Busen eingequetscht. Ein Glück nur, dass die Hoteldirektion ihre Ruhe bewahrt hat. Nicht auszudenken, wenn da nun ein Alarm geschrillt hätte oder gar Feuerwehrleute herbei gestürzt wären!

---

[13] *„Ginseng, Eigenschaften und Funktionen." – Prof. Heinz Huhn, Herdecke.*

Nach erster Hektik haben die wild gewordenen Rinder sich wieder beruhigt. Der Inhalt gekippter Partyteller hatte sich auf guten Apothekeranzügen verewigt. So etliches an Gläsern war auch zu Bruch gegangen, was aber Glück bringen konnte.

Die meisten haben sich dann wohl ohne Cocktailhappen verkrümelt, wenige aber ohne die Geschenktüte mit meinem Stress-Büchlein und einer Packung Tai-Ginseng; und die Abgesandten der Medien nicht ohne ihre Pressemappe. Unsere Hostessen am Ausgang waren da eisern. Niemand durfte mit leeren Händen an ihnen vorbei, solange der Vorrat noch reichte. Bei einer echt ausartenden Panik allerdings – und die hatte gut zehn Minuten lang in der Luft gelegen – wären die Mädchen wohl samt ihren Tischen überrannt worden. Sie waren voll gefährdet gewesen. Anmerken haben sie es sich nicht lassen.

Es ist ein Erfolg geworden. Vielleicht gerade auch wegen des stürmischen Finales vor den Quellen von Speis und Trank, das für ein paar Wochen noch für die Vertriebsleute und unter den Apothekern guten Gesprächsstoff gegeben hat. Und das wegen des so eindeutig *bedrängenden* Interesses wohl auch mit dazu beigetragen, dass aus mancher Pressemappe, die sonst vielleicht im Papierkorb gelandet wäre, eine oft angenehm ausführliche Veröffentlichung geworden ist.

Tai-Ginseng hatte seinen Italien-Start hingelegt. Nachgerade fulminant. Und was durchaus ein schnell platzender Luftballon hätte sein können, hat sich zum Dauerbrenner entwickelt. Jahrelang ist die Ginseng-Goldquelle gesprudelt. Auch für uns, die Werbeagentur. So lange, bis dann die Poehlmänner ihren Hals nicht voll genug kriegen konnten, einen blöden Marktfehler machten... und damit war's dann für sie vorbei mit Italien.

Aber zurück zum Event in Rom. Bei der ganzen Freude über ein letztendlich gutes Gelingen und den auf hoffnungsvolle Zukunft zuprostenden Trinksprüchen beim gemeinsamen

Abendessen ist es nicht geblieben. Noch ganz anderes hat da im Busch gelauert. Beim Frühstück am nächsten Morgen ist es auch auf mich hereingebrochen.

Huhn war sauer. Stinksauer plötzlich. Weil...

Es hat etliche Zeit gebraucht, bis ich so Schritt für Schritt dahin-ter gekommen bin, warum denn der Haussegen jetzt so schief hing. Da musste erst einmal viel starker Kaffee her, der die in meinem Kopf wabernden Nebel verscheuchen konnte. Mit Bernd Niemann, dem Verkaufsleiter der Poehlmänner, und Piet Satorius, deren Südafrika-Importeur, der auch nach Rom gekommen war, war ich dem abendlichen Schmausen schon vor dem Nachtisch entflohen, zusammen noch bis spät um die Häuser gezogen und es war eine lange Nacht geworden. Langsam, so nach der zweiten Frühstückstasse und der sicher schon dritten Morgenzigarette, habe ich aber doch angefangen, den Durchblick zu bekommen. Und die gehörte Geschichte war dann einfach zu blödsinnig.

Ein paar Schritte zurück braucht es jetzt.

Da waren also unsere Referenten, die drei Professoren aus Rom, Mailand und Lugano und Dr. Guido Razzoli, die natürlich nicht allein für meine treuherzigen Augen oder Mancinis warmem Händedruck aktiv geworden waren. So etwas kostet Honorar. Das weiß doch jedes Kind. Nur: Aus doch recht nahe liegenden Gründen war es nun mal nicht üblich, das so krude auszusprechen oder auch zu handhaben. Da konnte nicht Bares seine Besitzer wechseln und auch am Banküberweisungen war eher nicht zu denken. Ein nettes, angemessenes Geschenk wurde erwartet, möglichst hübsch verpackt und diskret zugesteckt.

Für uns war das logisch. Unsere Idee, mit ein paar Goldmünzen an das Tai-Ginseng-Event dankend zu erinnern, hat allen vieren gut gefallen. Auf Schweizer Vreneli haben wir uns geeinigt – je 50 für die Professoren, Dr. Razzoli war mit 30 hoch zufrieden. In hübschen Wildlederbeuteln und gut verschnürt haben die Referenten sie dann bekommen, noch vor dem Abendessen, bei einem gemütlichen Aperitif an der

Bar. Huhn hat mit dabei gesessen, sich auch bei den Rednern bedankt und gönnerhaft geschmunzelt.

Was später am Abend dann los war, habe ich dann am Morgen nur bruchstückhaft erfahren und wohl auch nicht ganz kongruent erfahren: eine Version von Frau Döring, Huhns mit nach Rom gekommener Sekretärin, die andere von Mancini und ein bisschen etwas dazu auch von Dr. Razzoli, der, wie er mehrmals beteuerte, ungewollt ein paar der laut gewordenen Worte aufgeschnappt hatte. Irgendwie hat sich mir das zusammengepuzzelt.

Also: Zwischen Huhn und Mancini war es abends nach dem Essen zu einer wohl ins Heftige ausgearteten Auseinandersetzung gekommen. Huhn war außer sich, geradezu empört gewesen über die verteilten Vreneli. Nicht darüber, dass die Referenten welche bekommen hatten. Dass nicht auch für ihn ein Goldbeutel da war, das hatte ihn auf die Palme gebracht.

Mancini scheint von der siebten Wolke gefallen zu sein. Anfangs meinte er wohl noch, dass Huhn da einen Witz machte. Keinen sehr lustigen zwar, aber der Abend war ja auch keineswegs trocken verlaufen. Huhn meinte das aber gar nicht witzig. Als er vor den Abendessen gesehen hatte, wie die Beutel verteilt wurden, scheint sich irgendetwas in ihm geregt zu haben. Erst hatte er aber wohl geglaubt, dass es sich dabei nur um kleine Souvenirs handelte. Als ihm dann aber zugeflüstert wurde – von Frau Döring etwa –, dass das jeweils ein paar Dutzend goldene Vreneli und der Referenten ihre Honorare waren, da fühlte er, Huhn, sich übergangen, übertölpelt, missachtet und was einem sonst noch so in diese Richtung einfallen kann. Und bei einem Whisky an der Bar, vielleicht waren es auch schon mehrere, ist Huhn dann ausgerastet. Wo denn *seine* Vreneli seien, scheint es aus ihm heraus gebrochen zu sein, und warum denn für ihn, dem vielleicht wichtigsten Redner der Veranstaltung, keine dabei gewesen seien. Wüst auf Mancini eingebrüllt habe er und dazu wie ein Gorilla auf die Theke getrommelt.

Mancini hatte keinen Dolmetscher dabei. Was ihm von Frau Döring englisch verklickert wurde, konnte er nur halb verstehen. Der Barkeeper scheint vermittelnd eingegriffen zu haben, weil der, Deutsch verstehend, aushelfen konnte.

Und mit Barkeepers Hilfe hat Mancini wohl versucht, dem aufgebrachten Huhn klar zu machen, dass die Vreneli die Vortragshonorare für von außen dazu geholte Referenten waren, was Huhn ja nun wirklich nicht war, und dass es nun mal Usus in Italien war, so etwas nicht mit einer kalten Überweisung zu erledigen sondern eben mit einer zivilisierten Geste der Dankbarkeit, und dass es sicher nett und passend gewesen wäre, wenn sich auch die Herren Poehlmänner an den Honorarkosten beteiligt hätten, statt sie voll auf seinem, Mancinis, Buckel zu belassen, und dass es nun doch voll jenseits aller hirnfähigen Logik war, dass Huhn, Mitinhaber von Dr. Poehlmann, auch nur im Entferntesten an ein Referentenhonorar auch für sich selber denken konnte, und...

Laut ist es sicher geworden. Dass dabei auch ein-zwei Gläser zu Bruch gegangen seien, hat mir nur ein Liftboy zugetragen. Mancini war immer noch aufs Äußerste und rotwangig entrüstet, als ich ihn beim Frühstück traf, und fast anklagend gegen mich war er auch, weil ich mit Niemann und Satorius losgezogen und er ohne Sprachbeistand dem Huhn überlassen war. Als Gegenleistung, meinte er, wäre es nun doch das Mindeste, mich mit Huhn zu bereden und ihm in aller Ruhe klar zu machen, was mit der radebrechten Übersetzerei wohl nicht so recht rüber gekommen war. Denn, so Mancini, das alles müsse ein Missverständnis sein, weil dass Huhn echt meinen sollte, was er da zu meinen schien, das konnte wohl nicht wahr sein.

Es war aber wahr. Huhns Bart zitterte und seine Hornbrille vibrierte auf der Nase, als er noch einmal über den ungeheuren Tort sprechen musste, der ihm da angetan war. Nicht unbedingt ebenso viele Vreneli hätte er bekommen wollen wie die drei Professoren. Das wäre ja auch eine Anmaßung, tönte er, aber dreißig wie Dr. Razzoli allemal!

Dass er, Huhn, doch Mitinhaber von Dr. Poehlmann war und dass der ganze Budenzauber ja nur organisiert war, um seinen Ginseng-Saft gut in den Markt zu bringen und um somit neuen Geldsegen nach Herdecke und in sein Haus zu spülen... keine Argumente für den rabiaten Huhn! Was so ein Vreneli überhaupt wert sei, wollte er stattdessen wissen, und als ich es ihm sagte, war der Ofen dann ganz aus. Viel mehr war es, als er gedacht hatte. Sein Krakeelen ist giftig schrill geworden. Echt peinlich.

Und er hat sich auch nicht wieder eingekriegt. Der Briefwechsel zwischen Mailand und Herdecke ist langatmig geworden zum Thema Vreneli. Ich immer dabei am Übersetzen, weil Mancini es ganz wortgenau wissen und dann jeweils unmissverständlich beantwortet haben wollte. Ein paar Wochen lang hat sich's hingezogen. Bis Mancini dann mürbe geworden ist. *Na denn – ließ er wissen – beim nächsten Besuch in Herdecke sind 30 Vreneli auch für den Huhn dabei.*

Gar nicht so lange später war der Besuch bei Dr. Poehlmann auch schon fällig. Vielleicht waren die Spannungen zu unerträglich geworden und sollten vor Ort abgebaut werden. Oder es waren etwa wirklich echte Markt- und Vertriebsargumente in Herdecke zu besprechen. Ich weiß es nicht mehr. Nur eines war klar, worauf ich gern verzichtet hätte: mitkommen musste ich, um für Mancini wieder einmal den Dolmetscher zu spielen.

Und Mancini hatte die Vreneli dabei. In einem Lederbeutelchen, das er mir vor dem Einchecken am Mailänder Flughafen zeigte. Sogar vorgezählt hat er mir die Münzen, bevor er sie in seiner dickbauchigen, für die Kabine zu umfangreichen Reisetasche – er schleppte immer sein halbes Büro mit sich herum – verstaute und sie dann beim Check-in abgab. Ich sagte ihm noch, genau erinnere ich mich daran, dass ich es doch besser gefunden hätte, er würde die Vreneli in der Hosentasche behalten haben. Er aber wies darauf hin, dass wir noch durch die Sicherheitskontrolle mussten, mit der Gefahr, dort wegen der Münzen unangenehm aufzufallen und etwa in lästige Diskussionen, wenn nicht in noch mehr, verwickelt zu werden. Nachvollziehbar war das.

Dann sind wir in Düsseldorf angekommen. Noch in der Gepäck-halle hat Mancini seine Reisetasche aufgemacht und nach dem Vreneli-Beutel gelangt. Ganz obenauf sollte er liegen. Er war nicht mehr da. Aufgeregt, immer hektischer hat Mancini danach gewühlt. Nichts. Die ganze Tasche hat er in einer Ecke ausgeräumt. Die Wäsche geschüttelt. Die Aktenordner ausgeschlenkert. Den ganzen Inhalt Stück für Stück neben sich auf den Boden gestapelt. Nichts. Der Beutel war verschwunden und ist es geblieben. Da haben auch die sofortige Meldung am Schalter und die Anzeige bei der Flughafenpolizei nichts gebracht. Viel Beflissenheit. Mehr aber nicht. Nur ein kleines Schulterzucken. *Selber dumm!* – schienen erfahrene Beamtenaugen amüsiert und dabei doch mitleidig zu lächeln. Das war's dann.

Die anschließende Bahnfahrt nach Herdecke möchte ich nicht nochmals machen. Mancini war nicht zu beruhigen. In düstersten Farbe malte er aus, wie Huhn nun reagieren würde, und immer wieder fragte er nach, wie er sich nun erklären, was er sagen sollte. Und die ganze Schwarzmalerei auf der Fahrt war dann nur wie ein Gewittergrummeln an fernem Horizont. Die Realität ist eindeutig heftiger geworden.

Nie zuvor und nachher nie mehr wieder habe ich solch einen Cocktail von Sarkasmus, Häme, Unglauben, Verachtung, Beleidigtsein und Aggressionen erlebt wie das jetzt aus Heinz Huhn herausgeschossen kam. Und nicht nur über Mancini wurde das geifernde Gemisch ausgeschüttet. Ich bekam auch meinen Teil ab. Weil der ganze Betrug an ihm – er hat doch echt über Betrug gefaselt – und sicher auch das jetzige *Geschichtlein* der *angeblich* gestohlenen Vre-neli von allem Anfang auf meinem Mist gewachsen seien. *Wie denn das?* – entfuhr es mir. *Schnauze!* donnerte es von Huhn.

Und ganz Italien wurde von Huhn nun auch noch mit einbezogen. Schrill gellte er über das arrogante, Steuern hinterziehende Professorenpack, das ihn, Huhn, in Rom so hochnäsig geschnitten habe; alle die geschniegelten Leute dort im Saal, die nie im Leben alles Apotheker gewesen wären, sondern größtenteils sicher nur irgendwelche Statisten, die wir zur Augenwischerei für ihn und die paar vielleicht gekommenen Journalisten irgendwie zusammengetrommelt hätten; und also überhaupt...

Kein Versuch von Gegenstimme hat da genützt. Ich hätte sofort ein Taxi rufen lassen, wäre in den nächsten Zug gestiegen. Mancini nicht. Er, dessen gelegentliche Wutausbrüche legendär in Mailand waren, ließ die ganze Suada über sich ergehen. Fast genüsslich drängte er mich, ihm Wort für Wort zu übersetzen. Auch das Trivialste. Er selber sagte wenig, nachdem er ja alles schon erklärt und auch das Protokoll vom Düsseldorfer Flughafen auf den Tisch gelegt hatte.

Verstehen konnte ich seine Langmut nicht. Verständlich war sie aber trotzdem allemal. Aus seiner Sicht. Das Event im Parco dei Principi hatte eine Latte Geld verschlungen. Das musste wieder herein kommen. Mit Tai-Ginseng. Da war auf eine dummdreist gierige beleidigte Leberwurst in Herdecke und deren zynische Beleidigungen keine Rücksicht zu nehmen. *Ohren zu und durch!*

Auch Proppert, anfangs äußerst reserviert, stand dann auf Mancinis Seite. Er in erster Linie war der Geschäftsmann in Herdecke. Ihm war am italienischen Markt gelegen, und dass Mancini darin investierte, alles andere als knapp sogar, das hatte er durchaus registriert.

Mit mir hat Huhn nie wieder auch nur ein Wort gesprochen. War auch nicht nötig. Dass er nur 7-jährige Wurzeln für heilkräftig hielt und er gern einmal im Jahr nach Korea fuhr, hatte er mir ja schon gesagt. Wahrscheinlich hat er von da an auch mit Mancini nur noch das Nötigste kommuniziert, über all die folgenden Jahre hin.

Die italienischen Apotheker aber sind bei der Stange geblieben. Und dank dem werblich in immer wieder neuen Varianten ausgewalztem Stress-Thema haben sie den Tai-Ginseng langzeitig fast schon geliebt. Der Markt auch.

Schwenninger Bubelen.

Viele Jahre früher, in meiner kurzen Münchner Zeit zu Mitte der 1960er-Jahre, als ich mir Sporen in der Werbeagentur von Hermann M. Lorz zu verdienen suchte, hatten wir dort Kienzle auf der Kundenliste stehen, den Uhrenhersteller in Schwenningen. Ein paar Katalogtexte hatte ich dafür geschrieben und drei-vier Anzeigen. Meine Kontakte waren minimal geblieben.

Dann, mehr als zwanzig Jahre später, hatte es sich ergeben, dass wir, Interservice in Mailand, für ein nicht langes Zwischenspiel Junghans Uhren zum Kunden hatten, den zweiten der größeren deutschen Hersteller von Zeitmessern. Als der zu seiner früheren Agentur zurückgekehrt war, die er eigentlich nie so recht verlassen hatte[14], ist mir Kienzle wieder in den Sinn gekommen. Die Firma hatte ihren Italien-Sitz in Mailand, ziemlich nahe bei uns sogar. Kontakt aufnehmen war angesagt.

Es ist dann auch gar nicht schwer geworden, mit Kienzle ins Gespräch zu kommen. Zwei-drei Anrufe brauchte es nur, bis sich ein Kennenlern-Treffen ergeben hat. Und schon bald ist es dann zu ein paar ersten Probeaufträgen gekommen. Ein richtiger Agenturvertrag kam allerdings nicht in Frage, *vorerst einmal*, wie es hieß, ohne aber der Zukunft vorgreifen zu wollen. Kein Problem für uns. Agenturverträge waren oft das Papier nicht wert, auf dem sie standen.

Das Italien-Geschäft wurde von zwei Vettern geleitet, die aus der Gründerfamilie stammten: Heiner und Frieder Kienzle. Mit ihren Familien lebten die beiden schon seit Jahren in Mailand und hatten auch nicht vor, wieder in den Schwarzwald zurückzukehren. Mailand gefiel ihnen, wie sie immer wieder und für meinen Geschmack auch allzu oft betonten, wobei sie allerdings kurz drauf und fast gleich

---

[14] *Dazu die Geschichte: Versunkenes Venedig.*

häufig erwähnten, dass sie ihre Frauen zum Gebären *natürlich* immer nach Schwennigen schickten, was ja recht häufig der Fall war, wie die oftmals vorgelegten Familienfotos zeigten. Und erfreulich war ihnen *natürlich* auch, dass es in Mailand eine deutsche Schule gab, deren Lehrkörper durch und durch deutsch war und der Lehrplan überwiegend auch. Nur dass es keinen vernünftig sortierten deutschen Bücherladen in der Stadt gab und vor allem auch kein deutsches Sprechtheater, das empfanden sie schon als Kulturschande. Beide. Der Heiner wie der Frieder. Die Schuld daran hatte nicht Mailand an sich *natürlich*, sondern das *so inkompetent* geleitete Goethe-Institut. Aber die dort tätigen Leute waren ja von denen in Bonn ausgewählt und bezahlt, was *natürlich* alles sagte.

Zwischendurch redeten wir auch über Uhren-Marketing in Italien und was da eventuell für Kienzle anstand. Auch Werbung kam sogar gelegentlich zur Sprache, so richtige Publikumswerbung mit Anzeigen oder gar Fernsehen. Aber nur ganz abstrakt. *Später einmal sicher* – war dazu der stetige Kehrreim, weil *vorerst jetzt* andere Investitionen viel wichtiger waren.

So etwa ein Jahr lang hatten wir dann schon für Kienzle gearbeitet. Lauter Klickerkram. Hier mal ein Katalogchen für eine nur in Italien angebotene Sonderserie, dort mal ein Flyer für eine Messe oder die Gutscheine für eine Kombi-Aktion mit einem der Vertragshändler.

Kienzle hatte damals auch die Italien-Vertretung von *L'Epée*, den Nachbauten der historischen Messinguhren, die Napoleon angeblich seinen Generälen gern als Reisewecker schenkte. Auch dafür brauchte es zwischendurch ein paar Drucksachen, für die wir den Auftrag bekamen. Und sogar zwei weihnachtliche Anzeigen für eine Wohn-Zeitschrift durften wir gestalten und schalten.

Befriedigend war das alles nicht. Echt lohnend auch nicht.

Irgendwann aber kam dann Heiner Kienzle auf eine Idee zu sprechen, die sich in seinem Haus ergeben hatte: eine eigene

Marke von Schreibgeräten – Füllfedern, Kugelschreibern und Drehbleistiften – von Spezialisten herstellen zu lassen und in Italien exklusiv zu vertreiben. Der Gedanke der Vettern war dabei wohl auch, sich damit Eigenständiges aufzubauen und so an Unabhängigkeit vom Schwenninger Familienunternehmen zu gewinnen.

Eine hochwertige Kollektion sollte es werden. Nur von edlen Metallen und Schildpatt war da die Rede. Sozusagen als ein Türöffner für Luxusläden, die ihre biederen Kienzle-Uhren niemals aufgenommen hätten, hatten die zwei Vettern sich das ins Konzept gestellt. Edelmarken wie Cartier und Dupont kamen vergleichend ins Gespräch. Feinstes vom Feinen eben. Und – so ihr Schwärmen – auch das Vertriebsnetz zeigte sich angetan, begeistert sogar von den neu sich auftuenden Möglichkeiten.

Ob das mit dem Türöffner klappt?

Mir kamen da meine Zweifel. Die Linie konnte wohl, wenn gut gemacht und angemessen präsentiert, in die Top-Shops kommen. Sogar in deren Schaufenster. Dass sie dann aber die robust braven Kienzle-Uhren dort hinein nachziehen konnte, kam mir eher spanisch vor. Ich kannte den Markt der Juweliere.

Hätte ich meine Zweifel anmelden sollen? Vielleicht habe ich darüber gesprochen. Wahrscheinlich. Wenigstens einmal ganz bestimmt.

Doch träumen ist so schön. War es auch für Heiner und Frieder. Nach einem halben Leben mit immer nur Uhren vom niedrigen Segment und enger Abhängigkeit vom Schwarzwälder Mutterhaus bald Stücke einer eigenen Edelmarke neben den glamourösen Teilen von etwa Dupont und Cartier liegen zu sehen, war den zwei Vettern wie ein Horizont mit lauter Wundertüten.

Einen Lohnhersteller für die Schreibgeräte hatten sie schon gefunden. In Pforzheim. Nur eigentlich, das unterstrichen sie sofort: *Lohn*hersteller war da wohl das falsche Wort. *Lohn* klang so billig. *Dritt*hersteller, war sicher viel richtiger, oder besser noch Hersteller*freund*. Und *Pforzheim*, das sollten wir stets präsent zu halten, tönte die dabei immer aufs Neue gehörte Mahnung, war *die* Goldstadt, die weltberühmte Wiege edelster Preziosen.

Und nun kam unser Auftrag. Den Auftritt der Marke sollten wir entwickeln, gestalten, marktreif machen. Angefangen vom Namen und hin über Markenzeichen, Logo, Packungen und bis zum reich anzulegenden Katalog, den Präsentationshilfen und dem Displaymaterial für die angepeilten Nobelläden.

Unser erster kompletter und herausfordernd spannender Auftrag aus dem Hause Kienzle! Und ein zudem auch einigermaßen lukrativer. Sollte ich mir den nun etwa selber noch mit Kassandra-Worten zum Thema *Türöffner* dumm vergraulen?

Mit dem Markennamen haben wir unsere Arbeit angefangen. Die Vorgaben waren klar. Ein Fantasienamen war zu finden. Edle Ausstrahlung sollte er haben, oder wenigstens sich eine solche rasch gewinnen können. Relativ leicht zu merken, dabei aber doch keineswegs banal. Authentizität! In der Anmutung vielleicht ein Künstler, ein begnadeter Designer oder Modeschöpfer? Ein Sendbote von gutem Geschmack auf jeden Fall! Ein neuer, junger Gegenpol zu konsolidierter Tradition wie etwa *Pelikan* oder *Mont Blanc*. Und registrierbar ® vor allem.

André d'Achan®

Das war's. Konnte es sein. War allemal einen Test wert. Und der Verbrauchertest hat positive Ergebnisse der Anmutung gebracht: französischer Adel, Traditionen, solider Hinter Geschmack, Raffinesse und Courtoisie... reihum kam alles, was wir so brauchten und hören wollten.[15]

Dann das Markenzeichen. Eine stilisierte fünfblättrige Rose schien uns genau das Richtige. Ein bisschen Heraldik

---

[15] *Dass Achan, der Sohn Serachs aus dem Hause Juda, als Hochstapler und verurteilter Dieb im Alten Testament steht, hat keiner mitgekriegt.*

zum edlen Namen. Umberto Eco's *Der Name der Rose* machte gerade Furore. Dem Kunden hat es gefallen.

Und dann Schritt für Schritt weiter.

Die Etuis sollten Design vom Feinsten werden. Das war etwas für unseren Freund und Beinahe-Partner Roberto Baggio. Von ihm kam ein Entwurf, der im Markt echt nichts Vergleichbares hatte: Nussholz massiv, zwei ausgehöhlte Schalenstücke, über innen gelagerte Gleitschienen längsseitig zu öffnen, mit haselnussbraunem Samtbett, in drei Breiten für ein, zwei oder drei Schreibgeräte, der Markenname mit Brandzeichen geprägt. Ein Kunstschreiner fertigte die Prototypen und wusste auch, wer die Etuis in Serie und zu durchaus akzeptablen Preisen herstellen konnte.

Ähnlich aufwändig und durchaus originell ist dann auch der Rest geworden, bis hin zu den kleinsten Details an den Elementen der Präsentation. Mit Begeisterung hat unser Team dran gearbeitet, auch weil die Prototypen, die aus Pforzheim kamen, wirklich erstaunlich gut aussahen. Ein verblüffend angenehmes Design war das. Traditionelle Anklänge dominant, dabei aber durchaus aktuell in ergonomisch ausgeformter Linienführung. Zarte Stücke für die Damenhand und so richtig was zum Anfassen für zupackende Männerhände. Drei in ihrem Design differenzierte Serien wollten die Kienzle-Vettern für den Anfang in die Kollektion nehmen. Fünf sind es dann geworden – zwei davon alternativ in Sterling-Silber oder 14-karätigem Gold angeboten.

Was oder wer denn *André d'Achan* sei, war eine der ersten Vetternfragen beim Vorschlag des Markennamens gewesen.

Nichts, also niemand Konkretes – stellte ich gleich mal klar.

Wie den Namen dann erklären, kam prompt die Rückfrage. Ganz aus der Luft gegriffen war sie nicht.

So schlug ich denn vor, eine Art Kunstfigur zum Namen dazu zu erfinden. Nur schemenhaft angedeutet. In etwa so wie bei *Sophie Nerval*, der mysteriösen Designerin und Namensgeberin der europaweit beliebten Duftlinien *Indra* und *Renommée*, von der es weder ein Bild gab noch gar eine Anschrift. Scheu und zurückgezogen, lebte sie angeblich irgendwo auf dem Land. Das, so meine Ausführung, würde auch André d'Achan gut anstehen: die Legende von einem genialen, leicht versponnenen Designer, der irgendwo auf seinem von einer Tante ererbten Schloss lebte, in der Normandie oder vielleicht auch in der Bretagne, seine Sammlungen pflegte und sich sonstigen Liebhabereien wie dem Design schöner Dinge hingab. Völlig der Welt entrückt. Ein liebenswerter Sonderling.

Für neugierige Fragen sollte das allemal reichen. Vage, nur andeutungsweise konnte das so auch in die Kataloge aufgenommen werden, höchste Zurückhaltung und etliche Konjunktive dabei vorausgesetzt. Gerade so also, wie das für Sophie Nerval seit nun schon etlichen Jahrzehnten lief.

Das war's für mich dann. Die Kienzle-Vettern haben den Namen akzeptiert. Für den Vorspann des Katalogs habe ich über den Designer gerade mal fünf Zeilen geschrieben, gut eingepackt in einen längeren Erguss über die einzigartig ansprechenden Formen und handfreundlichen Gewichtsverteilungen der neuen Schreibgeräte, verbrämt mit ein paar tiefsinnigen Querüberlegungen zu kulturgeschichtlichen Fixpunkten und was dergleichen Schmonzes in gewissen Kreisen gern gelesen wird. Foto des Designers natürlich keines. Woher denn auch und wie denn? Heiner und Frieder haben den Text freigegeben, zusammen mit dem Markenzeichen und dem ganzen Rest. Was uns jetzt noch kümmerte war lediglich, alles rechtzeitig zum angesetzten Termin fertig zu bekommen.

Es läuft doch gut! – dachte ich.

Portofino, das voll zu Schickimicki-Tourismus umfunktionierte Fischerdorf an der ligurischen Küste, hatten die Kienzle-Vettern sinnigerweise für die Vertriebstagung zur Präsentation der neuen Linie gewählt. Dem Außendienst sollte echt etwas geboten werden. Luxus war das Motto und entsprechend auch der Ansatz.

Und da platzte schon die erste Bombe.

Mitten in den Vorbereitungen meinte einer der beiden plötzlich, dass der *große Designer und Namensgeber* bei der Präsentation *aber natürlich* mit dabei zu sein habe. Ich dachte, die wollten einen Witz machen. Wollten sie nicht. Sie schienen es wirklich ernst zu meinen. *Nicht zu fassen!* Die hatten doch von Anfang an klar gewusst und hoffentlich wohl auch verstanden, dass *André d'Achan* ein Fantasiename war! Ziemlich konsterniert habe ich darauf hingewiesen.

Verständnislosigkeit bei den Vettern, bei Frieder mehr noch als bei Heiner. Das möge ich nun einmal besser erklären, war ihr Verlangen. *Natürlich* hätten sie gut gewusst, dass André d'Achan nicht der wirkliche Designer ihrer neuen Schreibgeräte war. Die seinen ja von Pforzheim gekommen, wo man – Heiner sagte es – von einem d'Achan noch nie etwas gehört hatte. Aber, so die beiden, von irgendwoher *musste* der Name ja doch gekommen sein. Und *natürlich* stehe dahinter eine Person, wie hinter jedem Namen immer. Da sei es doch ganz gleichgültig, ob diese Person nun der wirkliche Designer oder nur der Namensgeber sei. Auf alle Fälle sei es bestimmt ein kultivierter Mensch und wohl auch adelig, wie ja auch im Katalogtext irgendwie angedeutet, und damit also allemal geeignet, bei der Vertriebstagung motivierend und sozusagen als Glanzstück vorgestellt zu werden.

Ich dachte echt, mich beißt der böse Fips.

Erst meine lange Rede darüber, dass zum Beispiel kein Schwein seinen guten Namen ohne Lizenzgebühr hergeben würde, und dass eine solche aber weder in einem unsrer Kostenvoranschläge noch einer Rechnung stehe, konnte die Sturheit *peu á peu* aufbrechen. Ewig hat es gedauert, bis es so langsam schien, als beginne es doch, in die Vetternköpfe hinein zu sickern, dass es auch so etwas wie Fantasienamen gab – im Markt wie auch im sonstigen Leben.

Sich aber mit einem nur papierenen André d'Achan zu arrangieren, mochte ihnen trotzdem nicht recht schmecken. Zumal dem Frieder nicht. Hintergangen fühle er sich und verschaukelt, hörte er nicht auf zu zetern. *So wie jetzt* hätte ich das vom Namen keinesfalls gesagt gehabt. Und dass sie, Kienzle Italia, den Namen ohne jede Lizenzgebühr bekämen, das habe ihn nicht verwundert, weil er doch nach allem Gehörten eindeutig annehmen konnte, dass André d'Achan mein guter Freund oder so ähnlich sei, der so eine Kleinigkeit wie das Verleihen seines Namens *natürlich* als kostenlosen Freundschaftsdienst verstanden habe. Heiner gab sich belämmert, Frieder war stinksauer. Die bis dahin gute Kunde-Agentur-Atmosphäre war von jetzt auf nachher klirrend winterkalt geworden.

Und dann das pompöse Event in Portofino.

Schon der Ort, besonders aber das für die Teilnehmer gebuchte Super-Luxus-Hotel zeigten sich schnell als gar keine gute Wahl. Die aus ganz Italien zusammengekommenen Vertreter fühlten sich in etwa wie Fische auf dem Trockenen. Das war nicht ihre Welt, wie ich bald an etlichen kleinen Zeichen merken konnte. Sie alle, fast alle waren eher biedere Typen, wie sie auch für die Kienzle-Uhren passten, die unterwegs auf ihren Verkaufstouren ganz eindeutig bescheidene Zwei-Sterne-Pensionen wählten. Unmutgemurmel war da bei dem und jenem an der Bar und in der Halle zu hören, so in die Richtung von den mageren Kienzle-Provisionen und hier nun plötzlich den Portofino-Protzkosten. Ein gutes Terrain für die anstehende Präsentation war das nun wohl doch nicht.

Ich sollte über das Marketing reden: die Idee zur neuen Produktlinie, die angedachten Ziele, das Konzept und seine Umsetzung – die ganze übliche Platte also, die stets dazu dient, Vertriebsleuten ein neues Projekt zu erklären und schmackhaft zu machen. Vor mir wollte Heiner die Einführung machen und Frieder auch noch *zwei Worte* sagen. Ich konnte mir nur den Daumen drücken, dass da nicht zu vieles vorweg gesagt wurde und ich dann meinen Sermon in letzter Minute umdichten musste. Im Prinzip wäre mir das allerdings auch ziemlich gleichgültig gewesen. Ich hielt meine Vertreterreden sowieso aus dem Stegreif.

Heiner hielt sich so ziemlich ans Abgemachte. Recht geheimnisvoll tat er, wie vereinbart, und es gelang ihm, damit eine gewisse Anfangsspannung aufzubauen. Noch wussten die Vertriebsleute nur, dass eine neue Produktlinie auf sie zukomme, also auch neue Provisionsmöglichkeiten.

Dann aber kam Frieder ans Mikrophon.

Also, die neuen Produkte seien Schreibutensilien, fing er schon mal tollpatschig an. Echtes Designer-Material und aus dem Stift eines berühmten Designers, André d'Achan, der mit der neuen Linie so zufrieden sei, dass er ihr sogar erlaubt habe, seinen Namen zu tragen. Leider, fuhr Frieder fort, sei der große Mann dieser Tage an einer schweren Grippe erkrankt und habe deshalb nicht nach Portofino kommen können. Aber ein glückwünschendes Grußtelegramm sei von ihm gekommen... und der Frieder entblödete sich nicht, einen entsprechenden Text auch noch vorzulesen.

Viel an Kunden-Dummheit hatte ich schon erlebt. So viel noch nicht. Und nun sollte ich dran kommen mit meinem Reden.

Alessandro, meinem Technik-Assistenten habe ich ein Zeichen gegeben. Er räusperte sich diskret, bat um Aufmerksamkeit, teilte mit, dass da mit dem Diaprojektor wohl etwas nicht stimmte und bat um eine kurze Reparaturpause. Für den *Coffee-Break* war es noch zu früh. Die Pause wurde trotzdem genehmigt. Ich habe mich in mein Zimmer verdrückt und die zwei Whisky-Fläschchen aus der Minibar geköpft. Weniger flau im Magen war mir danach und kälter meine Wut.

Wie mein Vortrag dann gewesen ist? Keine Ahnung!

Laut Wanduhr hat er jedenfalls seine knappe Stunde gedauert, was mir bei solchen Gelegenheiten ziemlich die Norm war. Die Leute mitzunehmen ist mir auch gelungen. Wenigstens etliche von ihnen. Das kriegte ich so ganz dumpf ein paarmal am Zwischenapplaus mit und daran, dass kaum Füße ruhelos scharrten und ein gelangweiltes Husten störte. Den hehren Designer und seine *Grandeur* habe ich wohl ziemlich weggelassen. Darauf hingewiesen habe ich anscheinend nur, dass es nach menschlichem Ermessen zum Beispiel keinem von uns auch je gelingen dürfte, etwa den Herren Tiffany, Cartier oder Dupont die Hand zu schütteln. Alessandro hat das später immer mal wieder feixend zum Besten gegeben.

Das übliche Frage-Antwort-Spiel nach meinen Ausführungen muss relativ kurz und schmerzlos gewesen sein. An Misstöne kann ich mich jedenfalls nicht erinnern. Noch kannten die Leute die Preisliste nicht und auch nicht die Konditionen. Das war jetzt Heiners Teil nach der Kaffee-Pause und bis zum Mittagessen.

Beim anschließenden Essen habe ich den offiziellen Tisch gemieden. Die Kienzle-Vettern saßen dort und die Pforzheimer und auch die drei Gebietsverkaufsleiter, die besser bei ihren Truppen geblieben wären. Ich habe mich an einen Tisch mit Vertretern aus Süditalien gesetzt. Sie waren mir wichtig. Wenn *sie* überzeugt und motiviert waren, war das Projekt doch noch gut gestartet.

Es war keine überschäumend glückselige Tischrunde. Dem vergrippt nicht erschienenen Designer weinten die Vertriebler keine Träne nach. Um die Preis-Kategorie des neu zu Verkaufenden ging es ihnen vor allem und in erster Linie. *Unmöglich!* – war noch das Positivste, das ich hören konnte. Kein einziges Stück der Linie würden sie bei ihren Kunden unterbringen können. Das waren meist dörfliche Uhrenhändler und solche an den Stadträndern, die einfach nicht die Kundschaft für solch teueren Luxuskram hatten. Zu den guten Juwelieren und den Geschenkboutiquen aber – dem erst von mir und danach besonders auch von Frieder als *die neuen Kunden* herausgestellten Potential – hatten sie keinen Zugang, trauten sich gar nicht zu, deren Glitzerläden auch nur zu betreten. Dass die neue Linie gerade dafür konzipiert war, dort als *Türöffner* zu dienen, wie im Meeting lang und breit erklärt, ist da am Tisch mit gerade nur einem müdem Lächeln quittiert worden. Ich möge mir die Kienzle-Kollektion doch einmal genauer anschauen und ihnen dann sagen, was ein Gobbi oder ein Pico – und wie die feinen Schmuckläden alle so hießen – überhaupt damit anfangen sollten. Türöffner wozu denn? Noch nicht einmal mit den recht teuren L'Epée-Uhren könnten sie bei solchen Läden ins Geschäft kommen, weil sie nur aus gestanztem Messing waren und maschinell bearbeitetes Glas anstatt Kristall als Sichtscheiben hatten.

Das war die eine Seite. Dazu kam aber noch Unmut über die Provisionen. An Prozentpunkten sollten sie bei der André-d'Achan-Linie noch weniger als für die Kienzle-Kollektion bekommen. Weil die Stückpreise des Neuen ja so hoch waren und deshalb der Stückverdienst bei jedem Verkauf doch höher als im Durchschnitt bei den Uhren, wie Heiner schwungvoll dargelegt hatte. Für die Vertreter war das der reine Hohn. *Großer Auftrag, große Provision* – das war die ihnen gültige Verkäuferregel. Für das teure Luxuszeug jetzt aber zwei oder sogar drei Prozentpunkte weniger zu bekommen als für die Kienzle-Bauernuhren, das konnten sie nicht verstehen und schon gar nicht akzeptieren. Ich möge doch mal mit den Vettern darüber reden, war denn auch die Anmache an mich beim *grappino finale*. Versprechen sollte ich das auch noch, weil ich doch sicher Einfluss hätte. Ausgerechnet ich...

Nicht gern aber immerhin: mit Heiner Kienzle habe ich ein paar Tage später dann doch noch darüber gesprochen.

Er war es ja gewesen, der mir bei den ersten Gesprächen über das neuen Marken-Konzept besonders herausgestellt hatte, dass und wie sehr auch seine Vertriebsleute *begeistert* von der Idee der Luxus-Schreibgeräte gewesen seien. Wie ich das denn jetzt, nach den Tischgesprächen in Portofino, verstehen solle, wollte ich nun wissen. Ob er oder sein Vetter sich denn überhaupt mit seinen Verkäufern vorab über das Projekt unterhalten hätten, war meine Frage, oder wenigstens ernsthaft mit den drei Gebietsleitern. Und gut möglich ist es, dass ich ihn auch daran erinnert habe, wie ich in erster Reaktion meine Zweifel an der *Türöffner-Idee* gehabt und das auch ins Gespräch gebracht hatte.

Ein Wort hat das andere gegeben. *Welch eine unzumutbare Einmischung!* – wurde ich abgekanzelt. Wohl zu Recht. Ich war ja nur der Berater. Was gingen mich die Fehlleistungen der Kunden an? Übereinstimmung war da nicht mehr angesagt. Frostig sind wir auseinander gegangen.

Und das war's dann für uns mit Kienzle.

Gar nicht so viel später habe ich davon gehört, wie es dann weiter gegangen ist. Der Uhrenmarkt ist nicht so groß und Mailand ist geschwätzig.

Mit André d'Achan haben die Kienzle-Vettern kein Bein auf den Boden gebracht. Schon nach drei Monaten wollten sie das ganze Ding dann auch begraben. Die Pforzheimer jedoch hatten ihren Produktions- und Liefervertrag, aus dem sie nicht aussteigen wollten. So ist die Linie dann *umgestellt* worden: aus Silber und Gold wurde dünn Versilbertes und Vergoldetes und aus Schildpatt billig gepresster Kunststoff. Ostasiatischer Tinnef Made in Pforzheim.

Tja, Schwenninger Bubelen auf Highlife-Kurs.

Nieselregen.

Lugano war mein Ziel an jenem Morgen, eine Kongress-Tagung über *Hormonelles Einwirken bei psychosomatischen Pathologien*. Mit mir war Giuliano Mancini, der Chef von DS. Früh am Morgen waren wir in Mailand losgefahren. Mit meinem Auto. Mancini hat sich nie an ein Steuer gesetzt.

Grenzkontrolle in Chiasso. Für mich war das wohl wieder einmal so wie eigentlich immer, wenn ich in den Vor-Schengen-Jahren aus Italien in die Schweiz fuhr. Jedes Mal fühlte es sich mir an, als würde ich ein Gefängnis verlassen. Nach Devisenrecht war es das ja auch. Bargeld und Wertpapiere unterlagen bis in die späten 90er-Jahre rigorosen Exportbeschränkungen. Auf Anfrage hatten eventuell mitgeführte Werte exakt angegeben zu werden, wobei Ehrlichkeit keineswegs davor schützte, aus der Autokolonne gewinkt und notpeinlicher Untersuchung unterzogen zu werden.

Das galt für die italienischen Zöllner. Nicht viel lockerer waren in der Regel die anschließenden Begegnungen mit deren Kollegen auf der Schweizer Seite. Die wollten meist ganz genau wissen, ob und was man an zu Verzollendem in ihr teueres Ländchen mitbrachte, wozu nicht selten der Kofferraum und andere mögliche Schmuggelräume penibel und schneckenlangsam durchsucht wurden.

Vielleicht habe ich das Grenzgetue immer wieder überbewertet. Wohl etwa seit damals, als Katja und ich mit der Bahn einmal nach Deutschland unterwegs waren und wir in Chiasso aus dem Waggon geholt wurden. Das ist zwar eine ganz andere Geschichte, lädt aber doch ein, hier kurz erzählt zu werden.

Also, schnell mal zwischendurch:

Katja und ich waren unterwegs nach Freiburg. Winter. Vereiste Straßen waren vorausgesagt. Deshalb der Zug statt mit dem Auto. Kurz vor Chiasso kamen Grenzkontrolleure durch den Waggon. Zu zweit, wie für italienische Zollbeamte so üblich, diesmal auch mit Hund. Was wir denn an Verbotenem dabei hätten, war die routiniert geschnarrte Frage. *Nichts!* – die Antwort kam von uns beiden ganz spontan. Vielleicht hat dabei mein Auge leicht nervös gezuckt. Oder etwa Katjas Mundwinkel. Jedenfalls: *Brieftaschen vorzeigen.* Die von Katja hat sich der eine vorgenommen, meine der andere. Wenig Geld gab es da zu sehen, aber etliche Zettel waren drin. Einzeln hat sie der grüngrau berockte Giftzwerg studiert, als wären es Kassiber einer Mafiabande. Mein Mienenspiel hat das wohl nicht sehr zustimmend begleitet. Wie auch immer.

Plötzlich hatte er einen Zettel in der Hand, der ihn besonders zu interessieren schien. Als wäre es eine Schrift versunkener Kulturen, studierte er das Papier. Drehte es hin und her, ganz als ob auf den Kopf gestellte Schrift besser lesbar würde.

Cos'è? – schnauzte er mich an. Was sollte es denn schon sein? Die ein paar Tage vorher von Hand geschriebene Rechnung meines Automechanikers. Immerhin auf dessen Firmenpapier und mit regulärem Bezahlt-Stempel versehen. *Cosa mai sarà? Legga!*[16] – ein Musterbeispiel diplomatischer Behördenpflege war die von mir gezischte Reaktion wohl nicht gewesen. Wir wurden aufgefordert, in Chiasso auszusteigen. Beide und mitsamt unserem Gepäck. Mein Staatsdiener eskortierte uns in die Zollwachträume. Der andere ist im Zug geblieben und auch der Hund.

Katja und ich wurden getrennt. Leibesvisitation. Peinlich wie nur irgendwas. Dann kam der Koffer dran. Schicht für Schicht wurde sein Inhalt durchgepflügt. Langsam. Als ob das gute Stück gleich explodieren könne. Vor dem Amtsfenster stand immer noch unser Zug. Bis er dann abfuhr. Und das war es wohl, worauf die Spürnase gewartet hatte. Der letzte Waggon war noch in Sicht, als er schnaubte: *Potete andare!* – womit wir ganz urplötzlich entlassen waren. Der gerade erst zur Hälfte kontrollierte Koffer hat nicht mehr

---

[16] *Was wird's denn wohl sein? Lesen Sie doch!*

interessiert. Auch nicht die Rechnung meines Mailänder Mechanikers.

Unser Zug aber, der war weg. Mehr als eine Stunde lang mussten wir auf den nächsten warten, einen Bummelzug mit Halt an jedem Kuhdorf. Wir haben ihn genommen. Nur noch weg aus Chiasso wollten wir und ein Schnellzug stand für viel später erst auf dem Fahrplan.

Es ist so erniedrigend, der Staatsgewalt wehrlos ausgeliefert zu sein. Frisst an den Nerven, auch wenn man nicht den kleinsten Zweifelsfleck auf dem Gewissen hat. So ein Bibbern lässt sich nicht abschalten. Und etwas davon bleibt wohl für immer.

Das war also das eine Erlebnis, kurz erinnert. Jetzt aber zurück zur Kongressfahrt mit Mancini.

Da waren wir nun an der Autobahn-Grenzkontrolle in die Schweiz. Was gab's denn da zu schlottern? Eine noch gültige Plakette hatte ich schon kleben. Den Ausweis und die grüne Versicherungskarte wurden verlangt. Die hatte ich dabei. Kein Problem. Wir durften weiter. Frühlingsregen nieselte vor sich hin.

In einer seitlichen Straße nahe dem Kongresszentrum fand ich zu parken. Ganz regulär und ohne ausgewiesene Beschränkung. Dort konnte der Wagen den ganzen Tag über bleiben, bis nach dem letzten Vortrag. Mancini hatte unsere Tickets.

Irgendwann vormittags gab es Kaffee und Säfte. Gratis, also mit der Teilnahmequote schon bezahlt. Geld brauchte ich erst nach dem Mittagessen, als wir im Mövenpick getrennt bezahlen wollten. Da war meine Brieftasche weg.

Weg war sie. Verschwunden. Hatte ich sie etwa zuhause herausgenommen und vergessen? Wohl kaum. Unmöglich sogar. Ich hatte doch wirklich keinen Grund gehabt, sie aus der Tasche zu nehmen. Auch nicht am Abend zuvor! Aber dann? Wann und wo hatte ich sie zuletzt in der Hand gehabt? Natürlich – an der Grenze! Da hatte ich doch den Ausweis aus der Brieftasche genommen, wo er immer steckte. Und die grüne Versicherungskarte? Die hatte ich aus dem Handschuhfach geholt. Das war ihr Platz. Griffbereit. Na also. Da hatte ich zusammen mit der Karte wohl auch die Brieftasche dorthin zurückgelegt. Bestimmt. Na also...

Mir ist ein Stein vom Magen gefallen. Jetzt aber sofort ein Spurt zum Auto. Handschuhfach. Die grüne Karte liegt da. Von der Brief-tasche keine Spur. Auch nicht auf den Sitzen und auch darunter nicht. Nirgends im Auto liegt sie. Nichts.

Zur Polizei rennen? Wozu denn? Was sollte ich denn dort sagen? Ausgestiegen war ich an der Grenze nicht. Dazu hatte es gar keinen Anlass gegeben. Und wo ich sie sonst verloren haben könnte, war mir schleierhaft. Ein Mysterium. Gerade das Rechte für die Schweizer Polizei am Finanzplatz Lugano!

Mancini hatte dann noch die Idee, dass ich die Brieftasche etwa auf der Toilette im Kongresszentrum verloren haben könnte. Nicht wahrscheinlich. Und wenn schon, hatte sie sicher längst einer mitgenommen. Nachgeschaut habe ich trotzdem schnell. Gefunden: nichts. An der Informationstheke gemeldet habe ich den Verlust dann doch. Vielleicht hatte Mancini ja recht, der meist ans Gute im Menschen glaubte und meinte, jemand könne seinen Fund doch abgegeben haben. Keine Brieftasche war gefunden.

Die Brieftasche war definitiv verschwunden. Und mit ihr alles, was ich darin so mit mir trug: Ausweis, Führerschein, zwei Kreditkarten, KV-Karte, das Notizbuch mitsamt den Anschriften, Telefon- und anderen Nummern – alles, was man eben so dabei hat. Ein bisschen Geld auch, was mir am wenigsten ausmachte. Dass mich die Nachmittagsredner nur noch kaum interessierten, war auch für Mancini gut verständlich. Angehört habe ich sie mir trotzdem. Ich musste ja meinen Begleiter wieder zurück nach Mailand bringen, und auf einen Teil der Vorträge zu verzichten kam ihm überhaupt nicht in den Sinn.

Am frühen Abend war das Kongress-Programm abgesessen. Zu einem Glas von irgendetwas hat mich Mancini eingeladen. Das konnte ich brauchen, bezahlen aber nicht.

Den Gedanken, wie wir ohne meinen Ausweis und den Führerschein über die Grenze kommen sollten, habe ich versucht auszublenden. So richtig gelungen ist es mir nicht.

Wir gehen zum Auto. Der ganze Tag über war feucht gewesen und immer noch nieselt es. Ich sperre den Wagen auf und diesmal rutscht mein Blick hinunter auf den Straßenboden. Etwas Dunkles zieht mich dort an. Fast nicht zu sehen. Liegt da etwas? Genau unter der Tür, an der Kante zwischen Bürgersteig und Vorderrad. Ja doch! Meine Brieftasche ist es. Ziemlich glitschig halte ich sie in der Hand. Schnelle Kontrolle. Alles da. Nur die Papiere sind feucht, aber nicht einmal richtig nass.

Erst habe ich an ein halluzinogenes Phänomen gedacht: an *Hormonelles Gespenstersehen bei psychosomatischem Stressdruck* – oder wie Professor Gianoli das wohl benannt hätte. Erst ganz langsam ist mir aufgegangen, was da passiert war. Da war die Grenzkontrolle in Chiasso gewesen. Führerschein aus der Brieftasche genommen. Ihn wieder zurück gesteckt. Und – flatterig wie ich da an der Grenze war – die Brieftasche nicht richtig in die Tasche gesteckt, sondern etwa daneben. So ist sie beim Aussteigen dann wohl durchgerutscht und auf die Straße gefallen.

Dass sie aber den ganzen Tag dort liegen geblieben ist! Ein Rätsel. Mir unverständlich bis heute hin.

Ja doch: Es war eine Seitenstraße, aber *mitten* in Lugano, mit Geschäften dicht nebeneinander und zu jeder Tageszeit gut begangen. Natürlich: Geregnet hat es. Aber eigentlich nur genieselt und auch das etwa nicht die ganze Zeit über. Und bei feuchtem Wetter schauen die Leute doch noch eher auf den Boden, als wenn die Sonne lacht.

Was soll's.

Meine Brieftasche war dort hingefallen, so gegen neun Uhr am Morgen, und im Nieselregen ist sie ungestört liegen geblieben, bis ich abends gekommen bin, sie aufzuheben.

Warmer Nieselregen. Vielleicht mag er mich, so wie ihn im Frühling die sprießenden Blätter lieben.

Teilen teilt nicht.

Wie das denn sei und wie es funktionieren könne, wurde ich zwischendurch immer mal wieder gefragt.

Davon war die Rede: Katja und ich hatten unseren Laden gemeinsam gegründet und darauf eingestellt, ihn auch gemeinsam zu führen. Wir wohnten miteinander, freuten uns am gleichen Garten, trafen uns mit denselben Freunden, arbeiteten tagsüber fast Tür an Tür und hatten zusammen auch die Kunden, die Mitarbeiter und die Tagesprobleme.

Wie geht denn das? Wahrscheinlich geht es nicht!

Nicht auf Dauer. Für die meisten wohl nicht. Bei uns ist es aber doch gelaufen. Gut sogar. So, dass wir es uns eigentlich nie anders wünschten. *Wir?* Ich. Ob so auch Katja? Nur sie könnte es sagen... hätte es sagen können.

Ganz unbewusst, also ohne jemals groß darüber zu reden und uns in Absprache zu programmieren, haben wir geteilt. *Geteilt* – im Janusköpfigen Sinn des Wortes.

Miteinander geteilt: gemeinsam gelebt, zusammen erlebt. Das war das eine. *Voneinander* geteilt das andere: strikt getrennt, beinahe abgeschottet schon.

Getrennt? Nein. Der Begriff ist falsch, er trifft es nicht. Da war nichts Getrenntes. Es waren einfach zwei Ebenen, auf denen wir uns bewegt haben. Interservice war die eine davon. Alles was sie und also die Arbeitsprobleme betraf, stand für sich. Ganz normal war es uns, nichts davon zur anderen, zu unsrer persönlich-privaten Ebene hinüber, hinauf, hinunter – wo immer sie auch liegen mochte – mitzunehmen. Und umgekehrt hielten wir es genau so.

Bei unseren Lieblingskneipen waren wir deshalb gern gesehene Gäste. Wir kamen immer dann am Abend, wenn wir noch etwas Geschäftsbezogenes zu bereden hatten, oder einfach nur uns mit ein bisschen Gequatsche darüber austauschen wollten. Das wurde zu unserer dritten Ebene, eine Verbindungsrampe irgendwie.

Katjas Bereich war das Administrative. *Administration*, das tönt viel imposanter als nur Verwaltung, weil *Verwaltung* meist lediglich als Buchhaltung angedacht ist und damit unangemessen eingeschränkt. Natürlich gehört der Zahlenkram mit dazu. Aber da ist viel mehr. Wenn ich nur an das *Verwalten* der zwischenmenschlichen Tuchfühlung im Team denke! Und an die aufbauende, oftmals glättende Pflege unserer Firmenbeziehungen nach draußen hin. Oder an das oft und immer wieder so delikate Austarieren eines Gleichgewichts zwischen Investitionen, die sich als notwendig aufdrängten und den realen Gegebenheiten von Konto- und Außenständen. Das war Katjas Feld.

Meines war das andere. Das vielleicht eher wahrnehmbare der Projekt-Konzeptionen, der kreativen Impulse für deren operative Umsetzung, des Koordinierens dessen, was es zu realisieren galt, nachdem es den Kunden vorgeschlagen und von ihnen genehmigt war. Die oft anregenden, gelegentlich aber auch nervend zähe fließenden Meetings mit meist aufs Sparen fixierten Kunden und öfters mal störrisch eingleisigen Mitarbeitern, internen wie externen, gehörten mit dazu.

Zwei wie zum Teilen geradezu angelegte Bereiche waren das, wenn man sie so sehen wollte. Als solche haben wir sie belegt. Domänen. Nicht vereinbarte, oder gar etwa in einem Organigramm festgehaltene. Sie waren einfach da und wir haben uns daran gehalten.

Vereinbart war von Anfang an, dass Katja nur am Nachmittag in der Agentur sein sollte. Das gab ihr Muse für das Zuhause, Zeit für den Markt und dafür, sich informiert zu halten und auch, gelegentlich etwas nur für sich selbst zu unternehmen. Auch an die Küche war dabei gedacht. Katja kochte gern und herrlich. Das gemeinsame Mittagessen war immer schon ein Fixpunkt unseres Tages gewesen, so oft es sich einrichten ließ, und sollte es auch bleiben.

Mittags möglichst häufig gemeinsam zu essen war nicht unser einziges Ritual. Schon der Tagesanfang war von gut eingefahrener Gewohnheit geprägt. Während ich im Bad war, machte Katja unser Frühstück. Tee für mich und für sich Kaffee. Roggenbrot und frisch aufgebackene Brötchen mit Butter, Konfitüre und zwischendurch immer wieder mal wechselndem Käse. Früh trafen wir uns am Tisch. Sehr wach und munter waren wir da beide noch nicht. Als Nachtschwärmer, die wir waren, brauchten wir unsere Zeit, auf Touren zu kommen. Und gern ließen wir es ruhig angehen. Ein paar Worte zur ersten dampfenden Tasse, klassische Noten oder Jazz im Hintergrund, eine erste Zigarette dann mit Buch oder Zeitschrift, kleine Kommentare dazu. Noch eine Tasse zur zweiten Zigarette. Acht Uhr. Das war für mich die Zeit, loszusausen, und für Katja die der ersten Nachrichten im Radio.

Ich brauchte nur knapp zehn Minuten zur Agentur und hatte dort meinen Parkplatz. Unterwegs holte ich mir am Kiosk die Zeitung. Gute zwanzig Minuten hatte ich dann meistens Zeit, sie zu lesen, bis um halb neun die Mitarbeiter herein trudelten und die Telefone anfingen zu klingeln.

Mittagessen um eins, wenn ich dazu nach Hause konnte. Dann fuhren wir zusammen gegen zwei ins Büro und sahen zu, am Abend auch gemeinsam wieder Schluss zu machen. Frühestens um sieben Uhr war das, meist auch später.

In der Agentur aber trennten wir uns sofort. In den Jahrzehnten, in denen wir Mieter unserer Büro-Villa in der Via Vegezio waren, hatte Katja ihren Bereich im ersten Stock, mit Terrasse und Blick aufs Grün, während mein Arbeitsraum mit den Panoramafenstern, das Aquarium, im Parterre lag. Die Logistik der Raumaufteilung war also an sich schon so, dass wir uns kaum je auch nur zufällig über den Weg gelaufen sind, es sei denn gelegentlich in der Kaffeeküche, wenn wir uns gerade mal gleichzeitig etwas holten. Oft haben wir uns den ganzen Nachmittag über nicht gesehen. Nichts geplant Abschottendes war daran, wenngleich die Ebenen der Zuständigkeit somit auch rein physisch auf ihre Art getrennt waren.

Im Prinzip hat es bei uns in der Agentur keine Barrieren gegeben. Unsere Türen waren alle offen. Wer etwas zu sagen, zu fragen oder verlangen hatte, kam einfach. Jeder zu jedem. Jederzeit. Einfach herein, ohne anzuklopfen. Mit nur einer einzigen Ausnahme: *luce rossa*. Das war eine kleine rote Leuchte außen über meiner Tür. Sie knipste ich an, wenn ich an sehr kniffeligen Texten saß, oder manchmal auch, wenn Kundengespräche unversehens schwierig wurden. Leuchtete sie auf, ging von der Telefonzentrale der Ruf „*luce rossa*" sofort durchs Haus und damit war mein Raum bis auf weiteres tabu. Auch für Anrufe, selbst für die anscheinend wichtigsten.

Ein ständiges Kommen und Gehen war also zwischen den Arbeitsplätzen des gesamten Teams. Nur ein Pfad ist ziemlich unausgetreten geblieben: der von Katjas Arbeitsplatz zu meinem und umgekehrt. Selten, sehr selten ist es vorgekommen, dass wir uns in der Agentur für eine längere Erörterung zusammensetzten, ob nun an ihrem Schreibtisch oder dem meinen. Wenn Fragen zwischendurch aufkamen oder kleinere Probleme, lief das meist kurz übers Telefon. Langatmigeres im Büro zu besprechen, haben wir möglichst vermieden. Das musste aufs Abendessen in der Kneipenebene warten, es sei denn natürlich, dass andere mit dazu einzubeziehen waren.

Ganz spontan war das so, weil es dem unausgesprochen vereinbarten Splitting unserer Arbeitsbereiche entsprach. Aber es hat auch einen weiteren Grund dafür gegeben, der beiden bewusst und gelegentlich auch angesprochen war. Wir wollten jeden Anschein von das Team ausschließendem *Zusammegluckern* vermeiden. Niemals sollte auch nur vage der Eindruck von *geheimem Aushecken* oder sonstiger *Chef-Kungelei* entstehen.

Natürlich war Katja dabei, wenn es Team-Besprechungen gab, die mehrere Bereiche betrafen, und so auch bei den Kunden-Meetings, wenn es um administrative Fragen ging. So wahnsinnig oft war das aber auch nicht. Im Grunde haben wir uns also wirklich kaum gesehen, in der Agentur und während der Arbeitszeit. Geteilte Aufgaben *und* räumlich getrennte Bereiche.

Dem gemeinsam betriebenen Laden hat das gut getan. Zum einen war damit vermieden, dass etwa persönlich-partnerschaftliche Spannungen, wie sie überall und immer wieder unter Paaren vorkommen, mit ins Betriebsklima getragen wurden; und andererseits, eben weil sich unsere Kompetenzgrenzen nie überlappten, auch nicht dem Anschein nach, hat sich im Team praktisch gar keine Möglichkeit zu konkurrierender Gruppenbildung um die zwei *Chefs* ergeben.

Und noch eines: In der Agentur kontrovers geführte Diskussionen zwischen Katja und mir waren undenkbar. Auch das hat auf das Team gut abgefärbt. Die ganzen Jahrzehnte über.

Haus und Hof. Das also war der Hof, unsere zweite Ebene, die Arbeitsebene.

Kaum miteinander geredet haben wir also in der Agentur, Katja und ich. Nicht, dass wir uns beruflich nichts zu sagen hatten. Jeder von uns war voll involviert und beide hatten wir unseren eigenen Kopf, oft mit sehr unterschiedlicher Meinung und starkem Willen, unseren Ansichten auch Gewicht zu geben. Da hat es schon so manchen Zündstoff gegeben. Und dazu die täglichen Begebnisse, Vorhaben und auch Probleme, die natürlich zu bereden waren: Finanzbelange, Kunden und deren Projekte, interne und externe Mitarbeiter betreffendes Zeug, Aktuelles an gerade erarbeiteten Konzeptionen und deren kreativen Umsetzungen, angedachte oder schon anstehende Investitionen und sich daraus eventuell ergebende Möglichkeiten...

An Dingen, die zu erörtern, nicht selten auch angespannt zu diskutieren waren, hat es uns nie gefehlt. Dafür eben hatten wir unsere abendlichen Kneipen. Schon allein deren Ambiente, das Umfeld, war uns genau richtig, ins Gespräch zu kommen.

Ein Glas Wein, rundum gedämpfte und dabei doch lebendige Geräusche, dazu vielleicht ein verlockender Duft aus der Küche sind an sich schon relaxender Balsam für herumschwirrende Gedanken, bedrückte Gemüter oder angespannte Nerven. Nicht nur das ist es aber. Wie auch immer sich ein Gespräch, eine Debatte, eine Diskussion entwickeln, es geht nicht an, sichtbar gekränkt zu sein, laut zu werden oder gar aufzuspringen und Türen schlagend wegzurennen. Raum und Menschen zwingen dazu, aufmerksam und mit Geduld bei der Sache zu bleiben.

Uns jedenfalls war das so.

Deshalb haben wir uns angewöhnt, nicht nur Berufliches dort bei rund um uns klapperndem Besteck und Raum füllendem Gemurmel zu bereden, sondern zwischendurch gern auch Privates, das uns am Herzen oder auch auf der Leber lag. Es spricht sich so viel überlegter, wenn man dabei zwischendurch besinnlich an einem Steak kaut oder, halb abgelenkt und dabei doch voll konzentriert, den Blick erstmal über die Tische schweifen lässt, statt immer sofort gleich überstürzt zu sagen, fragen, unterbrechen gar.

Abendessen zum miteinander Reden in vertraut fremdem Umfeld ist zu unserer wichtigen, über die Jahre hinweg unverzichtbaren dritte Ebenen geworden, der Übergangsrampe sozusagen zwischen Haus und Hof.

Die andere, die erste Ebene unseres Zusammenlebens haben wir versucht, vom Beruflichen frei zu halten. Beide waren wir darauf ausgerichtet, möglichst nichts von dem, was mit der Agentur und unseren Jobs zu tun hatte, mit nach Hause zu nehmen. Oder überhaupt in die Freizeit, auch etwa in den Urlaub. Natürlich, unseren Gedanken war das oft nicht zu befehlen. So eng aufgefasst sollte es ja auch nicht sein. Ich zum Beispiel hatte immer Papier und Stift nahe dabei, um mir Texteinfälle und sowas schnell notieren zu können. Die Arbeitswelt aber voll auch in das privat-persönliche Miteinander unseres Zuhause herein zu lassen, das wollten wir uns verkneifen. Meist ist es geglückt.

Es hat ja auch jede Menge anderer Themen gegeben: weltweites Tagesgeschehen, Musik und ihre Interpreten, gerade soeben oder früher mal gelesene Bücher, Urlaubspläne und danach die Erinnerungen, Soziologisches und dessen Entwicklungen in und aus der Geschichte, Theater, Kunst, die aktuelle Politik natürlich auch und dazu der so anregende Klatsch und Tratsch des Alltäglichen.

    Nicht dass wir ununterbrochen gequasselt hätten, wenn wir zuhause oder mitsammen unterwegs waren. Gar nicht. Gemeinsame Stille war uns nicht minder wichtig. Bücher. Musik im Hintergrund oder auch lautstark dominierend. Zwischendurch auch mal Fernsehen, wenn es Sport gab oder am späteren Abend, der bei uns fast nie vor der Geisterstunde endete. Das miteinander Reden war uns dabei aber doch das Leitmotiv.

    Zwei von einander sehr getrennte Ebenen also und dazu noch eine Übergangsrampe: das war unsere Rezeptur. Ich kann mir nicht vorstellen, dass wir es auf andere Weise hinbekommen hätten, jahrzehntelang hautnah den ganzen Tag, denselben Laden, die für beide gleichen Gesichter und Gegebenheiten zu teilen.

    Eigenleben. Eigenständigkeit. Selbstbestätigung.

    Ob davon für Katja, von ihr gefühlt, auch so ausreichend viel da war in unserem *way of life* wie für mich? Vielleicht. Eher doch, ja. Ganz so sicher bin ich mir da aber nie gewesen. Sie war anders, als sie sich oft gab. Zwiespältiger als vielfach augenscheinlich.

Niemals habe ich jemanden kennengelernt, bei dem *ratio* und *emotio* – Kopf- und Bauchdenken sozusagen – so von einander getrennt waren wie bei Katja. Aber wen habe ich denn schon *so* kennengelernt wie sie?

    Fast war es bei ihr wie zwei Persönlichkeiten in einer. Besonders im Gespräch konnte sich das zeigen, bei vielen und oftmals kontrovers gehandelten Themen. Sehr rational, offen nach vorne gewandt, oftmals fast schon extrem tolerant war meist ihr Argumentieren in so mancherlei sozial ökonomischen, politischen, weltanschaulichen und auch sexuellen Fragen. Freiheit und deren Tochter, die Freiheitlichkeit, waren ihre Grundmotive. Unverzichtbar. Gültig für alle. Und da war nichts Aufgesetztes daran. Was Katja sagte, meinte sie ernst. Sie war überzeugt davon und gern konnte sie sich dafür auch hitzig engagiert in Diskussionsschlachten stürzen. Das war ihre rationale Seite. Viele kannten von ihr nur diese eine.

Wie das Leben aber so spielt, ist es immer wieder mal vorge-kommen, dass sich eine schon öfters mal theoretisch diskutierte Sachlage in nahe Lebenswirklichkeit eingeschlichen hat. In die ihre, Katjas. Der aufflackernde Wandel konnte dann oft höchst verblüffend sein. Von ihrer eklataten Liberalität oder gar einem libertinem Denken war da oft gar nichts mehr zu spüren. Die von ihr rationell beschworene Freiheit sah sich ganz plötzlich von wunschgefühltem Geborgenheitsdenken rückhaltlos verdrängt. Und so wie Katja in abstrakten Debatten engagiert ihre absolut von Toleranz durchdrungene Denkmeinung verfolgte, genau so uneingeschränkt repressiv konnte man sie dem völlig Konträren verpflichtet erleben, wenn sie in ihrer Gefühls-Betroffenheit berührt war. Analytisches Argumentieren hatte da keine Chancen mehr.

Das war dann Katjas emotionale Seite. Viele haben sie nie ken-nen gelernt. Ein paar andere wiederum fast nur diese.

Ganz gleichgültig aber, ob sie im Moment nun von *ratio* oder *emotio* geprägt war, von diplomatischem Süßholz raspeln konnte bei Katja kaum je die Rede sein, zumal wenn da was war, das ihr gegen den Strich ging. Ihr gerade eben noch heiter strahlendes Lächeln konnte dann blitzartig in polarkaltes Funkeln umspringen. Nicht laut oder gar schrill ist sie dabei geworden. Höchst selten jedenfalls. Ihr giftig leises Zischen, oft auf nur zwei-drei Wörter beschränkt, hat voll gereicht. Es konnte durch die Haut gehen.

Und weil auch ich nie einer von denen war, die dazu neigen, über die Leber kriechende Läuse locker abzuschütteln oder danach trachten, sie mit diplomatisch geduldigem Lächeln zu übergehen, hat es keineswegs an Gelegenheiten gefehlt, dass auch zwischen uns die Funken stoben.

Wie Eruptionen war das. Unversehens konnten sie hoch kommen und sich blitzartig entladen. Außenstehende, die es gelegentlich miterlebten, haben sich davon so manches Mal geschockt gezeigt. Für uns aber war es normal, ebenso wie es uns normal war, dass der Ausbruch schon vorbei war, wenn Umstehende gerade anfingen, auf ein jetzt spannend werdendes Schauspiel zu hoffen. Für sie verblüffend schnell ist es uns bei solchen Zusammenprallen gelungen, unsere Positionen klar zu bekommen. Nicht unbedingt wechselseitig übernommen haben wir sie dabei. Oft hat der eine die des anderen nur als alternativ *auch* akzeptiert – etwa um sie zu überdenken und dann bei nächster Gelegenheit wieder ins Spiel zu bringen. Aber im Augenblick: Schluss und vorbei. Ein spöttisches Lächeln etwa noch bei Katja, die Augenbraue links leicht hoch gezogen. Für Außenstehende mag es wohl irritierend gewesen sein, da mitzuerleben, wie das sekundenschnell gewitterig aufgeflammt und schon vergangen war.

Natürlich hat es auch Sturmszenen gegeben, die nicht so schnell über die Bühne gingen. Selten war das. Aber wenn es einmal vorgekommen ist, dann war es nicht nur heftig, sondern auch so richtig tiefschürfend strukturiert. Der auslösende Punkt konnte da schon bald vergessen sein. Katja hatte ein Faible dafür, *historisch* zu werden. Da wurde ihr trainiertes Gedächtnis zum Florett und jede Parade konnte sie schnell mit neuer Attacke kontern. Doch auch mir ist dazu immer wieder dies und das aus längst vergangenen Zeiten eingefallen. Es war ja nicht nötig, unbedingt bei nur *einem* Thema zu bleiben. Langweilig ist das nie geworden. Lang aber, stundenlang konnte es schon werden.

Solche Gewitter: immer zuhause natürlich. Und nie mit *offenem* Ende, auch wenn schon spät nach Mitternacht. Nie wäre es uns in den Sinn gekommen, ins Bad und Bett zu gehen, ohne vorab zu einigendem Schluss gekommen zu sein. Und niemals war das dann nur ein Waffenstillstand bis etwa zum nächsten Morgen. Es war dann echt erledigt, mit neu aufgebauten Brücken und Wegen.

Und Geld?

Geld, unser privates, war überhaupt kein Thema zwischen Katja und mir. Entweder wir hatten welches, dann hatten wir es gemeinsam. Oder wir waren eben knapp dran, was immer wieder mal durchaus der Fall war.

Natürlich zogen wir beide monatlich unsere Gehälter aus der Agentur. Säuberlich getrennt und regulär überwiesen. Das Konto hatten wir aber gemeinsam, mit gleichermaßen unbeschränktem Zugriff darauf. Darüber liefen auch die Kreditkarten von uns beiden. Wer von uns etwas brauchte, holte es sich aus dem Topf. Katja eher Bares, für das, was der Haushalt so kostete und das bisschen, das sie für sich selber ausgab. Ich dagegen hatte praktisch kaum Bargeld bei mir. Meist gerade nur das, was ich so für Zeitungen brauchte und einen gelegentlichen Aperitif an der Bar, wenn ich kurz um drei Ecken ging, um mir den Kopf frei zu machen. Alles andere zahlte ich mit Kreditkarten, auch recht kleine Beträge wie etwa für Aspirin in der Apotheke. Schon von Urzeiten an bin ich ein Fan davon gewesen. Meine erste Diners Club Karte hatte ich bereits 1965 als einer der Ersten in Italien. Die Abrechnungen schaute ich natürlich durch. Katja verbuchte sie dann, wie alles andere. Gelegentlich nannte sie mir den Saldostand unseres Kontos auf der Bank.

Unsere Einnahmen und was an Ausgaben anfiel, waren uns also beiden transparent. Selten hat mich das irgendwie gestört. Am ehesten etwa nur, wenn ich Geschenke kaufte oder so. Nicht ganz so ist es bei Katja gewesen. So manches Mal ließ sie erkennen, dass sie gern *eigenes* Geld gehabt hätte. Geld, das *sie* sich einteilen konnte und das nur ihr gehörte. Was hat sie denn daran gehindert? Ein Bankkonto ist schnell eröffnet. Sie hätte doch dorthin ihr Gehalt überweisen können. Hat sie aber nicht. Kopf und Bauch standen ihr auch da wohl im Kontrast.

Aber vielleicht war es etwas ganz anderes. Gut kann ich mir heute vorstellen, dass es sie gestört hat, am Ende eines Monats kein Gehalt ausbezahlt zu bekommen, sondern es *sich selber* zu überweisen. Das ist ja auch nicht dasselbe, wenn auch der Betrag der gleiche ist. Gehalt zu *bekommen*, gleichgültig ob nun mit einem Scheck oder auf sein Konto überwiesen, ist wohl doch etwas anderes und vielleicht mehr, als sich Gehalt *entnehmen*. Befriedigen-der mag es sein. Gratifizierender.

Wir haben nie darüber gesprochen.

Katja etwas zu schenken war immer wieder besonders schön. Fantastisch war es, ihr schnelles Glückstrahlen aufblitzen zu sehen. Das war die gleiche spontan gezeigte, keineswegs aufgesetzte Freude, die sie auch über kleinste Kleinigkeiten des täglichen Lebens immer wieder zeigen konnte. Echte Freude über Sonne, erstes Grün im Garten, Eidechsen oder bunte Falter im Mittagslicht, ein schwanzwedelnd sie begrüßender Hund, neue Jeans oder eine Bluse, zum Wochenende Blumen, eine nette Bedienung im Restaurant und so vieles mehr. Und oft ist sie viel später nochmals darauf zurückgekommen, auf dies oder jenes, mit plötzlich aufleuchtender Erinnerung. Und Katja erinnerte sich an alles.

Alles. Das ist kaum übertrieben. Zumal all das, was sie und ihre Umwelt betraf – *wie* und *wann* und *wo* – war bei ihr gespeichert wie auf einer Festplatte. Abrufbereit. Und nicht nur das. Büchertitel samt Inhalt und Autoren, Historisches und dessen Zusammenhänge, Orte und die dort begegneten Leute... einmal gelesen, gesehen, gehört und sie erinnerte sich. Es konnte phänomenal sein. Geheuer war es vielen nicht, auch mir oft. Fast niemand aber wusste, welch intensiv geduldiges Training dahinter gestanden hat. In früher Kindheit schon musste Katja damit angefangen haben.

Im Miteinander ist so ein austrainiertes Gedächtnis nicht immer das Gelbe vom Ei. Zumal dann nicht, wenn ein recht scharfes Kombinationsvermögen noch dazu kommt – wie bei Katja. Da ist es dann schon gut, sich stets an nur Reales zu halten und sich dabei doch anzustrengen, einmal Gesagtes auch immer wieder unverändert so zu wiederholen. Auch bei ganz banalen Dingen. Ein als bezahlt genannter

Preis etwa, oder das einmal Erzählte über ein viel früheres Erlebnis. Wer ist denn aber immer *so* exakt bei allem, was er sagt, berichtet, erzählt?

Fast sicher hatte Katja ihre Anlage zu gutem Erinnerungsvermögen schon in die Wiege mitbekommen. Wann und warum sie aber angefangen hat, darauf zu achten und es gezielt zu trainieren, darüber haben wir nie miteinander gesprochen. Wozu denn auch? Es gehörte zu ihrem ganz eigenen Leben.

In einem haben wir uns ziemlich stark unterschieden, was unserem Zusammenleben etliches an Würze gegeben hat: Katjas offene Hinwendung zur Umwelt. Leicht und locker konnte sie in Gespräche kommen, Kontakte aufbauen und sie so spannend halten, dass sie sich fast wie von selber pflegten. Sicher hat dabei mitgespielt, dass und wie sie stets sofort bereit war, sich jedem voll zu widmen, der irgendwelche Hilfe brauchte. Ganz spontan war sie einfach da für alle – gleichgültig ob Mitarbeiter, Nachbarn, Bekannte oder ein sich überzeugend darstellendes Hilfswerk. Besonders auch in der Agentur war das oftmals und intensiv zu merken. Einen viel größeren, auch viel persönlicheren Bezug als ich hatte Katja zu allen im Team. Das hat die Leute motiviert, involviert und auch angespannte Situationen immer wieder überbrückt.

Dagegen aber konnte sie Türen so schnell zumachen, wie sie sie aufgemacht hatte. Da brauchte es nichts unbedingt Eklatantes dazu. Ein manch anderem vielleicht geringfügig scheinender Vorfall von mangelnder Fairness, missbrauchtem Vertrauen oder augenscheinlicher Unzuverlässigkeit konnte reichen für harte, kompromisslose Abweisung. Und war der Zugang zu ihr einmal geschlossen, ist er es meist geblieben. Menschen enttäuscht fallen zu lassen, von jetzt auf nachher und ohne Appell: auch das gehörte zu Katja.

Da bin ich mir nun gar nicht sicher, ob unser Miteinander über die Zeitläufe mit ihren Untiefen und Klippen gehalten hätte, wenn wir nicht unsere beiden Hausgenossen gehabt hätten: die Maus und den Hamster.

Die Maus war eines Tages einfach da. Zugelaufen, von irgendwo her. Küchendüfte hatten sie wohl angelockt, denn bald hat sich gezeigt, wie viel sie von gutem Essen hielt.

Recht kurz war sie erst bei uns, da schleppte sie den Hamster an. Er war viel zu fett und litt sosehr an Asthma, dass er oft kaum japsen konnte. Die Maus hat sich um ihn gekümmert, ihn liebevoll auf strenge Diät gesetzt und dabei stets darauf geachtet, dass das Wenige, das sie ihm zu essen erlaubte, echt vom Erlesensten war. Bald war sein Asthma nur noch Erinnerung. Kurzatmig und bummelig aber ist er geblieben, was gut zu seinem unerschütterlichen Phlegma und sonnigen Gemüt passte.

Maus und Hamster durften sagen, was sie wollten. Und sie taten es. Die Maus eher kurz und knapp, vorlaut oft und mit scharfen Zähnchen. Behäbig dagegen der Hamster, aber gewichtig und fast schon autoritär, wenn er sich aufraffte, seinen Senf dazu zu geben.

Sie haben nicht nur *bei* uns gelebt, die Maus und der Hamster, sondern durchaus *mit* uns. Unaufgefordert, ungebeten haben sie sich uns anteilig gemacht und sich dabei *ihre* Meinungen gebildet. Die Maus hat sie dann ausgesprochen, meist offensichtlich abgesprochen mit dem Hamster und von ihm sekundiert.

Was sie da sagte, hat im ersten Augenblick fast nie geschmeckt – mal nicht Katja und dann wieder mir nicht, wen es gerade traf. Ganz direkt und schnörkellos äußerte die Maus mit ihrer leicht piepsigen Stimme zu Katja oder zu mir, was ihr gerade als wichtig erschien, und dass es getan oder unterlassen, versucht oder ver-gessen, akzeptiert oder endgültig abgeschrieben werde. Und zwar sofort. Wenn der Hamster dazu dann noch grummelnd beipflichtete, war jedesmal wieder eine Weiche gestellt. Eine ganz kleine sehr oft, ja meistens. Gelegentlich aber auch eine, die signifikant in eine neue Richtung führte. Stets aber eine, die für unser augenblickliches Miteinander wichtig war. Eine Weiche.

Von der Maus mit kurzem Satz gestellt, weil das ihr zuerkanntes Recht war. Leicht ist es gelegentlich nicht gewesen, diskussionslos der Sentenz zu folgen. So war es aber vereinbart. Und wir haben uns daran gehalten. Maus und Hamster hatten Redefreiheit. So vieles haben die beiden uns manchmal ganz knallhart hin gesagt, was wir gebraucht und doch wohl ewiglich umschlichen, im falschen Moment dann vielleicht schlecht angesprochen und hitzig zerredet hätten.

Zusammen. Katja und ich. Langweilig ist es mir in unserem Miteinander nie geworden. Neugierig hat es angefangen, als wir beide noch Schulbücher paukten, und immer wieder spannend ist es über die ganzen Jahrzehnte hin geblieben. Dabei hatten wir doch die stetig mentale Tuchfühlung, auch rundum im täglichen Arbeitsbereich. Auch fast alle unsere Freunde waren gemeinsame Freunde, wobei es schon vorgekommen ist, dass Katja dem einen oder der anderen näher stand als ich, und gemeinsam waren wir meist mit ihnen zusammen.

Dazu hatte sich auch so manches recht früh schon zu lieb gewordener Routine entwickelt und somit auch eher eingefahrenen Trott statt wach haltender Spannung förderte. So hätte das Ganze also eigentlich ein Cocktail sein können, der gegenseitige Übersättigung im Programm hatte oder für irgendwann doch einen explosiven Knall. Beides ist ausgeblieben.

Ganz bestimmt hat dazu gehört: Ohne die abgrenzenden Ebenen und dem stetig damit verbundenen *miteinander* und *voneinander* Teilen, hätte unser Zusammensein sicher nicht funktioniert. Wohl auch nicht aber, wenn wir nicht Maus und Hamster die ganze Zeit über bei uns gehabt hätten. Und Musik und die Bücher.

Sicher hätte sich unser Zusammenleben, das Berufliche und das Private, viel anders eingependelt, wären wir nicht kinderlos geblieben wären. Niemals hat das aber zur Debatte gestanden.

Keine Kinder, nie. Für mich ist das unverrückbar seit frühen Tagen gewesen und zwischen Katja und mir war es von Anfang an so geklärt. Noch einmal angesprochen und beredet haben wir es, als wir uns entschlossen, wirklich zusammen zu bleiben. Ob Katja dem auch innerlich voll überzeugt zugestimmt hat und später dann jederzeit gleicher Meinung geblieben ist und stets freudig darüber war, bin ich mir gar nicht so sicher. Immer aber hat sie voll dazu gestanden.

Teilen. Zumindest hierbei hat Katja wohl mehr mit mir geteilt, als ich mit ihr.

Kalt ist es geworden.

Castel Gandolfo ist eines von den bezaubernden mittelalterlichen Städtchen in den welligen Albaner Hügeln südöstlich Roms. Die Welt scheint hier fast wie stehen geblieben in den Zeiten, als die Päpste noch Fürsten waren und sich ihren Sommersitz hier bauten, der ein schlichtes Landhaus sein sollte und dabei doch so manchen Palazzo des Hauptstadtadels in den Schatten stellte. Weit offen schweift der Blick über Weinland und den fast kreisrunden See bis hin, an besonders klaren Tagen, zu den Ausläufern der Ewigen Stadt.

Dorthin hatte Patrizio Capecchi seinen gesamten Außendienst zum Meeting geladen. Gut über hundertfünfzig Leute waren das zwischen Agenten und Gebietsleitern, viele davon von ihren mit eingeladenen Lebenspartnern begleitet. Winter war es, Freitag, der letzte Tag im Januar. Die Markteinführung von *Benpeed*, der neuen Produktlinie hydrokolloider Schutzpflaster, war der Anlass.

Zwei renommierte Hotels hatte Sixtem Life, Capecchis Firma, für die Gäste des Events gebucht, eines davon mit nagelneuem Kongresszentrum und im Mittagsrestaurant riesigen Panoramafenstern über dem Albaner See. Für den Abend war eine Feier mit Mega-Überraschungen vorgesehen, deren Art auch mir strikt geheim gehalten wurde. Ich konnte vorab fast nur erfahren, wo es sich abspielen sollte. Ein uraltes Nonnenkloster der Klarissen hatte sich Capecchi ausgespäht, das längst keine frommen Frauen mehr beherbergte, wohl jahrzehntelang vor sich hingedämmert hatte und nun, wohl kürzlich erst, als ein touristisch-kulinarischer Geheimtipp seine Pforten für ein keineswegs asketisches Publikum geöffnet hatte. Nur ein paar Kilometer von Castel Gandolfo entfernt lag es, für die von Sixtem Life gebuchten Busse schnell zu erreichen. Und der Abend dort hat es dann wirklich *in sich* gehabt. Für mich jedenfalls. Doch dazu braucht es die Vorgeschichte. Unbedingt. Die ist aber nicht in gerade mal drei-vier Sätzen kurz erzählt. Dazu war sie zu komplex und zu einschneidend auch.

Sixtem Life war schon seit beinahe zwanzig Jahren unser Kunde. Zwei Freunde, Patrizio Capecchi und Mauro Marrucci, hatten das Unternehmen in Florenz gegründet und dann bald ins nahe, verkehrsgünstigere Prato übersiedelt. Ihr Bereich war der landesweite Vertrieb von Apotheken-Produkten, die sie als Exklusiv-Konzes-sionäre vertrieben. Ein bedeutender internationaler Hersteller, des-sen Marke Sixtem Life importierte und betreute, war Coloplast, der dänische Produzent von *Compeed,* den Hydrokolloid-Hautpflastern, die bei ihrem Aufkommen eine umwälzende Innovation im Feld der Schutzmedikation bei Blasen an Füßen und Händen waren.

Für Coloplast hatte Sixtem Life Bedeutendes im Markt geleistet. Schon bald hatte Compeed eine nahezu 100%ige Abdeckung des italienischen Apotheken-Marktes erreicht und auch die angestrengten Versuche der Konkurrenten, Beiersdorf mit Hansaplast vor allem, konnten dagegen nicht reüssieren. Wir waren von Anfang an als Werbeagentur dabei und hatten mit unserer *Hydro-Cure-Strategie* ein nicht zu knappes Verdienst am Erfolg. Der Compeed-Etat war uns somit sicher und auch zu einer recht gewichtigen Umsatzgröße geworden, mit der wir inzwischen schon von einem Jahr zum anderen planten. Sixtem Life war hoch zufrieden. Coloplast auch, wie bei jedem Besuch der Dänen fast überschwänglich zu hören war. Um so mehr war es eine Bombe, was da eines Tages platzte.

In dürrem, kaum zehn Zeilen langem Brief hat Coloplast die Zusammenarbeit mit Sixtem Life und damit auch mit uns aufge-kündigt. Die Dänen hatten ihr Compeed an Johnson & Johnson verkauft. J&J aber hatte seinen eigenen Vertrieb in Italien und auch seine eigenen Werbeagenturen. Die Kündigungsfristen waren kurz: zum Ende des folgenden Quartals. Es war gelaufen. Kalt und ohne Schnörkel. Im Mai war das gewesen, knapp vor der Sommersaison.

Für Sixtem Life war der Verlust ein noch herberer Schlag als für uns. Die Compeed-Linie hatte Capecchi und Marrucci mehr als ein Drittel ihres Firmenumsatzes erbracht und das fehlte nun praktisch von einem Tag zum anderen. Klar war sofort: Etwas anderes musste Compeed ersetzen. So leicht war es aber nicht, einen Ersatz zu finden, der gleichwertig das Vertriebsnetz auslasten und möglichst bald auch ähnlich guten Gewinn erbringen konnte. Lange Gespräche hat es dazu mit Capecchi gegeben.

Ich war der Meinung, dass Sixtem Life am besten eine eigene, Compeed nachahmende Linie entwickeln und sie aufs Schnellste in den Markt bringen sollte. Capecchis Vertriebsteam war ja als *die Compeed-Leute* bekannt und da schien es mir durchaus möglich, dass sie gute Chancen für einen Verdrängungserfolg haben konnten. Capecchi und zumal Marrucci waren da anfangs ziemlich anderer Meinung. Sie hatten sich noch nie mit Produktentwicklung und Herstellung befasst. Aber weil kein neuer Umsatzträger schnell in Sicht war, entschieden sie sich doch, den Sprung ins ihnen Unbekannte zu versuchen. Entscheidend dazu beigetragen hat sicher auch mein Angebot, das Interservice-Team für die Entwicklungsarbeit nahezu kostenlos zur Verfügung zu stellen. Auch uns war letztendlich daran gelegen, den Compeed-Etat durch einen neuen ersetzen zu können.

Es hat mich nicht viel Aufwand gekostet, einen alternativen Hersteller hydrokolloider Schutzpflaster ausfindig zu machen. Internet war schon zugange. In einem nie vorher gehörten Nest in Illinois, USA, habe ich Bertil Nilsson aufgestöbert. Er hatte die Compeed-Pflaster bei Coloplast mit entwickelt und sich dann von den Dänen getrennt mit der langzeitigen Auflage, sich in Europa und Ostasien nicht mehr mit der Herstellung von Compeed ähnlichen Produkten zu befassen. Deshalb war er in die USA gezogen, hatte dort prompt einen Investor gefunden und sich daran gemacht, genau das herzustellen, was er in Dänemark mit geschaffen hatte. Die USA waren nun ja weder Europa noch Ostasien.

Bertil war bereit, für Sixtem Life in exklusiven Formaten zu produzieren. Die nach unseren Produktzeichnungen gefertigten Prototypen sind schon nach fast irre kurzen zehn Wochen nach Italien gekommen. Ihre Klebe- und Saugqualitäten waren hervorragend, die angebotenen Preise akzeptabel. Unser Projekt hatte angefangen, Form anzunehmen. *Benpeed* haben wir die neue Linie genannt: gerade weit genug entfernt von *Compeed*, um dafür internationalen Markenschutz zu erlangen, und genügend nahe dran, vom Start an im Markt beinahe schon fast vertraut zu klingen. Das war also schnell gegangen.

Dann hat es aber doch seine Zeit gebraucht, bis die Packungen entwickelt, die Präsentations- und Verkaufshilfen gestaltet, die Finanzierungen festgezurrt und alles Sonstige über seine Hürden gebracht war, Benpeed startklar zu machen. Hineingespielt hat dabei auch, dass wir nicht *nur* eine Nachahmermarke zu Compeed in den Markt bringen wollten, sondern, wenn nun schon einmal dabei, eine noch umfassendere Linie für die Schutzpflege von Fuß und Hand. Spezialcremen für die Behandlung von Fersenrissen und Frostbeulen kamen somit auch noch ins Programm. Capecchi kannte einen guten Hersteller dafür.

So sind die Monate ins Land gegangen, auch der ganze Herbst. Erst knapp vor Weihnachten war es so weit, dass der Termin für die Markteinführung festgelegt werden konnte: der letzte Januar-tag, Freitag, in Castel Gandolfo.

Sie waren uns keine gute Zeit gewesen, die Herbstmonate davor. Nicht etwa wegen der hektischen Arbeit am doch sehr komplexen Benpeed-Projekt. Die war uns gewohnt und sie konnte sich gut einfügen in unser tägliches Brot- und Butter-Geschäft. Trotzdem aber: den ganzen Herbst hindurch lag angespannter Druck auf uns allen, auch auf dem Team. Katja ging es schlecht. Seit unserem Urlaub im August schon. Ihr Atmen wurde flach und flacher. So richtig müde fühlte sie sich oft beim Frühstück schon. Und das war von Woche zu Woche beunruhigender geworden, als im

Garten das Grün anfing, sich rot zu färben und die ersten Nebel über die Reisfelder krochen.

Erst hatten wir versucht, es zu verdrängen. Katja selbst war Weltmeisterin im Herunterspielen eigener Probleme, zumal wenn es um *den Kadaver* ging. Dabei wussten wir doch, was eventuell anstehen konnte. Keine vier Jahre waren seit ihrer Brustoperation vergangen und wir wussten, dass das seither über ihr hängende Damokles-Schwert Krebs nicht aus Pappmaché war. Wir wollten verdrängen.

Doch es hat sich nicht verdrängen lassen. Spätestens dann nicht mehr, in den ersten Oktobertagen, als Katja das Atmen anfing echt schwer und immer schwerer zu fallen; als wir die Röntgenbilder in den Händen hatte, auf denen ihr ganzer linker Lungenflügel nur ein grauer, unstrukturierter Schatten war; als Dr. Roubini diesen amorphen Schatten als Wasser definierte, das sich im Brustraum angesammelt hatte und durch Drainage zu entfernen war.

Katja musste in ein Hospital. Mitte November war das. Arztworte voller Zuversichtlichkeit haben sie begleitet, begleiteten uns. Stundenlang hat dann die Drainage gedauert, musste tags darauf fortgesetzt werden und danach hatte sie zur Beobachtung noch etliche Tage in der Klinik zu bleiben. Damit war es aber nicht getan und vorbei, wie wir zagend gehofft hatten. Bald sammelte sich das Wasser neu, stieg hoch im Brustraum, begann auch, sich auf den rechten Lungenflügel zu legen. Wieder wartete die Klinik auf Katja. Sechs Tage lang war sie dieses Mal dort gefangen, hing jeden Tag wieder an der Drainage, die zudem auch recht schmerzhaft war. Metastasenwasser. Erstmalig war es nun gesagt.

Dann stand Weihnachten vor der Tür. Die bei uns übliche Jahresend-Hektik dominierte den Betrieb. Katja, kaum freigelassen aus der Klinik, war mitten drin und voll dabei. Intensiv am Jahresabschluss arbeitete sie und zugleich am folgenden Jahr. Das Team beschwor sie, sich doch zurückzunehmen. *Lasst mal,* – hörten wir sie dann ein ums andere Mal – *wenn ich sitze, kriege ich schon genügend Luft.*

Ruhig und warm war unser Weihnachten, mit Baum und vielen Kerzen, mit Geschenken auch und gern aus unseren klingenden Baccaratgläsern getrunkenem Champagner. Wir sind zuhause geblieben, die Feiertage über. Allein für uns. Den Freunden hatten wir gesagt, dass wir in Venedig seien. Auch über Neujahr.

Und die Silvesternacht ist lang geworden. Noch einmal ließen wir das Jahr an uns vorüber ziehen. Nur dieses eine, nicht unser ganzes Leben. Lange Pausen auch dazwischen. Woran mag Katja gedacht haben? Was hab' denn ich gedacht? Über Nichtigkeiten haben wir gesprochen. Nicht über das, was uns bewegt hat. Feuerwerke haben draußen das neue Jahr begrüßt... dazu anregend, uns hoffnungsvolle Zukunft wechselseitig einzureden.

Aber dann war Januar. Und es war kalt. Eiskalt für Katja. Keiner sollte merken, wie sehr sie fror. Heiter zeigte sie sich im Team und auf ihrem Schreibtisch blieb nichts liegen. Nur beim Atmen, ihrem jetzt so schnellem und so flachem Atmen, da konnte sie nichts verbergen.

Und schon wieder Kliniktage, Tage der Drainage, in der Woche um Mitte Januar. Am Samstag, als ich sie aus der Klinik holen durfte und wir zum Auto gingen, hörte ich Katja, mehr wie zu sich selber als an mich gerichtet: *Jetzt, scheint's mir, fange ich an alt zu werden.*

Für Dienstag wurde sie wieder einbestellt. Nur zu einer Kontrolle, hatte der Chefarzt erklärt und aufmunternd hat es geklungen. Sehr schwach war Katja an *dem* Vormittag, als wir in die Klinik fuhren. Untersuchungsraum. Auf einen Schragen hatte sie sich gesetzt, mit den Beinen gebaumelt, voll in Gedanken. Ein Schuh fiel ihr auf den Boden. *Siehst du,* – lächelte sie mir zu – *es stimmt, dass es einem die Schuh' auszieht.*

Katja konnte nach der Kontrolluntersuchung nicht mit ins Büro kommen. Schonung war das nun dringliche Arztgebot, absolute Ruhe angesagt. Am folgenden Abend erst sei wieder ein Besuch erlaubt, wurde mir bedeutet, ab sechs Uhr nur, beim Ausklingen des Tages.

Zur Intensivstation wurde ich gewiesen. Blass und fast wie ver-loren lächelte mir Katja zögernd zu. Schmal in dem fremden Bett. Verkabelt mit blinkenden Bildschirmen. Eine Stunde bin ich bei ihr gesessen. Oder vielleicht waren es drei. Ganz flach atmete sie. Dann und wann schwirrte ein Satz zwischen uns hin. Über das Büro. Die Leute rundum. Freunde und die Familie, wenn auch nur ganz obenhin. Eiskalt waren ihre Hände. So müde war sie. Nur noch müde. Ein junger Arzt schaute nach ihren Monitoren. Ich bat ihn, dass sie schlafen dürfe. Er hat gewusst, wie.

Der 22. Januar war das, Mittwoch, 2003.

Vor neun Nächten war das gewesen. Und jetzt saß ich da in Castel Gandolfo, tief unten in den Gewölben des alten Nonnenklosters, das Capecchi zum abendlichen Fest seines Benpeed-Tages gefunden hatte.

Nur wenige Kaleidoskop-Teilchen von *dem* Tag haben es geschafft, mir im Kopf zu bleiben. Helle Sonne durch die Panorama-fenster mit Blick auf den winterkalten Albaner See. Erwartungsvollere Gesichter als sonst oft bei solchen Anlässen. Frenetischer Applaus, der mich aus fernsten Gedanken reißt. *Der* hatte mir gegolten, wie ich aufwachend merkte. Weshalb die da so klatschten, war mir im Augenblick gar nicht bewusst. Eine gute Stunde lang – sagte mir dann Capecchi – hätte ich das Auditorium vorher voll im Griff gehabt, das Benpeed-Potential begeisternd dargelegt, der Truppe Aggressionsmut zugesprochen und ihr griffige Verkaufsargumente eingehämmert... oder was auch immer sonst noch. Mag sein. Ich habe mich nicht daran erinnert.

Und jetzt war also Abend. Geheimnisvoll hatte Capecchi noch einmal von Überraschungen geraunt, dazu auch etwas von Schauspielern und Musikern mit alten Instrumenten angedeutet und... *Dante* war ihm noch entschlüpft.

Da saßen wir also nun in verwinkelten Kellergewölben. Mittelalterlich kostümierte Dienstleute hatten dampfende Schüsseln und überquellende Platten aufgetragen, sicher in fast endloser Reihe. Die Gefahr, mit unbefriedigtem Gaumen oder gar knurrendem Magen nach Hause zu gehen, hat es bei Capecchi nie gegeben. War die Stimmung gut? Wahrscheinlich. In meinem Kopf ist sie nicht angekommen.

Neu gefüllte Weinkrüge kamen auf die Tische. Die an sich schon schummerigen Elektrolampen erlöschten und nur noch ein paar Kerzen flackerten hier und dort. Ein scharfer Luftzug dann plötzlich, als ob Kellertüren sich im Hintergrund geöffnet hätten. Mich fröstelte. Ob es daran lag, dass ich kaum einen Bissen gegessen hatte? Oder war es Nikotinmangel? Hier im Nonnengewölbe zu rauchen war verboten.

Windrauschen wie durch einen Blätterwald kommt von irgend-wo aus einer Ecke. Hinten im Dunkeln ruft eine Eule. Unvermittelt dann eine dumpfe Stimme:

„Dinanzi a me non fuor che cose create, se non eterne, ed io eterno duro. Lasciate ogni speranza voi ch'entrate." [17]

Muss das jetzt sein? – schoss es mir in den Kopf. Gerade heute? Hat denn Capecchi gar kein Situationsgespür? Aber was sollte er denn auch spüren und wozu? Nicht um mich geht es doch heute. Und den ganzen Abend hat er ja schon vor Wochen als Veranstaltungspaket gebucht. Kultur natürlich. Das Standardprogramm Nr. 2 oder 3 vielleicht. Dante eben.

Mit Dante ist es den restlichen Abend lang geblieben. Bei seiner Wanderung durchs Inferno. Auf Tuchfühlung mit deren Schemen und Schatten, die aus dunklen Ecken kamen und von allen Seiten her zwischen den Tischen krauchten, rutschten, schlichen. Mit ihren gequälten Schreien und leidvollem Wimmern, den klagend anklagendem oder monoton resigniertem Berichten. Aus unsichtbar dunklen Mauerspalten tauchten sie auf, schoben sich durchs flackernde Kerzenlicht und verschwanden zurück ins Dunkle. Ihre grauenhaften Geschichten und den Nachhall ihrer toten Stimmen, die ließen sie bei uns zurück. Bei mir zurück. *Nur*

---

[17] *„Vor mir noch hat es nichts Geschaffenes gegeben, als das was ewig währt, und ich bin ewig. Hört auf zu hoffen, wenn ihr mich betretet."*

bei mir, wollte mir scheinen. Denn nur zu mir waren sie doch gekommen. Um mir, mir allein zu sagen und zeigen, wie es aussieht da unten, da drüben oder wo immer, wohin Katja gerade übergesetzt hat. Und Trapeias Stimme war die ihre. Francesca, Fulvia oder Hekuba sprachen für sich und doch von ihr. Die hoffnungslosen Schreie der unerkannt Gebliebenen waren Katjas Rufe.

Blakende Kerzen. Frostiger Luftzug aus den düsteren Tiefen der Gewölbe. *Ist wenigstens noch Wein da in einem der Krüge?* Ewig ist es so weiter gegangen. *Raus jetzt!* Kein Ende konnten sie finden, die wirren Schemen und ihre Stimmen. *Ich will raus hier!* Geht aber nicht. *Lasciate ogni speranza...*

Es war so kalt. So kalt ist es geworden.

Hanns G. Zagler

...hängen geblieben

Erinnerungstropfen von
den ersten zwanzig Jahren
1938 – 1958

Kinderzeit und Jugendjahre bis zum Freischwimmen.
Copyright © 2011 – Hanns G. Zagler.
Herstellung und Verlag: BoD – Books on Demand, Norderstedt.
ISBN 978-3-7357-9314-0 – 416 Seiten.

„Um Jugenderinnerungen von vor langer Zeit, 1938-1958, geht es hier; um Erinnerungstropfen, die mir nie vergessen waren, und um ein paar andere, die mir beim Schreiben wieder eingefallen sind.

In sich abgeschlossene Kapitel sind da versammelt, was fürs Lesen gar nicht schlecht ist. Eine endlose Kette hingeschriebener Erinnerungen, eventuell gar in einer hartnäckig chronologischen Folge, würde wohl auch den Neugierigsten zu Tode ätzen. So aber lassen sich einzelnen Thementeile einzeln herauspicken, gerade nach Tageslaune und ohne das Gefühl beim Lesen, irgendwo den Faden verloren zu haben."

> Hanns G. Zagler
>
> ...aber wohin denn?
>
> Erinnerungsbilder
> an einen Weg, der sein Ziel
> noch sucht, nicht kennt
>
> 1959 – 1969

Aufbruchjahre, vom Abitur zu eigenständigem Tun.
Copyright © 2012 – Hanns G. Zagler.
Herstellung und Verlag: BoD – Books on Demand, Norderstedt.
ISBN 978-3-7357-9334-8 – 428 Seiten.

„Gewunden wie der Lauf des Mäanders hat sich mir die Zeit ergeben, die andere an Universitäten verbrachten, oder in der sie sonstwie einen vernünftigen Beruf erlernten.

Manchmal hab ich mich gefragt, ob ich es lieber anders, begradigter erlebt hätte. Wenn schon... vielleicht... in ganz früher Zeit! Aber wenn ich dann bedacht habe, wie viel und was alles die Wasser meines Mäanders aufnehmen konnten, während sie sich wie ziellos ihrem Ziel entgegen schlängelten, ist mir jede dieser Schleifen, ja jeder Teil von ihnen gern erlebt, wert und unverzichtbar geblieben."